300 Übungen für ein neues Fußballtraining

Allgemeiner Hinweis:

Aus Gründen der besseren Lesbarkeit haben wir uns entschlossen, durchgängig die männliche (neutrale) Anredeform zu nutzen, die selbstverständlich die weibliche mit einschließt.

Das vorliegende Buch wurde sorgfältig erarbeitet. Dennoch erfolgen alle Angaben ohne Gewähr. Weder der Autor noch der Verlag können für eventuelle Nachteile oder Schäden, die aus den im Buch vorgestellten Informationen resultieren, Haftung übernehmen.

Sollte diese Publikation Links auf Websiten Dritter enthalten, so übernehmen wir für deren Inhalte keine Haftung, da wir uns diese nicht zu eigen machen, sondern lediglich auf deren Stand zum Zeitpunkt der Erstveröffentlichung verweisen.

MARTIN HASENPFLUG

300 ÜBUNGEN FÜR EIN NEUES FUSSBALL-TRAINING

ERFOLGREICH DURCH VIER SUPER-SCHWERPUNKTE

MEYER & MEYER VERLAG

300 Übungen für ein neues Fußballtraining –

Erfolgreich durch vier Super-Schwerpunkte

Bibliografische Information der Deutschen Nationalbibliothek
Die Deutsche Nationalbibliothek verzeichnet diese Publikation in der Deutschen Nationalbibliografie; detaillierte bibliografische Details sind im Internet über <http://dnb.d-nb.de> abrufbar.

Auckland, Beirut, Dubai, Hägendorf, Hongkong, Indianapolis, Kairo, Kapstadt,
Manila, Maidenhead, Neu-Delhi, Singapur, Sydney, Teheran, Wien

Member of the World Sport Publishers' Association (WSPA)

Gesamtherstellung: Print Consult GmbH, München

MIX
Paper from responsible sources
FSC® C084279

ISBN 978-3-8403-7704-4
E-Mail: verlag@m-m-sports.com
www.dersportverlag.de

INHALT

VORWORT

Martin Hasenpflug

Nach eingehender Prüfung und Studium klassischer Trainingsmethoden kann man zu dem Resultat kommen, dass eine Neuausrichtung für das Fußballtraining notwendig ist. Analysiert man nämlich die in einem modernen Fußballspiel vorkommenden Situationen, kann man 90 % davon mit nur vier Schwerpunkten erarbeiten. Aus diesem Grund wurde die Trainingsmethode der **Schwerpunktreduzierung** entwickelt. Durch Vereinfachung, wöchentliche Wiederholungen wesentlicher Elemente und Konzentrierung der Kräfte machen Spieler und Mannschaft einen großartigen Entwicklungsschritt. Die Trainingsmethode besteht aus vier **Super-Schwerpunkten**:

- Ballzirkulation,
- Erster Kontakt,
- 1-gegen-1 und
- Torerfolg.

Mit den Trainingsinhalten aus **Ballzirkulation** und **Erster Kontakt** befähigt man die Spieler dazu, den Ball vom eigenen Tor aus bis ins Angriffsdrittel zu transportieren und mit den Schwerpunkten **1-gegen-1** und **Torerfolg** das Erspielen und Verwerten von Torchancen. Das individual- und gruppentaktische Umschalt- und Defensivspiel ist in allen Super-Schwerpunkten enthalten. Zum Abschluss einer Trainingseinheit findet das **Abschlussspiel** statt. Dieses nutzt man zur Verbesserung aller mannschaftstaktischen Aspekte (u. a. Spielaufbau, Pressing).

Dieses Buch enthält über 300 passende Übungen zu dieser Trainingsmethode. Die Charakteristika aller Übungen sind gleich. Sie sind einfach, ermöglichen viele Aktionen, sind kompatibel mit fast jeder Spieleranzahl und machen Spaß. Die Übungen lassen sich als Wettbewerbe durchführen. Dies soll zum einen für Erfolgserlebnisse sorgen und zum anderen ein „verstecktes" Athletiktraining bieten, weil die „Verlierer" eine athletische Sonderaufgabe (z. B. 10 Liegestütze) absolvieren müssen. Die Trainingseinheiten bieten bis zu sechs Wettbewerbe. Im Idealfall gewinnen und verlieren alle Spieler gleich oft. So kommt ein Spieler pro Einheit auf etwa 30 Liegestütze (Ganzkörpertraining).

Als Trainer sollte man sich für jedes Training einen „Spickzettel" machen. Inhalt: Skizzen der Übungen, Stichworte zum Ablauf, Anwesenheit der Spieler und Aufstellung für das Abschlussspiel. Die Übungen sollte man vorab gedanklich durchgehen. So kann man diese den Spielern strukturierter erklären und kann besser auf unvorhergesehene Ereignisse reagieren. Eine gute Trainingsvorbereitung ermöglicht einen unterbrechungsfreien Trainingsablauf.

Das Fußballtraining in diesem Buch lässt sich ab einer C-Jugend anwenden. Die Übungen kann man einfach dem jeweiligen Leistungsstand anpassen. Am Ende soll kein Spieler unter- oder überfordert sein. So variiert man Abstände und Spielfeldgrößen, erhöht bzw. verringert die Ballkontaktanzahl und setzt neutrale Spieler ein.

Die Symbolik der Zeichnungen und die verwendeten Abkürzungen sind im Kapitel **Legende** erklärt. Die Übungsbeschreibungen bestehen in der Regel aus acht Abschnitten: Aufbau, Spielerverteilung, Ablauf, Spielerwechsel, Spieleranzahl (Anpassung an die Gruppengröße), Wettbewerb (Erhöhung der Motivation), Variationsmöglichkeiten (neue Impulse durch Abwechslung) und Tipps (Coachingpunkte).

LEGENDE

Abkürzungen und Grafiken

Ein Pfeil mit einer durchgezogenen Linie steht für einen Pass. Befinden sich an den Linien Kreise mit Zahlen, ist eine feste Passfolge vorgesehen. Eine gestrichelte Linie zeigt den Laufweg eines Spielers. Eine Schlangenlinie markiert den Dribbelweg und eine doppelte Linie steht für einen Schuss. Derjenige Spieler, der die Trainingsform startet, ist mit einem gelben Kreis unterlegt.

Für die Spielpositionen werden folgende Kürzel verwendet:

TW = Torwart,
IV = Innenverteidiger,
AV = Außenverteidiger,
6er = Sechser (defensiver Mittelfeldspieler),
10er = Zehner (offensiver Mittelfeldspieler),
MA = Mittelfeldaußen (offensiver Außenspieler) und
ST = Stürmer.

Weitere Abkürzungen:

KL = Koordinationsleiter,
MB = Medizinball,
HT = Hütchentor,
TE = Trainingseinheit,
KT = Konter,
GP = Gegenpressing,
ML = Mittellinie und
SS = Super-Schwerpunkt.

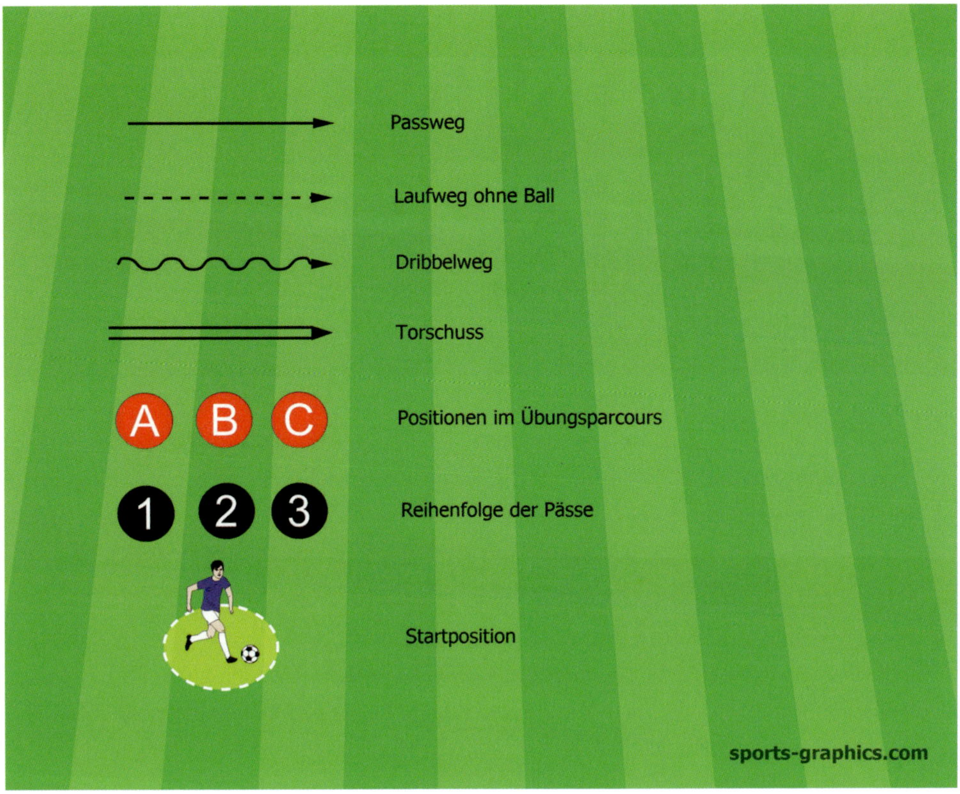
Passweg
Laufweg ohne Ball
Dribbelweg
Torschuss
A B C
Positionen im Übungsparcours
1 2 3
Reihenfolge der Pässe
Startposition
sports-graphics.com

1 TRAININGS-METHODE

Blitzerfolg mit vier Super-Schwerpunkten

Die wenigsten Trainer können vom Fußball leben. Sie müssen einer anderen Tätigkeit zum Geldverdienen nachgehen und haben daher für die Trainingsplanung nicht viel Zeit. Für diese Leute ist dieses Buch eine große Hilfe. Es enthält 77 fertige Trainingseinheiten, die sie sofort eins zu eins übernehmen können. Erfahrene Trainer können dagegen etwas mit den einzelnen Übungen „jonglieren" und sich dank der Zeitersparnis auf die Details konzentrieren.

Die Trainingseinheiten sind nach dem Prinzip vom Leichten (Techniktraining ohne Gegnerdruck) zum Schweren (komplex und mit Gegnerdruck) aufgebaut. In jeder Trainingswoche finden idealerweise alle vier **Super-Schwerpunkte** statt. Entsprechend der Anzahl der Trainingstage empfiehlt sich folgende Trainingsplanung:

- **Zwei TE/Woche:** Ballzirkulation und Torerfolg. Nach Bedarf 1-gegen-1 und Erster Kontakt.
- **Drei TE/Woche:** 1-gegen-1, Ballzirkulation und Torerfolg. Nach Bedarf Erster Kontakt.
- **Vier TE/Woche:** 1-gegen-1, Ballzirkulation, Erster Kontakt und Torerfolg.

Das Training beginnt immer mit einer Aufwärmübung (außer SS 1-gegen-1). Es geht dann wie folgt weiter: Technik → Spielform → Abschlussspiel. Ziel ist es, dass die Spieler drei Viertel des Trainings unter Gegnerdruck Fußball spielen. Dies wird durch die zahlreichen Spielformen und das Abschlussspiel erreicht. Verlierer erhalten „Sonderaufgaben" (Burpees oder Liegestütze) zwecks Kompensierung eines fehlenden Athletiktrainings.

Das Abschlussspiel wird zur taktischen Schulung der Mannschaft genutzt. Dazu werden Formationen entsprechend dem realen Spiel (z. B. 4-2-3-1) vorgegeben. Die Teams bekommen taktische Aufgaben (z. B. Spielaufbau, Pressing) die in Kap. 9 **Formation 4-2-3-1** ab Seite 326ff. beschrieben sind. Präferiert man ein anderes System, passt man die Vorgaben entsprechend an.

Das Training gilt es, immer so zu organisieren, dass die Spieler permanent in Action sind. Um dies zu gewährleisten, orientiert man sich bei den Übungen am unteren Bereich der angegebenen

Spieleranzahl. Übungen gegebenenfalls doppelt oder dreifach aufbauen. Zumindest der Parcours der Aufwärmübung steht schon vor Trainingsbeginn. Während des Aufwärmens kann dann ein zweiter Trainer die restlichen Übungen aufbauen.

Die Trainingseinheiten sind in viele verschiedene Zeitabschnitte unterteilt. Diese dauern in der Regel 4-5 Minuten und werden Schlag auf Schlag hintereinander absolviert. Jeder Zeitabschnitt wird als Wettbewerb abgehalten. Die Spieler sind permanent in einem „Wettbewerbsmodus" und vertiefen sich so immer stärker ins Training.

Sobald sie alles andere um sich herum vergessen, sind sie im *Flow* („Fußballtunnel"). Dieser Zustand ermöglicht die maximale Leistungs- und Lernfähigkeit. Um auch zahlreiche und sich unterscheidende Zeitabschnitte anbieten zu können, sind bei den Übungen immer Variationsmöglichkeiten beschrieben.

Strukturierung einer Trainingseinheit (in jedem Bereich gehen ca. 3-4 Minuten durch Erklärungen, Trinkpause und Bälleholen verloren):

- **Bereich 1.-15. Minute:** Einstimmung/Aufwärmen. 2 x 4 Minuten effektiv.
- **Bereich 16.-30. Minute:** Technik/Hinführung. 2 x 4 Minuten effektiv.
- **Bereich 31.-55. Minute:** Zwei Spielformen. 4 x 5 Minuten effektiv.
- **Bereich 56.-90. Minute:** Abschlussspiel mit fester Formation und Aufstellung.

2 AUFWÄRM-ÜBUNGEN

Mit athletischen und kognitiven Elementen

Die körperliche Fitness und die motorischen Fähigkeiten bestimmen zum großen Teil den sportlichen Erfolg. Daher sollte jedes ambitionierte Team intensive Überlegungen bezüglich seines Athletiktrainings anstellen.

Die Athletik lässt sich in **fünf Hauptbereiche** unterteilen: Koordination, Ausdauer, Beweglichkeit, Kraft und Schnelligkeit. Diese gilt es alle abzudecken. Im Folgenden wird beschrieben, wie dies auch mit relativ geringem Zeitaufwand gelingt.

Man muss wissen, dass die Basis jeglicher **Athletik** die Beweglichkeit und die Koordination ist. Wer in diesen Bereichen leistungsfähig ist, kann alle Bewegungen präziser und mit einem geringeren Energieaufwand ausführen. Das Zusammenspiel der Muskeln ist dann auf Antritte, lange Sprints, Richtungswechsel, Abbremsbewegungen und Sprünge optimiert.

Eine gute **Koordination** steigert die Qualität aller Fußballtechniken (Passen, Schießen, Dribbeln, Kopfball usw.) und ist darüber hinaus eine wichtige Verletzungsprophylaxe. Aufgrund unseres modernen Lebensstils, u. a. durch langes Sitzen, leidet die Motorik. Die Verbesserung der Koordination muss somit im Fußball einen hohen Stellenwert einnehmen. Dieses Kapitel enthält 24 Athletikübungen mit dem Schwerpunkt Koordination. Jedes Training beginnt mit einer dieser Übungen.

Koordinative Aufgaben kann man auch in den weiteren Verlauf des Trainings integrieren. So legt man bei Technikübungen zwischen zwei Positionen eine Koordinationsleiter aus. Beim Positionswechsel müssen die Spieler dann eine Aufgabe an ihr bewältigen. Die Übungen in diesem Buch werden zum Großteil als Wettbewerbe ausgeführt. Dies bietet einem die Möglichkeit, den Verlierern athletische Sonderaufgaben, wie Liegestütze, aufzugeben.

Beweglichkeit wird durch statisches Dehnen verbessert bzw. erhalten. Dies bedeutet, dass man in den äußersten Spannungsreiz geht und in dieser Position mindestens 30 Sekunden bleibt. Das statische Dehnen darf nie vor dem Fußballtraining stattfinden, sondern danach oder an einem separaten Tag. Ansonsten wird der Muskeltonus extrem herabgesetzt. Jedes Training wird mit Dehnen beendet. Zusätzlich sollten die Spieler das Dehnen als „Hausaufgabe" erhalten.

Die **Kraft** wird in verschiedene Bereiche unterteilt. Die **Schnellkraft** hat großen Einfluss auf die Schnelligkeit. Sie wird durch Sprünge trainiert oder an Geräten. Hier drückt man Gewichte (etwa 30 % des maximal möglichen Kraftstoßes) 6-12-mal kontrolliert und möglichst schnell. Durch ein Stabilisationstraining wird die **Basiskraft** verbessert. Ziel ist vor allem, die Rumpfmuskulatur, die Beinachsen und den Schultergürtel zu stärken. Dadurch wird u. a. muskulären Dysbalancen vorgebeugt, ein stabileres Zweikampfverhalten erreicht und eine bessere Ausdauer.

Die **Ausdauer** entscheidet darüber, ob eine Mannschaft im Laufe des Spiels ihre Leistung aufrechterhalten kann. Eine gute Ausdauer ermöglicht ein aggressives Pressing, eine schnelle Regeneration und auch noch eine hohe Konzentration bis zum Ende des Spiels.

Die Ausdauer einer Mannschaft kann durch eine straffe Trainingsorganisation verbessert werden: geringe Wartezeiten zwischen den einzelnen Aktionen und den verschiedenen Übungen.

Für das Abschlussspiel werden drei Mannschaften gebildet. Das dritte Team läuft 800 Meter in 4 Minuten, während die anderen beiden Mannschaften gegeneinander spielen. Nach 5 Minuten kommt das dritte Team ins Spiel und das Verliererteam läuft. Das Training der Ausdauer sollte auch eine „Hausaufgabe" der Spieler sein.

Organisation und Ablauf (Kopfball)

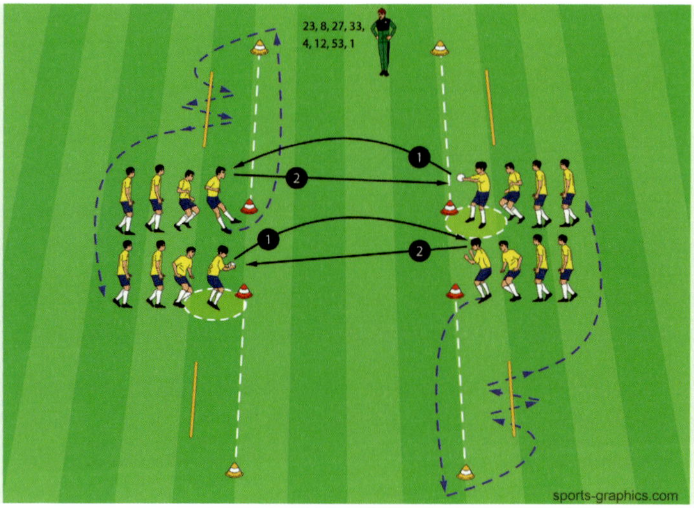

Ein inneres Rechteck (8 x 4 Meter) aufbauen und, davon ausgehend, eine 10 Meter lange Strecke markieren. Vier Sachen für athletische Aufgaben (Zeichnung Stangen) auslegen.

Die Spieler verteilen sich an den vier Hütchen. Die Gruppen gegenüber haben einen Ball.

Die beiden Spieler mit Ball werfen zum Spieler gegenüber. Dieser köpft zurück und der Werfer fängt den Ball. Er übergibt den Ball dem nächsten Spieler gegenüber und dieser wirft den Ball zum Kopfball zurück.

Nach einem Kopfball eine frei wählbare Aufgabe des Lauf-ABCs über die Hütchenstrecke absolvieren, auf dem Rückweg eine athletische Aufgabe absolvieren und sich dann bei der entfernten Gruppe anstellen.

Spieleranzahl: 6-24 Spieler. Bei weniger als 12 Spielern nur zwei Gruppen bilden.

Wettbewerb: Köpft ein Spieler falsch, absolviert er zusätzliche Liegestütze.

Variation: Nach der Lauf-ABC-Aufgabe bekommen die Spieler von einem (Co-)Trainer einen Ball zum Kopfball zugeworfen. Dabei nennt er eine Zahl und je nachdem, ob diese gerade oder ungerade ist, wird ein offensiver oder defensiver Kopfball absolviert. Zwei Trainer auf einer Seite und die Spieler müssen einen von der Seite kommenden Ball nach vorne köpfen.

Tipp: Beim Kopfball die Nackenmuskulatur anspannen, aus dem Rücken heraus Schwung holen und aktiv gegen den Ball drücken.

Organisation und Ablauf (Kognition)

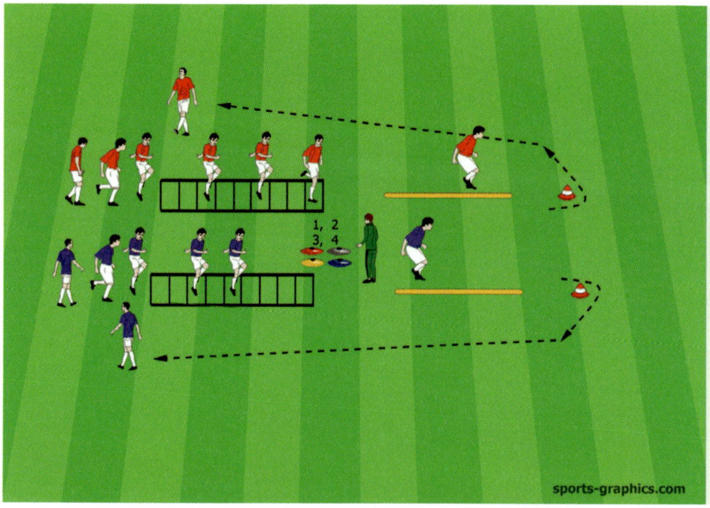

Jeweils doppelt im Abstand von etwa 2 Meter aufbauen: Eine KL, Stangen (etwa 3 Meter Länge) und ein Wendehütchen. Der Trainer steht mit vier Hütchen (Weiß, Gelb, Orange, Blau) zwischen KL und Stangen.

Das Team teilt sich gleichmäßig hinter den beiden KL auf.

Über den Stangen immer niedrige Slalom-Schlusssprünge absolvieren. Vom Wendehütchen aus geht es zurück zur Ausgangsposition. An der KL werden verschiedene und immer komplexere Aufgaben ausgeführt:

Spieleranzahl: 10-20 Spieler.

Stufe 1: Ein Kontakt je Fenster. Zwei Kontakte je Fenster. Zwei Kontakte je Fenster plus Armkreisen (erst vorwärts, dann rückwärts). Rückwärts-Sidesteps (ein Kontakt außen, zwei Kontakte im Fenster, ein Kontakt außen).

Stufe 2: Alle paar Sekunden eine Zahl von 1-4 rufen. Jede Zahl steht für eine Aufgabe an der KL. 1 = seitlich durch die KL mit zwei Kontakten je Fenster. 2 = Vorwärts-Sidesteps. 3 = wie 1, jedoch andere Seite. 4 = links neben der KL stehen, linker Fuß (LF) hinter dem rechten Fuß (RF) ins Fenster stellen, RF weit rechts neben der KL aufsetzen, LF zwischen KL und RF aufsetzen.

Stufe 3: Anstelle der Zahlen Hütchenfarben nutzen.

Stufe 4: Zahlen und Hütchenfarben nutzen. Wird beides angewiesen, hat die Farbe Vorrang.

Organisation und Ablauf (Kognition)

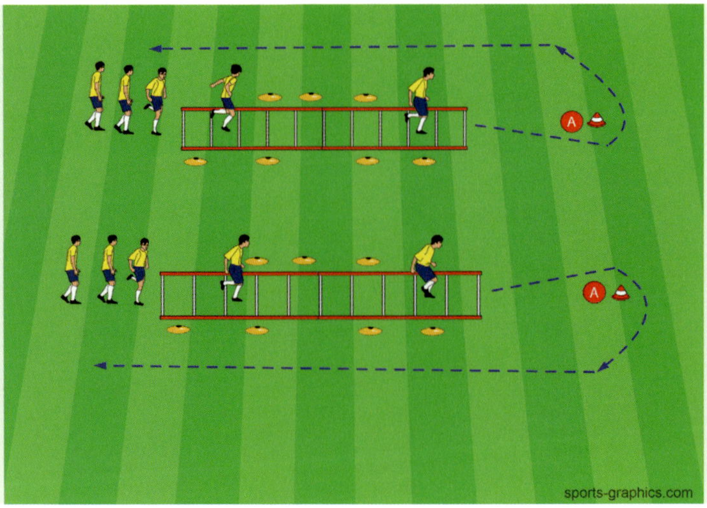

Zwei KL mit je einem Wendehütchen A auslegen. Die KL entsprechend der Zeichnung mit Hütchen markieren.

Die Spieler verteilen sich zur Hälfte hinter den beiden KL.

Der Trainer erklärt die Aufgabe. Die Wendehütchen A umkreisen und zurück zur Startposition. Die Spieler laufen im Abstand von etwa 2 Metern. Die Basisaufgabe ist es, im Vorwärtslauf mit zwei Kontakten je Zwischenraum die KL zu durchlaufen. Zusätzliche Kontakte entsprechend der Hütchenpositionen:

Ein äußeres Hütchen: Den entsprechenden Fuß außerhalb der KL aufsetzen (zwischen KL und Hütchen). Dann nochmals zwei Kontakte in den nebenliegenden Zwischenraum.

Zwei Hütchen an einer Sprosse: Ein Zwischenraum mit zwei Kontakten zurück und wieder vor.

Zwei Hütchen am Zwischenraum: Einen Spreizsprung absolvieren (beide Füße gleichzeitig außerhalb der KL aufsetzen und nach innen springen). Dann nochmals zwei Kontakte im Zwischenraum.

Spieleranzahl: 5-10 Spieler je KL.

Variation: Rückweg im Rückwärtslauf.

Tipp: Konzentration ist wichtig, damit man die Aufgaben richtig ausführen kann.

Organisation und Ablauf (Kognition)

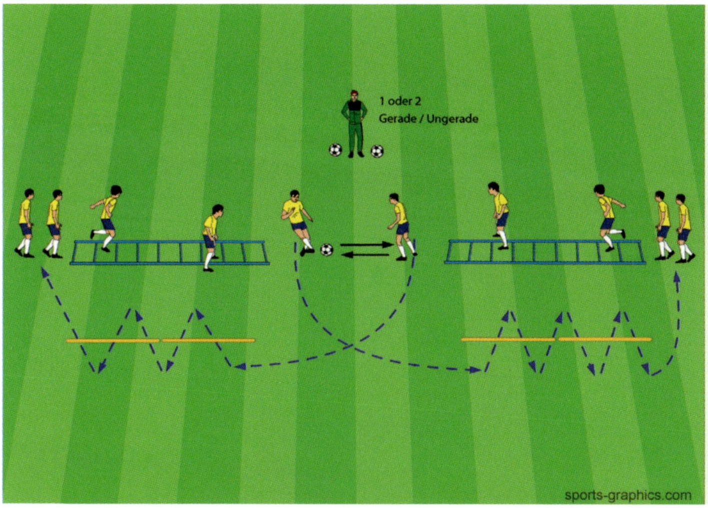

Zwei KL im Abstand von 10 Metern gegenüber aufbauen. Entsprechend der Zeichnung Stangen auslegen. Zwischen den KL einen Ball legen.

Die Spieler verteilen sich in gleicher Anzahl hinter den beiden KL.

Erste Aufgabe: Zwei Kontakte je Fenster an der KL. Der Ball pendelt im Direktspiel zwischen den KL hin und her. Zickzacksprünge mit geschlossenen Beinen über die Stangen.

Zweite Aufgabe: Slalom-Sidesteps (ein Kontakt außen, zwei ins Fenster) an der KL. Mit dem zweiten Kontakt den Ball spielen (beide Füße) und dann Zickzack-Einbeinsprünge. Als Trainer zuerst die erste Aufgabe einige Durchgänge absolvieren lassen und danach die zweite Aufgabe. Danach die Zahlen „1" und „2" im recht schnellen Wechsel rufen. Alle Spieler müssen entsprechend der Zahl die erste oder zweite Aufgabe absolvieren.

Nach einem Pass zu den Stangen gegenüber wechseln.

Spieleranzahl: 10-20 Spieler.

Variation: Anstatt zwei KL zwei Hütchenreihen aufbauen. Der Trainer ruft eine höhere Zahl (z. B. 23) und je nachdem, ob die Zahl gerade oder ungerade ist, die Aufgaben anpassen. Eine Rechenaufgabe stellen und das Ergebnis ist die Zahl.

Tipp: Der nächste Spieler startet in die KL, sobald sich der vordere Spieler etwa mittig in der KL befindet. Ersatzbälle liegen beim Trainer.

Organisation und Ablauf (Kognition)

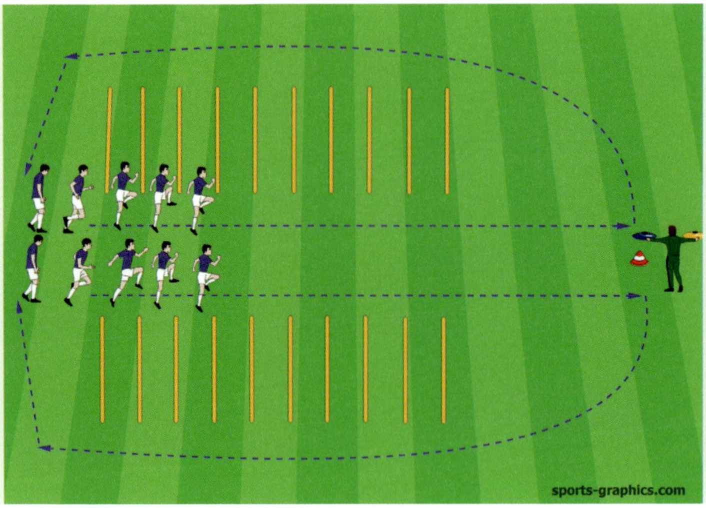

Zwei Stangenreihen (je 10 Stück) etwa 4 Meter nebeneinander aufbauen. Der Abstand der Stangen zueinander beträgt etwa 40 cm. Etwa 14 Meter von der ersten Stange entfernt ein Wendehütchen stellen.

Zwei Spielerreihen zwischen den Stangenreihen bilden.

Die Spieler laufen im Abstand von 2 Metern hintereinander und absolvieren zuerst eine Aufgabe zwischen den Stangen und später eine Aufgabe an den Stangen. Alle Aufgaben 2 x wiederholen.

Nach der letzten Stange bis zum Wendehütchen laufen und von dort wieder zurück.

Aufgaben zwischen den Stangen: Laufen und Armkreisen. Anfersen. Kniehebelauf. Hopserlauf. Knie diagonal zur Brust. Ferse mit gestrecktem Bein nach hinten. Sprunglauf. Eine Matheaufgabe stellen: Entspricht das Ergebnis dem Geburtsmonat eines Spielers, wechselt er mit seinem Nebenmann die Position.

Aufgaben an den Stangen: Vorwärts- und Rückwärts-Slalomlauf mit Hüftrotation am Ende der Stangen. Rückwärts-Sidesteps. Vorwärts-Sidesteps und am Ende der Stangen den inneren Fuß nach außen wegschwingen. Zwei Kontakte je Zwischenraum und Sprint bis zum Hütchen. Seitlich zu den Stangen: Vorwärts-rückwärts-Lauf. Zwei Kontakte je Zwischenraum und Sprint bis zum Hütchen. Ein gelbes oder blaues Hütchen zeigen. Dann entweder gerade oder diagonal sprinten.

Organisation und Ablauf (Athletik)

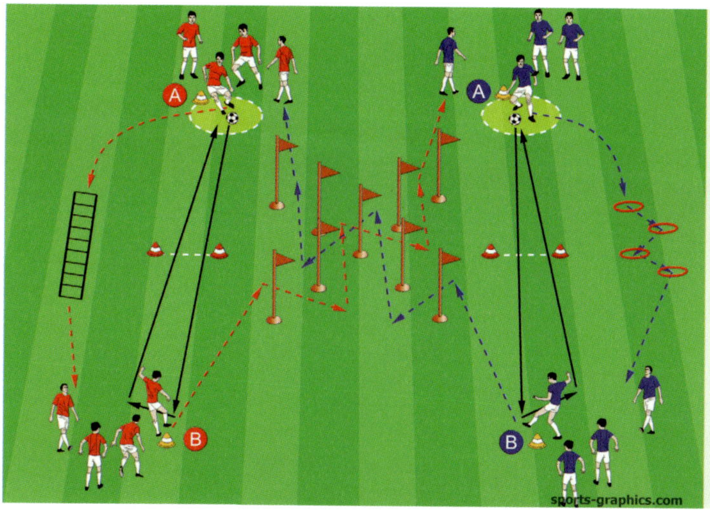

Ein Quadrat (15 Meter) mit zwei HT aufbauen. An den Längsseiten eine KL und Ringe auslegen. Aus neun Stangen ein Kreuz im Zentrum des Quadrats bilden.

Die Spieler an den Ecken des Felds aufteilen. Auf beiden Positionen A jeweils ein Ball.

Zwischen den Positionen A und B pendeln die beiden Bälle hin und her. Die Pässe jeweils mit dem vierten Kontakt spielen. Bis zum vierten Kontakt den Ball zwischen den Innenseiten hin- und herkicken.

Nach ihren Pässen wechseln A über die KL/Ringe zu B und B mit Slalom-Sidesteps durch das Stangenkreuz zur diagonalen Position A (von außen ins Stangenkreuz gehen).

Spieleranzahl: 12-24 Spieler.

Variation: Alle Spieler A mit Ball. A und B spielen sich den Ball hin und her. Den zweiten Pass von A nimmt B in Richtung Stangenkreuz mit und absolviert dort ein Slalomdribbling. Die Spieler A absolvieren nach ihren athletischen Aufgaben einen Kopfball. Hinter B steht dann jeweils ein Trainer und wirft Bälle zu.

Tipp: An den Ringen Einbeinsprünge ausführen. Nach einer weichen Landung in einer tiefen Position für etwa eine Sekunde verharren. Slalom-Sidesteps mit tiefem Körperschwerpunkt, kleinen Schritten und erhobenem Kopf (Kollision vermeiden). Pässe flach, präzise und mit angemessenem Druck spielen. Beidfüßigkeit!

Organisation und Ablauf (Athletik)

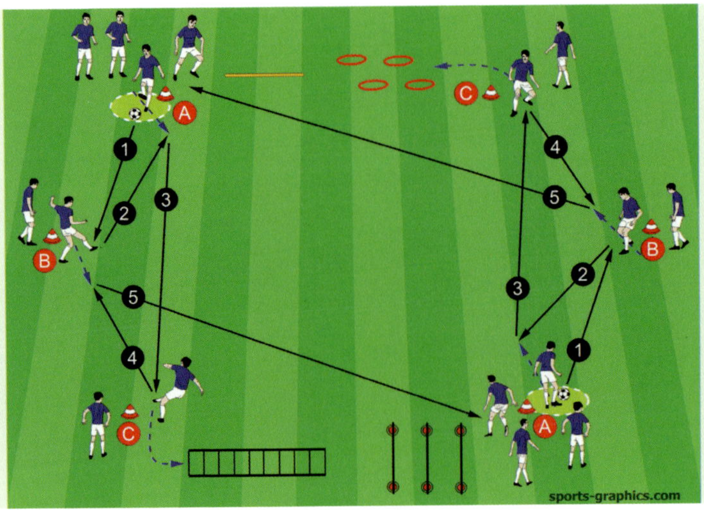

Ein Quadrat aus den Hütchen A/C (20 Meter) aufbauen. Jeweils 5 Meter seitlich des Quadrats die beiden Positionen B markieren. Zentralaußen von den Positionen A und C Gerätschaften für athletische Aufgaben auslegen.

Die Positionen B/C doppelt besetzen. Die restlichen Spieler verteilen sich zur gleichen Zahl an den beiden Startpositionen A. Der jeweils erste Spieler A mit Ball.

Die beiden Spieler mit Ball passen gleichzeitig zu Spieler B. B lässt klatschen und A spielt zu C weiter. C lässt auf B klatschen und B spielt diagonal zur jeweils anderen Startposition.

Die Spieler wechseln entgegen dem Uhrzeigersinn eine Position weiter. Beim Wechsel von C nach A athletische Aufgaben absolvieren.

Spieleranzahl: 14-22 Spieler. Bei weniger als 14 Spielern die Positionen B/C nur einfach besetzen.

Variation: Wechsel der Spielrichtung. Von C wird nun in Richtung A gespielt. Wechsel der Positionen im Uhrzeigersinn.

Tipp: Pässe immer leicht in Spielrichtung spielen (Nicht auf den Mann!). Den Ball flach halten (insbesondere beim Klatschenlassen). Die weiten Bälle druckvoll spielen. Pässe ohne Schnitt (den Ball mittig mit der Fußinnenseite treffen). Blickkontakt herstellen und Pässe coachen. Beidfüßig passen. Die Passempfänger auf den Vorderfuß bewegen; sich von einem imaginären Gegner lösen.

Organisation und Ablauf (Athletik)

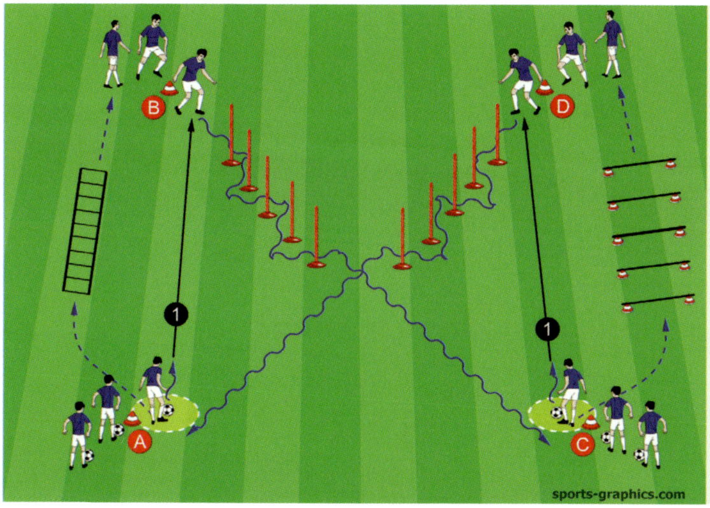

Ein Quadrat (20 Meter) mit 10 Slalomstangen aufbauen. Seitlich neben dem Quadrat eine KL und Hürden aufbauen.

Die Spieler verteilen sich gleichmäßig an den vier Positionen. Alle Spieler A/C mit Ball.

Die Spieler A/C starten gleichzeitig, indem sie zum Spieler gegenüber nach einem kurzen Andribbeln passen. Die Passempfänger nehmen das Zuspiel direkt in Richtung Stangenreihe mit und absolvieren ein Slalomdribbling. Sind Spieler B/D im mittleren Bereich der Stangenreihe, startet der nächste Durchgang.

Spieler A/C absolvieren beim Wechsel zu B/D eine Aufgabe an der KL bzw. Schlusssprünge an den Hürden. Spieler B/D dribbeln diagonal weiter und stellen sich bei A/C an.

Spieleranzahl: 12-24 Spieler.

Variation: Spieler B/D lassen das Zuspiel klatschen, erhalten erneut den Ball (Doppelpass) und starten dann ins Slalomdribbling.

Tipp: Spieler B/D nehmen den Ball mit dem Ersten Kontakt zur Stangenreihe mit (kein Anstoppen). Angemessene Passschärfe. Beidfüßig mit Tempo dribbeln und keine Stange berühren. Der Kopf ist oben. Nach dem Slalomdribbling kurz das Dribbeltempo steigern. Stabiler Rumpf beim Absolvieren der athletischen Aufgaben.

Organisation und Ablauf (Athletik)

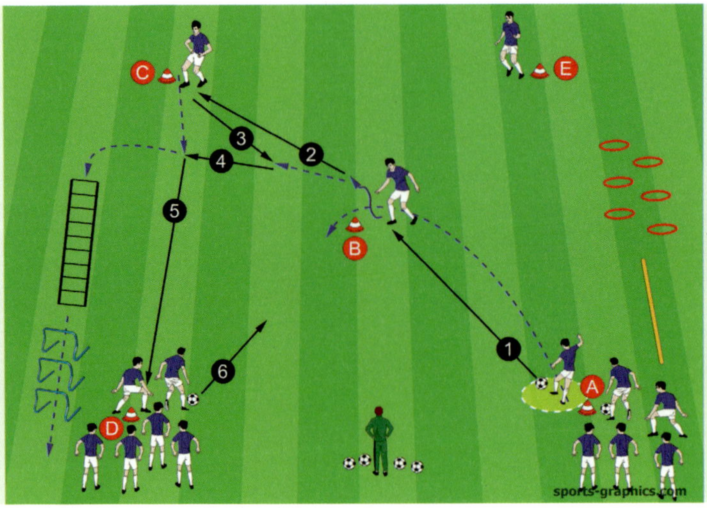

Ein Quadrat (15 Meter) mit einem zentralen Hütchen (Stange) und Material für athletische Aufgaben aufbauen.

Die Positionen B, C und E einfach besetzen. Die restlichen Spieler teilen sich an den beiden Positionen A und D auf. Die ersten beiden Spieler A mit Ball und der vorderste Spieler D mit Ball.

Spieler A passt zu B, umläuft sofort Hütchen B und fordert ein Zuspiel von D. Spieler B dreht auf und spielt mit seinem zweiten Kontakt zu Spieler C. C spielt mit B Doppelpass und passt dann zu D. Mit dem Pass ❻ gleicher Ablauf in Richtung E.

Die Spieler folgen ihren Pässen. Spieler C und E absolvieren beim Wechsel eine athletische Aufgabe.

Spieleranzahl: 7-21 Spieler. Bei weniger als 11 Spielern die athletischen Aufgaben reduzieren.

Variation: Nach Abschluss der athletischen Aufgaben erhalten die Spieler auf beiden Seiten noch von den Trainern einen Ball zum Kopfball zugeworfen.

Tipp: Hütchen B (alternativ Stange) immer komplett umlaufen. Offene Stellung von B und dieser zeigt auch an, in welchen Fuß der Pass ❶ erfolgen soll (hinterer Fuß). Den Pass ❶ druckvoll spielen und mit „Dreh" coachen. Präziser Doppelpass. Genügend Ersatzbälle zwischen die beiden Startpositionen A und D legen.

Organisation und Ablauf (Athletik)

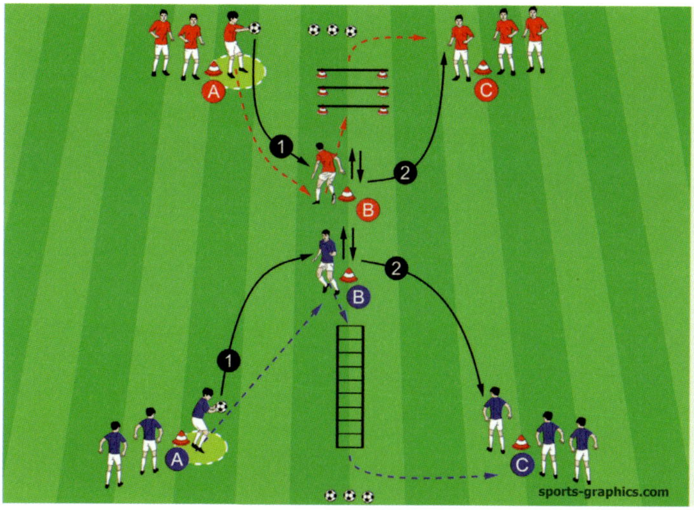

Zwei Hütchendreiecke (10 x 8 Meter) Kopf an Kopf mit athletischen Aufgaben entsprechend der Zeichnung aufbauen.

Je ein Spieler zu den Positionen B. Die restlichen Spieler teilen sich gleichmäßig an den Positionen A und C auf. Der jeweils erste Spieler A mit Ball in der Hand.

Die Spieler an den beiden Dreiecken spielen ausschließlich untereinander. Spieler A wirft auf Trainersignal einen Ball zu Spieler B. B hält den Ball in der Luft und spielt ihn frühestens mit seinem zweiten Kontakt zu Spieler C (ohne dass der Ball den Boden berührt). C fängt den Ball und wirft ihn seinerseits zu Position B und Ablauf wie zuvor.

Spieler A/C wechseln nach ihren Würfen direkt zu B und Spieler B absolviert eine athletische Aufgabe beim Wechsel zu C/A (immer seinem Zuspiel folgen).

Spieleranzahl: 10-18 Spieler.

Wettbewerb: Welcher Gruppe gelingt es, in 4 Minuten häufiger den Ball ohne Bodenkontakt weiterzuspielen? Der Passempfänger muss den Ball fangen können!

Variation: Zum zweiten Dreieck wechseln (andere athletische Aufgabe). Spieler B muss den Ball mit dem zweiten Kontakt weiterspielen. Spieler B köpft zu C.

Tipp: Präzise Würfe der Spieler. Ausreichend Ersatzbälle bei A/C. Im Sprint zu Position B wechseln.

Organisation und Ablauf (Athletik)

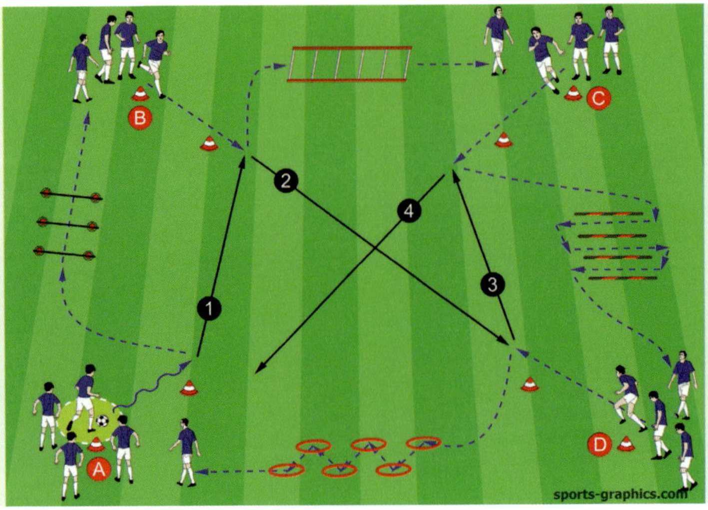

Ein Innenquadrat (10 Meter) und ein Außenquadrat (16 Meter) aufbauen. Auf den Seitenlinien des Außenquadrats athletische Aufgaben aufbauen.

Die Spieler in gleicher Anzahl an die Ecken des Außenquadrats aufteilen. Ein Ball zu A.

Spieler A dribbelt ins Innenquadrat und passt zu B. B läuft so getimt dem Ball entgegen, dass er im Innenquadrat direkt zu D spielen kann. D spielt direkt und auch im Innenquadrat zu C und C dasselbe zum zweiten Spieler A. Alle Pässe im Innenquadrat spielen!

Die Spieler wechseln im Uhrzeigersinn eine Position weiter. Beim Wechsel wird eine athletische Aufgabe absolviert.

Spieleranzahl: 6-24 Spieler. Bei 11 Spielern oder weniger keine athletischen Aufgaben. Bei sechs Spielern die Position D doppelt besetzen.

Variation: Wechsel der Spielrichtung. Start bei D und Wechsel entgegen dem Uhrzeigersinn. Die Spieler stehen an den Ecken des Innenquadrats und vor einem Zuspiel umlaufen sie ihr hinteres Hütchen. Große und leistungsstarke Gruppen können mit zwei Bällen gleichzeitig spielen.

Tipp: Schlechte Zuspiele zunächst kontrollieren. Genauigkeit vor Schnelligkeit! Die Zielspieler starten im „letzten Moment" dem Zuspiel entgegen und passen aus der Bewegung. Bei der Variation auf ein gutes Timing beim Umlaufen der hinteren Hütchen achten.

Organisation und Ablauf (Athletik)

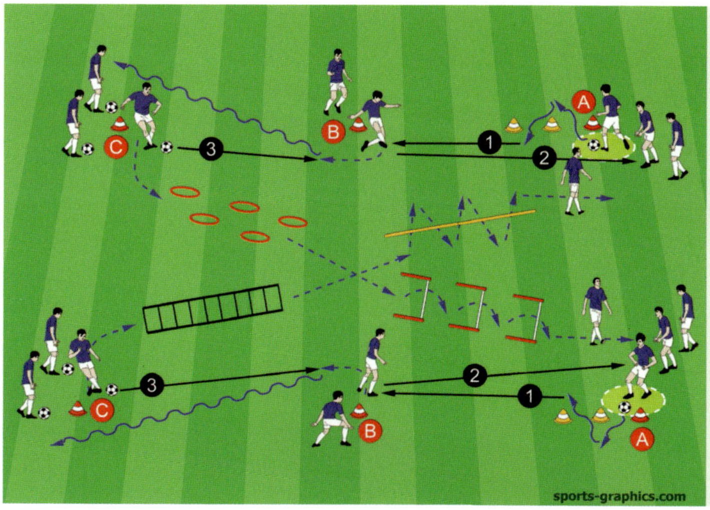

Ein Feld 24 x 10 Meter mit Mittellinie aufbauen. An die Positionen A zwei weitere Hütchen stellen. Im Feld befinden sich athletische Gerätschaften entsprechend der Zeichnung.

Je zwei Spieler zu B, je drei Spieler mit Bällen zu C und die restlichen Spieler teilen sich an den beiden Positionen A auf. Der jeweils erste Spieler A mit Ball.

Die beiden ersten Spieler A starten gleichzeitig mit einem Slalomdribbling (von innen nach außen) und passen zu Spieler B. B lassen das Zuspiel zum nächsten Spieler A klatschen (nach innen). Nach Pass ❷ drehen B auf, fordern von C ein Zuspiel und dribbeln zu B. Die nächsten Spieler A starten den neuen Durchgang, indem sie direkt ins Slalomdribbling gehen.

Spieler A wechselt nach B, B zu C und C absolviert athletische Aufgaben beim Wechsel zu A (gegenüberliegende Seite).

Spieleranzahl: 8-22 Spieler. Bei weniger als 14 Spielern nur auf einer Seite spielen.

Variation: Die Spieler C absolvieren nach den athletischen Aufgaben noch einen Kopfball, indem sie einen vom Trainer zugeworfenen Ball zurückköpfen.

Tipp: Den Pass ❷ möglichst direkt (der Kopf ist oben) und so spielen, dass der nächste Spieler A das Zuspiel direkt mit seinem Ersten Kontakt durchs „erste Fenster" mitnehmen kann. B immer in den inneren Fuß anspielen. B dribbelt nach außen weg.

Organisation und Ablauf (Athletik)

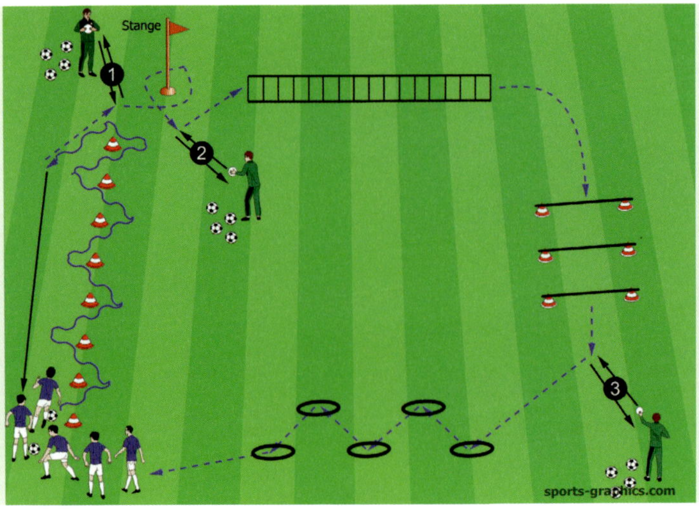

Ein Quadrat, bestehend aus acht Hütchen, einer Stange, einer KL, einer Hürdenreihe und einer Reifenreihe, entsprechend der Zeichnung aufbauen.

Auf jeweils einer Seite der Stange steht ein Trainer mit ausreichend Bällen. Alle Spieler hinter der Hütchenreihe. Die ersten beiden Spieler mit Ball. Wahlweise ein dritter Trainer mit Bällen hinter der Hürdenreihe.

Der erste Spieler startet ins Slalomdribbling (ins erste Fenster von außen rein). Ist der vordere Spieler etwa bei der Hälfte der Hütchenreihe, startet der nächste Spieler ins Slalomdribbling. Nach dem Slalomdribbling Pass zum nächsten Spieler am Anfang der Hütchenreihe. Dann sofort zum ersten Trainer und einen halbhoch zugeworfenen Ball mit der linken (gegnerfernen) Innenseite zurückspielen. Mit dem Rücken zum zweiten Trainer bleiben, Sidesteps um die Stange absolvieren und dann zum zweiten Trainer drehen. Hier jetzt einen halbhoch zugeworfenen Ball mit der rechten Innenseite zurückspielen. Danach eine Aufgabe an der KL, dann Schlusssprünge über die Hürden, Kopfball beim dritten Trainer und Einbeinsprünge in die Reifen.

Spieleranzahl: 10-20 Spieler.

Variation: Anstatt mit der Innenseite mit dem Spann zurückspielen. Kopfbälle (offensiv und defensiv). Mit dem Ersten Kontakt jonglieren und dann zurückspielen.

Tipp: Hohes Tempo bei allen Aktionen fordern!

Organisation und Ablauf (Athletik)

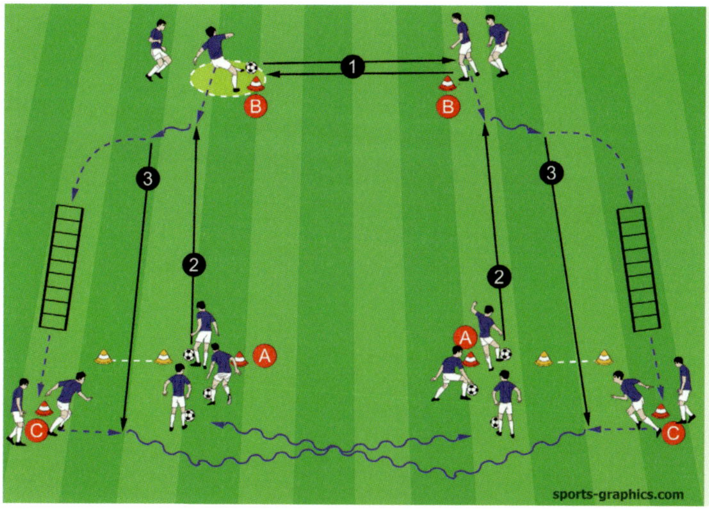

Ein Rechteck (12 x 5 Meter) mit zwei äußeren HT (Gelb), zwei Positionen C und zwei KL aufbauen.

Je zwei Spieler und ein Ball zu den beiden Positionen B. Die restlichen Spieler verteilen sich in der gleichen Anzahl an den vier Positionen A und C. Die Spieler A haben einen Ball.

Der Ball bei B wird immer zwischen den beiden Positionen B hin- und hergespielt (Klatschball). Nachdem ein Spieler B diesen Ball gespielt hat, dreht er sich zu Spieler A (auf seiner Seite) und fordert ein Zuspiel. B erhält den Pass ❷, nimmt ihn nach außen mit und passt durch das HT zu Spieler C.

Spieler A folgt seinem Pass zu B, C dribbelt zur entfernten Position A und B wechselt über die KL zu C.

Spieleranzahl: 12-24 Spieler.

Variation: Nach der Aufgabe an den KL absolvieren die Spieler noch einen Kopfball. Dazu stehen zwei Trainer mit Bällen bereit. Bei B einen Spezialball (z. B. Futsal, Leichtball, Reflexball) zwecks Verbesserung der kognitiven Fähigkeiten nutzen.

Tipp: Den Pass ❶ mit dem hütchenfernen Fuß spielen. Vor jedem Pass Blickkontakt herstellen. Jeden Pass coachen (Namen rufen usw.). Den Pass ❸ druckvoll mit dem äußeren Fuß spielen. Spieler C nehmen den Pass ❸ aus der Bewegung mit. Auf den Ersten Kontakt achten! Frei wählbare Aufgabe an der KL und diese mit hoher Intensität ausführen.

Organisation und Ablauf (Athletik)

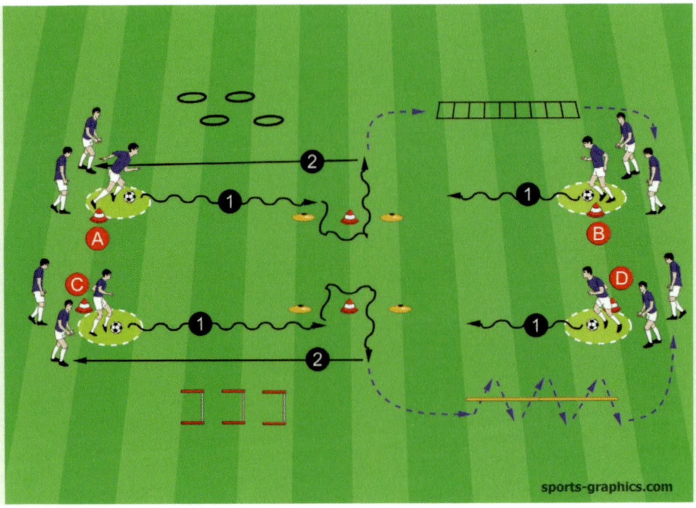

Ein Rechteck (28 x 6 Meter) mit je drei zentralen Slalomhütchen zwischen den Startpositionen A/B und C/D aufbauen. Neben dem Feld vier unterschiedliche athletische Aufgaben errichten (siehe Zeichnung).

Die Spieler verteilen sich in der gleichen Anzahl an den vier Startpositionen. Der jeweils erste Spieler hat einen Ball.

Die vier Spieler mit Ball dribbeln gleichzeitig in Richtung Slalomhütchen, umdribbeln das mittlere Hütchen von außen nach innen und passen dann zu ihrer Startposition zurück.

Nach dem Pass ❷ wechseln die Spieler zur gegenüberliegenden Position (A nach B, B nach A, C nach D und D nach C). Dabei absolvieren sie eine athletische Aufgabe.

Spieleranzahl: 12-24 Spieler.

Wettbewerb: Auf Trainersignal dribbeln die vier Spieler mit Ball zur gegenüberliegenden Startposition und übergeben dort den Ball. Welche Gruppe A/B oder C/D erreicht zuerst 30 (40) Slalomdribblings an den mittleren Hütchen?

Variation: Die ersten beiden Spieler haben einen Ball. Werden die Slalomhütchen vom Vordermann erreicht, startet der nächste Spieler. Nach 3 Minuten Seitenwechsel.

Tipp: Tempodribbling mit enger Ballführung. Den Pass druckvoll mit dem äußeren Fuß spielen. Die athletischen Aufgaben korrekt ausführen.

Organisation und Ablauf (Athletik)

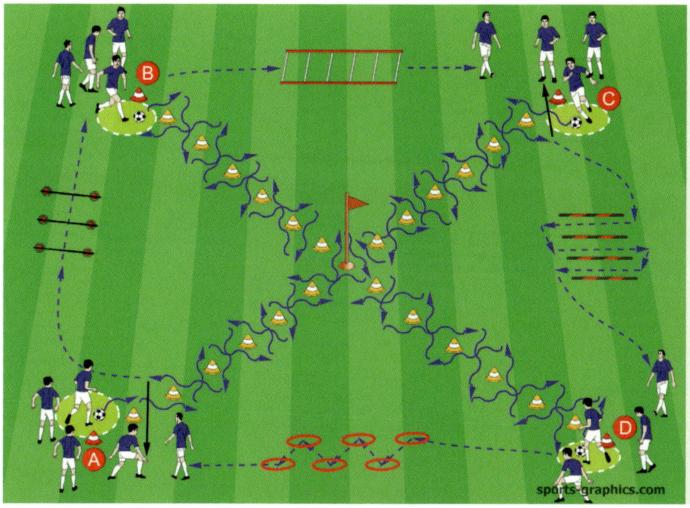

Ein Quadrat (8 Meter) mit einer zentralen Stange aufbauen. Zwischen Feldecke und Stange 5-6 Hütchen legen. An die Außenseiten Material für athletische Aufgaben stellen.

Die Spieler zur gleichen Zahl an den Feldecken aufteilen. Je Ecke ein Ball.

Die jeweils ersten Spieler absolvieren gleichzeitig ein Slalomdribbling bis hinter die Stange und dann wieder zurück. An ihrer Feldecke angekommen, übergeben sie den Ball an den nächsten Spieler. Dieser geht ebenfalls ins Slalomdribbling.

Nachdem die Spieler den Ball übergeben haben, wechseln sie im Uhrzeigersinn eine Position weiter und absolvieren dabei eine athletische Aufgabe.

Spieleranzahl: 12-20 Spieler.

Variation: Die Hütchen zwischen Feldecke und Stange entfernen und anstatt eines Slalomdribblings wird ein Tempodribbling absolviert.

Kognitiv: Spezialbälle einstreuen.

⚽ **Tipp:** Beidfüßig und mit Tempo dribbeln. Kein Hütchen mit dem Ball berühren. Beim Umdribbeln der Stange den Kopf heben, um Zusammenstöße zu vermeiden (gegebenenfalls die Aktion verzögern).

Organisation und Ablauf (Athletik)

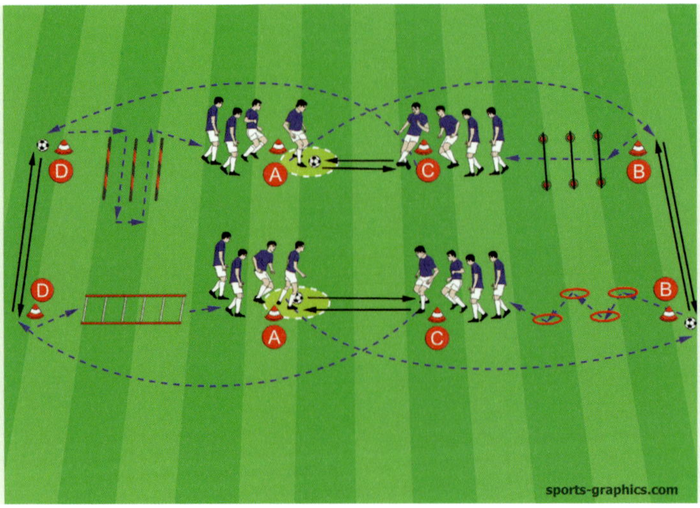

Acht Hütchen entsprechend der Zeichnung aufstellen. Der Abstand der Hütchen bei athletischen Aufgaben beträgt 12 Meter, sonst 8 Meter.

Die Spieler verteilen sich in der gleichen Anzahl an den vier mittleren Hütchen (A und C). Der jeweils vordere Spieler A hat einen Ball. Jeweils ein Ball liegt bei B und D.

Die vier Bälle pendeln nun – möglichst direkt – zwischen A und C, B und B, D und D. Die Pässe bei B und D mit dem äußeren Fuß spielen.

Die Spieler A laufen nach ihrem Pass zu B, spielen dort zur gegenüberliegenden Seite, absolvieren eine athletische Aufgabe und wechseln zu C. Die Spieler C laufen nach ihrem Pass zu D, passen dort zur gegenüberliegenden Seite, absolvieren eine athletische Aufgabe und wechseln dann zu A.

Spieleranzahl: 12-24 Spieler. Bei 16 Spielern oder weniger keine athletischen Aufgaben.

Variation: Den Pass zwischen A und C mit dem zweiten Kontakt spielen (zwischen den Innenseiten hin- und herkicken). Nach der Hälfte der Zeit tauschen die Spieler ihre Seiten.

Tipp: Der Kopf ist immer oben. Nur direkt spielen, wenn man vorher eine „einsatzbereite" Anspielstation erkannt hat. Die athletischen Aufgaben so wählen, dass diese in etwa der gleichen Zeit absolviert werden können. Sollte durch Verzögerungen ein Ungleichgewicht an Spielern entstehen, diese zu einer unterbesetzten Position „beamen".

Organisation und Ablauf (Athletik)

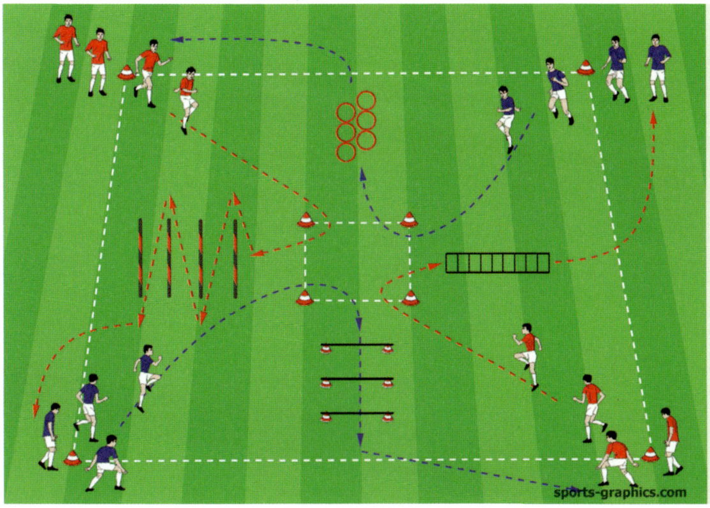

Ein großes Quadrat (25 Meter) aufbauen. Im Zentrum dessen befindet sich ein kleines Quadrat (4 Meter). Im Zwischenraum der Quadrate vier koordinative Elemente errichten.

Die Spieler gleichmäßig an die vier äußeren Hütchen verteilen.

Der jeweils erste Spieler startet mit einer vorgegebenen Aufgabe des Lauf-ABCs in Richtung kleines Quadrat. Die nachfolgenden Spieler folgen im Abstand von etwa 4 Metern mit der gleichen Aufgabe. Im kleinen Quadrat angekommen, wird zum koordinativen Element auf der jeweilig rechten Seite gewechselt.

Nach dem Absolvieren der koordinativen Aufgabe entgegen dem Uhrzeigersinn eine Position weiter wechseln.

Spieleranzahl: 12-24 Spieler.

Variation: Der jeweils erste Spieler mit Ball. Tempodribbling um ein Hütchen des kleinen Quadrats und Pass zurück. Der Passempfänger startet ebenfalls ein Tempodribbling.

Tipp: Vier mögliche koordinative Elemente sind: Koordinationsleiter, Hürden für Schlusssprünge, Stangen für Slalom-Sidesteps (vorwärts/rückwärts) und Reifen für Einbeinsprünge.

Organisation und Ablauf (Athletik)

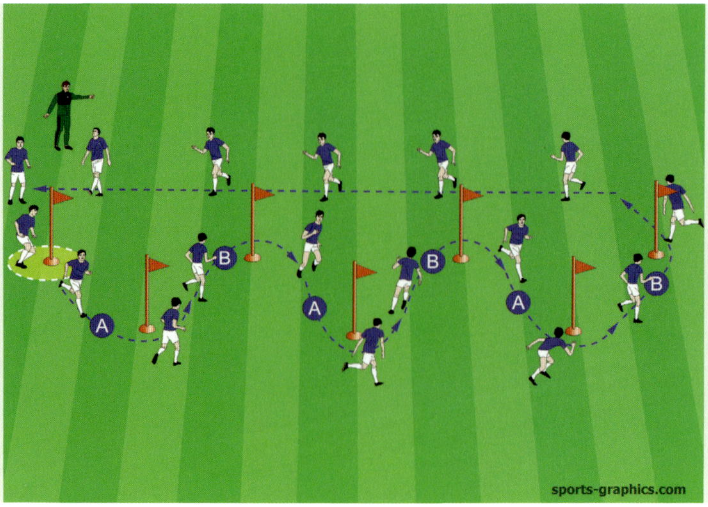

Sieben Stangen im Abstand von etwa 8 Metern versetzt zueinander aufstellen.

Die Spieler laufen im Abstand von etwa 2 Metern hintereinander in den Parcours. Den Rückweg locker traben.

Folgende Aufgaben für die Strecke „Abwärts" **(A)** und „Aufwärts" **(B)**. Immer außen um die Stangen laufen:

A: Vorwärtslauf. **B:** Rückwärtslauf.
A: Anfersen. **B:** Kniehebelauf.
A + B: Überkreuzlauf.
A + B: Laufen und außen an der Stange komplette Drehung (mit dem Rücken zur Stange).
A: Hüftrotation von außen nach innen mit Zwischenschritt. **B:** Hampelmann: Die Arme kreuzen sich in Richtung Boden bei jedem Schritt.
A: Dehnen der Oberschenkelvorderseite, indem man den Fuß ans Gesäß zieht und den gegengleichen Arm nach oben streckt. **B:** Hopserlauf.
A: Aus dem Kniehub das Bein nach vorne außen strecken. Zwischenschritt und das Bein wechseln. **B:** Großer seitlicher Ausfallschritt (Dehnung der Oberschenkelinnenseite).
A: Die Fußspitze diagonal hoch zur Hand ziehen. **B:** Großer Ausfallschritt nach vorne (Beinwechsel).
A: Seitwärtslauf (Fußinnenseiten gegeneinander). **B:** Sprint.
A + B: Slalomsprint mit Richtungswechsel hinter den Stangen. **A + B:** Slalomsprints mit Richtungswechsel vor den Stangen.

Organisation und Ablauf (Spaß)

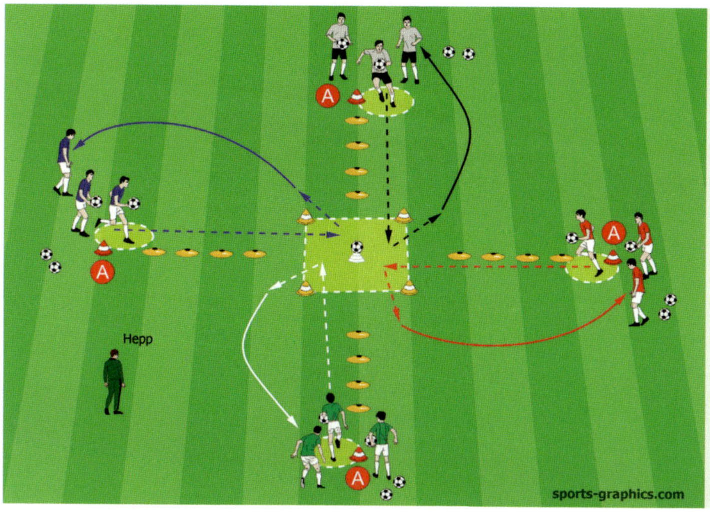

Ein Hütchenkreuz (24 x 24 Meter), bestehend aus einem inneren Quadrat (2 Meter) und einem zentralen Hütchen mit aufliegendem Ball, aufbauen. Zwischen die Hütchen A und das Quadrat je vier Hütchen (Gummiteller) legen.

Die Spieler verteilen sich an den Hütchen A. Die ersten beiden Spieler mit Ball in der Hand.

Die jeweils ersten Spieler mit Ball laufen gleichzeitig in Richtung Quadrat und absolvieren auf dem Weg dorthin eine koordinative Aufgabe. Die zweiten Spieler mit Ball starten kurz danach mit der gleichen Aufgabe. Ein Hütchen des Quadrats wird umlaufen und der Ball dann zum nächsten Spieler der Gruppe geworfen.

Der Spieler, der den Ball fängt, startet direkt mit der gleichen Aufgabe in Richtung Quadrat.

Spieleranzahl: 12-24 Spieler. Ab 24 Spieler haben jeweils die ersten drei Spieler einen Ball.

Wettbewerb: Auf ein Trainersignal (etwa alle 30 Sekunden) versucht jede Gruppe, von ihrer Startposition aus, den zentralen Ball vom Hütchen zu schießen. Wem gelingt dies zuerst? Die Verlierer absolvieren Liegestütze.

Aufgaben: 1 (2) Kontakt je Fenster. Rückwärtslauf. Kurze Schlusssprünge. Slalom-Sidesteps. Hopserlauf. Kniehebelauf. Anfersen. Hüftrotation von innen nach außen.

Tipp: Ersatzbälle liegen hinter den Startpositionen. Beim Ausführen der koordinativen Aufgaben immer die Zwischenräume der Hütchen (Gummiteller) treffen.

Organisation und Ablauf (Spaß)

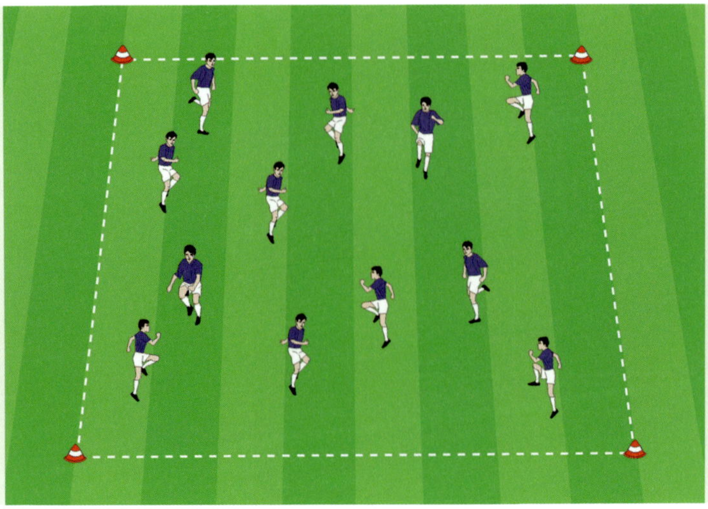

Ein Quadrat (10 Meter) aufbauen.

Alle Spieler ins Quadrat.

Die Spieler laufen quer durcheinander innerhalb des Quadrats. Nach Ansage des Trainers absolvieren die Spieler folgende Aufgaben: Anfersen. Kniehebelauf. Hampelmann. Sidesteps. Skippings. Hopserlauf. Fersenlaufen. Armkreisen. Hüftrotation (von innen nach außen und umgekehrt). Die Knie diagonal hoch zur Brust ziehen. Rückwärtslauf. Sprunglauf. Auf den Fußspitzen gehen und im Wechsel mit den Armen maximal hoch greifen. Sprints.

Die einzelnen Aufgaben so lange absolvieren, bis vom Trainer ein erneutes Signal erfolgt.

Spieleranzahl: 8-14 Spieler. Bei mehr Spielern das Quadrat auf 12 Meter vergrößern.

Wettbewerb I: Die Spieler springen sich Brust an Brust an. Es darf nicht 2 x hintereinander der gleiche Spieler angesprungen werden. Welchem Spieler gelingen zuerst 15 Sprünge?

Wettbewerb II: Mit der eigenen Knieinnenseite die Knieinnenseite eines Mitspielers berühren. Dabei immer im Wechsel von einem älteren zu einem jüngeren Spieler gehen. Wer schafft dies zuerst 15-mal?

Tipp: Überraschende Laufwege der Spieler. Der Kopf ist oben. Aufmerksam laufen, um Zusammenstöße zu vermeiden.

Organisation und Ablauf (Spaß)

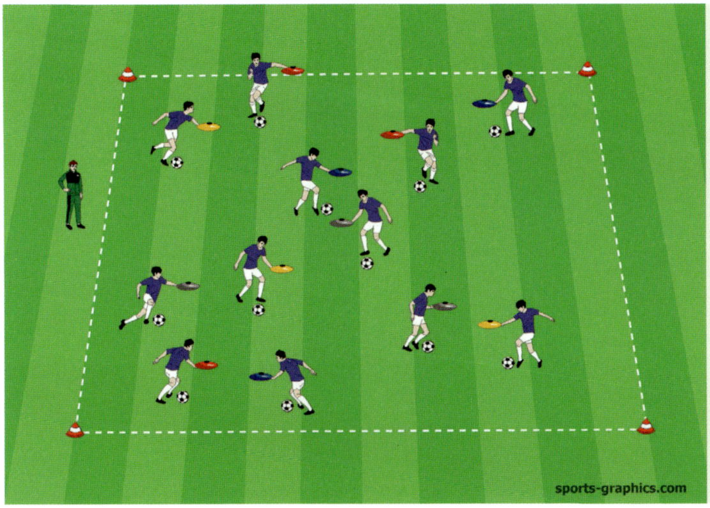

Ein Quadrat (20 Meter) aufbauen.

Die Spieler mit je einem Ball gehen ins Feld. Hütchen mit vier verschiedenen Farben an die Spieler verteilen. Von jeder Farbe gibt es gleich viele Hütchen.

Die Spieler dribbeln im Feld und haben die Aufgabe, alle 3 Sekunden das Hütchen mit einem Mitspieler zu wechseln. Auf ein Trainersignal hin müssen sich die Spieler einer Hütchenfarbe zusammenfinden und in eine freie Ecke dribbeln.

Nach Feststellung des Verliererteams beginnt direkt der nächste Durchgang. 5-8 Durchgänge absolvieren.

Spieleranzahl: 12-24 Spieler.

Wettbewerb: Die Gruppe, die zuletzt komplett in einer Feldecke ist, verliert und muss Liegestütze absolvieren.

Variation: Verschiedene Dribbelvorgaben.

Kognition: Rechenaufgabe Multiplikation: Ein gerades Ergebnis bedeutet weiterdribbeln. Ein ungerades Ergebnis steht für ein Trainersignal.

Tipp: Alle Spieler dribbeln im Lauf. Es wird ständig mit unterschiedlichen Spielern das Hütchen gewechselt. Es dürfen keine Hütchen mit der gleichen Farbe gewechselt werden.

Organisation und Ablauf (Spaß)

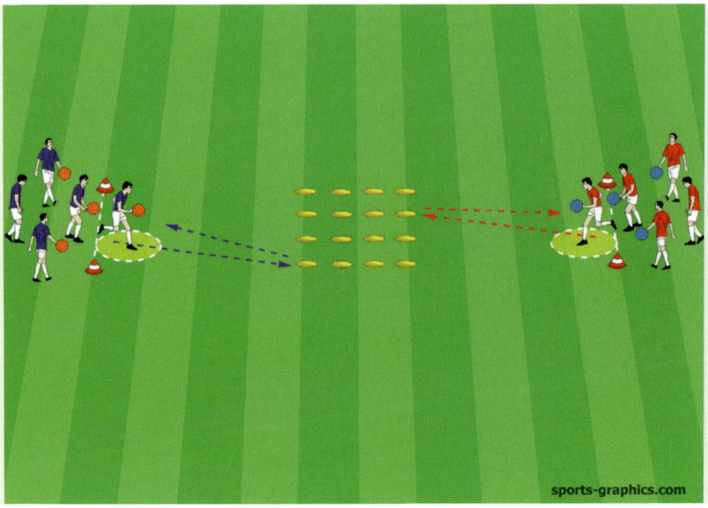

Aus 16 Gummitellern (alternativ Hütchen) ein Quadrat bilden. Der Abstand der Hütchen zueinander beträgt etwa 50 cm. Im Abstand von 12 Metern zum Quadrat zwei Hütchentore gegenüberstellen.

Die Spieler teilen sich auf die beiden Hütchentore auf. Die jeweils ersten vier Spieler haben ein Leibchen von einer Farbe in der Hand.

Ziel der Teams ist es, als Erstes vier Leibchen in einer Reihe (horizontal, vertikal oder diagonal) auf die Gummiteller zu legen. Auf ein Trainersignal hin sprintet der jeweils erste Spieler zu den Tellern und legt sein Leibchen auf eine Position. Er sprintet zurück, klatscht einen Mitspieler ab und dieser sprintet mit derselben Aufgabe zu den Tellern. Liegen alle vier Leibchen einer Gruppe auf den Tellern, wechseln die Spieler lediglich die Position eines Leibchens ihrer Farbe.

Spieleranzahl: 8-20 Spieler.

Wettbewerb: Das Verliererteam erhält eine Sonderaufgabe. Welches Team erreicht zuerst fünf Punkte?

Variation: Nach dem Abklatschen muss der neue Spieler eine Rolle vorwärts absolvieren. Zentral zwischen den HT und den Tellern einen Ball legen. Dieser muss beim Zurücklaufen zurückgepasst werden und der Nächste dribbelt bis zur halben Strecke.

Tipp: Ein Positionswechsel eines Leibchens darf maximal 2 Sekunden dauern. Gegnerische 4er-Reihen verhindern.

Organisation und Ablauf (Timing)

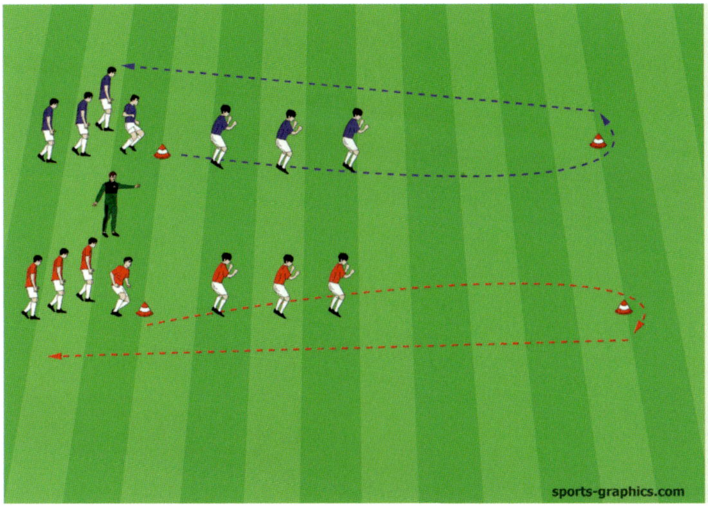

Die Spieler bilden zwei Gruppen im Abstand von etwa 4 Metern. Sie laufen eine Strecke von jeweils 20 Metern.

Die Spieler laufen im Abstand von etwa 1 Meter gleichzeitig los.

Die Spieler führen auf dem Hinweg der Strecke folgende Aktionen synchron aus:

Im Wechsel 2 x Sidesteps vorne links und 2 x vorne rechts. Das Gleiche im Rückwärtslauf.

Ellbogen auf Schulterhöhe: Den Oberkörper im Wechsel 2 x nach links und 2 x nach rechts drehen.

Die Fußinnenseite anheben und mit beiden Händen berühren. Im Wechsel 2 x rechts, 2 x links.

Die Ellbogen sind auf Schulterhöhe: Beide Ellbogen 2 x nach hinten führen und dann 2 x in die Hände klatschen.

Die rechte Hand klatscht auf den rechten hochgezogenen Oberschenkel, die linke Hand klatscht auf den linken hochgezogenen Oberschenkel. Dann wieder 2 x in die Hände klatschen.Die rechte Hand berührt die rechte Ferse, die linke Hand berührt die linke Ferse. Dann wieder 2 x klatschen.

Hopserlauf: 2 x mit den Händen auf die Oberschenkel klatschen, 1 x mit den Händen auf die Brust und dann 1 x über dem Kopf klatschen.

Hopserlauf: 2 x mit den Händen auf die Brust klopfen und dann 2 x in die Hände klatschen.

Variation: Um synchron zu bleiben, zählen die Spieler laut im Rhythmus 1-2-3-4.

Organisation und Ablauf (Timing)

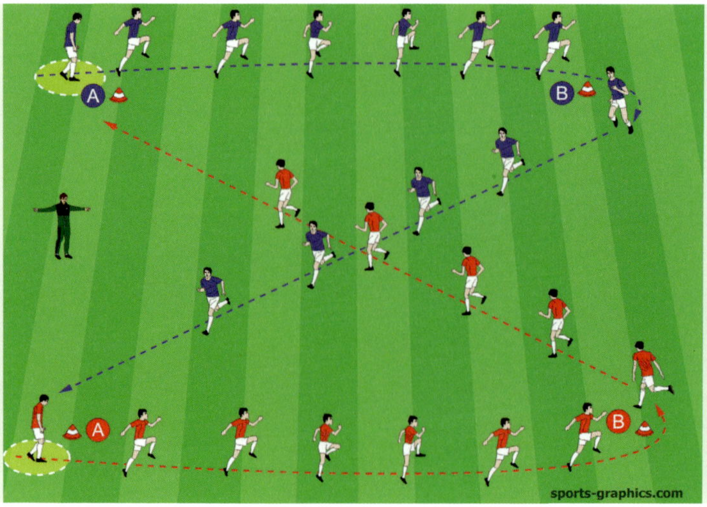

Ein Rechteck (15 x 12 Meter) aufbauen. Alle Spieler gehen zu den beiden Startpositionen A.

Die Spieler laufen nacheinander (Abstand: 2 Meter) um das gegenüberliegende Hütchen B und dann diagonal zum jeweils anderen Starthütchen. Von dort an wird unterbrechungsfrei der nächste Durchgang gestartet. Beide Gruppen starten immer gleichzeitig.

Beim Lauf in Richtung B jeweils eine Aufgabe des Lauf-ABCs ausführen. Beim Diagonallauf Reißverschlussverfahren der Spieler.

Hopserlauf (2 x 15 Meter): Mit einem Bein abwechselnd abspringen und dabei den gegengleichen Arm heben.

Kniehebelauf (2 x 15 Meter): Die Knie im Wechsel bis zur Waagerechten heben.

Seitwärtslauf (15 Meter je Seite): Die Beine überkreuzen sich und die Arme schwingen mit.

Anfersen (1 x 15 Meter): Die beiden Fersen im Wechsel zum Gesäß schlagen.

Rückwärtslauf (1 x 15 Meter): Locker und mit gleichmäßigem Tempo rückwärtslaufen.

Hampelmann (15 Meter je Seite): Die Fußinnenseiten schlagen zusammen. Mit Armeinsatz!

Hochsprung (alle 5 Meter): Aus dem Lauf maximal hoch abspringen (mit Armeinsatz).

Bonus: Sidesteps, Vorderfußlauf, Lauf mit durchgestreckten Knien und Skippings.

Sonderaufgabe im Reißverschluss: Hocke, 180-Grad-Drehung und Schulterrempeln.

Organisation und Ablauf (Timing)

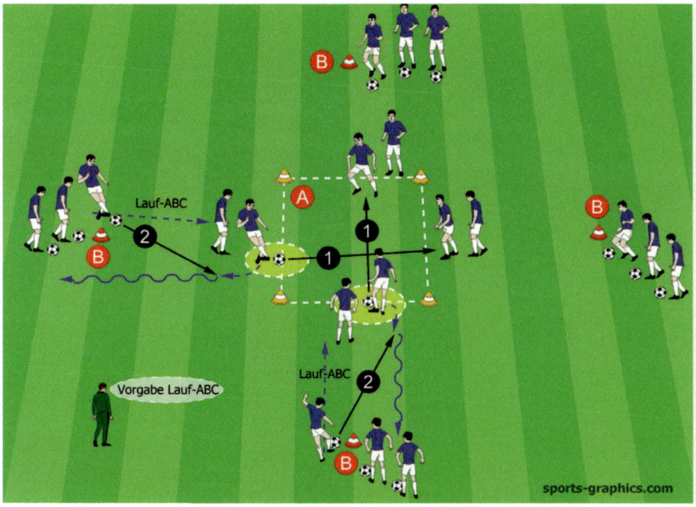

Ein Außenquadrat B (32 Meter) und ein Innenquadrat A (4 Meter) entsprechend der Zeichnung aufbauen.

Je zwei Spieler zu den Außenseiten A und die Hütchen B mit je 2-5 Spielern besetzen. Alle Spieler B mit Ball und zwei Spieler A mit Ball.

Die beiden Bälle bei A pendeln immer zur gegenüberliegenden Position hin und her. Die Bälle werden mit zwei Kontakten gespielt (eine Fußinnenseite spielt den Ball auf den anderen Fuß). Passgeber A dreht sich zur Position B in seinem Rücken und erhält ein Zuspiel. Er dribbelt zu B und Passgeber B wechselt mit einer Aufgabe des Lauf-ABCs zu A.

Der Trainer ruft den Spielern die aktuelle Aufgabe des Lauf-ABCs zu: Armkreisen, Anfersen, Kniehebelauf, Hüftrotation, Hopserlauf, Hampelmann, Seitwärtslauf, Antritte usw.

Spieleranzahl: 16-28 Spieler.

Variation: Am Innenquadrat werden die zwei Bälle per Jonglage hin- und hergespielt. Spieler B halten den Ball in der Hand. Anstatt zu passen, werfen sie den Ball. Spieler A halten den Ball mit ihrem Ersten Kontakt in der Luft und nehmen ihn mit ihrem zweiten Kontakt per Dropkick mit.

Frei wählbare Aufgabe beim Lauf-ABC.

Tipp: Bei Pass ❶ den offenen Passweg prüfen. Miteinander kommunizieren. Spieler A achtet auf seinen Ersten Kontakt und dribbelt dann mit Tempo!

Organisation und Ablauf (umfangreich)

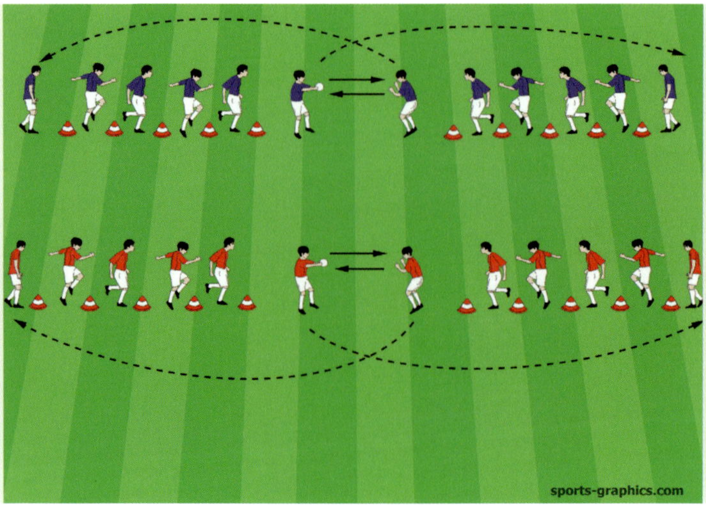

Vier Hütchenreihen (6-8 Hütchen) entsprechend der Zeichnung aufbauen. Der jeweilige Abstand der Hütchenreihen beträgt 8 Meter.

Die Spieler teilen sich außen an den vier Hütchenreihen zur gleichen Zahl auf. Der jeweils erste Spieler, an den beiden linken Hütchenreihen, hat einen Ball in der Hand.

Die jeweils ersten Spieler starten gleichzeitig in die Hütchenreihen und absolvieren dabei athletische Aufgaben. Die nächsten Spieler starten, nachdem die vorderen Spieler den mittleren Bereich der Hütchenreihe erreichen. Zwischen den Hütchenreihen werfen sich die Spieler die Bälle hin und her.

Nach dem Ballwurf laufen die Spieler zum Anfang der gegenüberliegenden Hütchenreihe.

Spieleranzahl: 12-24 Spieler.

Wettbewerb: Die jeweils ersten Spieler haben einen Ball am Fuß. Slalomdribbling und Pass zurück. Welche Gruppe spielt zuerst 20 Pässe?

Athletische Aufgaben: Zwei (drei) Kontakte je Zwischenraum. Kurze Schlusssprünge. Slalom-Sidesteps. Hopserlauf. Kniehebelauf. Anfersen usw. Ohne Ball: ein Kontakt je Zwischenraum und nach der Hütchenreihe Sprint bis zum Anfang der gegenüberliegenden Hütchenreihe (rechts vorbeisprinten).

Tipp: Alle Aufgaben einige Male hintereinander und ohne Unterbrechung ausführen. Neue Aufgabe nach Zuruf des Trainers.

Organisation und Ablauf (umfangreich)

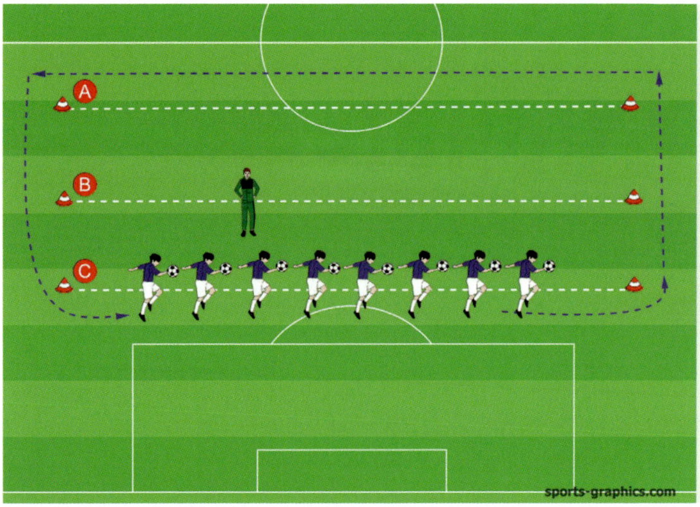

Aus sechs Hütchen (Stangen) ein Rechteck (50 x 20 m) bilden.

Die Spieler laufen mit Ball in der Hand ums Feld.

Stufe 1: Den Ball auf den Boden tippen. Den Ball um den Körper führen. Den Ball unter das hochgezogene Bein führen. Dribbling. Zwischen den Innenseiten hin- und herkicken. Eine Aufgabe pro Runde.

Stufe 2: Paare bilden und sich auf den Linien A/B gegenüberstellen. A mit Ball. Den Ball auf den Oberschenkel des Partners werfen und flach zurückspielen (Dropkick). Den Ball zur Brust werfen, abtropfen lassen und zurückspielen.

Stufe 3: Drei Spieler in einer Reihe A/B/C. Zwei Bälle (A/C): A wirft zu B, B fängt, wirft zurück, B dreht sich, bekommt von C einen Ball zugeworfen usw. B lässt einen geworfenen Ball mit der Brust abtropfen und spielt flach zurück. B passt ein Zuspiel von außen direkt zurück. Kopfball. Ein Ball (B): B wirft den Ball durch seine Beine nach hinten zu A, den Ball direkt zurückwerfen und das Gleiche in Richtung C. Ein Ball (A): A passt zu B, B nimmt den Ball nach hinten mit und passt zu C weiter, C lässt klatschen und Ablauf wie zuvor. Zwei Spieler zu A und einer zu C. A passt zu C, nachlaufen, Doppelpass und A wechselt auf Position C. Gleicher Ablauf von C nach A.

Spieleranzahl: 8-24 Spieler.

Tipp: In Erwartung des Balls sich auf dem Vorderfuß bewegen. Nach 30 Sekunden Aufgabenwechsel. Kurzes, dynamisches Dehnen im Anschluss.

3 SPRINT-TRAINING

Schneller durch Sprints und Fangspiele

Die Schnelligkeit gehört, laut dem Ausbildungssystem von Ajax Amsterdam (TIPS: Technik, Intelligenz, Persönlichkeit, Schnelligkeit), zu den Grundelementen des Fußballs. Der sprintstarke Spieler hat in allen Bereichen des Spiels Vorteile. Bei gleicher Distanz erreicht er immer vor dem Gegner den Ball. Er hält Bälle im Spielfeld, die bei langsameren Spielern ins Seitenaus gegangen wären. Er kann wegdribbelnde Gegner einholen und sie unter Druck setzen.

Der Muskel hat wie der Kopf ein Gedächtnis. Jeder absolvierte Sprint macht einen Spieler schneller. Deshalb sollten die Spieler in jeder Trainingseinheit Sprints absolvieren. Ein Sprinttraining ist wichtig, man darf hier aber keine Wunder erwarten. Den Spieler kann man nur innerhalb seiner biologischen Voraussetzungen schneller machen. Doch selbst kleine Geschwindigkeitsverbesserungen wirken sich positiv aufs Spiel aus.

Um die Spieler optimal in ihrer Schnelligkeit zu verbessern, absolvieren sie gleichermaßen zyklische und azyklische Sprints, d. h. gerade Sprints und Sprints mit Richtungswechsel. In diesem Kapitel finden sich daher **Sprintübungen** (gerade Sprints) und **Fangspiele** (azyklische Sprints). Eine gute Koordination und Reaktivkraft begünstigt einen Geschwindigkeitszuwachs. Alle Aufwärmübungen in diesem Buch enthalten koordinative Elemente und durch die „Sonderaufgabe Burpees", die die Verlierer in den Wettbewerben absolvieren, verbessert sich die Reaktivkraft.

Sprintübungen sollten immer im aufgewärmten und noch „frischen" Zustand erfolgen. Die Spieler absolvieren je Einheit etwa 10-16 Sprints über 10-15 Meter. Zwischen den Sprints pausieren sie etwa 45 Sekunden. Eine Verbesserung der Schnelligkeit erfolgt nur bei voller Intensität des Sprints. Das Schnelligkeitstraining reduziert die Kraftreserven. Die Spieler müssen nach diesem Trainingselement mit ihrer Kraft haushalten. Sie können sich so besser auf die Trainingsinhalte konzentrieren.

Auch die **Fangspiele** sollten erst nach der Erwärmung stattfinden. Fangspiele kennzeichnen sich durch viele kurze Sprints in alle Richtungen. Hier wird insbesondere Antrittsschnelligkeit und Beweglichkeit trainiert. Eine gute Beweglichkeit ist im Fußball wichtig, weil sie bei allen Aktionen mit Wendungen, Drehungen, Richtungswechselsprints und Sprüngen nötig ist. Dabei werden Muskeln, Sehnen und Bänder gestärkt. Die Gelenkreichweite wird optimiert und man beugt Verletzungen vor.

Bei Fangspielen müssen Spieler innerhalb kürzester Zeit, abhängig von etlichen Faktoren, immer wieder neue Entscheidungen treffen. Die Aufgabe ist zu komplex, um sie auf intellektuellem Wege zu lösen. Dadurch entsteht bei Fangspielen positiver Stress. Um nicht zu verlieren bzw. zu „Schaden" zu kommen, versetzt ein natürlicher Schutzmechanismus den Spieler in einen Flow-Zustand. Dadurch wird die körperliche und mentale Leistungsfähigkeit drastisch erhöht und der Mensch kann sich „schützen". Die Spieler verlieren das Zeitgefühl und vergessen alle Dinge außerhalb des Spiels. Alle Situationen scheinen nun lösbar zu sein. Dieser positive Gefühlszustand steigert auch das Selbstbewusstsein und fördert den Teamgeist.

Sprintübungen bzw. Fangspiele immer im Wechsel absolvieren und sie mindestens 1 x in der Woche ausführen. Das Sprinttraining sollte nicht zulasten (zeitlich) anderer Bereiche gehen. Die Trainingseinheit dann einfach um etwa 10 Minuten verlängern.

Organisation und Ablauf (azyklisch)

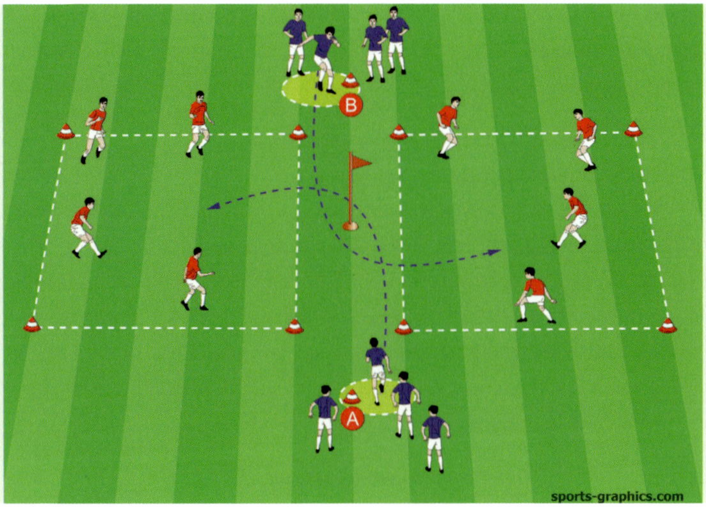

Zwei Quadrate (10 Meter) 8 Meter nebeneinander markieren. Zwei Starthütchen und ein Wendehütchen (Stange) entsprechend der Zeichnung aufstellen.

Zwei Teams aus Fängern und Läufern bilden. Die Läufer teilen sich in den beiden Quadraten auf. Die Fänger stehen an den beiden Starthütchen.

Der jeweils erste Fänger liegt mit dem Bauch auf dem Boden. Auf ein Trainersignal hin stehen sie auf, sprinten um das Wendehütchen in je ein Quadrat und versuchen dort, so schnell es geht, zwei verschiedene Läufer abzuschlagen.

Nach drei Durchgängen wechseln die Positionen und Aufgaben.

Spieleranzahl: 8-20 Spieler.

Wettbewerb: Einzelwettbewerb. Der Fänger, der als Erstes ein Quadrat erreicht, erhält einen Punkt und wer von diesen als Erstes zwei Läufer abschlägt, zwei Punkte. Jeder abgeschlagene Läufer erhält einen Minuspunkt. Am Ende werden die Punkte verrechnet. Wer wird Sieger?

Variation: Die Läufer dribbeln im Feld und Ziel der Fänger ist es, zwei Bälle aus dem Feld zu schießen.

Tipp: Ein Läufer, der das Feld verlässt, gilt als abgeschlagen.

Organisation und Ablauf (azyklisch)

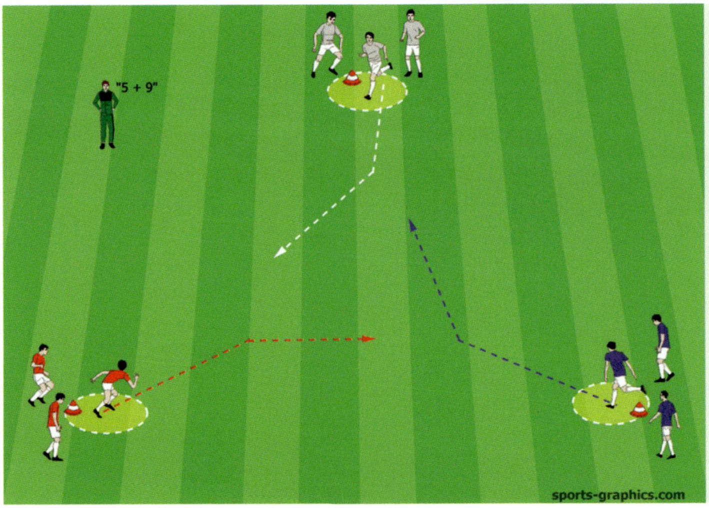

Ein Dreieck (Seitenlängen: 20-25 Meter) aufbauen.

Die Spieler in der gleichen Anzahl auf die drei Hütchen aufteilen.

Der Trainer gibt ein Startsignal. Mit dem Startsignal sprinten die jeweils ersten Spieler ins Dreieck und versuchen, den Spieler rechts von sich abzuschlagen. Wem gelingt dies als Erstes?

Nach der Aktion stellen sich die Spieler wieder an ihrer alten Position an.

Spieleranzahl: 9-18 Spieler.

Wettbewerb: Einen Einzelwettbewerb ausrufen. Welcher Spieler hat zuerst drei Spieler abgeschlagen?

Variation: Den Spieler links von sich fangen. Der Trainer ruft eine Zahl. Bei einer geraden Zahl den Spieler rechts fangen und bei einer ungeraden Zahl den Spieler links fangen. Eine Rechenaufgabe stellen und entsprechend dem Resultat den Spieler rechts oder links fangen.

Tipp: Beide Spieler im Blick behalten. Lauffinten einsetzen. Versuchen, in den Rücken des Läufers zu kommen.

Organisation und Ablauf (azyklisch)

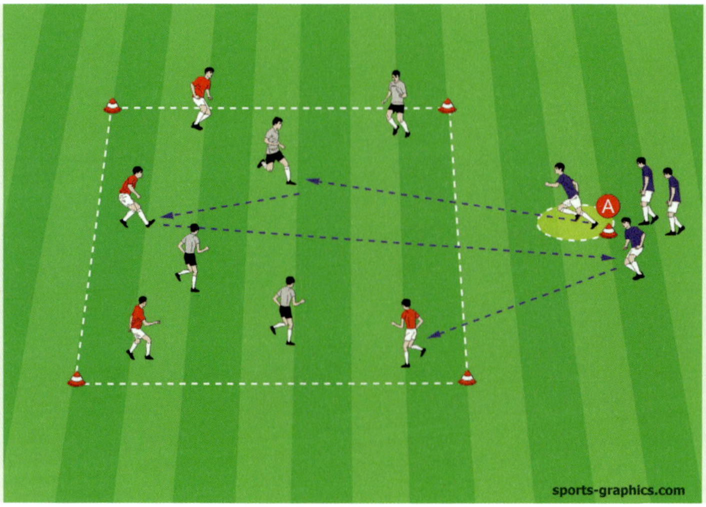

Ein Quadrat (15 Meter) markieren und ca. 3 Meter außerhalb ein Starthütchen A stellen.

Drei Teams A, B und C bilden. Team A als Fänger zum Starthütchen und die Teams B und C gehen als Läufer ins Feld.

Auf Startsignal sprintet der erste Fänger ins Feld und klatscht zwei verschiedene Läufer ab. Dann sprintet er zum Starthütchen zurück, klatscht den nächsten Fänger ab und dieser startet mit der gleichen Aufgabe ins Feld.

Spieleranzahl: 9-18 Spieler. Auch ungleiche Teamgrößen sind möglich. Bei einem Unterzahlteam muss ein Spieler 2 x als Fänger agieren.

Wettbewerb: Welches Fängerteam benötigt die kürzeste Zeit, um sich 10- (15-, 20-)mal abzuschlagen?

Variation: Die Fänger müssen einen bzw. drei Läufer abschlagen, bevor sie zum nächsten Fänger sprinten und ihn abklatschen.

Tipp: Den Fänger anfeuern. Darauf achten, dass der nächste Fänger erst losläuft, nachdem dieser abgeklatscht wurde.

Organisation und Ablauf (azyklisch)

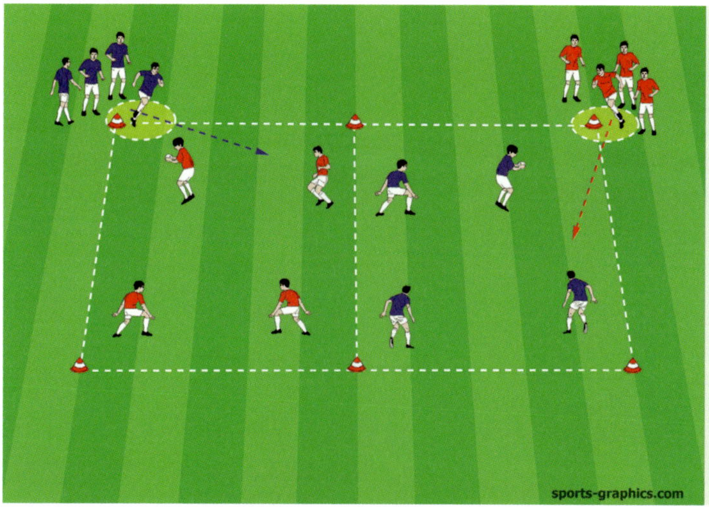

Ein Rechteck (24 x 12 Meter) mit Mittellinie markieren.

Zwei Teams bilden. Die Teams untereinander nochmals teilen. Die Hälfte eines Teams (Läufer) je einer Spielfeldseite zuweisen. Je Spielfeldseite trägt ein Läufer einen Ball. Die restlichen Spieler als Fänger an eine Spielfeldecke des anderen Teams stellen.

Auf Startsignal des Trainers sprinten die ersten beiden Fänger ins Feld und versuchen, einen Spieler ohne Ball abzuschlagen. Den Ball sollen sich die Läufer so untereinander zuwerfen, dass es möglichst schwer für den Fänger wird, einen Läufer abzuschlagen. Sobald ein Läufer abgeschlagen wird, sprintet der Fänger zum nächsten Fänger an der Spielfeldecke, klatscht ihn ab und dieser startet mit der gleichen Aufgabe ins Feld.

Nach jeweils 90 Sekunden wechseln Fänger und Läufer die Aufgaben.

Spieleranzahl: 12-24 Spieler.

Wettbewerb: Welches Team schlägt mehr Spieler ab?

Variation: Vier Durchgänge spielen, indem ein Team untereinander über Kreuz die Position (und Aufgabe) wechselt. So ergeben sich neue Spielerkonstellationen.

Tipp: Den Ball möglichst klug zirkulieren lassen. Immer aufmerksam sein und demjenigen den Ball zuwerfen, der gerade gejagt wird. Die Fänger entscheiden über eine gültige Aktion.

Organisation und Ablauf (azyklisch)

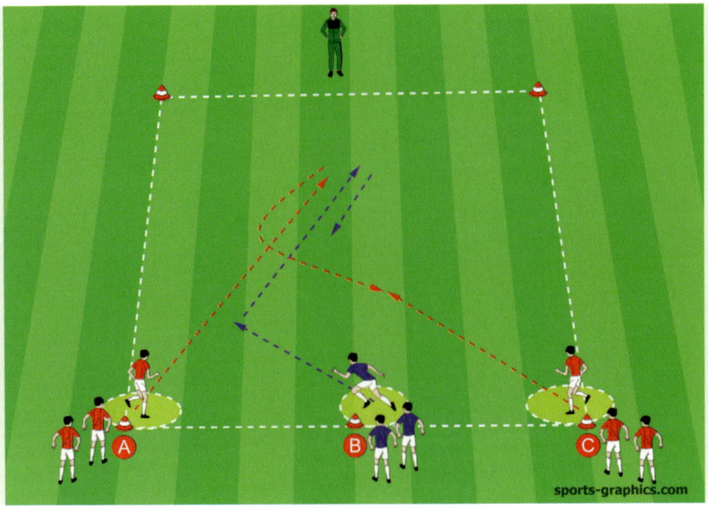

Ein Quadrat (15 x 15 Meter) aufbauen.

Die Spieler teilen sich an den drei Startpositionen A, B und C auf. Spieler A und C sind die Läufer und Spieler B die Fänger.

Auf Trainersignal sprinten die jeweils ersten Spieler ins Feld. Fänger B versucht, einen der beiden Läufer abzuklatschen, bevor diese sich berühren können.

Nach ihren Aktionen wechseln die Spieler eine Position weiter.

Wettbewerb: Schaffen es die beiden Läufer, sich zu berühren, bevor einer von ihnen vom Fänger abgeklatscht wurde, wird der Fänger mit fünf Liegestützen „bestraft".

Tipp: Die Läufer können den Fänger mit Lauffinten täuschen.

Organisation und Ablauf (azyklisch)

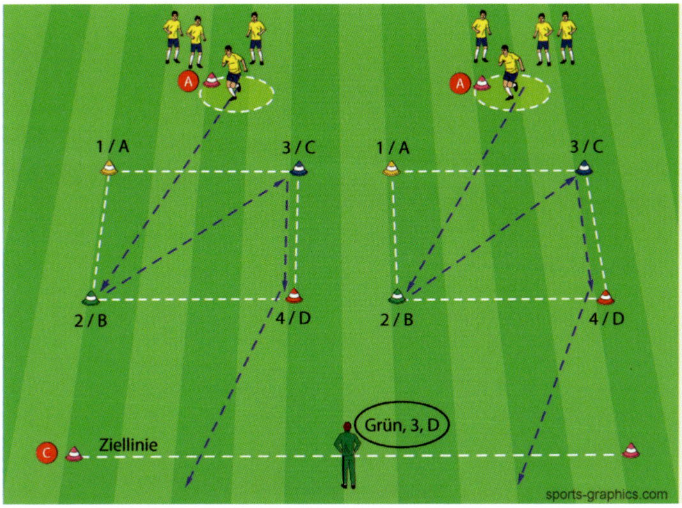

Zwei Starthütchen A markieren. Je 6 Meter entfernt ein Quadrat (6 Meter) und 12 Meter weiter eine Ziellinie aufbauen. Die Quadrate bestehen aus Hütchen in vier verschiedenen Farben, die gleich angeordnet sind.

Die Spieler verteilen sich an den beiden Starthütchen.

Die Hütchen von 1-4 durchnummerieren. Der Trainer ruft drei Zahlen in schneller Folge. Dies ist das Startsignal für den jeweils ersten Spieler. Er berührt die entsprechenden Hütchen vor seinem Quadrat und läuft dann über die Ziellinie. Alles im Sprint.

Durchgang 2: Anstelle von Nummern erhalten die Hütchen einen Buchstaben.

Durchgang 3: Hütchenfarben rufen.

Durchgang 4: Eine Kombination aus den vorherigen drei Aufgaben.

Spieleranzahl: Je Quadrat 4-8 Spieler.

Wettbewerb: Der jeweils langsamere Spieler absolviert noch Liegestütze, sowie der Spieler, der einen Lauffehler gemacht hat bzw. nicht gesprintet ist.

Variation: Jeder Spieler mit Ball führt anstelle von Sprints Tempodribblings aus.

Tipp: Schnelle Abfolge der Sprints. Nach dem Berühren eines Hütchens immer wieder durch einen Abdruck beschleunigen. Recht schnell zu Durchgang 4 kommen und diesen dann auch am längsten ausführen.

Organisation und Ablauf (azyklisch)

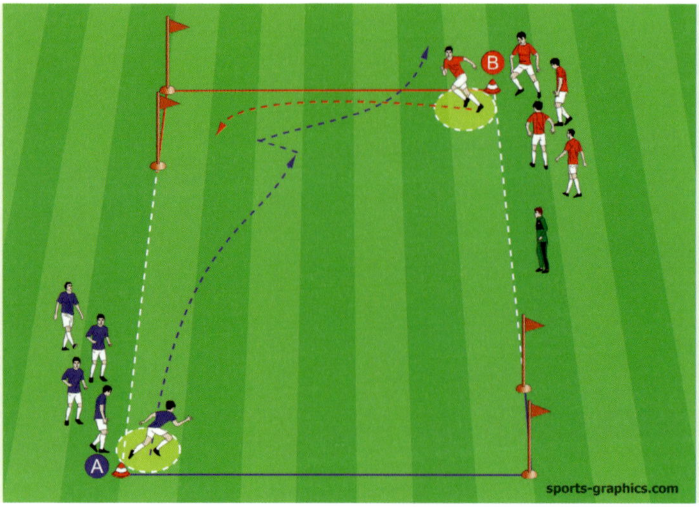

Ein Feld (15 x 8 Meter) aufbauen. Zwei Starthütchen (A/B) und zwei Stangentore (Breite: 2 Meter) stehen sich diagonal gegenüber.

Zwei Teams bilden und den Startpositionen zuweisen.

Team A (Blau) ist für 4 Minuten Läufer und Team B (Rot) Fänger. Auf Trainersignal starten die jeweils ersten Spieler ins Feld. Spieler A versucht, entweder über die gegnerische Grundlinie (ein Punkt) oder durch das gegnerische Stangentor (drei Punkte) zu laufen, ohne vorher von Spieler B abgeschlagen zu werden. Direkt im Anschluss erfolgt ein neues Trainersignal für die nächsten zwei Spieler.

Nach Ende einer Aktion stellen sich die Spieler wieder bei ihrem Team an. Nach 4 Minuten werden die Fänger zu Läufern und umgekehrt.

Spieleranzahl: 6-20 Spieler. Gerade bei höherer Spielerzahl ohne Trainersignal spielen. Sobald eine Entscheidung gefallen ist, sprintet der nächste Läufer los.

Wettbewerb: Welches Team erreicht nach einmaligem Aufgabenwechsel mehr Punkte?

Tipp: Den Fänger in Bewegung bringen, indem man zuerst in Richtung Stangentor sprintet. Dann Lauffinten einsetzen und am Ende nochmals beschleunigen. Die pausierenden Spieler stehen deutlich vom Starthütchen weg.

Organisation und Ablauf (azyklisch)

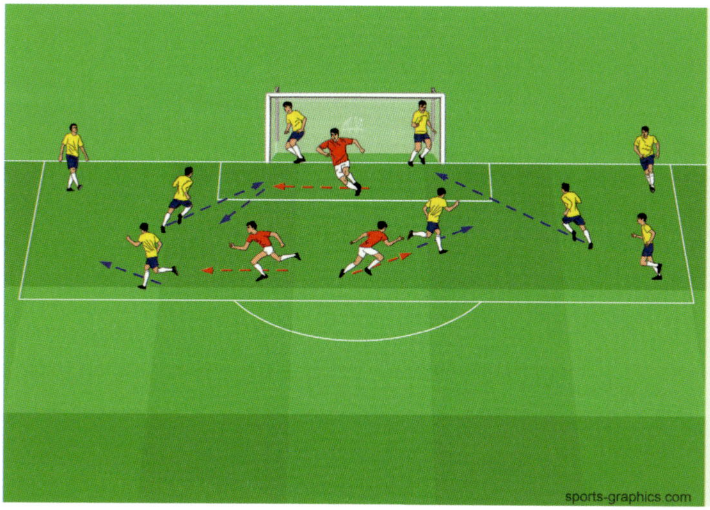

Den Strafraum als Spielfeld nutzen.

Drei Fänger (Rot) bestimmen. Ein Fänger agiert ausschließlich im Torraum, der Rest als Läufer im Strafraum.

Die Fänger versuchen, innerhalb von 2 Minuten möglichst viele Läufer abzuschlagen. Die abgeschlagenen Spieler begeben sich sofort auf die Torlinie. Diese Spieler können wieder aktiviert werden, indem sie von einem anderen Läufer abgeklatscht werden. Hier müssen die Läufer gemeinsam und klug agieren, damit sie nicht vom Fänger im Torraum abgeschlagen werden.

Nach 3 Minuten drei neue Fänger bestimmen.

Spieleranzahl: 12-20 Spieler. Bei mehr Spielern mit zwei Fängern im Torraum spielen.

Wettbewerb: Gelingt es einem Fängerteam, alle Spieler abzuschlagen? Dann Liegestütze für die Läufer.

Variation: Bei zwei Fängern im Torraum gehen die abgeschlagenen Läufer auf die Grundlinie des Torraums.

Tipp: Der Fänger im Torraum ist aufmerksam. Die abgeschlagenen Spieler coachen die Läufer, um wieder aktiviert zu werden. Läufer täuschen „Befreiungsläufe" an, um Raum für andere Läufer für eine „Befreiungsaktion" zu schaffen.

Organisation und Ablauf (zyklisch)

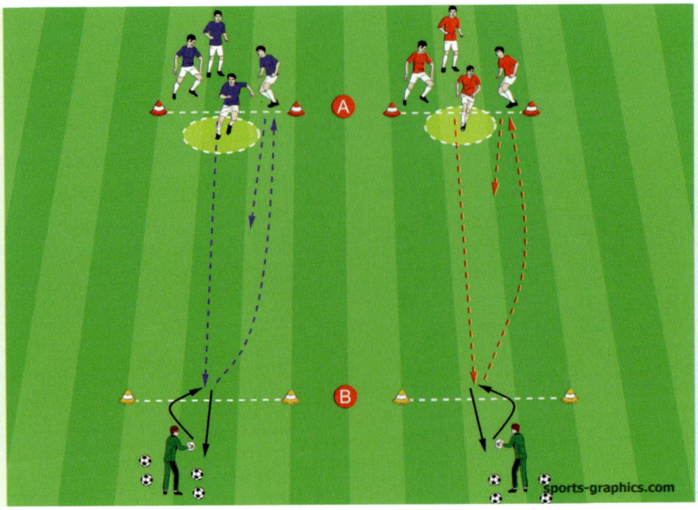

Im Abstand von 14 Metern zwei Hütchentore (Breite: 3 Meter) A und B aufbauen.

Die Spieler teilen sich hinter den Hütchentoren A zur gleichen Zahl auf. Etwa 5 Meter hinter den HT B steht je ein Trainer mit Bällen.

Auf Trainersignal sprinten die jeweils ersten Spieler in Richtung Trainer und erhalten am Hütchentor B einen Ball zum Kopfball zugeworfen. Nachdem der Ball zum Trainer zurückgeköpft wurde, wird zum zweiten Spieler der Gruppe zurückgesprintet und dieser abgeklatscht. Jetzt sprintet dieser zum Trainer mit der gleichen Aufgabe.

Spieleranzahl: 3-6 Spieler je Gruppe.

Wettbewerb: Für jeden Ball, den der Trainer fangen kann, gibt es einen Punkt. Welches Team erreicht in 90 Sekunden die meisten Punkte?

Variation: Weitere Aufgaben beim Trainer sind: halbhohe Bälle mit der linken/rechten Innenseite zurückspielen; mit dem linken/rechten Knie zurückspielen; einen halbhohen Ball mit dem linken/rechten Spann zurückspielen; am Hütchentor B sich um 180 Grad drehen und den Ball mit dem äußeren Hinterfuß des starken Spielbeins zurückspielen.

Tipp: Ist man als Trainer allein, übernehmen die Torhüter die Aufgabe und stehen hinter HT B.

Alternativ: Einen Spieler der Gruppe hinter HT B stellen und dieser wechselt mit jeder Aktion die Aufgabe mit dem sprintenden Spieler.

Organisation und Ablauf (zyklisch)

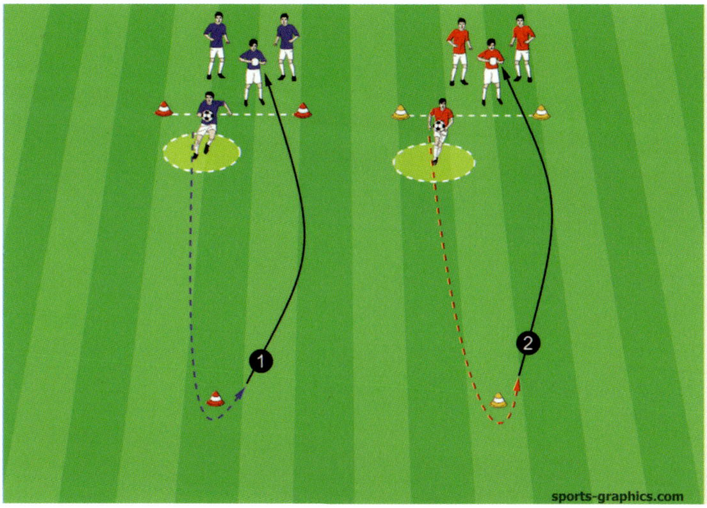

Ein Hütchendreieck (4 x 16 Meter), bestehend aus einem HT und einem Wendehütchen, aufbauen.

Hinter das HT die Spieler stellen. Der vorderste Spieler hat einen Ball in der Hand.

Der vorderste Spieler sprintet mit dem Ball in der Hand um das Wendehütchen und schießt ihn dann volley durch das HT zum Mitspieler zurück. Dieser fängt den Ball und sprintet seinerseits mit dem Ball in der Hand um das Wendehütchen.

Spieleranzahl: 3-6 Spieler.

Wettbewerb: Für jeden Ball, der hinterm HT gefangen wird, gibt es einen Punkt. Mehrere Parcours treten gegeneinander an. Welche Gruppe erreicht in 4 Minuten mehr Punkte?

Variation: Volleyschuss nur mit rechts/links. Anstatt volley den Ball per Dropkick schießen. Mit zwei Bällen je Parcours spielen. Der Passempfänger darf erst lossprinten, nachdem dieser vom Passgeber abgeschlagen wurde.

Tipp: Das Fußgelenk beim Schießen fixieren. Das Standbein zeigt in Spielrichtung.

Organisation und Ablauf (zyklisch)

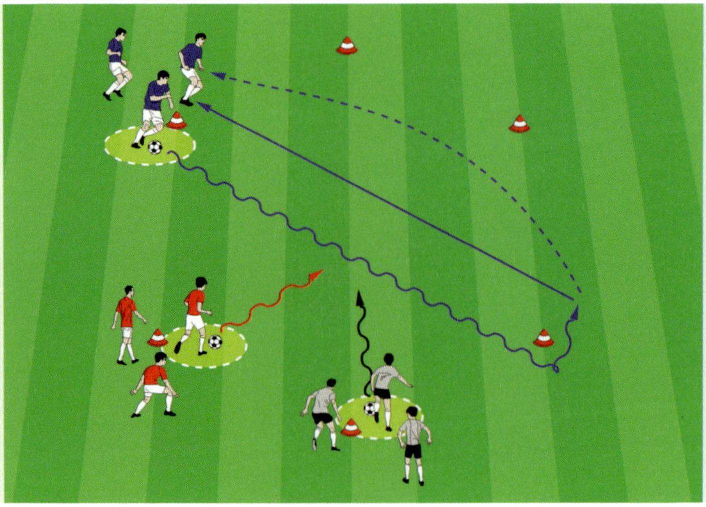

Ein Hütchenhexagon aufbauen. Dieses besteht aus einem Rechteck von 15 x 8 Metern und wird von einem 17 Meter breiten Hütchentor durchkreuzt. Der Abstand zu den gegenüberliegenden Hütchen ist jeweils gleich.

Die Mannschaft in drei Gruppen teilen und je einem Hütchen zuordnen. Die gegenüberliegenden Hütchen müssen frei sein. Der jeweils erste Spieler einer Gruppe hat einen Ball.

Auf ein Trainersignal hin dribbeln die ersten Spieler rechts um das gegenüberliegende Hütchen und passen mit dem rechten Fuß zum zweiten Spieler ihrer Gruppe. Sie sprinten ihrem Pass hinterher, klatschen den Passempfänger ab und dann startet dieser mit der gleichen Aufgabe in den Parcours.

Wettbewerb: Die Mannschaft, die zuerst 20 Pässe spielt, gewinnt.

Variation: Im zweiten Durchgang links um das gegenüberliegende Hütchen dribbeln und mit dem linken Fuß passen.

Tipp: Die Spielfeldumgebung beim Dribbeln, Passen und Sprinten wahrnehmen, um Zeit kostende Zusammenstöße zu vermeiden.

Organisation und Ablauf (zyklisch)

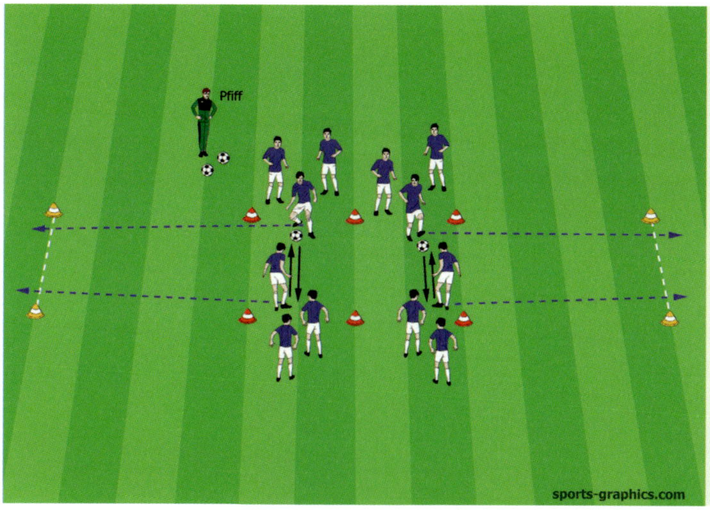

Zwei HT (2 Meter) nebeneinander und zwei weitere HT 8 Meter gegenüber von ihnen. Jeweils 16 Meter nach außen hin weg, zwei Ziellinien markieren.

Die Spieler in der gleichen Anzahl an die vier HT verteilen. Die Gruppen gegenüber haben je einen Ball.

Die jeweils ersten Spieler passen sich den Ball direkt und fair hin und her. Auf ein Trainersignal hin ignorieren die ersten vier Spieler die Bälle und sprinten sofort über die nahe Ziellinie.

Die beiden Bälle werden sofort von den nächsten Spielern aufgenommen und diese passen sich nun, bis zum nächsten Trainersignal, die Bälle hin und her.

Wettbewerb: Der Verlierer des jeweiligen Sprintduells absolviert fünf Liegestütze.

Variation: Alle vier Spieler sprinten in Richtung der gleichen Ziellinie. Können die hinteren Spieler die vorderen Spieler abklatschen? Sonderaufgabe für die Abgeschlagenen!

Tipp: Beim Trainer befinden sich Ersatzbälle. Die Abstände der Trainersignals so wählen, dass die Spieler spätestens alle 45 Sekunden einen Sprint haben.

Organisation und Ablauf (zyklisch)

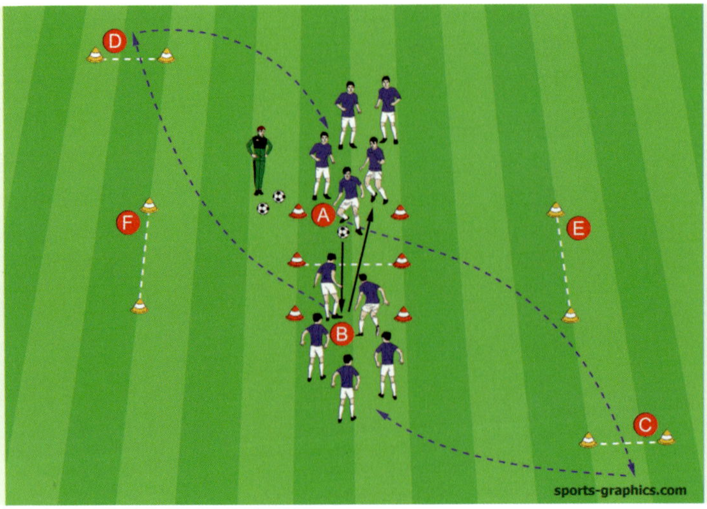

Zwei HT A/B (Breite: 2 Meter) im Abstand von 4 Metern gegenüberstellen. Jeweils 10 Meter seitlich die HT E/F und 12 Meter davon entfernt die HT C/D.

Die Spieler teilen sich in der gleichen Anzahl an den HT A/B auf. Ein Spieler mit Ball.

Der Ball wird nun zwischen den beiden Gruppen mit jeweils dem zweiten Kontakt hin- und hergespielt. Ballkontakte mit beiden Füßen. Direkt nach einem Pass sprinten die Spieler durch das diagonal entfernte HT.

Nach dem Sprint sich bei der Gruppe gegenüber anstellen.

Variation 1: Der Ball wird nun halbhoch (ca. 30 cm vom Boden) zugeworfen und mit der Innenseite zurückgespielt. Das Zuspiel wird gefangen und zum Spieler gegenüber übergeben. Dann rückwärts durch das seitliche HT sprinten, 90-Grad-Drehung und vorwärts durch das gegenüberliegende HT.

Variation 2: Anstatt halbhohe Zuwürfe nun Kopfbälle nach demselben „Übergabeprinzip" wie zuvor. Dann per Sidesteps durch das seitliche HT und dann wieder durch das gegenüberliegende HT.

Variation 3: Die beiden Gruppen spielen sich den Ball mit einem Kontakt hin und her. Nach dem Direktpass erfolgt sofort ein Antritt durch das seitliche HT.

Tipp: Sprints bis zum Ende durchziehen!

Organisation und Ablauf (zyklisch)

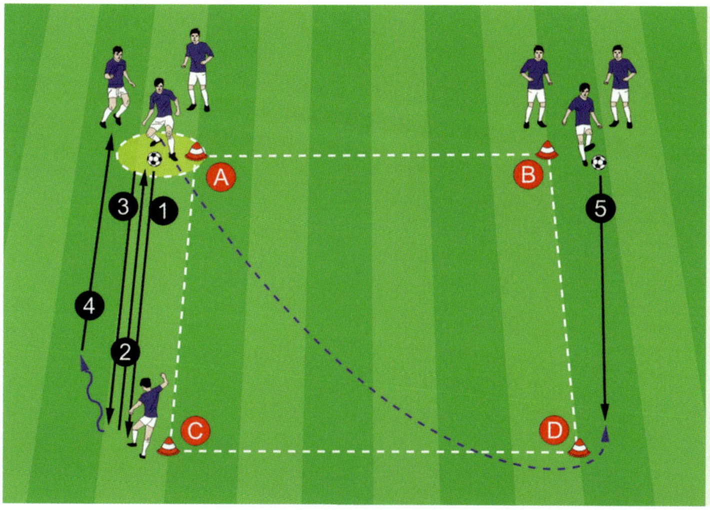

Für je die Hälfte der Mannschaft ein 12 Meter großes Quadrat aufbauen.

Ein Spieler zu C und die restlichen Spieler teilen sich an den beiden Positionen A und B auf. Der jeweils erste Spieler dort hat einen Ball.

Auf Trainersignal passt A zu C. C lässt den Ball klatschen, erhält erneut einen Pass von A und dribbelt zu A. Dort übergibt er den Ball dem nächsten Spieler und stellt sich dort an. A sprintet nach seinem zweiten Pass um das Hütchen D herum und erhält von B ein Zuspiel. Dieses lässt er klatschen, erhält erneut von B einen Pass, dribbelt zu B, übergibt den Ball und stellt sich dort an. B sprintet nach seinem zweiten Pass um das Hütchen C herum, erhält von A ein Zuspiel und immer so weiter.

Wettbewerb: Welche Gruppe ist zuerst ein viertes Mal auf der Ausgangsposition? Alternativ die Sprints zählen.

Tipp: Dem sprintenden Spieler immer in den äußeren Fuß passen. Die Spieler A und B stehen außen an ihren Hütchen.

Organisation und Ablauf (zyklisch)

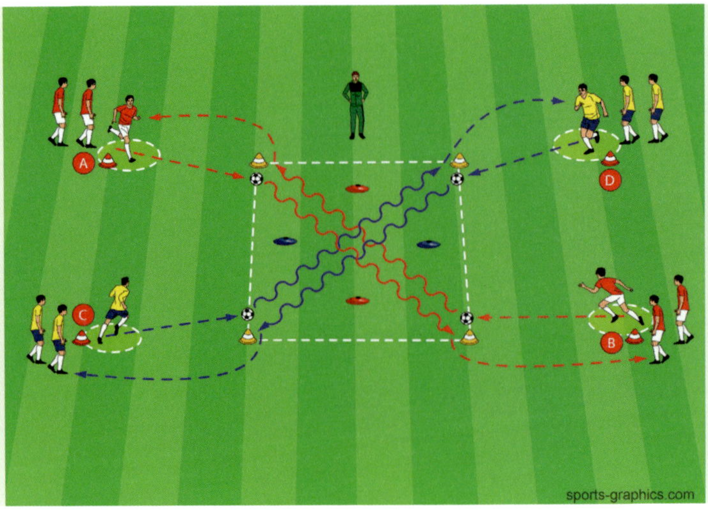

Ein Quadrat (10 Meter) markieren und außerhalb des Quadrats, im Abstand von 12 Metern, vier Hütchen A, B, C und D aufstellen.

Zwei Teams bilden und so an den Außenhütchen verteilen, dass sich die Mitspieler diagonal gegenüber befinden. In die Ecken des Quadrats je einen Ball legen.

Auf ein Trainersignal hin sprintet der jeweils erste Spieler zum naheliegenden Ball, dribbelt zum Hütchen diagonal gegenüber und stoppt ihn dort an. Er sprintet zum Mitspieler gegenüber, klatscht ihn ab und dieser absolviert die gleiche Aufgabe in die andere Richtung.

Nach dem Abklatschen bei der Gruppe hinten anstellen.

Spieleranzahl: 12-24 Spieler.

Wettbewerb: Das Abklatschen auf den Positionen A und C zählen. Wem gelingt dies in 4 Minuten häufiger?

Variation: Vier zusätzliche Hütchen in zwei verschiedenen Farben ins Quadrat stellen. Der Trainer ruft eine Zahl: Bei gerader Zahl außen am ersten blauen Hütchen vorbeidribbeln und bei einer ungeraden Zahl am ersten roten Hütchen außen vorbei. Die Zahl gilt so lange, bis eine neue Zahl kommt.

Alternativ: Rechenaufgabe und das Ergebnis zählt, Länder/Städte rufen und vieles mehr.

Tipp: Den Kopf heben beim Dribbling und gegebenenfalls einem Mitspieler ausweichen.

Organisation und Ablauf (zyklisch)

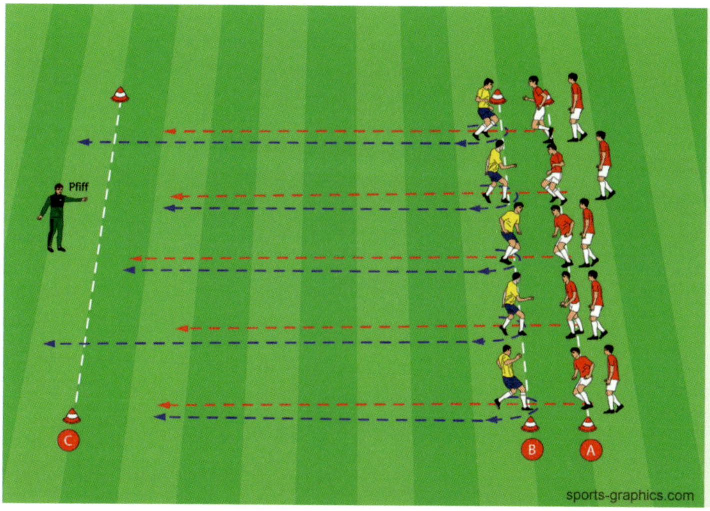

Drei Linien (Breite: 10 Meter) im Abstand von 2 und 14 Metern zueinander markieren.

Fünf Spieler verteilen sich auf Linie B. Die restlichen Spieler bilden fünf Gruppen auf Linie A und stehen den Spielern B gegenüber. Die Spieler B stehen mit Gesicht zu den Spielern A.

Auf ein Trainersignal hin drehen sich die Spieler B (Läufer) um und sprinten über die Ziellinie C. Die jeweils ersten Spieler A (Fänger) sprinten hinterher und versuchen, den vorderen Spieler B vor dem Erreichen der Linie C abzuschlagen.

Die Fänger wechseln zu B und die Läufer stellen sich bei A an.

Spieleranzahl: 12-40 Spieler. Anstatt fünf Gruppen, 4-10 Gruppen auf den Linien bilden.

Wettbewerb: Wird ein Läufer vor der Ziellinie C abgeschlagen, muss er fünf Liegestütze absolvieren.

Variation: Als Startsignal ruft der Trainer eine Zahl. Ist die Zahl gerade, muss der Fänger den Läufer mit der rechten Hand abschlagen, ist sie ungerade, muss er seine linke Hand benutzen. Anstelle von Zahlen eine leichte Rechenaufgabe stellen und das Ergebnis zählt.

Tipp: Die Fänger sollen zügig auf Linie B wechseln, damit ein neuer Durchgang starten kann. Die zeitlichen Abstände der Startsignale variieren.

Organisation und Ablauf (zyklisch)

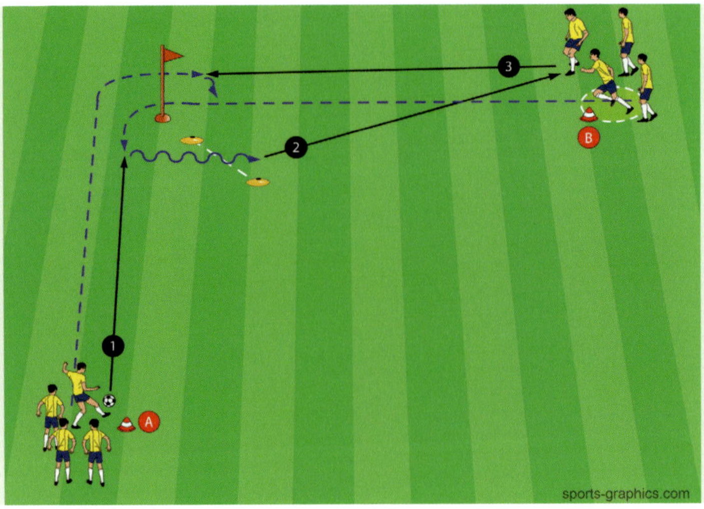

Im rechten Winkel zu einer Wendestange im Abstand von je 15 Metern die Hütchen A und B postieren. Unterhalb der Wendestange ein Zähltor markieren.

Die Spieler teilen sich an den beiden Hütchen auf. Spieler A hat einen Ball.

Spieler B sprintet um die Wendestange, erhält einen Pass von A, nimmt den Pass, möglichst mit seinem Ersten Kontakt, durch das Zähltor mit und passt zum nächsten Spieler B. Mit seinem Pass zu B sprintet A ebenfalls um die Wendestange, erhält einen Pass von B, dribbelt ebenfalls durchs Zähltor und passt zum nächsten Spieler A. Nach dem Dribbling durch das Zähltor immer zu der Position passen, von der aus man gestartet ist.

A wechselt nach B und umgekehrt.

Spieleranzahl: 4-8 Spieler je Gruppe.

Wettbewerb: Welchem Team gelingen nach 4 Minuten die meisten Dribblings durchs Zähltor?

Variation: Vor dem Sprint um die Stange eine Rolle vorwärts absolvieren.

Tipp: Nach dem Dribbling durch das Zähltor einen möglichst präzisen Pass spielen, damit im Idealfall direkt zum sprintenden Spieler weitergespielt werden kann.

Organisation und Ablauf (zyklisch)

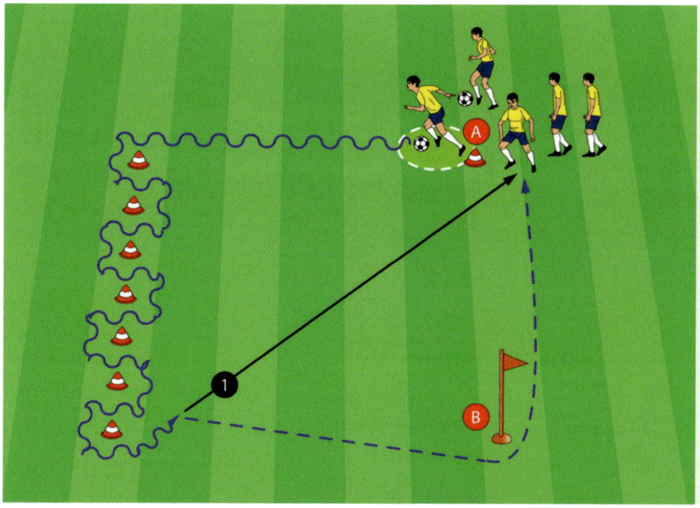

Starthütchen A und Wendestange B im Abstand von etwa 8 Metern zueinander aufbauen. 10 Meter seitlich davon befindet sich eine Slalom-Hütchenreihe (sieben Hütchen).

Alle Spieler zu A. Die ersten beiden Spieler haben einen Ball.

Auf ein Trainersignal hin dribbelt der erste Spieler zur Hütchenreihe und absolviert ein Slalomdribbling. Befindet sich der erste Spieler am dritten Hütchen, startet der zweite Spieler in den Parcours. Nach dem letzten Hütchen wird zum ersten Spieler ohne Ball gepasst. Dieses Zuspiel anstoppen. Nach seinem Pass sprintet der Spieler um die Wendestange und klatscht den Passempfänger ab. Sobald dieser abgeklatscht wurde, startet er in den Parcours.

Spieleranzahl: 4-8 Spieler je Gruppe.

Wettbewerb: Mehrere Parcours treten gegeneinander an. Welche Gruppe schafft in 4 Minuten die meisten Pässe?

Variation: Zu einem spiegelverkehrt aufgebauten Parcours wechseln. Anstatt Flachpässe werden die Zuspiele gechippt (gelupft). Für weitere Sprintdistanzen die Wendestange weiter wegstellen.

Tipp: Den Pass 1 mit dem äußeren Fuß spielen. Kein Hütchen beim Dribbling berühren.

4 BALL-ZIRKULATION

SS1: Zusammenspiel und Umschalten verbessern

Noch vor ein paar Jahren stand der Ballbesitz im Fußball über allem. Er wurde erfolgreich von den besten Mannschaften der Welt wie Bayern München und dem FC Barcelona zelebriert. Diese Art, Fußball zu spielen, ist ein wenig aus der Mode gekommen. Neue Statistiken ergeben, dass Mannschaften, die besser im Umschaltspiel (Konter) sind, höhere Siegchancen haben, als Mannschaften mit viel Ballbesitz.

Nichtsdestotrotz muss es eine Kernkompetenz jeder ambitionierten Mannschaft sein, den Ball sicher in den eigenen Reihen zu halten. Sie muss über eine hohe Passsicherheit trotz des Gegnerdrucks verfügen und in der Lage sein, sich durch eine schnelle Ballzirkulation aus einer engen Spielsituation zu lösen. Die folgenden sechs Trainingseinheiten schulen das Team genau in diesem Bereich.

Die hier angewandte Methodik zur Verbesserung des Zusammenspiels nutzt das **Spiel über den Dritten**. Durch direkte Pässe wird das Spiel schnell gemacht. Meidet man dann noch Rückpässe, so sind diese maximal schwer zu verteidigen. Das liegt daran, dass der Gegner den Fokus grundsätzlich auf den Passgeber und den Passempfänger legt. Für alle anderen Spieler (die Dritten) muss er sich erst wieder neu orientieren und dies kostet Zeit.

Vom Training der Ballzirkulation profitieren Spieler aller Positionen. Mit der Fähigkeit des sicheren Zusammenspiels löst sich die Defensive aus einem möglichen Pressing des Gegners. Über die Mittelfeldspieler wird der Ball von hinten nach vorne transportiert und die Angreifer kombinieren sich in den Rücken der gegnerischen Abwehr.

Die folgenden TE starten mit einer Passübung. Die Technik **Passen** wird an den Anfang gesetzt, weil sie die Basis des Zusammenspiels bildet. Einige Passübungen werden mit athletischen Elementen kombiniert, um die körperliche Konstitution der Spieler zu verbessern. Das Verbinden von Technik und Athletik spart Zeit. Dies ermöglicht das Trainieren weiterer Inhalte!

Nach der Passübung folgen zwei verschiedene Spielformen zur Ballzirkulation. Die geübte Technik setzt man nun unter Gegnerdruck ein. Dabei spielen zwei Teams mit dem Ziel gegeneinander, den Ball möglichst lange in den eigenen Reihen zu halten. Die Spieler erkennen zwangsläufig, was sie zur Aufrechterhaltung des Ballbesitzes tun müssen: Bewegung ohne Ball, in freie Räume spielen, Anspielstationen in alle Richtungen schaffen usw. Zusätzlich verbessert sich das Umschaltspiel. Denn bei Ballverlust muss man nachsetzen und bei Ballgewinn schnell zu einem freien Spieler passen.

Der Trainer steht mit ausreichend Ersatzbällen neben dem Spielfeld. Zur besseren Unterscheidung der Teams tragen alle Spieler ein Leibchen. Der Trainer fordert höchste Intensität. Die Spieler orientieren sich nach jedem Pass neu. Sie haben den Kopf oben, um direkt spielen zu können.

Sie teilen sich gleichmäßig im Feld auf und kombinieren in freie Feldbereiche. Jeder Pass wird mit einem Blickkontakt bzw. einem Kommando verbunden. Einem Pass startet man entgegen und dem Mitspieler passt man in den Fuß der neuen Spielrichtung. Stets den Deckungsschatten des Gegners (den freien Passweg) verlassen. Der Trainer coacht synchron zum Geschehen.

Die Trainingseinheit wird mit einem **Abschlussspiel** beendet. Die Spieler erhalten eine Aufstellung, Formation und eine taktische Ausrichtung (siehe Seite 340ff.; Kap. 10). Im Abschlussspiel kann man den Trainingsschwerpunkt durch eine Sonderregel akzentuieren. Beispielsweise zählt ein Tor doppelt, welches nach mindestens fünf (10) Passfolgen erzielt wurde.

Organisation und Ablauf (1. Technik)

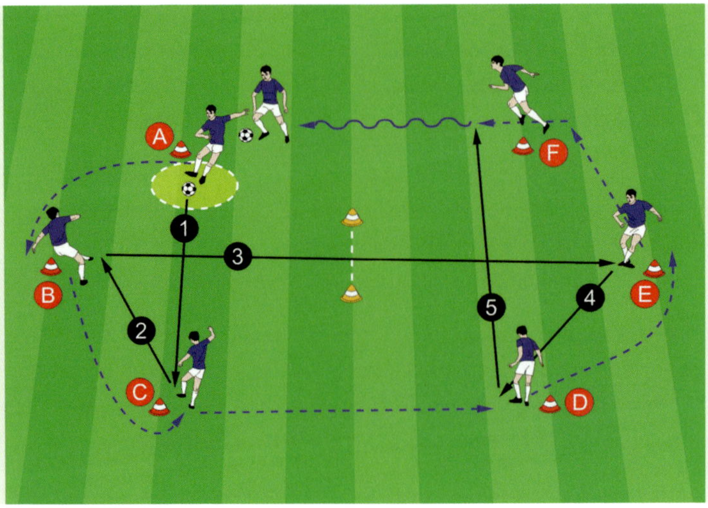

Ein Feld (24 x 12 Meter) von sechs Hütchen aufbauen. Abstand A zu F etwa 14 Meter. Zentral ins Feld ein Hütchentor (Breite: 2 Meter) stellen.

Die Positionen B-F einfach besetzen. 2-5 Spieler mit Bällen zu A.

Spieler A passt zu C, C lässt auf B klatschen und B spielt durchs Hütchentor zu E. E Lässt auf D klatschen, D spielt zu F und F dribbelt zu A.

Die Spieler wechseln entgegen dem Uhrzeigersinn eine Position weiter. B sprintet ums Hütchen C und fordert den nächsten Ball.

Spieleranzahl: 7-10 Spieler.

Wettbewerb: Zwei Parcours treten gegeneinander an. Welche Gruppe spielt in 4 Minuten häufiger direkt durch das zentrale Hütchentor?

Variation: Wechsel der Spielrichtung. Startposition ist nun F. Gleicher Ablauf, nur spiegelverkehrt. Wechsel im Uhrzeigersinn.

Tipp: Den Pass 3 maximal druckvoll spielen. Beim Pass 2 steht B nicht zu weit im Feld, sondern geht von außen in den Ball. Beim Wechsel komplett außen um die Hütchen laufen.

Organisation und Ablauf (1. Spielform)

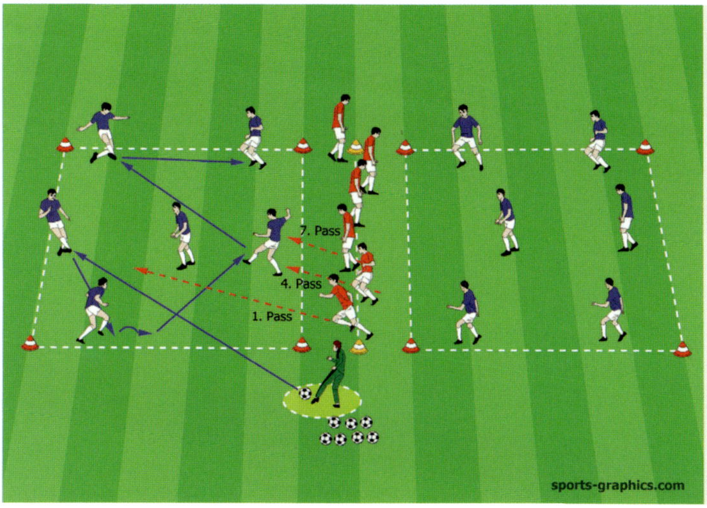

Zwei Quadrate (12 Meter) im Abstand von 10 Metern nebeneinander aufbauen. Für den „Zwischenraum" eine Mittellinie markieren.

Sechs Balljäger bestimmen und auf der Mittellinie postieren. Je drei Balljäger sind für ein Quadrat zuständig. Die restlichen Spieler teilen sich als Überzahlspieler in die beiden Quadrate auf. Der Trainer steht mit ausreichend Bällen am Feld.

Der Trainer passt in ein Quadrat. Diesem Pass startet ein Balljäger nach. Das Überzahlteam spielt mit maximal zwei Kontakten auf Ballhalten. Mit der 4. Passfolge kommt der zweite Balljäger dazu und mit der 7. Passfolge der dritte Balljäger. Ab der 10. Passfolge darf in das andere Quadrat verlagert werden (Flachpass). Dort folgt nun der gleiche Ablauf mit den anderen drei Balljägern. Eine Verlagerung dürfen die Balljäger im Zwischenraum nicht abfangen.

Nach einer Verlagerung kehren die aktiven Balljäger auf die Mittellinie zurück und warten dort auf ihren nächsten Einsatz.

Spieleranzahl: 16-22 Spieler.

Wettbewerb: Erreichen die Überzahlspieler in 4 Minuten sechs Verlagerungen?

Variation: Die Spielfeldgröße dem Leistungsstand anpassen. Die Überzahlspieler müssen eine Chance haben, den Wettbewerb zu gewinnen.

Tipp: Wird der Ball ins Aus gespielt, passt der Trainer einen neuen Ball ins andere Quadrat. Gegenpressing bei Ballverlust spielen.

Organisation und Ablauf (1. Spielform)

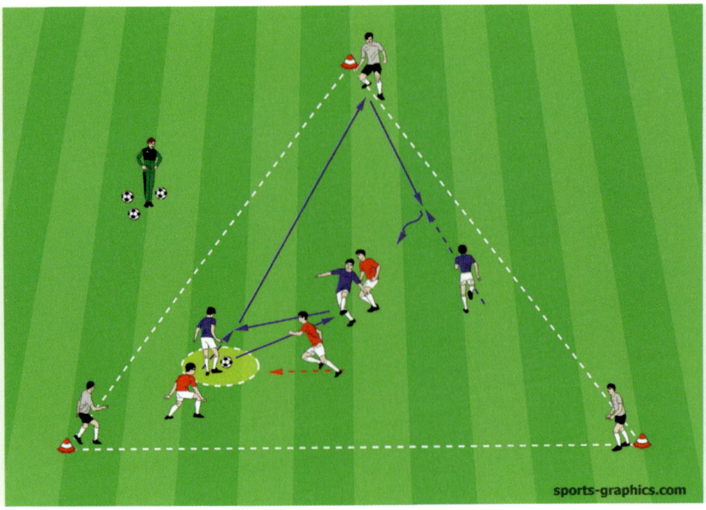

Ein Hütchendreieck (25 x 25 Meter) aufbauen.

Drei Teams zu je drei Spielern bilden. Team A und B spielen im Feld gegeneinander auf Ballhalten. Team C besetzt außen die Eckpunkte des Dreiecks.

Freie Kontaktzahl aller Spieler. Die Spieler von Team C bleiben an den Eckpunkten und agieren jeweils mit der ballführenden Mannschaft. 4 Minuten Spielzeit.

Spieleranzahl: 9-13 Spieler. Bei 12 Spielern ein viertes Team bilden, welches zunächst um das Feld läuft. Die restlichen Spieler agieren als Neutrale im Dreieck.

Wettbewerb: Für einen direkten Pass eines Spielers C zu einem dritten Spieler gibt es einen Punkt für das ballführende Team.

Tipp: Nach einem Pass zu einem Spieler C soll sofort ein dritter Spieler nachrücken, damit ein Punkt erzielt werden kann. Dann möglichst schnell aus den Ecken herausspielen. Dies entspricht dem Herausspielen aus Pressingsituationen.

Organisation und Ablauf (2. Technik)

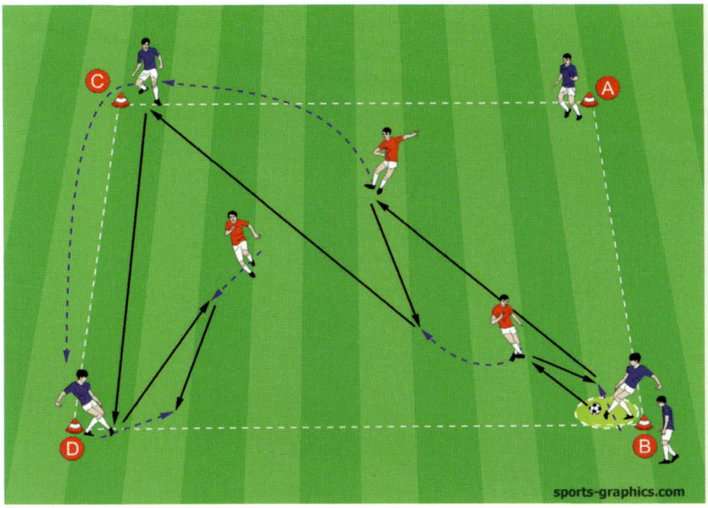

Ein Feld (20 x 16 Meter) aufbauen.

Die Positionen A, C und D einfach besetzen. Zwei Spieler mit Ball zu B. Drei Spieler ins Feld.

Ein zentraler Spieler bietet sich Spieler B kurz an. Er wird angespielt und lässt klatschen. B spielt steil zu einem zweiten zentralen Spieler. Dieser lässt den Ball auf den sich zuvor kurz anbietenden Spieler klatschen. Der Ball wird nun zu C weitergespielt. C passt direkt zu D und nun gleicher Ablauf von D: kurz spielen, klatsch, steil spielen, klatsch und Pass zu A. A spielt zu B.

Der zentrale Spieler, der den Steilpass klatschen lässt, wechselt zu C bzw. A. C und A folgen ihren Pässen zu D bzw. B.

Spieleranzahl: 7-11 Spieler. Zwei zentrale Spieler. Die Außenpositionen doppelt besetzen.

Variation: Der kurz kommende, zentrale Spieler fordert den Ball, lässt den Pass aber für einen tiefer stehenden Mitspieler durch. Dann Ablauf wie zuvor.

Tipp: Alle Spieler befinden sich in offener Stellung. Die zentralen Spieler sind immer in Bewegung und die Außenspieler agieren flexibel auf ihrem Vorderfuß. Die zentralen Spieler erhalten präzise und druckvolle Pässe in den hinteren Fuß. Nach dem Klatschenlassen im Bogenlauf aufdrehen (Passweg für den Steilpass öffnen). Den Pass zu D/B leicht nach innen spielen. Durch das Passschema *Klatsch-Steil* werden die Gegenspieler nah gebunden. Tiefer stehende Spieler verfügen so über mehr Räume.

Organisation und Ablauf (2. Spielform)

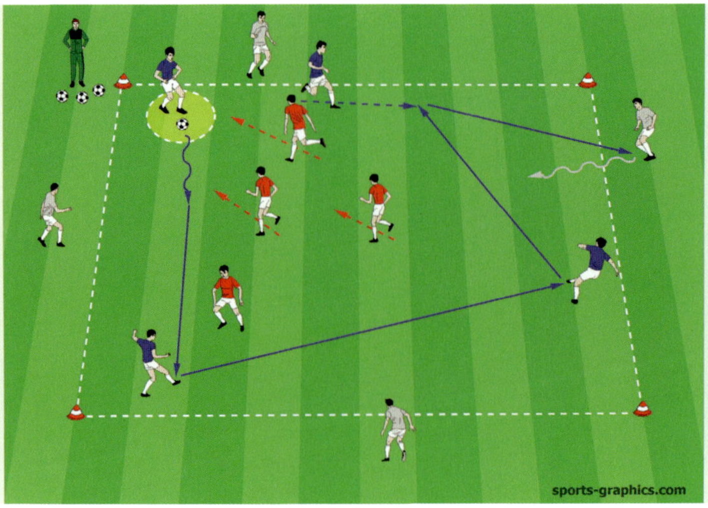

Ein Quadrat (25 Meter) aufbauen.

Drei 4er-Teams bilden. Team Rot und Team Blau gehen ins Feld. Die Spieler von Team Grau besetzen je eine Seitenlinie.

Team Rot spielt gegen Team Blau auf Ballhalten. Es sind keine Rückpässe erlaubt. Gelingem einem Team 5 (8) Passfolgen, spielt es zu einem Spieler Grau und erhält einen Punkt. Das Verliererteam wechselt mit Team Grau Aufgabe und Position. Der erste Pass von Team Grau darf dann nicht attackiert werden.

Spieleranzahl: 12-19 Spieler. Vier 4er-Teams. Hinter Team Grau steht noch ein weiteres Team, welches nach dem ersten Wechsel auf die Position von Team Grau aufrückt. 1-3 neutrale Spieler gehen ins Feld.

Wettbewerb: Gelingt es einem Team, drei Punkte in Folge zu erzielen?

Variation: Rückpässe dürfen gespielt werden, zählen jedoch nicht als Passfolge.

Tipp: Gleichmäßige Raumaufteilung (Anspielstationen in alle Richtungen). Die Spieler ohne Ball suchen freie Räume und fordern permanent Zuspiele. Immer eine weite Anspielstation schaffen. Nach einem Zuspiel möglichst aufdrehen und die weite Anspielstation suchen (verlagern). Die Spieler rücken nach.

Organisation und Ablauf (2. Spielform)

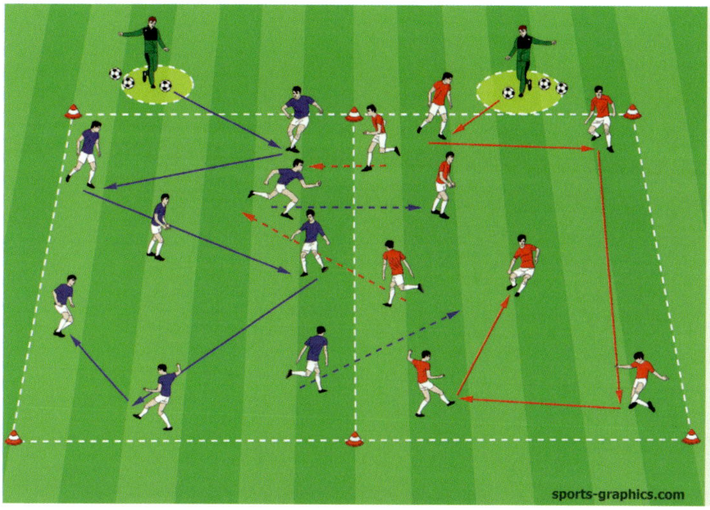

Zwei Rechtecke (18 Meter) aufbauen. Je ein Trainer mit drei Bällen steht an beiden Feldern.

Zwei Teams bestimmen. Innerhalb der Teams Pärchen bilden. Jedem Feld ein Team und zwei Balljäger der gegnerischen Mannschaft zuweisen.

Die Trainer spielen gleichzeitig einen Ball in ihr Feld für eine Überzahlsituation. Es wird auf Ballhalten gespielt. Nur direkte Spiele zum Dritten sind erlaubt. Die Balljäger versuchen, den Ball aus dem Feld zu spielen. Dies müssen sie mit allen drei Bällen „ihres" Trainers tun.

Danach gehen die nächsten zwei Spieler auf Balljagd.

Spieleranzahl: 14-20 Spieler. Bei ungerader Zahl eines Teams keine Pärchen bilden. Die am längsten „pausierenden" Spieler gehen auf Balljagd.

Wettbewerb: Das Team, dessen Balljäger zuerst drei Bälle aus dem Feld spielt, erhält einen Punkt. Welches Team erreicht zuerst 10 Punkte?

Variation: Rückpässe sind erlaubt.

Tipp: Die Feldgröße so wählen, dass das aktive Pärchen ca. 40-60 Sekunden eine maximale Belastung hat. Den Pass des Trainers und den darauf folgenden Pass des Überzahlspielers nicht attackieren.

Organisation und Ablauf (3. Technik)

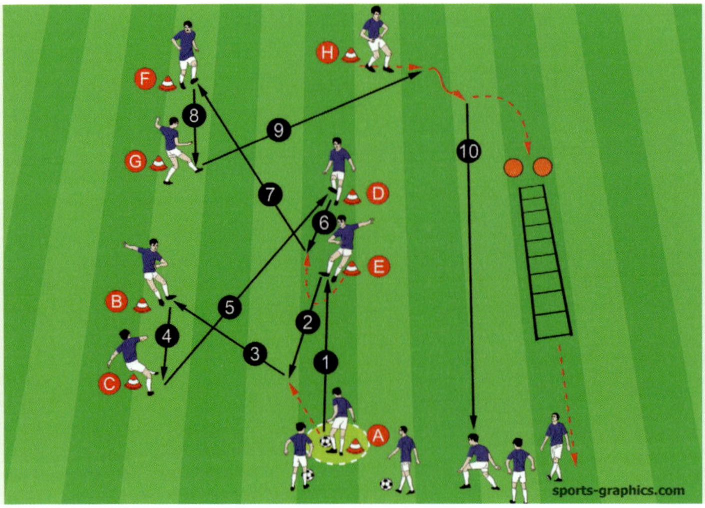

Eine Hütchenreihe (A, E, D, H) im Abstand von 12, 6 und 12 Metern aufbauen. 10 Meter zentral daneben die Hütchenreihe (C, B, G, F) im Abstand von 5, 8 und 5 Metern. Eine KL mit MB entsprechend der Zeichnung auslegen.

Die Positionen B-H einfach besetzen. 2-6 Spieler mit Bällen und 2-4 Spieler ohne Bälle zu A.

Spieler A passt zu E, E lässt leicht nach innen zurückklatschen, A passt zu B, B lässt auf C klatschen und C spielt diagonal zu D. D lässt auf E klatschen (der sich nach seinem Rückpass in Richtung D aufgedreht hat), E spielt diagonal zu F, F lässt auf G klatschen, G spielt diagonal zu H, H nimmt den Ball kurz nach außen mit und passt zu einem freien Spieler A.

Alle Spieler folgen ihrem ersten Pass. Nur Spieler A und E folgen ihrem zweiten Pass. Spieler H absolviert beim Wechsel zu A eine Aufgabe an der KL. Sobald D zu E gewechselt ist, startet der nächste Durchgang.

Spieleranzahl: 11-17 Spieler. Bei weniger als 11 Spielern eine Sprintstrecke festlegen anstatt einer KL.

Wettbewerb: Pässe zu A zählen.

Variation: H spielt einen Flugball zu A.

Tipp: Die Hütchen als Raum sehen. Vor einem Zuspiel löst man sich von einem imaginären Gegenspieler und kommt dann im Bogen dem Pass entgegen.

Organisation und Ablauf (3. Spielform)

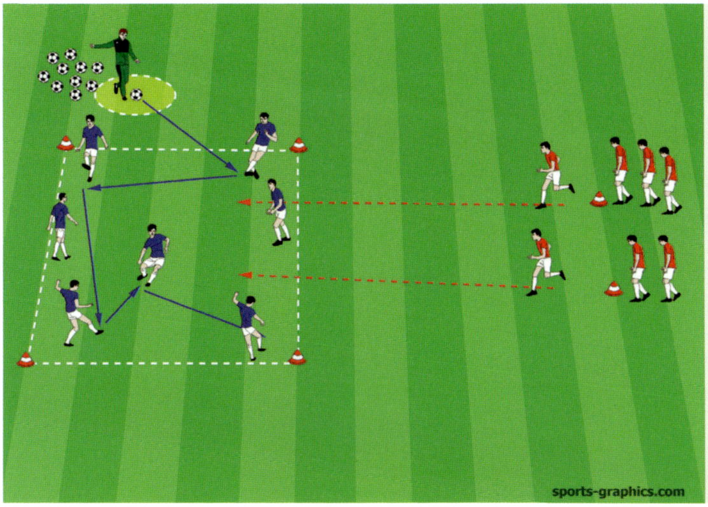

Ein Quadrat (15 Meter) und zwei Außenhütchen aufbauen.

Zwei gleich große Teams bilden. Team A geht ins Feld und Team B teilt sich an den beiden Außenhütchen auf. Der Trainer steht mit einer festen Anzahl von Bällen (z. B. 18) und mit einer Stoppuhr neben dem Feld.

Der Trainer spielt den ersten Ball ins Feld. Gleichzeitig starten die ersten beiden Spieler B ins Feld. Team A versucht, den Ball möglichst lange nur mit direkten Pässen zum Dritten in den eigenen Reihen zu halten. Kann ein Spieler B den Ball aus dem Feld spielen, passt der Trainer einen neuen Ball zu Team A und die nächsten zwei Spieler B gehen auf Balljagd.

Sind alle Bälle vom Trainer „verbraucht", dann erfolgt der Aufgabenwechsel mit der gleichen Anzahl an Bällen.

Spieleranzahl: 8-18 Spieler.

Wettbewerb: Welches Team hält die Bälle länger in den eigenen Reihen?

Variation: Bei geringerem Leistungsstand Rückpässe erlauben oder das Spielfeld vergrößern.

Tipp: 1-2 Spieler A agieren zentral im Feld. Die beiden Spieler B attackieren gemeinsam und leicht gestaffelt zueinander.

Organisation und Ablauf (3. Spielform)

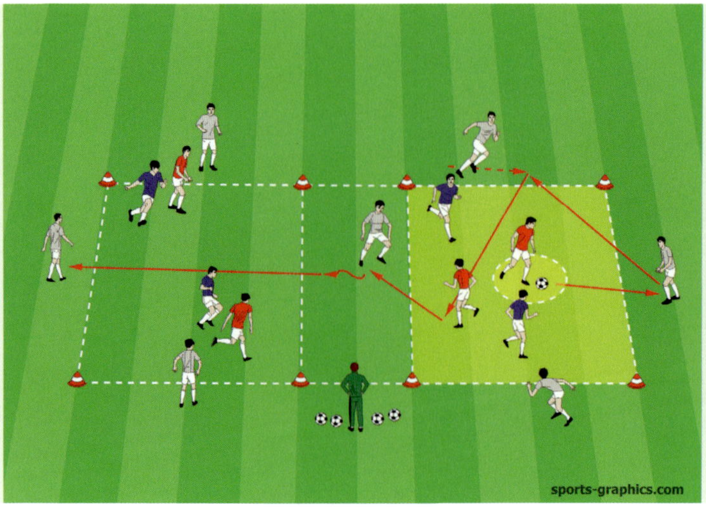

Zwei Felder (10 x 12 Meter), getrennt durch eine 2 Meter tiefe, neutrale Zone, aufbauen.

Zwei Teams zu jeweils 4-6 Spielern bilden. 3-7 neutrale Spieler bestimmen. In den Feldern spielen die Teams im 2-gegen-2 oder 3-gegen-3 gegeneinander. Ein Neutraler wechselt als „Spielmacher" in die neutrale Zone. Die restlichen Neutralen besetzen die Seiten an den Feldern. Zuerst die Stirnseiten besetzen.

Der Trainer passt zu einem Team ins Feld. Das ballbesitzende Team spielt zusammen mit den Neutralen gegen 2 (3) Balljäger auf Ballhalten. Die Teams bleiben in ihren Feldern. Freies Spiel in den Feldern und die Neutralen spielen mit maximal zwei Kontakten. Erhält der Spielmacher ein Zuspiel, entscheidet er über einen Rückpass oder über eine Verlagerung ins andere Feld.

Nach 5-6 Minuten Aufgaben und Positionen wechseln, sodass jeder Spieler zumindest 1 x neutral war.

Spieleranzahl: 11-19 Spieler.

Tipp: Die Spielfeldlinien nicht zu genau nehmen. Die Neutralen sind über ihre komplette Seite ständig voll aktiv. Beim Coachen die Wertigkeit des Spielmachers hervorheben. Viele tiefe Pässe spielen. Schnelles Spiel durch Vororientierung, Ballmitnahmen und Direktspiel. Keine Pässe anstoppen! Zuspiele fordern und Abspielen nachstarten und erneut eine Anspielstation schaffen.

Organisation und Ablauf (4. Technik)

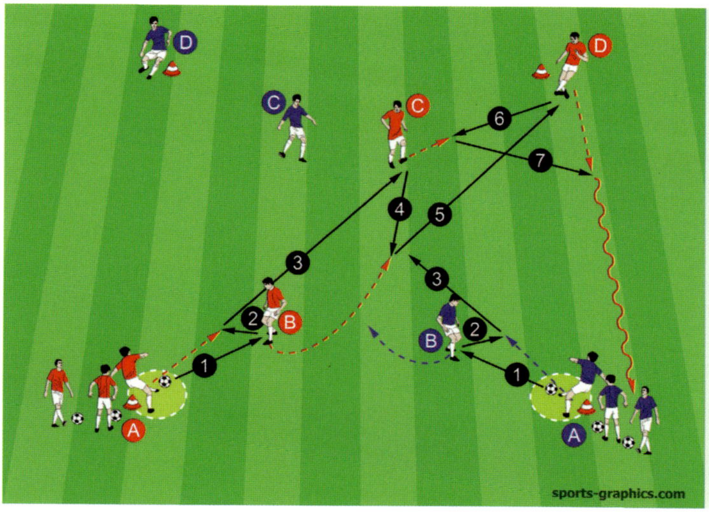

Ein Rechteck (30 x 20 Meter) aufbauen.

Zwei gleich große Gruppen bilden, die sich jeweils diagonal, entsprechend der Zeichnung, in einer Reihe aufstellen. Die Positionen B, C und D einfach besetzen und die restlichen Spieler mit Bällen zu A.

Die beiden Spieler A starten gleichzeitig mit einem Pass zu Spieler B. B lässt klatschen, A passt zu Spieler C, C lässt auf B klatschen, B passt zu D und D spielt Doppelpass mit C. D dribbelt zur Startposition A.

Alle Spieler wechseln eine Position weiter.

Spieleranzahl: 10-23 Spieler.

Wettbewerb: Die Spieler D dribbeln zur Startposition A ihrer Gruppe. Welche Gruppe spielt in 4 Minuten mehr Doppelpässe?

Variation: Die Spieler A überschlagen B, indem sie direkt zu C passen. Dann erfolgt der Ablauf wie zuvor.

Tipp: Spieler B steht in offener Stellung und ihn in den hinteren Fuß anspielen. Spieler C steht leicht versetzt in offener Stellung. Ballkollisionen vermeiden. Nur Direktspiel nach Wahrnehmung der Spielfeldumgebung. Flach und ohne Schnitt spielen. Doppelpass in die Bewegung, aber auch nicht zu steil spielen. Der Positionswechsel erfolgt in die offene Stellung. Die Passschärfe der Passdistanz anpassen. Die Passempfänger mit „klatsch" coachen. B absolviert einen Bogenlauf zu C, um den Passweg für A zu C zu öffnen und den Raum für das Passspiel möglichst groß zu halten.

Organisation und Ablauf (4. Spielform)

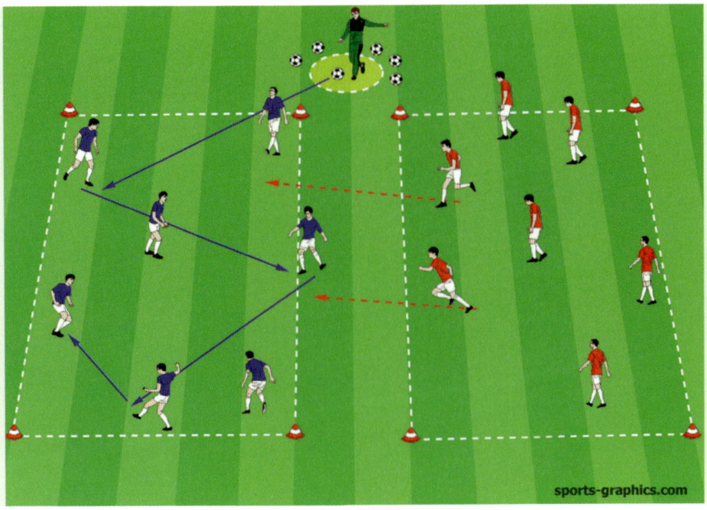

Zwei Felder (je 20 x 15 Meter) im Abstand von 5 Metern zueinander aufbauen.

Zwei Teams bilden und je einem Feld zuweisen. Der Trainer steht mit ausreichend Bällen zwischen den Feldern.

Der Trainer passt einen Ball zu einem Team ins Feld und dieses spielt mit einem Ballkontakt auf Ballhalten. Dabei darf nicht zum gleichen Spieler zurückgespielt werden. Zwei Spieler des gegnerischen Teams kommen ins Feld und gehen auf Balljagd. Sobald die Passfolge unterbrochen wurde (Ballaus, Balleroberung, Abspielfehler), spielt der Trainer sofort einen neuen Ball zum wartenden Team und es starten dann zwei Spieler der anderen Mannschaft zur Balljagd.

Spieleranzahl: 10-18 Spieler. Bei hohem Leistungsstand das Feld verkleinern.

Wettbewerb: Für je fünf Passfolgen gibt es einen Punkt.

Tipp: Innerhalb eines Teams Pärchen bilden. Diese gehen nun immer gemeinsam in einer festen Reihenfolge auf Balljagd.

Organisation und Ablauf (4. Spielform)

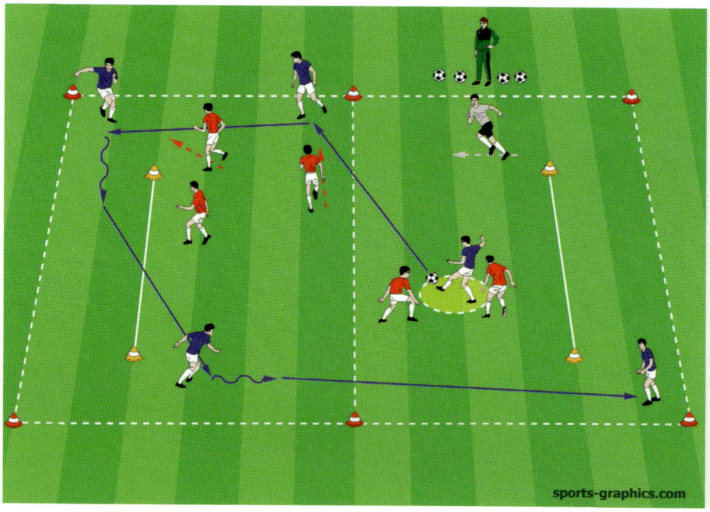

Ein Feld (20 x 40 Meter) mit Mittellinie aufbauen. 7 Meter von den Grundlinien entfernt je ein Hütchentor (Breite: 8 Meter) stellen.

Zwei gleich große Teams bilden und einen neutralen Spieler bestimmen.

Freies Spiel auf Ballhalten. Für einen erfolgreichen Pass von hinten durch ein Hütchentor gibt es einen Punkt. Um einen erneuten Punkt zu erzielen, muss der Ball 1 x über die Mittellinie. Es kann auf beide Tore angegriffen werden. Ein Team bekommt einen Punkt abgezogen, wenn es von vorne durch ein Hütchentor passt.

Spieleranzahl: 9-36 Spieler. Die Teamgrößen, die Anzahl der Neutralen und die Anzahl der Spielfelder verändern.

Wettbewerb: Welches Team erzielt in 5 Minuten mehr Punkte? Ab zwei Feldern nach der Champions-League-Regel spielen. Felder mit Spielklassen bezeichnen (Champions League, Bundesliga, Kreisliga). Das Siegerteam steigt auf und das Verliererteam steigt ab.

Tipp: Der Trainer steht mit Ersatzbällen am Spielfeldrand und spielt bei Ballaus sofort einen neuen Ball rein. Durch das schmale Spielfeld und die Platzierung der Tore wird ein schnelles Spiel in die Tiefe akzentuiert.

Organisation und Ablauf (5. Technik)

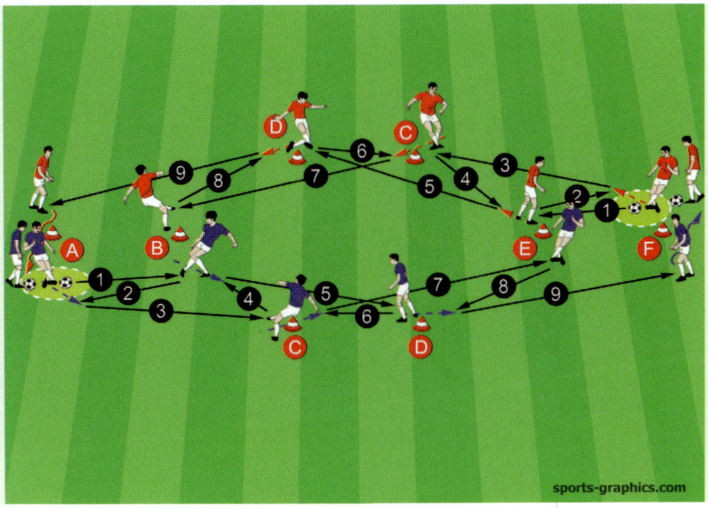

Ein Feld (50 x 14 Meter), bestehend aus acht Hütchen, aufbauen. Der horizontale Abstand der Positionen untereinander beträgt 10 Meter.

Je die Hälfte der Spieler verteilt sich oberhalb und unterhalb der zentralen Achse. Alle mittleren Positionen einfach besetzen. Der Rest geht zu den beiden Startpositionen A/F. Dort haben, bis auf den letzten Spieler, alle einen Ball.

Die beiden Seiten starten gleichzeitig und spielen unabhängig voneinander. Oberhalb der zentralen Achse wird von rechts nach links gespielt und auf der anderen Seite von links nach rechts. Es wird entsprechend dem Passmuster *Klatsch-Steil* gespielt. Beispiel Blau: A passt zu B, B lässt klatschen, A zu C, C klatscht auf B, B zu D, D klatscht auf C, C zu E, E klatscht auf D und D zu F. F nimmt den Ball zur anderen Seite mit und wartet, bis er an der Reihe ist.

Die Spieler wechseln eine Position weiter. Mit dem Pass 6 startet der jeweils nächste Durchgang.

Spieleranzahl: 12-20 Spieler.

Variation: Nach der Hälfte der Zeit die Spielrichtung wechseln. Auf den beiden Seiten wird nun jeweils in die andere Richtung gespielt.

Tipp: Vor dem Pass den Kopf heben. Den Passempfänger flexibel auf den Vorderfüßen bewegen. Den Fuß in Spielrichtung anspielen. Auf einen sauberen „Klatschball" achten (flach in die Bewegung des Mitspielers) und „Klatsch" coachen! Den Steilpass mit hohem Druck spielen. Beim Positionswechsel immer den Blick auf den Ball halten.

Organisation und Ablauf (5. Spielform)

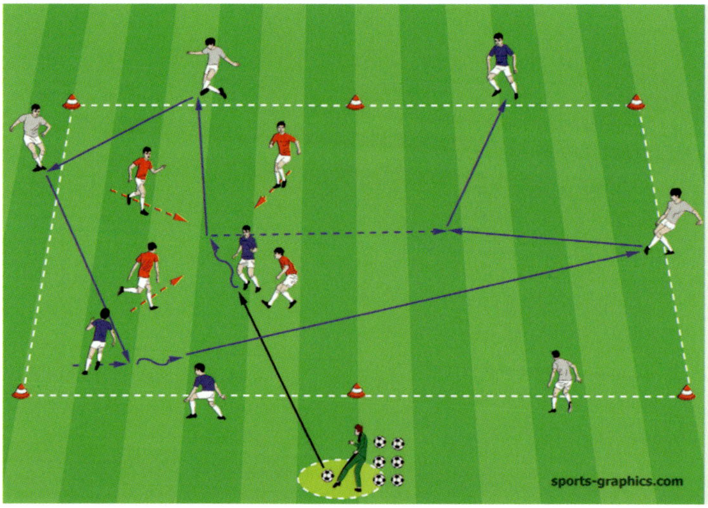

Ein Feld (32 x 16 Meter) markieren. Die Längsseiten durch ein Hütchen teilen.

Drei 4er-Teams bilden. Team A als Balljäger ins Feld. Team C (Neutrale) besetzt die Stirnseiten sowie zwei Teilbereiche der Längsseiten. Je zwei Spieler des ballbesitzenden Teams B wechseln ins Feld und besetzen an den freien Teilbereichen die Längsseiten.

Es wird auf Ballhalten gespielt. Team C agiert mit dem ballbesitzenden Team und hält seine Positionen. Außenspieler müssen direkt spielen und Spieler im Feld haben maximal zwei Kontakte. Erobert das balljagende Team den Ball, wechseln die zwei Außenspieler mit zwei Balljägern Position und Aufgabe.

Jedes Team stellt 1 x die neutralen Spieler.

Spieleranzahl: 10-17 Spieler. Bis 13 Spieler 2-5 Neutrale. Neutrale besetzen nur die Stirnseiten bzw. ein Neutraler wechselt ins Feld. Ab 13 Spielern spielen zwei 5er- (6)er-Teams gegeneinander. Die Feldgröße anpassen.

Wettbewerb: Ist ein Team für 90 Sekunden Balljäger, absolviert es eine Zusatzaufgabe.

Tipp: Die Spielfeldmarkierung nur als groben Richtwert sehen. Die Außenspieler sind über die komplette Breite voll aktiv und können auch wenige Meter im Feld agieren. Vororientierung. Stets anspielbar sein. Die Zuspiele fordern. Sich in der Gasse zeigen. Nach einer Spielverlagerung nachrücken und sich wieder zeigen.

Organisation und Ablauf (5. Spielform)

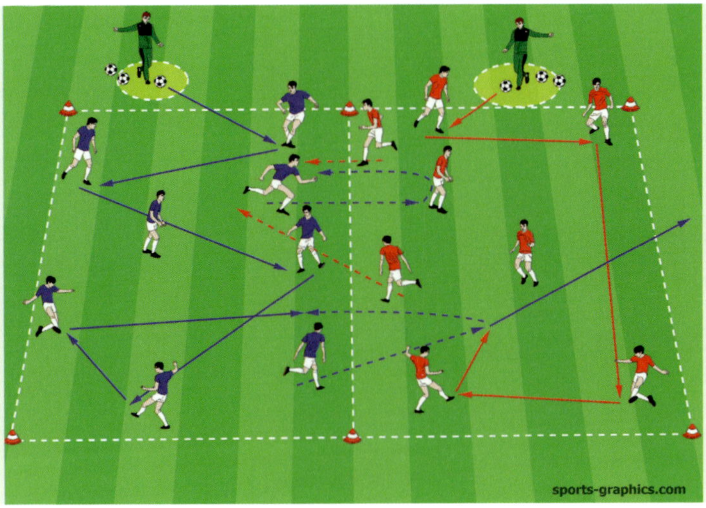

Ein Rechteck (36 x 18 Meter) mit Mittellinie aufbauen.

Zwei Teams bilden, je einer Häfte zuweisen und innerhalb der Teams Pärchen bilden. An jeder Hälfte steht ein Trainer mit ausreichend Bällen.

Das jeweils erste Pärchen geht auf Balljagd in die gegnerische Hälfte. Gleichzeitig spielen die Trainer einen Ball ins Feld. Spiel auf Ballhalten mit ausschließlich direkten Pässen zum Dritten. Sobald es einem Pärchen gelingt, den Ball aus dem Feld zu spielen, sprinten sie in die eigene Hälfte und erhöhen dort die Anzahl der Überzahlspieler.

Sind beide Bälle ausgespielt, passen die Trainer sofort neue Bälle in die Hälften und das nächste Pärchen geht auf Balljagd.

Spieleranzahl: 12-20 Spieler. Bei ungeraden Teamgrößen je Team ein 3er-Team bilden. Gehen diese auf Balljagd, sind Rückpässe erlaubt.

Wettbewerb: Für jeweils fünf Passfolgen mit allen Spielern (also mit dem zuvor balljagenden Pärchen) erhält ein Team einen Punkt.

Tipp: Gleichmäßige Raumaufteilung des Überzahlteams.

Organisation und Ablauf (6. Technik)

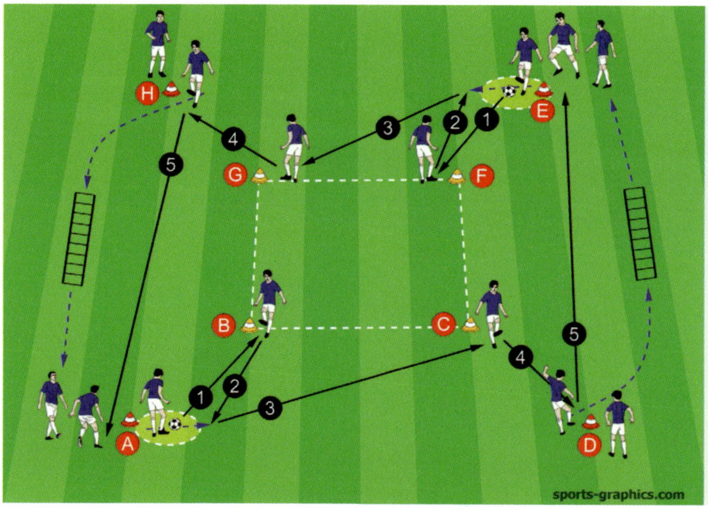

Zwei Quadrate (20 und 10 Meter) mit zwei KL an den Seiten aufbauen.

Je ein Spieler an den Hütchen des inneren Quadrats. 2-3 Spieler zu den Positionen D/H und 2-4 Spieler zu den Startpositionen A/E. Der jeweils erste Spieler A/E mit Ball.

Von den beiden Startpositionen wird gleichzeitig gestartet. A/E spielt zu B/F, B/F lässt klatschen und A/E spielt steil zu C/G. C/G legt den Ball zu Spieler D/H ab und D/H passt steil zu E/A.

Die Spieler wechseln entgegen dem Uhrzeigersinn eine Position weiter. Beim Wechsel nach dem Pass ❺ eine Aufgabe an der KL absolvieren.

Spieleranzahl: 12-18 Spieler. Bis 13 Spieler ohne KL üben.

Variation: Spielrichtungswechsel, indem D/H die Startpositionen sind. Dann Wechsel im Uhrzeigersinn. An die KL jeweils zwei MB legen. Diese für die Aufgaben an der KL aufnehmen, in Vor- bzw. Hochhalte tragen und am Ende der KL zurückrollen. Andere Passfolge (jeweils ein Ball zu A/E): A zu C, C zu B, B zu D, D zu F, F zu C, C zu E, E zu G usw. Also immer *Klatsch-Steil*. Wechsel, indem man seinen Pässen folgt.

Tipp: „Klatsch" und den Namen des Passempfängers rufen. Der Kopf ist oben, um zu sehen, ob ein Direktspiel möglich ist. In den Fuß in Richtung Spielfortsetzung passen. C dreht sich in offener Stellung auf. Die Passschärfe der Distanz anpassen.

Organisation und Ablauf (6. Spielform)

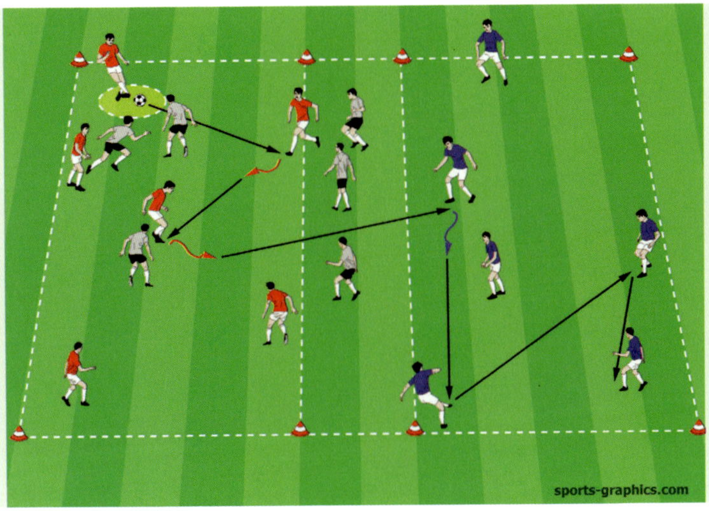

Ein Feld (36 x 20 Meter) mit einer Mittelzone (Breite: 6 Meter) aufbauen.

Drei 6er-Teams bilden. Je Endzone ein Team und das dritte Team befindet sich in der Mittelzone.

In den Endzonen wird 6-gegen-3 auf Ballhalten mit maximal zwei Kontakten gespielt. Ziel der Teams in den Endzonen ist es, möglichst oft zu verlagern. Den Ball jagen immer drei Spieler des dritten Teams. Die anderen drei Mitspieler bleiben in der Mittelzone und unterbinden Spielverlagerungen. Erobert das dritte Team den Ball und gelingt ein Pass zu einem Mitspieler, wechselt es Position und Aufgabe mit dem fehlerverursachenden Team.

Nach einer erfolgreichen Spielverlagerung gehen die Spieler aus der Mittelzone auf Balljagd und die vorherigen Balljäger wechseln in die Mittelzone.

Spieleranzahl: 12-20 Spieler. 4er-/5er-Teams bilden (zwei Balljäger). Die Spielfeldgröße anpassen. Ab 19 Spielern sind feste Neutrale in den Endzonen.

Wettbewerb: Liegestütze für das dritte Team bei 10 Spielverlagerungen ohne Teamwechsel.

Variation: In den Endzonen 3-gegen-3. Drei Spieler des ballbesitzenden Teams verteilen sich an den Seiten der Endzonen. Die Feldgröße so anpassen, dass der Ball gut zirkuliert.

Tipp: Die neuen Balljäger starten immer komplett aus der Mittelzone.

Organisation und Ablauf (6. Spielform)

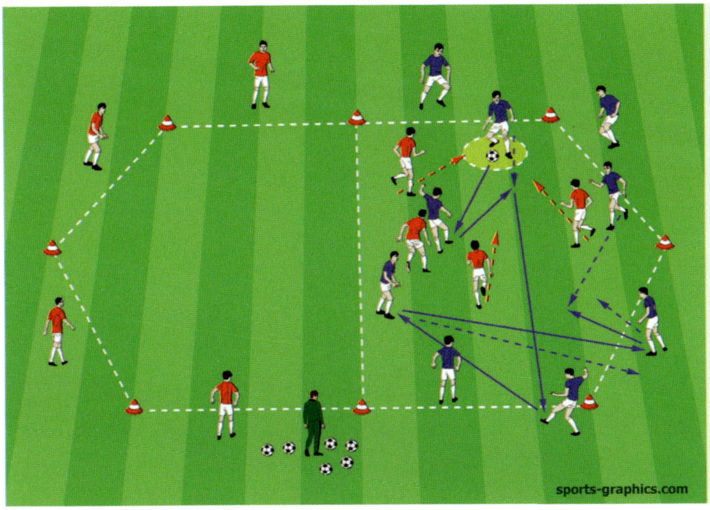

Ein Feld (40 x 20 Meter) mit Mittellinie aufbauen.

Zwei 8er-Teams bilden und je einer Spielfeldhälfte zuweisen. Die Teams zur Hälfte teilen. Eine Gruppe als Außenspieler und die anderen als „Feldspieler" ins Feld.

Der Trainer passt in eine Spielfeldhälfte. Die Feldspieler aus der anderen Spielfeldhälfte starten nach und gehen auf Balljagd. Es wird im 8-gegen-4 auf Ballhalten gespielt. Die Außenspieler agieren mit maximal zwei Kontakten. Erobern die Balljäger den Ball, passen sie zu einem ihrer Außenspieler und alle Feldspieler rücken nach. Nun spielt das andere Team im 8-gegen-4 auf Ballhalten.

Nach einem Pass zum Außenspieler wechselt der Feldspieler mit ihm Position und Aufgabe.

Spieleranzahl: 8-24 Spieler. Bei 4er-Teams ein Raute-Spielfeld bilden. Bei 6er-Teams ein Rechteck (30 x 20 Meter) bilden. Die Außenseiten doppelt besetzen. Immer eine Mittellinie markieren und die Feldgröße anpassen.

Variation: Die Feldspieler haben maximal drei Ballkontakte. Kein Wechsel erfolgt bei einem Pass zwischen Außenspieler und Feldspieler.

Tipp: Schnelles Kombinationsspiel fordern. Den Ball in freie Räume mitnehmen. Der Kopf ist oben. Den Ball geschlossen als Team jagen. Bei Ballaus spielt der Trainer einen neuen Ball ins Feld.

Organisation und Ablauf (7. Technik)

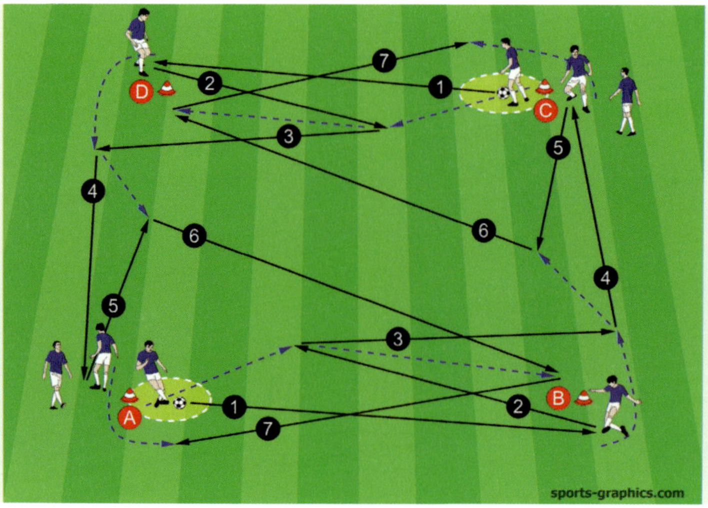

Ein Quadrat (15 Meter) aufbauen.

Die Positionen B und D einfach besetzen. Zu den Positionen A und C je 2-4 Spieler. Je ein Ball zu A und C.

An den Positionen B/D wird ein Doppelpass gespielt und an den Positionen A/C ein Spiel zum Dritten. Spieler A und C passen gleichzeitig zu B bzw. zu D. B/D lösen sich nach außen, lassen den Ball klatschen und erhalten den Ball auf der anderen Hütchenseite zurück. Sie leiten den Ball eine Position weiter (auch A/C lösen sich nach außen), Spieler A/C lassen klatschen (5) und B/D passen zum Dritten auf die Positionen B/D. Die Spieler A/C sind nach ihren Pässen 3 bereits auf diese Positionen gewechselt.

Die Spieler wechseln eine Position weiter.

Spieleranzahl: 6-10 Spieler.

Wettbewerb: Welche Gruppe passt in 4 Minuten häufiger zu Position A?

Variation: Wechsel der Spielrichtung. A passt zu D, C zu B usw. Ballmitnahme: Spieler B/D lösen sich diagonal nach hinten/außen in offener Stellung, erhalten ein Zuspiel, täuschen mit dem hinteren Fuß einen Pass zu C/A an, legen sich den Ball stattdessen deutlich auf den feldnahen Fuß und passen zu A/C (immer zwei Kontakte).

Tipp: Sich explosiv nach hinten lösen und das Zuspiel deutlich außen fordern. Jeden Pass aus der Bewegung heraus spielen.

Organisation und Ablauf (7. Spielform)

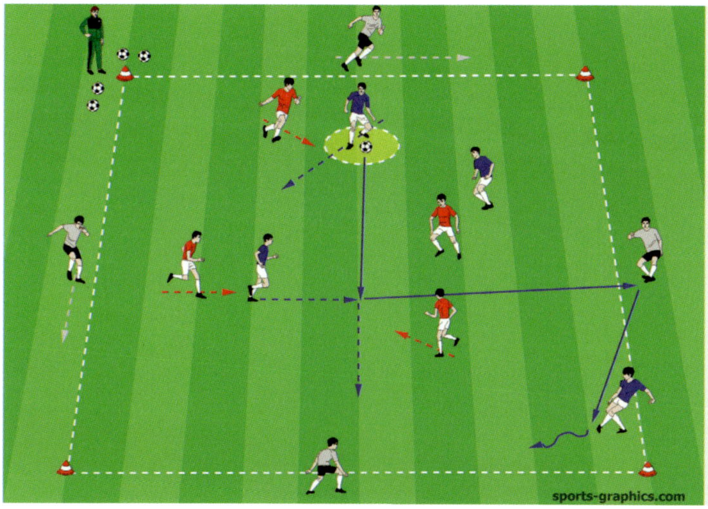

Ein Quadrat (20 Meter) aufbauen.

Drei 4er-Teams bilden.

Zwei Teams spielen im Feld gegeneinander. Maximal drei Ballkontakte sind erlaubt. Das dritte Team stellt je Seitenlinie einen neutralen Spieler. Diese dürfen nur direkt passen.

Nach 5 Minuten wechselt das dritte Team mit einem Team aus dem Feld Aufgabe und Position.

Spieleranzahl: 8-18 Spieler. 5er-/6er-Teams bilden. Der fünfte bzw. sechste Neutrale agiert im Feld mit den Ballbesitzern. Nur zwei Teams bilden und ohne Außenspieler spielen.

Wettbewerb: Zwei direkte Pässe zum Dritten in Folge ergeben einen Punkt. Welches Team erreicht nach 5 Minuten mehr Punkte? Turnierform jeder gegen jeden.

Variation: Bei geringerem Leistungsstand das Feld vergrößern und/oder freie Ballkontaktzahl.

Tipp: Die Neutralen sind über die kompletten Seitenlinien voll aktiv. Gleichmäßige Raumaufteilung der Ballbesitzer. Passen nach Blickkontakt und den Bällen entgegenstarten. Aus engen Spielsituationen herauskombinieren. Ballbesitz geht vor Punkterzielung! Für das Zählen der Punkte Handzähler verwenden. So kann man weiterhin ohne Ablenkung beobachten und coachen.

Organisation und Ablauf (7. Spielform)

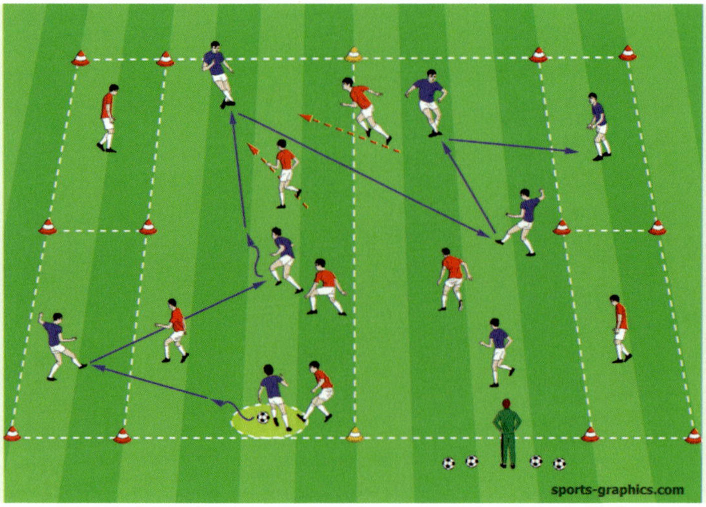

Ein Feld (40 x 30 Meter) mit Mittellinie aufbauen. Zwei Endzonen (Tiefe: 5 Meter) markieren und teilen.

Zwei Teams zu je 6-10 Spieler bilden. Die Teams stellen jeweils zwei Außenspieler für die Endzonen. Sie stehen sich diagonal gegenüber.

Die Teams spielen auf Ballhalten gegeneinander. Freies Spiel. Die Außenspieler haben maximal zwei Kontakte. Für jeden Pass zu einem Außenspieler des eigenen Teams gibt es einen Punkt. Um bei einem Außenspieler erneut einen Punkt zu machen, muss der Ball 1 x die Mittellinie überqueren.

Hat ein Spieler im Feld keine Kraft mehr, so wechselt er selbstständig mit einem seiner Außenspieler.

Spieleranzahl: 12-20 Spieler.

Wettbewerb: Welches Team erzielt in 5 Minuten mehr Punkte?

Variation: Maximal drei Kontakte für alle Spieler sind erlaubt. Bei einem zweiten Durchgang sind zunächst die Spieler in den Endzonen, die dort noch nicht waren.

Tipp: Den Ball möglichst schnell von Außenspieler zu Außenspieler verlagern. Stets anspielbar sein. Hohe Intensität fordern!

Organisation und Ablauf (8. Technik)

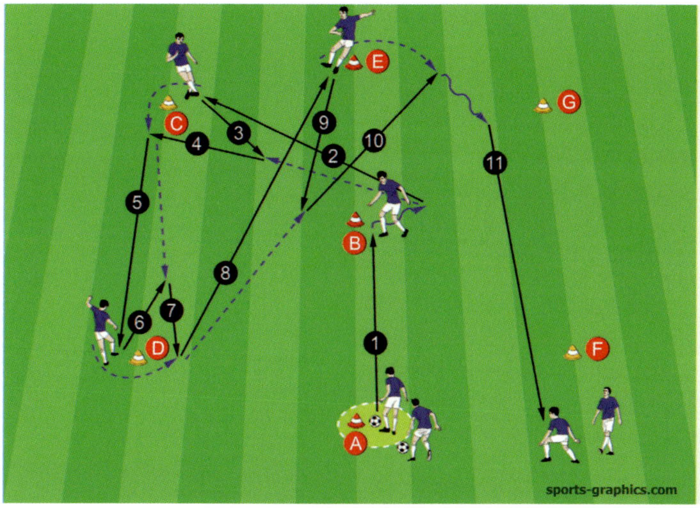

Ein Quadrat (C, D, F, G) von 10 Metern aufbauen. Durch das Quadrat verläuft eine 3er-Hütchenreihe (Länge: 14 Meter).

Die Positionen B-E einfach besetzen. Zwei Spieler mit Bällen zur Startposition A. 1-3 Spieler ohne Bälle neben A.

Spieler A passt zu B. B dreht nach hinten auf und passt mit seinem zweiten Kontakt zu C. Doppelpass zwischen B und C (Hütchen ausspielen). C passt zu D. Doppelpass zwischen C und D. D passt zu E. Doppelpass zwischen D und E. E passt zu einem freien Spieler neben A. Sobald der Doppelpass bei D gespielt wird, startet der nächste Spieler A in den Parcours.

Die Spieler folgen ihren Pässen.

Spieleranzahl: 7-14 Spieler. Ab neun Spieler werden zusätzlich die Positionen G und F besetzt. E passt dann nach dem gleichen Schema zu F, F zu G und G zu einem Spieler A ohne Ball.

Wettbewerb: Welche Gruppe spielt innerhalb von 4 Minuten mehr Pässe 11?

Variation: Für einen zweiten Durchgang Wechsel der Spielrichtung. Anstatt der Hütchen C und D werden nun die Hütchen F und G besetzt. Mit drei Bällen gleichzeitig spielen.

Tipp: Den Doppelpass immer so spielen, dass das Hütchen einen Gegenspieler simuliert. Den Pass 1 mit „dreh" coachen. Der Kopf ist oben, um Zusammenstöße zu vermeiden und zu „checken", ob der Mitspieler anspielbar ist.

Organisation und Ablauf (8. Spielform)

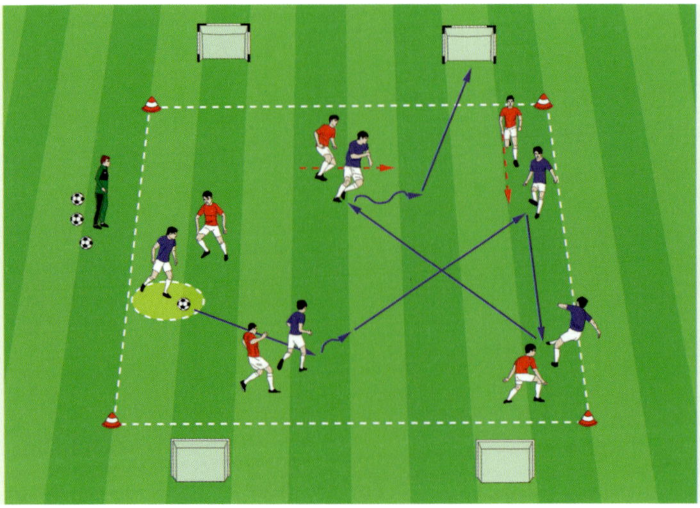

Ein Feld 30 x 30 Meter aufbauen. 2 Meter hinter den Grundlinien jeweils zwei äußere Minitore stellen.

Zwei gleich große Teams bilden.

Die Teams spielen auf Ballhalten gegeneinander. Die Neutralen sind jeweils bei der ballbesitzenden Mannschaft. Die Teams erhalten einen Punkt, indem sie ab der achten Passfolge in eines der vier Minitore spielen. Nach einem Punkt starten die vorherigen Verteidiger mit Ballbesitz.

Zwischen zwei Durchgängen eine aktive Erholung einbinden.

Spieleranzahl: 8-18 Spieler. 0-2 Neutrale bestimmen. Das Spielfeld entsprechend der Spieleranzahl und dem Leistungsstand des Teams anpassen.

Wettbewerb: Für einen direkten Pass in ein Minitor erhält die Mannschaft zwei Punkte. Welches Team erreicht zuerst 10 Punkte?

Variation: Je Außenseite ein Minitor. Ein Treffer muss maximal mit dem zwölften Pass erfolgen.

Tipp: Aus engen Spielsituationen herausspielen, das Spiel verlagern und dann zielstrebig den Torabschluss suchen.

Organisation und Ablauf (8. Spielform)

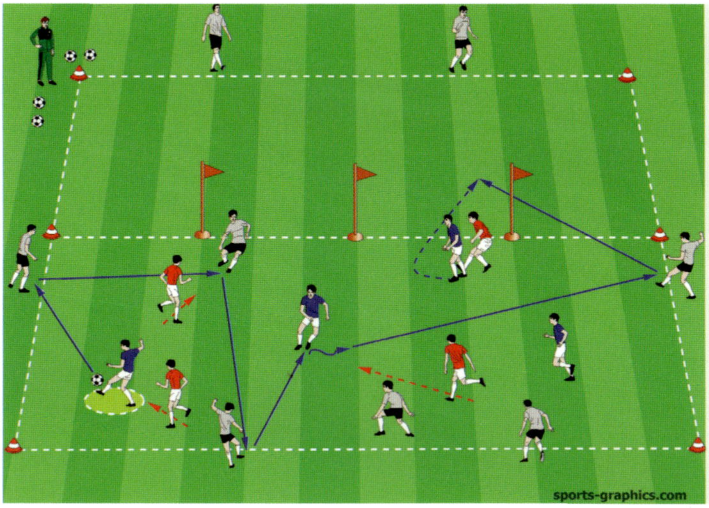

Ein Rechteck (45 x 30 Meter) mit Mittellinie aufbauen. Gleichmäßig auf der ML drei Stangen verteilen.

Zwei 4er-Teams bilden und acht neutrale Spieler bestimmen. Die Teams gehen zusammen mit zwei Neutralen in eine Hälfte. Je zwei Neutrale an die Grundlinien und je einen Neutralen an die Außenseiten stellen.

Die beiden Teams spielen zusammen mit den Neutralen in einer Hälfte auf Ballhalten gegeneinander. Ziel ist es, ohne Ballverlust von einem Außenseitenspieler zum anderen zu kombinieren. Gelingt dies, darf in die andere Hälfte gepasst werden. Dabei ist auf Abseits zu achten. Maximal sind drei Ballkontakte für die Spieler erlaubt. Die Grundlinienspieler dürfen nicht untereinander passen.

Nach 7 Minuten wechseln die neutralen Spieler in die Teams und umgekehrt.

Spieleranzahl: 14-21 Spieler. 5er- bzw. 6er-Teams bilden. 0-3 Neutrale ins Feld.

Wettbewerb: Jeder Pass in die andere Hälfte ergibt einen Punkt.

Variation: Neutrale dürfen nur direkt spielen. Es darf nach 10 Passfolgen in die andere Hälfte gespielt werden.

Tipp: Die Spielverlagerung wird geschult. Der Pass in die andere Hälfte simuliert einen Schnittstellenpass. Offene Stellung beim Anbieten und in die freien Räume spielen. Keine Flugbälle. Zielstrebig mit den Außenspielern kombinieren.

Organisation und Ablauf (9. Technik)

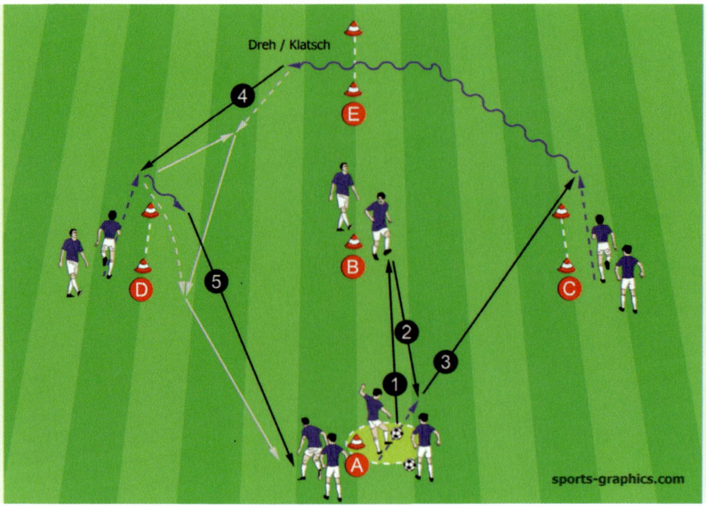

A, B und E im Abstand von je 12 Metern in eine Reihe stellen. Seitlich im Abstand von 20 Metern stehen die beiden Hütchentore C und D (Breite: 3 Meter).

3-5 Spieler mit zwei Bällen zu A und je zwei Spieler zu den Hütchen B, C und D.

Spieler B erhält nach einer Auftaktbewegung von A den Ball. Diesen lässt er leicht in Spielrichtung klatschen. A passt in die Tiefe zu C, C absolviert ein Tempodribbling durch das Hütchentor E und passt zu dem entgegenstartenden Spieler D. D erhält von C wahlweise das Kommando „Klatsch" oder „Dreh". Bei „Klatsch" passt D direkt zu C zurück und erhält von C einen Pass in die Tiefe. Bei „Dreh" dreht sich D auf und passt zu A. Sobald C durch das Hütchentor E gedribbelt ist, startet die nächste Aktion.

Die Spieler wechseln eine Position weiter.

Spieleranzahl: 5-11 Spieler. Bei fünf Spielern die Positionen B, C und D einfach besetzen. Zwei Spieler mit einem Ball zu A.

Wettbewerb: Dribblings durchs HT E zählen.

Variation: Die Spielrichtung wechseln.

Tipp: Spieler C startet erst mit dem Pass von A in die Tiefe. Spieler D startet C, kurz bevor C passen kann, explosionsartig entgegen und erhält den Pass in den inneren Fuß. Die Passempfänger laufen also immer im letztmöglichen Moment in den Raum des Passspiels.

Organisation und Ablauf (9. Spielform)

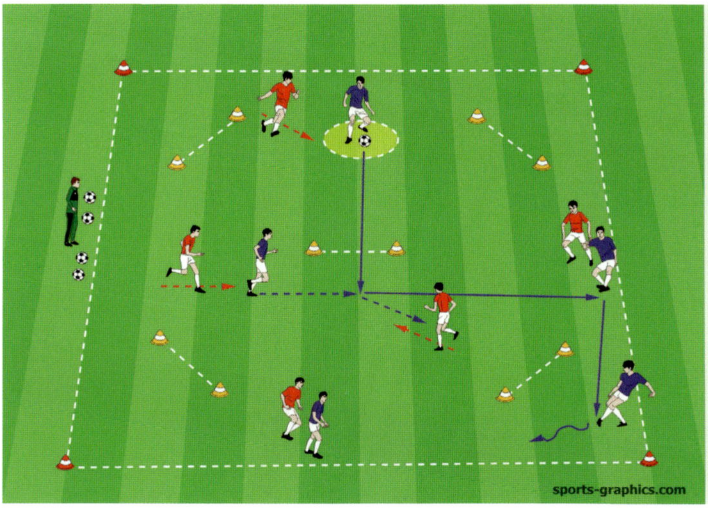

Ein Quadrat (24 Meter) mit fünf innenliegenden HT (Breite: 2 Meter) aufbauen.

Zwei gleich große Teams zu je 4-7 Spielern bilden.

Die zwei Teams spielen auf Ballhalten gegeneinander. Maximal sind drei Kontakte je Spieler erlaubt. Jeder Pass erfolgt durch ein HT, welcher direkt zu einem Mitspieler weitergeleitet wird. Dies ergibt einen Punkt für die Mannschaftswertung.

Spieleranzahl: 8-16 Spieler. Mit 1-2 Neutralen spielen.

Wettbewerb: Welches Team erzielt in 5 Minuten mehr Punkte?

Variation: Freie Ballkontaktzahl. Der Pass durch das HT muss ein Spiel zum Dritten sein. Drei gleich große Teams bilden. Zwei Teams spielen zusammen gegen das dritte. Jeder spielt gegen jeden. Welches Team erreicht nach allen Spielen die meisten Punkte?

Tipp: Anspielstationen in alle Richtungen schaffen. Bewegung ohne Ball. Zuspiel nicht erhalten? Sich neu zeigen! Sich deutlich anspielbar machen. Der Ballführende hat den Kopf oben. Die Spielfeldumgebung bereits vor einem Zuspiel „scannen". Den Pässen entgegenstarten. Die Pässe coachen. Nach einem Pass sich direkt wieder anbieten.

Organisation und Ablauf (9. Spielform)

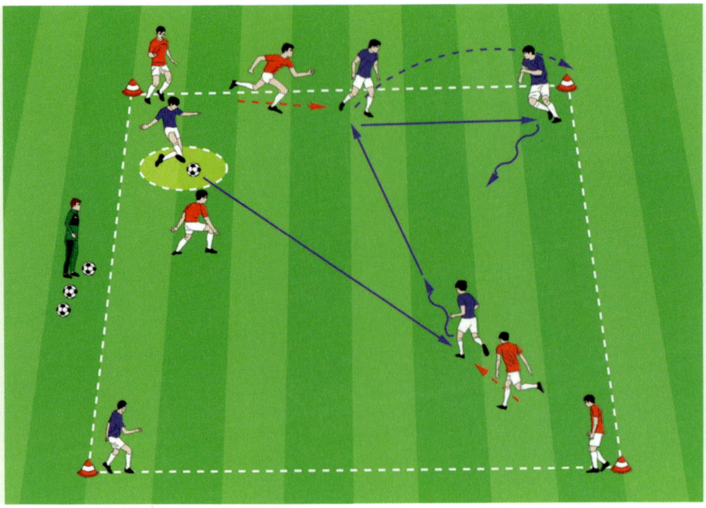

Ein Quadrat (20 x 20 Meter) aufbauen.

Zwei Teams zu je fünf Spielern bilden. Jeweils zwei Spieler einer Mannschaft stehen sich diagonal gegenüber in einer Spielfeldecke.

Im Feld wird 3-gegen-3 auf Ballhalten gespielt. Die Mitspieler in den Ecken können angespielt werden. In diesem Fall wechseln Passgeber und Passempfänger Position und Aufgaben.

3 x 3 Minuten Spielzeit. Das Verliererteam nach jeweils einer Spielzeit absolviert eine Strafe.

Spieleranzahl: 8-12 Spieler. Im Feld kann auch 2-gegen-2 oder 4-gegen-4 gespielt werden. Bei einer ungeraden Zahl mit einem Neutralen im Feld spielen.

Wettbewerb: Die Teams erhalten einen Punkt, indem der „Eckspieler" einen direkten Pass zu einem dritten Spieler spielt (nicht zu dem Spieler, von dem das Zuspiel kam).

Variation: Die Ballkontaktzahl je Spieler zwischen Ballannahme und Ballabgabe reduzieren.

Tipp: Eine Vororientierung anstreben. Sobald ein Pass zu einem Eckspieler erfolgt, rückt ein dritter Spieler für ein Zuspiel nach. Ballbesitz geht vor Punkterzielung.

Organisation und Ablauf (10. Technik)

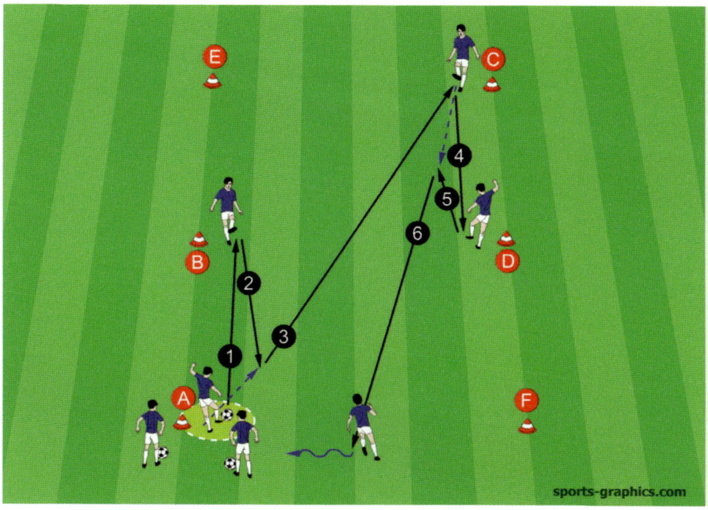

Sechs Hütchen im Abstand von 8 Metern zueinander aufbauen.

Jeweils ein Spieler ohne Ball zu B bis D und zwischen A und F. Die restlichen Spieler mit Bällen wechseln zu A.

Spieler A passt zu B, B lässt klatschen, A spielt steil auf C, C lässt auf D klatschen, D legt den Ball C auf und C passt steil zum freien Spieler zwischen A und F.

Alle Spieler wechseln eine Position weiter. Sobald B neu besetzt ist, startet der nächste Durchgang. Position B explosiv umlaufen.

Spieleranzahl: 5-7 Spieler.

Wettbewerb: Mehrere Parcours treten gegeneinander an. Welche Gruppe spielt in 4 Minuten mehr Pässe zurück zum freien Spieler?

Variation: Spielrichtungswechsel, indem bei F gestartet wird. F zu D, D lässt klatschen, F steil zu E, E klatscht auf B, B legt E auf und E steil zu F.

Tipp: Die Mitspieler innen anspielen. Jeden Ball flach und geradlinig über den Boden spielen. Blickkontakt beim Passspiel. Offen zum Ball die Positionen wechseln.

Organisation und Ablauf (10. Spielform)

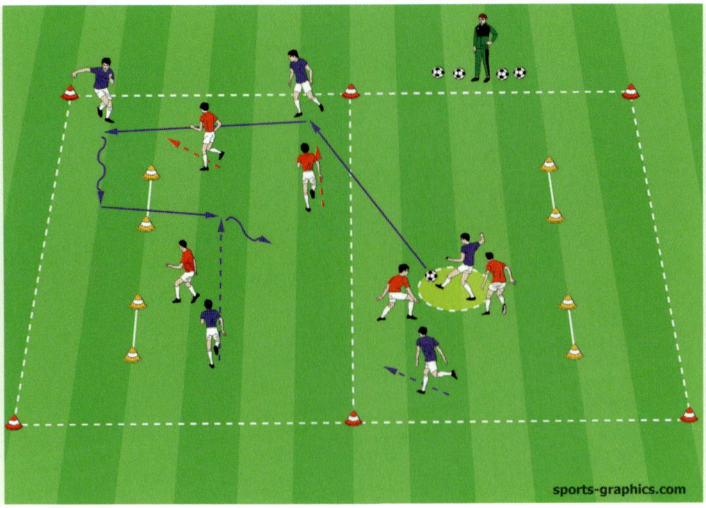

Ein Feld (50 x 30 Meter) mit Mittellinie markieren. Jeweils 10 Meter von den Kopfseiten entfernt zwei Hütchentore (Breite: 5 Meter) stellen.

Zwei Teams bilden.

Die Teams spielen auf Ballhalten gegeneinander. Ohne Kontaktbegrenzung. Ziel ist es, den Ball von hinten durch die Hütchentore zu spielen oder zu dribbeln. Man darf nicht aus dem Zentrum durch ein Hütchentor passen.

Nach 5 Minuten folgt eine aktive Pause.

Spieleranzahl: 10-18 Spieler. Kommen trotz Engagement des ballbesitzenden Teams wenige Passkombinationen zustande, neutrale Spieler bestimmen.

Wettbewerb: Für das Durchdribbeln bzw. Durchspielen eines Hütchentors von hinten zu einem Mitspieler gibt es einen Punkt. Nach einer Punkterzielung muss der Ball über die Mittellinie gespielt werden, um den nächsten Punkt erzielen zu dürfen.

Tipp: Gute Balance zwischen sicherem Passspiel und mutigen Vertikalpässen. Schnelle Entscheidungen treffen. Laufbereitschaft der Spieler ohne Ball. Welche Spieler haben besonders viele Aktionen?

Organisation und Ablauf (10. Spielform)

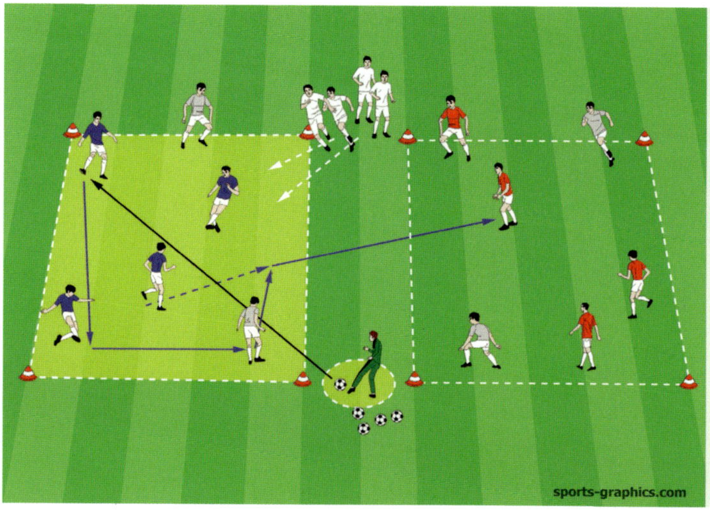

Zwei Felder (15 x 15 Meter) im Abstand von etwa 8 Metern zueinander aufbauen.

Drei 4er-Teams bilden. Team A und Team B in jeweils einem Feld. Team C steht zwischen den Feldern. Die restlichen Spieler teilen sich als Neutrale zur gleichen Zahl in den Feldern auf.

Der Trainer passt zu Team A. Team A spielt zusammen mit den Neutralen auf Ballhalten im Direktspiel (Rückpass erlaubt). Zwei Spieler C sprinten dem Pass des Trainers nach und gehen auf Balljagd. Ab der achten Passfolge ist freies Spiel und der Ball darf ins andere Feld verlagert werden. Dort folgt nun der gleiche Ablauf mit den anderen beiden Spielern C als Balljäger. Die vormaligen beiden Balljäger gehen zurück auf die Ausgangsposition.

Gelingen keine acht Passfolgen, spielt der Trainer sofort einen neuen Ball ins andere Feld und das nicht erfolgreiche Team wechselt sofort Position und Aufgabe mit dem Team, welches auf Balljagd war. Beispiel Ballverlust Team A: Zwei Spieler A sprinten direkt zur Balljagd ins andere Feld. Die anderen beiden A wechseln als Balljäger zwischen den Feldern und warten auf ihren Einsatz. Team C wechselt komplett ins Feld von Team A.

Spieleranzahl: 12-20 Spieler.

Wettbewerb: Welches Team verlagert zuerst 10 x?

Tipp: Viele Spiele zum Dritten, damit möglichst wenige enge Spielsituationen entstehen.

Organisation und Ablauf (11. Technik)

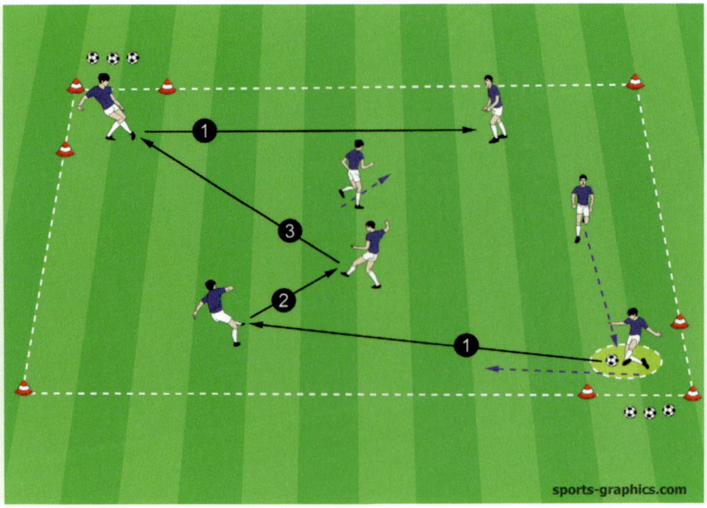

Ein Feld (30 x 15 Meter) aufbauen. Diagonal gegenüber Eckzonen (8 x 8 Meter) markieren.

Dem Feld 5-8 Spieler zuweisen. In die markierten Ecken je einen Spieler stellen (einer mit Ball). Die restlichen Spieler verteilen sich im Feld.

Die Spieler kombinieren, ohne feste Positionen einzunehmen, von Ecke zu Ecke. Dabei spielen sie nach dem Passmuster *Steil-Klatsch*. Alle Pässe direkt zum Dritten. Die Eckspieler dürfen zwei Kontakte haben.

Nach ihrem Pass wechseln die Spieler deutlich ihre Positionen. Die Eckfelder werden neu besetzt.

Spieleranzahl: 5-16 Spieler. Ab 10 Spieler wechselt eine zweite Gruppe ins Feld. Diese absolviert die gleiche Aufgabe an der freien diagonalen Achse. Die Feldtiefe auf 25 Meter erhöhen.

Wettbewerb: Welcher Parcours absolviert in 4 Minuten mehr komplette Verlagerungen?

Variation: Spielverlagerungen nach dem Passmuster *Klatsch-Steil*. Die Eckspieler bleiben für 60 Sekunden auf ihren Positionen und wechseln erst nach einem Trainersignal.

Tipp: Die Spieler sollen sich selbstständig so organisieren, dass die Vorgaben erfüllt werden. Sich gegenseitig coachen. Namen rufen. Energisch Pässe fordern. Deutliche Konstellation schaffen, wer sich steil anbietet und auf wen geklatscht wird. Präzise und flache Pässe spielen. Eine offene Stellung einnehmen. Die Spieler stehen gestaffelt zueinander und nicht hintereinander.

Organisation und Ablauf (11. Spielform)

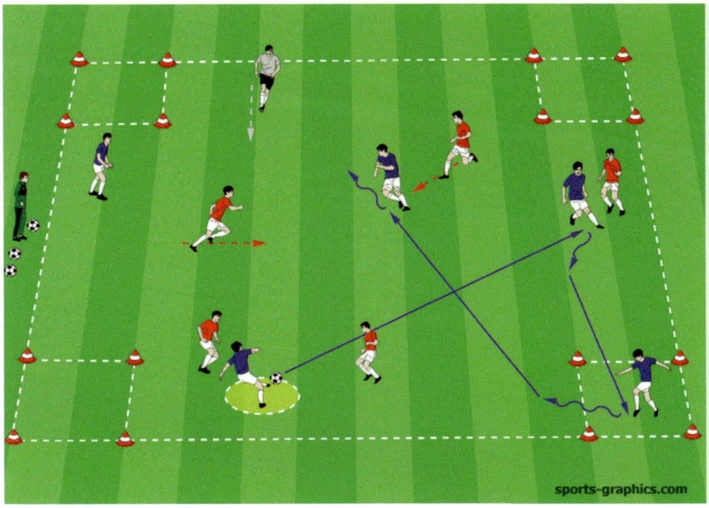

Ein Feld (40 x 40 Meter) mit vier Eckzonen (8 x 8 Meter) markieren.

Zwei 5er-Teams und 1-2 neutrale Spieler bestimmen.

Innerhalb des Felds wird auf Ballhalten gespielt. Die Neutralen spielen jeweils mit dem ballbesitzenden Team. Ziel ist es, möglichst viele Dribblings aus den Eckzonen heraus zu erreichen.

Spieleranzahl: 8-17 Spieler. Zwei gleich große Mannschaften bilden und mit 0-3 Neutralen spielen.

Wettbewerb: Für jedes Dribbling aus einer Eckzone erhält das Team einen Punkt.

Variation 1: Pass zu einem Mitspieler in einer Eckzone ergibt einen Punkt. Mit Eishockey-Abseits spielen. Der Ball muss vor dem Spieler die Eckzone erreicht haben.

Variation 2: Drei 4er-Teams bilden. Zwei Teams spielen auf Ballhalten gegeneinander. Je ein Spieler des dritten Teams in eine Eckzone. Ab der 6. (10.) Passfolge Pass zu einem Spieler des dritten Teams. Punkt und Aufgabenwechsel der beiden Teams.

Tipp: Nur bei genügend Raum versuchen, einen Punkt zu erzielen. Bei engen Spielsituationen das Spiel verlagern. Viele Richtungswechsel absolvieren, um Raum zu schaffen. Absolute Laufbereitschaft aller Spieler.

Organisation und Ablauf (11. Spielform)

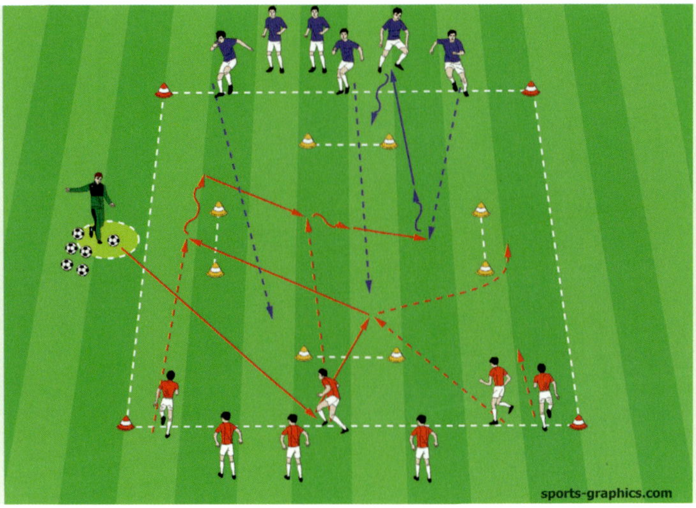

Ein Quadrat (24 Meter) mit vier HT (Breite: 2 Meter) entsprechend der Zeichnung aufbauen.

Zwei gleich große Teams bilden und je einer Grundlinie zuweisen. Der Trainer steht mit Bällen neben dem Feld.

Der Trainer passt einen Ball zu einem Team. Das ballbesitzende Team startet mit vier Spielern ins Feld. Drei Spieler des anderen Teams starten gleichzeitig als Balljäger ins Feld. Es wird 4-gegen-3 auf Ballhalten gespielt. Ziel ist es, durch die HT zu Mitspielern zu passen.

Erobern die Balljäger den Ball, passen sie zu einem Mitspieler an der Grundlinie und dieser dribbelt ins Feld. Die „alten" Überzahlspieler verlassen sofort das Feld und es kommen drei Mitspieler als Balljäger ins Feld. Nun spielt das andere Team im 4-gegen-3 auf Ballhalten.

Spieleranzahl: 8-20 Spieler.

Wettbewerb: Ein gelungener Pass durch ein HT ergibt einen Punkt. Welches Team erreicht zuerst 20 Punkte?

Variation: Zwei Balljäger. Kontaktbegrenzung.

Tipp: Verlässt der Ball das Spielfeld, passt der Trainer sofort einen neuen Ball zum ballberechtigten Team ins Feld. Nach Ballverlust spielt das Überzahlteam ein Gegenpressing, um einen Pass des Gegners zum Mitspieler an der Grundlinie zu unterbinden. Die Punkte laut zählen.

Organisation und Ablauf (12. Technik)

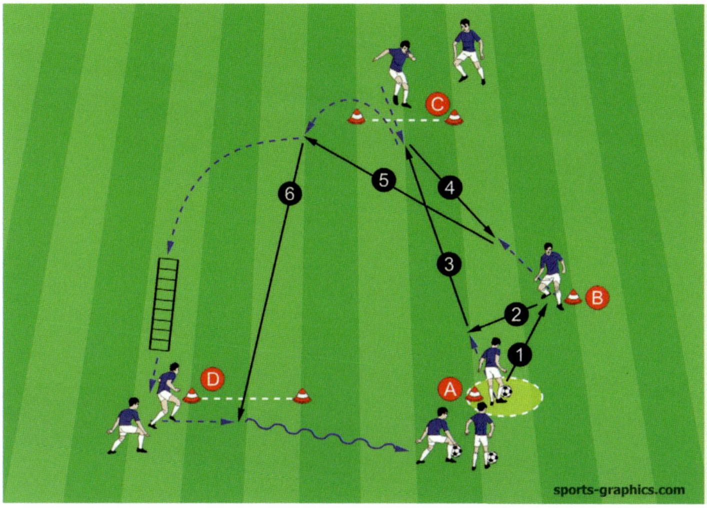

Ein Feld (16 x 10 Meter), bestehend aus zwei HT (Breite: 4 Meter) und den Positionen A/B.

Position B einfach besetzen. Zwei Spieler stehen hinter HT C, 2-4 Spieler am HT D und 2-6 Spieler mit Ball zur Startposition A.

Spieler A passt zu B, B lässt klatschen und A passt zu C. C kommt entgegen und lässt vor dem HT auf B klatschen (4). C läuft direkt wieder durch sein HT zurück und bietet sich zum Zielpass durch das HT D an. B legt auf und C passt zu D. D dribbelt zu A.

Die Spieler wechseln eine Position weiter. Sobald A Hütchen B umlaufen hat, fordert er das nächste Zuspiel.

Spieleranzahl: 7-13 Spieler.

Wettbewerb: Jeder direkte Pass mit dem äußeren Fuß durchs HT D werten. Welche Gruppe erzielt in 4 Minuten mehr Punkte?

Variation: Zum spiegelverkehrt aufgebauten Parcours wechseln.

Tipp: Die Mitspieler immer im Fuß in Richtung Spielfortsetzung anspielen. Jeden Ball punktgenau passen. Die Bälle fordern und „klatsch" coachen. Spieler A sprintet ums Hütchen B. Spieler C läuft deutlich und so getimt in den Pass 3, dass er nicht zum Stillstand kommt, und dreht nach dem Pass 4 direkt wieder mit Tempo um. Den Pass 5 so spielen, dass C den Ball optimal passen kann.

Organisation und Ablauf (12. Spielform)

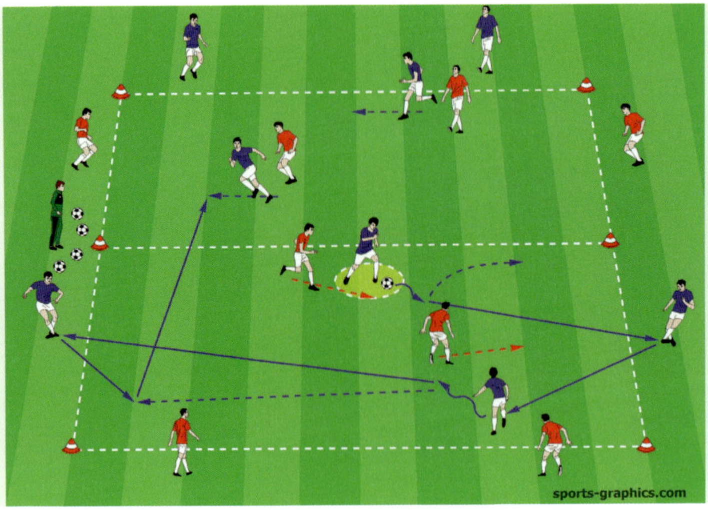

Ein Rechteck (30 x 25 Meter) mit Mittellinie markieren.

Zwei 8er-Teams bilden. In den Hälften befinden sich jeweils zwei Spieler eines Teams. Die restlichen Spieler so um die Hälften verteilen, dass einmal zwei Spieler eines Teams hinter der Grundlinie nebeneinander stehen und zum anderen seitlich gegenüber agieren.

In den Hälften wird 4-gegen-2 auf Ballhalten gespielt. Maximal zwei Ballkontakte. Erreicht ein Team acht Passfolgen, verlagern sie zu einem Mitspieler in der anderen Hälfte. Nach 45 Sekunden muss verlagert werden (keine Punkterzielung). Die Außenspieler an der Grundlinie dürfen nicht untereinander spielen. Nur flache Pässe!

Nach 8 Minuten wechseln die Außenspieler Position und Aufgabe mit den Spielern im Feld.

Spieleranzahl: 16-24 Spieler. 3-gegen-3 oder 4-gegen-4 in den Hälften spielen.

Wettbewerb: Jeder erfolgreiche Pass in die andere Hälfte ergibt einen Punkt.

Variation: Bei geringerem Leistungsstand mit einem Neutralen in den Hälften spielen. Erhalten die Außenspieler ein Zuspiel, wechseln sie die Position mit dem Passgeber.

Tipp: Die Außenspieler sind voll aktiv. Ständige Freilaufbewegungen aller Spieler. Jeden Pass coachen. Einfach und möglichst direkt spielen. Die Balljäger attackieren geschlossen. Ersatzbälle neben dem Feld bereithalten.

Organisation und Ablauf (12. Spielform)

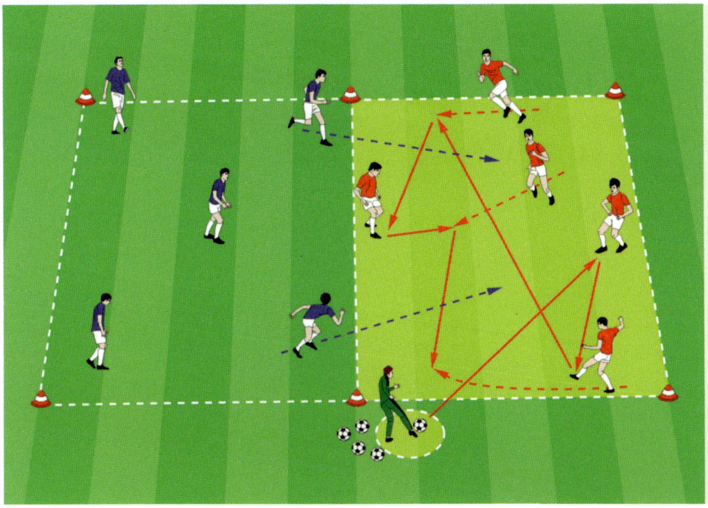

Ein Feld (30 x 15 Meter) mit einer Mittellinie aufbauen.

Zwei gleich große Teams bilden und je einer Spielfeldhälfte zuweisen.

Der Trainer spielt einen Ball zu einer beliebigen Mannschaft. Sofort starten zwei Spieler des anderen Teams als Balljäger nach. Das Überzahlteam muss direkt spielen. 10 Passfolgen ergeben einen Punkt. Bei Ballaus spielt der Trainer einen neuen Ball zum ballberechtigten Team. Erobern die Balljäger den Ball, spielen sie ihn in die eigene Hälfte zu ihren Mitspielern und kehren wieder dorthin zurück. Nun starten zwei Spieler des Teams, welches den Ballverlust hatte, in die andere Hälfte zur Balljagd. Spielzeit: 5 Minuten.

Spieleranzahl: 8-15 Spieler. Bei weniger als 10 Spielern freies Spiel. Ab 14 Spieler sind nur direkte Spiele zum Dritten möglich.

Wettbewerb: Welches Team erreicht mehr Punkte?

Variation: Zur Verbesserung der fußballspezifischen Ausdauer zwischen den beiden Hälften einen 15-Meter-Abstand wählen.

Tipp: Vororientierung des Passempfängers. Die Überzahlspieler ohne Ball machen sich anspielbar. Bei Ballverlust direkt ein Gegenpressing spielen.

Organisation und Ablauf (13. Technik)

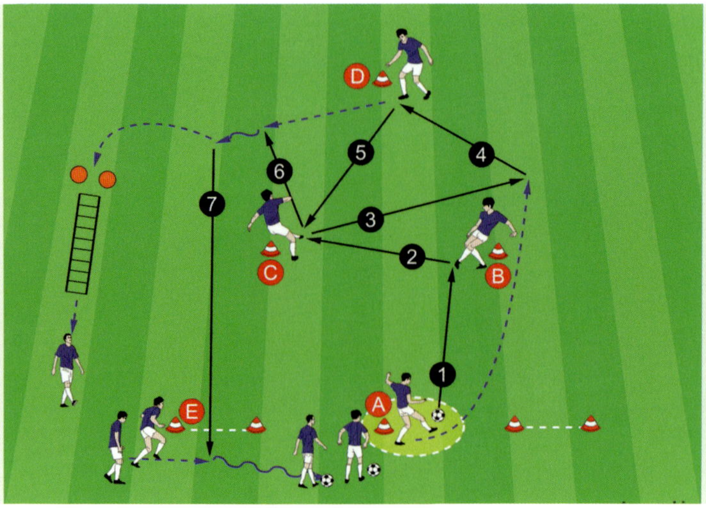

Eine Hütchenraute (14 x 8 Meter) mit zwei HT und athletischen Zusatzaufgaben aufbauen.

Die Positionen B-D einfach besetzen. Drei Spieler stehen hinterm Hütchentor E und 2-5 Spieler mit Bällen zu A.

Spieler A passt zu B und hinterläuft ihn. B leitet direkt zu C weiter und C passt zum hinterlaufenden A. A leitet den Ball direkt zu D weiter, D lässt auf C klatschen, C legt zum Zielpass für D auf. D passt durch das HT E.

Die Spieler wechseln eine Position weiter. E dribbelt zu A. D absolviert eine athletische Aufgabe beim Wechsel der Position. Sobald A zu B gewechselt ist, fordert er vom nächsten Spieler A energisch das Zuspiel.

Spieleranzahl: 6-11 Spieler. Bei weniger als acht Spielern besteht die athletische Zusatzaufgabe nur aus einer Sprintstrecke (etwa 10 Meter).

Wettbewerb: Welche Gruppe passt in 4 Minuten häufiger durchs Hütchentor E?

Variation: Spiegelverkehrter Ablauf, indem A zu C spielt, ihn hinterläuft und so weiter. Zuletzt wird durch das andere HT gepasst.

Tipp: Beim Passen Blickkontakt herstellen. Die Passfolgen kommunizieren. Jeweils leicht in die Vorwärtsbewegung spielen. Der Pass durch das HT erfolgt druckvoll mit dem äußeren Fuß. Schneller Positionswechsel in offener Stellung.

Organisation und Ablauf (13. Spielform)

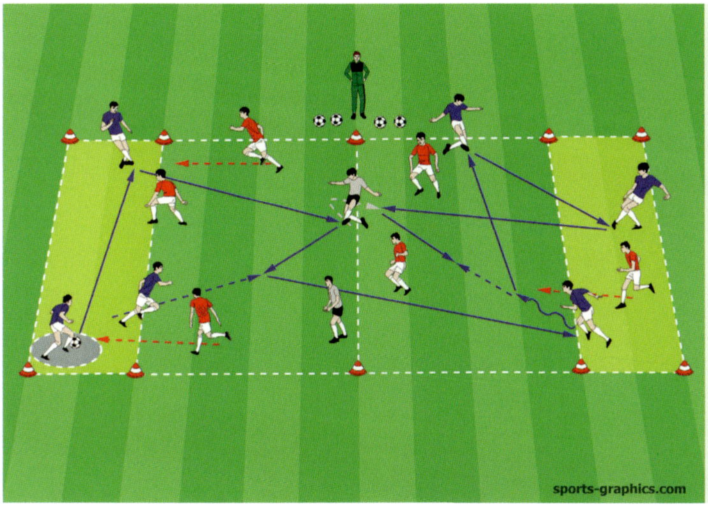

Ein Rechteck (52 x 20 Meter) mit Mittellinie aufbauen. Je Hälfte eine Endzone (Tiefe: 6 Meter) markieren.

Zwei 6er-Teams bilden und zwei neutrale Spieler bestimmen. Neutrale Spieler auf die Mittellinie stellen und je drei Spieler eines Teams sind in den Hälften.

Die beiden Teams spielen zusammen mit den Neutralen auf Ballhalten gegeneinander. Die Spieler bleiben in ihren Hälften. Maximal zwei Kontakte sind erlaubt. Ziel ist, es möglichst viele Spielverlagerungen zu einem Mitspieler in der anderen Hälfte zu spielen. Eine Verlagerung ist nur erlaubt, wenn ein Neutraler einen Pass aus der Endzone erhält und einen Klatschball spielt.

3 x 5 Minuten spielen. Zwischen den Durchgängen die Spieler Bälle holen lassen.

Spieleranzahl: 14-22 Spieler. Größere Teams bilden. Ein Neutraler kommt ins Feld, der mit einer Spielverlagerung wechselt.

Wettbewerb: Punkt für eine Spielverlagerung.

Variation: Die Feldgröße dem Leistungsstand anpassen. Freie Kontaktzahl. Wurde der Ball 1 x in die Endzone gespielt, darf von überall eine Verlagerung eingeleitet werden.

Tipp: Die Neutralen auf der Mittellinie sind voll aktiv, immer anspielbar und dürfen bis zu 5 Meter ins Feld. Die Mitspieler in der anderen Hälfte bieten sich für den Verlagerungspass an. Nach einer Verlagerung zielstrebig in die Endzone (wenige Passstationen) kombinieren und dann zielstrebig zu einem Neutralen spielen.

Organisation und Ablauf (13. Spielform)

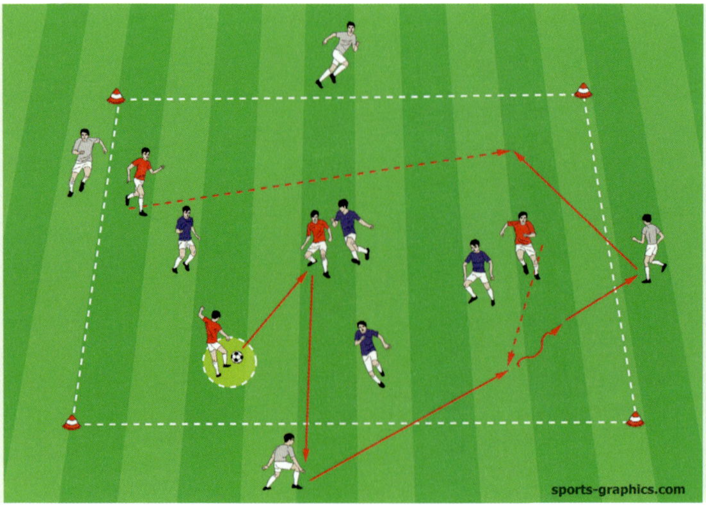

Ein Quadrat (30 Meter) aufbauen.

Drei 3er- oder 4er-Teams bilden und 0-3 neutrale Spieler bestimmen.

Turnierform: Ein Team stellt zunächst Außenspieler, die jeweils hinter den Feldseiten stehen. Im Feld spielen die anderen beiden Teams plus die Neutralen auf Ballhalten gegeneinander. Die Außenspieler agieren im Direktspiel mit dem ballbesitzenden Team. Die Neutralen dürfen alles das machen, was auch die Teamspieler dürfen. Freies Spiel. Nur flache Pässe. Spielzeit: 4 Minuten.

Spieleranzahl: 12-23 Spieler. Ab 20 Spieler ein viertes Team bilden, welches neben dem Feld auf zwei Minitoren 2-gegen-2 spielt.

Wettbewerb: Wird ein Außenspieler direkt angespielt und dieser kann das Zuspiel direkt zu einem Dritten passen, gibt es einen Punkt für die Mannschaftswertung.

Variation: Der Spieler, der einen Pass vom Außenspieler erhält, muss eine Finte (im freien Raum oder gegen einen Gegenspieler) ausführen, bevor er weiterspielt.

Tipp: Schnelle Spielverlagerungen, um Raum zu schaffen. Nur eine Punkterzielung bei genügend Raum anstreben.

Organisation und Ablauf (14. Technik)

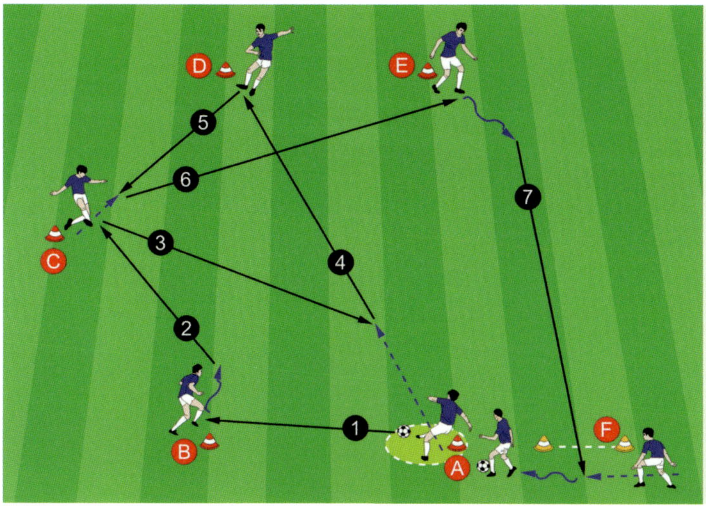

Ein Rechteck A, B, D, E (16 x 10 Meter) mit Hütchen C (6 Meter seitlich entfernt) und einem Hütchentor F (Breite: 3 Meter) aufbauen.

Die Positionen B-E einfach besetzen. 1-4 Spieler stehen hinter dem Hütchentor F und 2-5 Spieler mit Bällen gehen zu A.

Spieler A passt zu B und B dreht sich auf. Mit dem zweiten Kontakt passt B zu C, C spielt direkt zum entgegenkommenden A und A leitet den Ball zu D weiter. D lässt auf C klatschen, C spielt zu E, E nimmt den Ball kurz mit und passt mit seinem zweiten Kontakt durch das Hütchentor F.

Die Spieler wechseln im Uhrzeigersinn eine Position weiter. Sobald Spieler A nach seinem Pass 4 zu B gesprintet ist, startet der nächste Durchgang.

Spieleranzahl: 7-11 Spieler. Ab drei Spieler bei F legt man eine KL zwischen den Positionen E und F aus, zwecks athletischen Aufgaben.

Wettbewerb: Welche Gruppe passt in 4 Minuten häufiger mit dem äußeren Fuß durchs Hütchentor?

Variation: Zum spiegelverkehrt aufgebauten Parcours wechseln.

Tipp: B und E mit „dreh" coachen und den Rest mit „klatsch". Immer leicht in Richtung Spielfortsetzung passen. Nur eine kurze Zeitspanne zwischen Ballmitnahme und anschließendem Pass erlauben.

Organisation und Ablauf (14. Spielform)

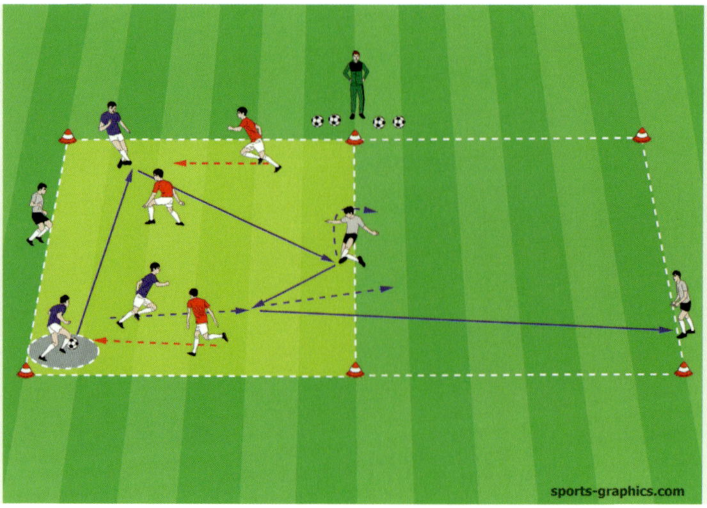

Ein Rechteck (32 x 14 Meter) mit Mittellinie aufbauen.

Drei 3er-Teams bilden. Das dritte Team stellt die Neutralen. Diese agieren auf den Grundlinien und auf der Mittellinie.

Die beiden Teams spielen zusammen mit den Neutralen in einer Hälfte auf Ballhalten gegeneinander. Ziel ist es, möglichst viele Spielverlagerungen zu absolvieren. Eine Verlagerung ist nur erlaubt, wenn der Neutrale auf der Mittellinie einen direkten Pass zum Dritten spielt und dieser dann direkt zum Neutralen an der entfernten Grundlinie passt. Nach einer Verlagerung rücken die beiden aktiven Teams nach und es wird in der anderen Hälfte auf Ballhalten gespielt.

Nach 5 Minuten stellt das nächste Team die Neutralen.

Spieleranzahl: 9-13 Spieler. 4er-Teams bilden. Zwei Neutrale auf der Mittellinie. Ist die Spielerzahl nicht durch 3 teilbar, kommt ein zusätzlicher Neutraler aufs Feld.

Wettbewerb: Jede Spielverlagerung ergibt einen Punkt.

Variation: Maximal 2 (3) Ballkontakte. Die Feldgröße anpassen.

Tipp: Die Neutralen sind voll aktiv und dürfen auch leicht das Feld betreten. Freie Räume bespielen, dann ergeben sich automatisch Möglichkeiten. Hohes Tempo! Den Neutralen auf der Mittellinie als „Spielmacher" sehen.

Organisation und Ablauf (14. Spielform)

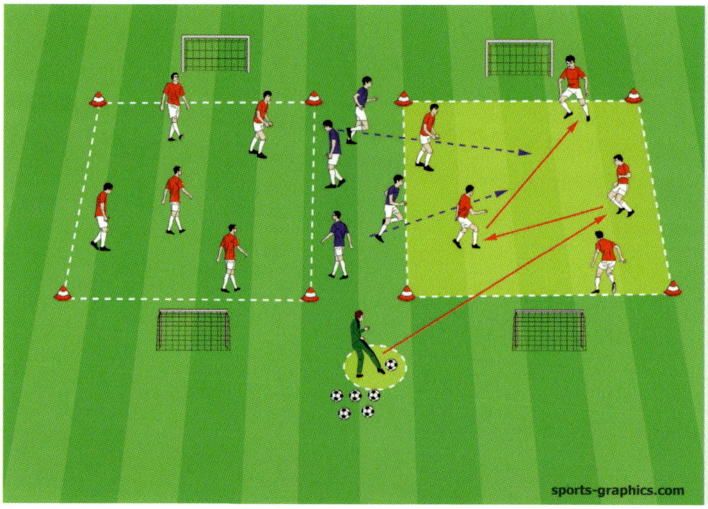

Zwei Felder (12 x 12 Meter) nebeneinander aufbauen. Eine neutrale Zone (Tiefe: 3 Meter) dazwischen einrichten. An jedes Feld zwei Minitore stellen.

Vier Balljäger in die neutrale Zone. Die restlichen Spieler teilen sich auf die beiden Felder auf. Der Trainer hat ausreichend Bälle zur Verfügung.

Der Trainer passt in ein beliebiges Feld. Zwei Balljäger starten nach. Es sind nur direkte Pässe zum Dritten erlaubt. Ab der fünften Passfolge kann das Überzahlteam den Ball ins andere Feld verlagern. In diesem Fall gehen die beiden Balljäger zurück in die neutrale Zone und die anderen beiden Balljäger starten mit dem ersten Ballkontakt des Passempfängers ins Feld. Erobern die Balljäger den Ball, versuchen sie, in ein Minitor zu schießen.

Nach 4 Minuten Spielzeit kommen vier neue Balljäger.

Spieleranzahl: 12-20 Feldspieler. Bei 4-5 Spielern in einem Feld auch Rückpässe erlauben (kein Spiel zum Dritten nötig).

Wettbewerb: Für jede Spielverlagerung erhält das Überzahlteam einen Punkt. Für jeden Treffer ins Minitor erhalten die Balljäger zwei Punkte. Wer gewinnt?

Variation: Ohne Minitore spielen. Stattdessen müssen die Balljäger aus dem Feld dribbeln.

Tipp: Das Überzahlteam spielt nach einem Ballverlust Gegenpressing („Konter“ verhindern). Bei Ballaus oder Abspielfehler passt der Trainer sofort einen neuen Ball ins andere Feld.

Organisation und Ablauf (15. Technik)

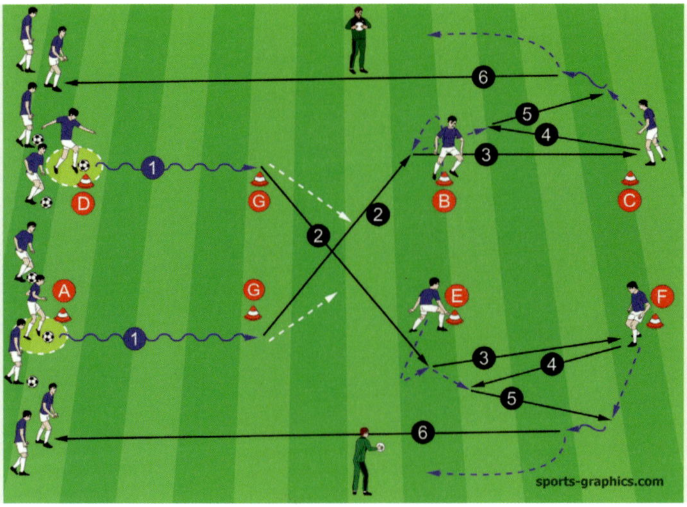

Acht Hütchen im Abstand von 10 Metern zueinander aufbauen.

Die Positionen B, C, E und F einfach besetzen. Je 2-4 Spieler mit Bällen stehen an den Startpositionen A/D. Je 2-4 Spieler ohne Bälle stehen neben den Startpositionen.

Spieler A und D dribbeln gleichzeitig zu Hütchen G. Ab G passen sie diagonal zu B/E. Die Passempfänger lösen sich explosiv nach außen und nehmen den Ball in offener Stellung in Richtung C/F mit und passen mit ihrem zweiten Kontakt weiter. C/F lassen das Zuspiel klatschen und B/E legen zu einem Spann-Flachpass auf. Dieser wird zu den wartenden Spielern neben den Startpositionen gespielt. Sind beide Pässe ❸ gespielt, starten die nächsten beiden Spieler von der Startposition.

Alle Spieler folgen ihren Pässen.

Spieleranzahl: 12-20 Spieler.

Wettbewerb: Bei einem Ballzusammenstoß absolvieren alle Spieler 10 Liegestütze.

Variation: Vor Hütchen G eine Finte ausführen. Nach dem Pass ❻ einen Kopfball absolvieren.

Tipp: Enthaltene Fußballelemente: Dribbling, Spielübersicht (Pass ❷), offene Stellung und Ballmitnahme der Spieler B/E, Kommando „klatsch" beim Doppelpass an den letzten Hütchen, weiträumiger Spann-Flachpass ❻ und ein Kopfball der Spieler C/F beim Wechsel in Richtung Startposition. Pässe nur nach Blickkontakt und Kommando spielen.

Organisation und Ablauf (15. Spielform)

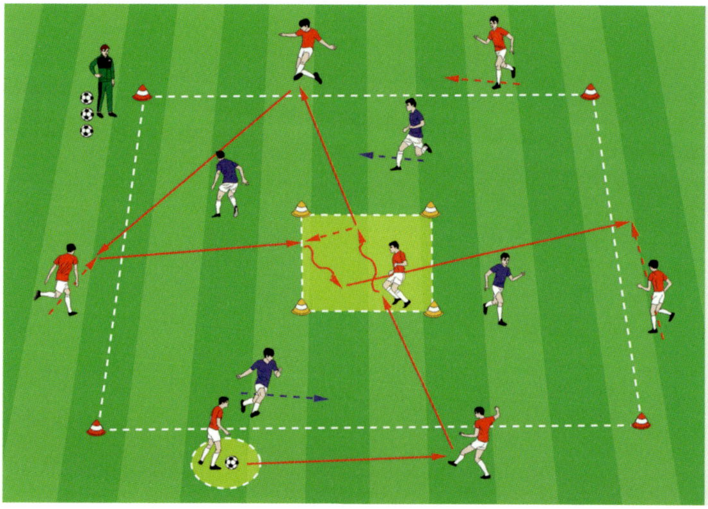

Ein großes Quadrat (25 Meter) mit einem mittigen kleinen Quadrat (8 Meter) aufbauen.

Einen „Spielmacher" ins kleine Quadrat schicken. 3-4 Balljäger gehen in den Zwischenraum der beiden Felder. 6-8 Außenspieler um das große Quadrat verteilen.

Die Außenspieler spielen zusammen mit dem Spielmacher auf Ballhalten gegen die Balljäger. Die Außenspieler dürfen nur direkt spielen. Der Spielmacher ist ohne Kontaktbegrenzung, spielt aber schnell. Es wird versucht, den Spielmacher möglichst oft anzuspielen. Die Balljäger dürfen nur im Zwischenraum agieren. Erobern die Balljäger den Ball, passen sie zu einem Außenspieler. Nur flache Pässe sind erlaubt.

Nach 4 Minuten neue Balljäger und einen neuen Spielmacher bestimmen.

Spieleranzahl: 10-19 Spieler. Ab 14 Spieler mit zwei Spielmachern und vier Balljägern spielen. Der Rest arbeitet als Außenspieler. In diesem Fall mit zwei Bällen gleichzeitig spielen.

Wettbewerb: Für jeden Pass zum Spielmacher gibt es einen Punkt. Erobern die Balljäger den Ball, erhalten sie einen Punkt. Wer erreicht nach 4 Minuten mehr Punkte?

Tipp: Um eine Lücke zum Spielmacher zu finden, kombinieren die Außenspieler untereinander und halten stets Blickkontakt. Der Spielmacher geht ständig auf Lücke, fordert den Ball und verlagert nach einem Zuspiel.

Organisation und Ablauf (15. Spielform)

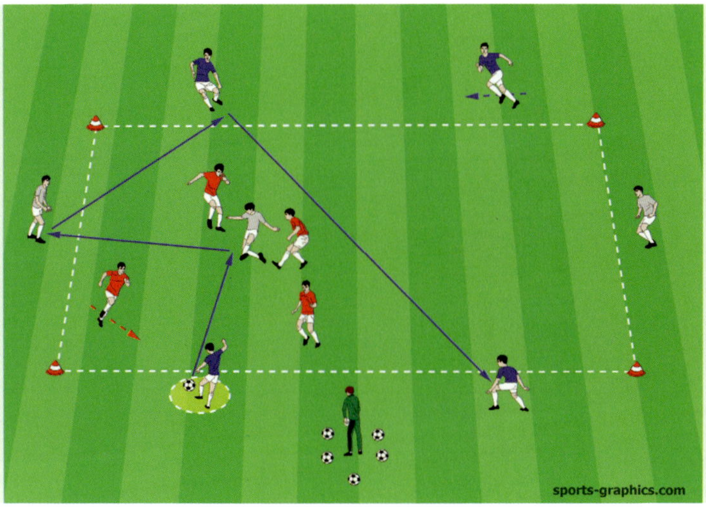

Ein Feld (20 x 15 Meter) aufbauen.

Zwei 4er-Teams bilden und drei neutrale Spieler bestimmen. Ein Neutraler plus Team Rot wechselt ins Feld. Jeweils ein Neutraler an den Stirnseiten und jeweils zwei Spieler Blau sind an den Längsseiten des Felds. Der Trainer steht mit Ersatzbällen neben dem Feld.

Team Blau spielt zunächst mit den Neutralen zusammen auf Ballhalten gegen Team Rot. Maximal drei Ballkontakte sind erlaubt. Team Rot passt nach einem Ballgewinn zu einem blauen Spieler.

Nach drei Pässen von Rot zu Blau wechseln Rot und Blau Aufgabe und Position fliegend. Ein Abspielfehler entspricht einem Pass von Rot zu Blau.

Spieleranzahl: 7-16 Spieler. Teamgrößen 2-6. Es stehen 1-3 Spieler an einer Längsseite. Einen zweiten Neutralen aufs Feld schicken.

Wettbewerb: Für jeweils 10 Passfolgen ein Punkt für die Mannschaftswertung.

Variation: Freie Kontaktbegrenzung. Bei 2er-Teams ein quadratisches Feld wählen.

Tipp: Die Außenspieler dürfen für wenige Meter das Feld betreten. Bei Ballaus spielt der Trainer sofort einen neuen Ball ins Feld. Jeder Spieler des Überzahlteams bietet sich jederzeit energisch für ein Zuspiel an. Die Neutralen positionsspezifisch wählen: An den Stirnseiten TW, IV und ST. Im Feld 10er oder 6er.

Organisation und Ablauf (16. Technik)

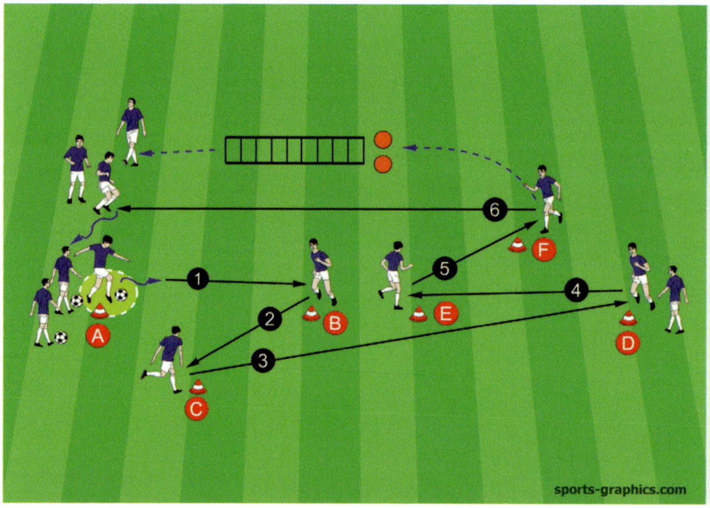

Eine Hütchenreihe (A, B, E, D) mit Abständen von 15 und 3 Metern aufbauen. 5 Meter versetzt davon sind die Positionen C und F. Zwischen A und F eine KL mit zwei MB auslegen.

Die Positionen B, C, E und F einfach besetzen. Position D doppelt besetzen. 3-8 Spieler mit Bällen gehen zu A. 3-5 Spieler ohne Bälle stehen neben A.

Spieler A absolviert eine Finte seiner Wahl und passt zu B, B lässt auf C klatschen, C spielt einen weiträumigen Pass zu D, D lässt auf E klatschen und E legt den Ball Spieler F auf. F passt zum ersten Spieler A ohne Ball.

Die Spieler folgen ihren Pässen. Sobald B neu besetzt ist, startet der nächste Durchgang. F durchläuft beim Wechsel zu A die KL.

Spieleranzahl: 10-19 Spieler. Bei weniger als 12 Spielern ohne KL üben. Bei 10 Spielern alle Spieler A mit Ball und F absolviert beim Wechsel ein Tempodribbling.

Wettbewerb: Die Pässe zu A zählen.

Variation: Zum spiegelverkehrt aufgebauten Parcours wechseln.

⚽ **Tipp:** Die Passempfänger in Richtung Spielfortsetzung anspielen. Sich beim Positionswechsel offen zum Parcours bewegen. Zwei Ballkontakte sind besser als ein schlechtes Direktspiel. Jede Aktion coachen (Klatsch, Name des Passempfängers, Lob usw.). Der Angespielte löst sich gut getimt und startet in einem kleinen Bogen dem Ball entgegen. Der Vorderste einer Spielerreihe macht sich vor einem Zuspiel bemerkbar.

Organisation und Ablauf (16. Spielform)

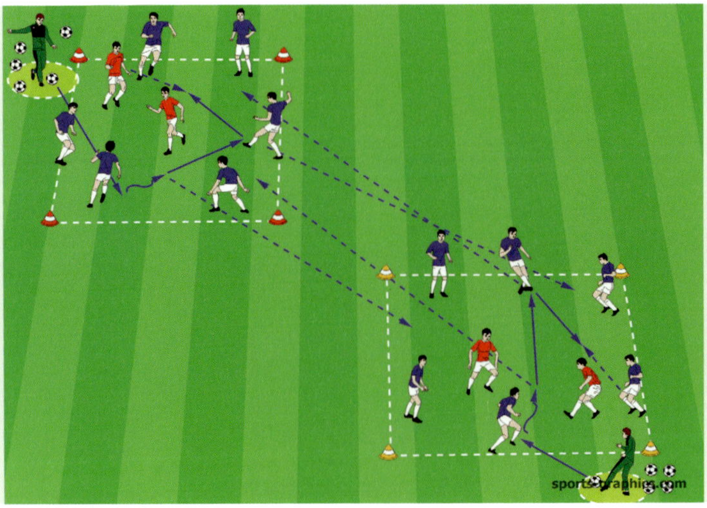

Zwei Quadrate (12 Meter) im Abstand von etwa 5 Metern diagonal zueinander aufbauen.

Je Feld zwei Balljäger und die Hälfte des Teams spielt als Überzahlspieler. Neben den Feldern steht je ein Trainer mit etwa 10 Bällen.

In beiden Feldern wird gleichzeitig ein Ball zu den Überzahlspielern gespielt. Diese spielen mit maximal zwei Kontakten auf Ballhalten. Nach einem Pass sprintet der Überzahlspieler in das andere Feld und spielt dort auf Ballhalten. Ziel der Balljäger ist es, den Ball aus dem Feld zu passen. Sobald dies geschieht, spielt der Trainer einen neuen Ball ins Feld.

Nach 90 Sekunden Spielzeit werden neue Balljäger bestimmt.

Spieleranzahl: 16-24 Spieler.

Wettbewerb: Spielen die Balljäger in 90 Sekunden 14 Bälle aus den Feldern?

Variation: Das Feld erst nach dem zweiten Pass wechseln. Die Balljäger müssen aus dem Feld dribbeln. Direktspiel für das Überzahlteam. Das Feld auf 14 Meter vergrößern.

Tipp: Wechsel der Felder im höchsten Tempo und sofort anspielbar sein. Aufgrund des ständigen Spielerwechsels in den Feldern muss man stets eine gleichmäßige Raumaufteilung organisieren. Nicht zu hektisch agieren. Nach Möglichkeit die erlaubten zwei Kontakte nutzen, um Zeit für die nachrückenden Spieler aus dem anderen Feld zu schaffen.

Organisation und Ablauf (16. Spielform)

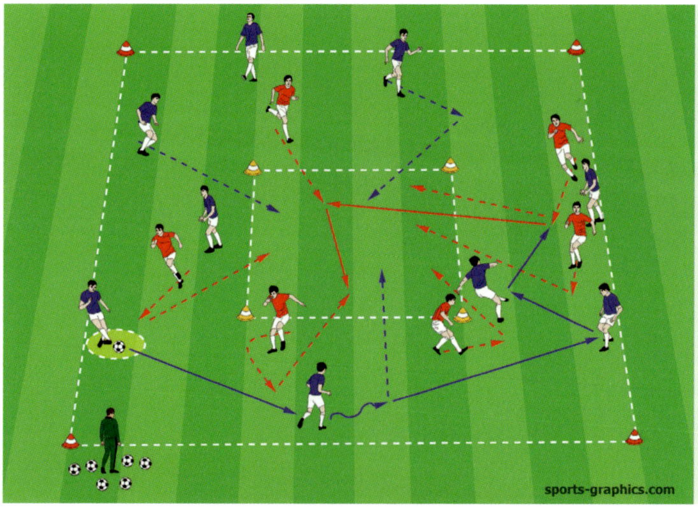

Ein Außenquadrat (30 Meter) und ein Innenquadrat (15 Meter) aufbauen.

Ein 9er- und ein 6er-Team bilden.

Der Trainer spielt einen Ball zum 9er-Team (Blau). Dieses spielt im Außenquadrat auf Ballhalten gegen das 6er-Team (Rot). Wird der Ball erobert, versucht Rot, mit dem Ball möglichst schnell ins Innenquadrat zu gelangen. Drei blaue Spieler rücken nach. Im Innenquadrat spielt nun Rot im 6-gegen-3 auf Ballhalten. Erobert Blau den Ball, wird dieser zu einem der verbleibenden Mitspieler ins Außenquadrat gespielt. Jetzt wieder 9-gegen-6 wie zuvor spielen. Beim Ballhalten im Außenquadrat darf das Innenquadrat weder durchspielt noch durchlaufen werden. Maximal drei Ballkontakte sind erlaubt.

Nach 6 Minuten wechseln drei Spieler von Blau zu Rot und die Aufgaben wechseln.

Spieleranzahl: 11-19 Spieler. Von einem 7-gegen-4 bis zu einem 11-gegen-8 sind Spiele möglich. Die Feldgröße gegebenenfalls anpassen.

Variation: Im Innenquadrat sind maximal zwei Ballkontakte erlaubt.

Tipp: Schnelle Wechsel zwischen den Quadraten. Blau spielt nach einem Ballverlust ein Gegenpressing. Die entfernten Spieler Blau schieben in Richtung Ball. Leichte Toleranz beim Überschreiten der Spielfeldlinien. Der Trainer steht mit ausreichend Ersatzbällen am Spielfeldrand.

Organisation und Ablauf (17. Technik)

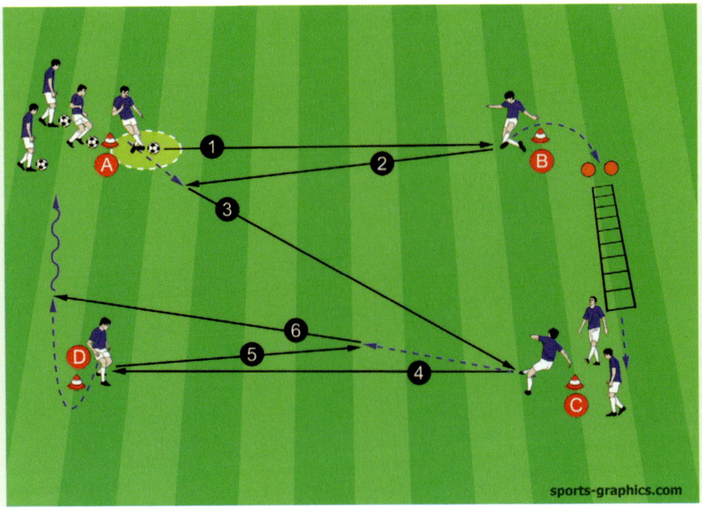

Ein Rechteck (15 x 10 Meter) aufbauen. Zwischen den Positionen B und C eine KL mit zwei MB auslegen.

Jeweils ein Spieler wechselt zu B und D. Drei Spieler gehen zu C und die restlichen Spieler mit Bällen zu A.

Spieler A absolviert eine Finte und passt zu B. B lässt klatschen und A passt diagonal zu C. C spielt möglichst direkt zu D, D lässt klatschen, umläuft das Hütchen, an dem er steht, in offener Stellung und erhält von C einen Pass in den Lauf. Sobald Position B neu besetzt ist, startet der nächste Durchgang.

D dribbelt zu A. A wechselt zu B (Hütchen B umlaufen), B wechselt zu C und absolviert dabei eine Aufgabe mit MB an der KL. C wechselt zu D.

Spieleranzahl: 6-10 Spieler. Bei sechs Spielern gehen nur zwei Spieler zu C.

Wettbewerb: Welche Gruppe spielt innerhalb von 4 Minuten häufiger in den Lauf von D?

Variation: Start von D mit Wechsel der Spielrichtung.

Tipp: Die Finte von A vorgeben. Die Pässe in die Bewegung spielen. Nachdem A diagonal gepasst hat, umläuft er Hütchen B im höchsten Tempo und fordert energisch das nächste Zuspiel.

Organisation und Ablauf (17. Spielform)

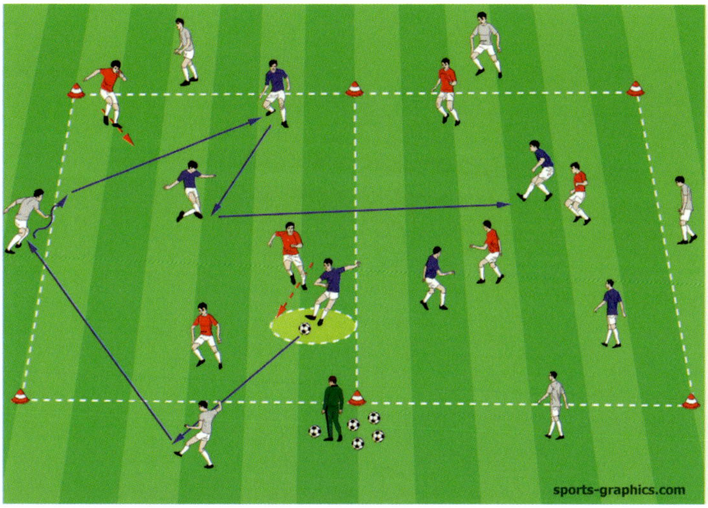

Ein Feld (24 x 12 Meter) mit Mittellinie aufbauen.

Drei 6er-Teams bilden. Ein Team stellt die Neutralen (drei Spieler um je eine Hälfte). Die anderen beiden Teams teilen sich in den beiden Hälften auf. Der Trainer steht mit Bällen neben dem Feld.

Der Trainer spielt einen Ball in eine Hälfte. Dort wird 3-gegen-3 plus 3 auf Ballhalten gespielt. Freies Spiel. Gelingen in einer Hälfte zwei Zuspiele zu unterschiedlichen Neutralen, so darf man zu einem Mitspieler (oder Neutralen) in die andere Hälfte verlagern. Bei einem Ausball spielt der Trainer direkt einen neuen Ball in die andere Hälfte. Die Neutralen agieren mit maximal zwei Kontakten.

Nach 5 Minuten wechselt das „neutrale Team" Position und Aufgabe mit einem aktiven Team.

Spieleranzahl: 12-20 Spieler. In einer oder beiden Hälften 2-gegen-2 spielen. Die Außenseiten nur einfach besetzen. Ein Neutraler agiert zusätzlich in einer Hälfte.

Wettbewerb: Für jede Verlagerung gibt es einen Punkt. Ein Turnier spielen.

Variation: Die Spielfeldgröße anpassen. Maximal zwei Kontakte für die Spieler im Feld sind erlaubt.

Tipp: Den Ball nicht anstoppen, sonst folgt ein Ballbesitzwechsel. Die Spielfeldlinien nur als Richtwert sehen. Durch Vororientierung möglichst schnell spielen.

Organisation und Ablauf (17. Spielform)

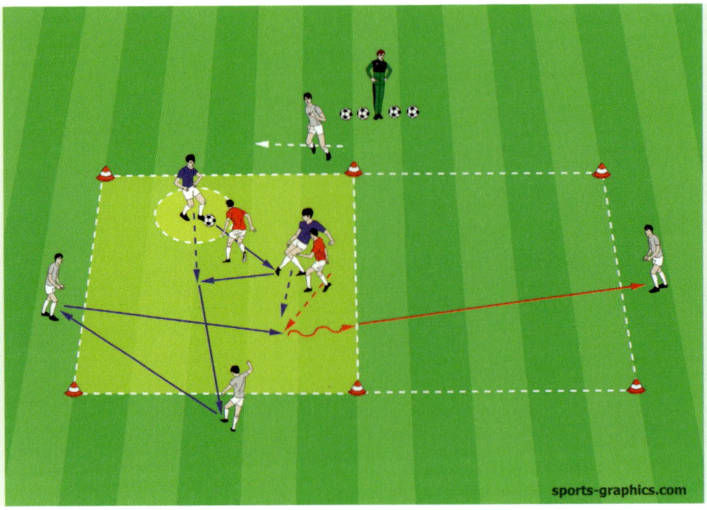

Ein Feld (16 x 8 Meter) mit Mittellinie aufbauen.

Zwei 2er-Teams bilden. 2-6 neutrale Spieler ums Feld verteilen. Die beiden Stirnseiten immer mit einem Neutralen besetzen.

Es wird auf Ballhalten in einer Spielfeldhälfte gespielt. Freies Spiel. Die Neutralen agieren mit maximal zwei Kontakten mit dem ballbesitzenden Team. Ab der zehnten (achten) Passfolge eines Teams kann zum Neutralen an der entfernten Stirnseite verlagert werden. In diesem Fall rücken die Teams in die andere Hälfte nach. Sollten die Außenseiten mit nur einem Neutralen besetzt sein, so rücken auch diese nach. Nach einer Verlagerung wird in der anderen Hälfte auf Ballhalten gespielt.

Nach 4 Minuten zwei neue Teams bilden.

Spieleranzahl: 6-13 Spieler. 3er-Teams bilden. Einen Neutralen zusätzlich aufs Feld schicken.

Wettbewerb: Für jede Verlagerung erhält man einen Punkt für die Mannschaftswertung.

Variation: 10 Passfolgen ergeben einen Punkt. Nach einer Balleroberung muss sofort verlagert werden.

Tipp: Die Spielfeldumgebung „scannen" (der Kopf ist oben). Anspielstationen durch Läufe in freie Räume schaffen. Viele direkte Spiele zum Dritten. Die Neutralen sind voll aktiv. Bei Verlagerungen schnell nachrücken. Der Trainer steht mit Ersatzbällen neben dem Feld.

Organisation und Ablauf (18. Technik)

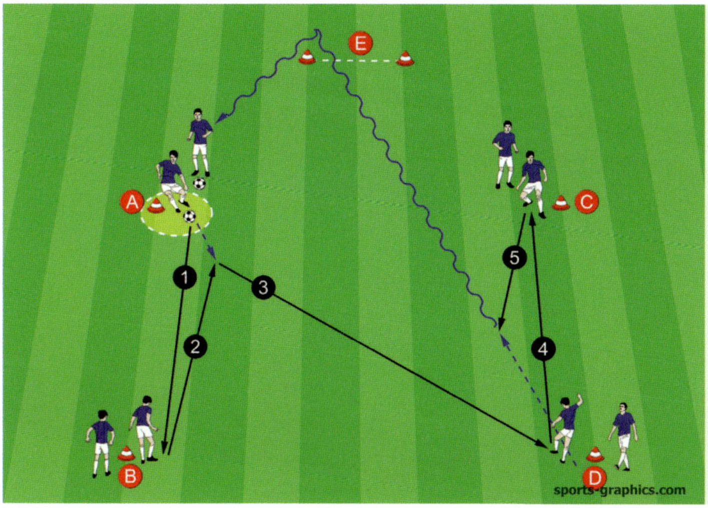

Ein Quadrat (12 Meter) mit einem 12 Meter entfernten Hütchentor E (Breite: 2 Meter) aufbauen.

Zwei Spieler mit Bällen wechseln zu A. Jeweils 2-3 Spieler gehen an die Positionen B-D. Die Positionen B und D können auch einfach besetzt werden.

Spieler A passt zu B. B lässt klatschen und A passt diagonal zu Spieler D. D spielt zu C und C legt den Ball D für ein Tempodribbling auf. D dribbelt durch das Hütchentor E und wechselt dann zu A. Sobald D ins Dribbling geht, startet der zweite Spieler A.

Alle Spieler wechseln eine Position weiter. A zu B, B zu C und C zu D.

Spieleranzahl: 6-11 Spieler. Bei mehr Spielern athletische Aufgaben beim Wechsel von A nach B und C nach D stellen.

Wettbewerb: Die Parcours treten gegeneinander an. Welchem Parcours gelingen in 4 Minuten mehr Dribblings durch das Hütchentor?

Variation: Wechsel der Spielrichtung. Start bei Position C. C passt zu D, D lässt klatschen, C spielt diagonal zu B, B lässt auf A klatschen, A spielt wieder zu B und B dribbelt durch das HT.

⊙ **Tipp:** Die Bälle flach und leicht innen zum Mitspieler passen. Immer in offener Position wechseln. Den Namen des Passempfängers rufen. Beim Tempodribbling den Ball mit dem Spann führen. Blickkontakt zum Passempfänger, um zu sehen, ob dieser bereit ist und der Passweg offen ist.

Organisation und Ablauf (18. Spielform)

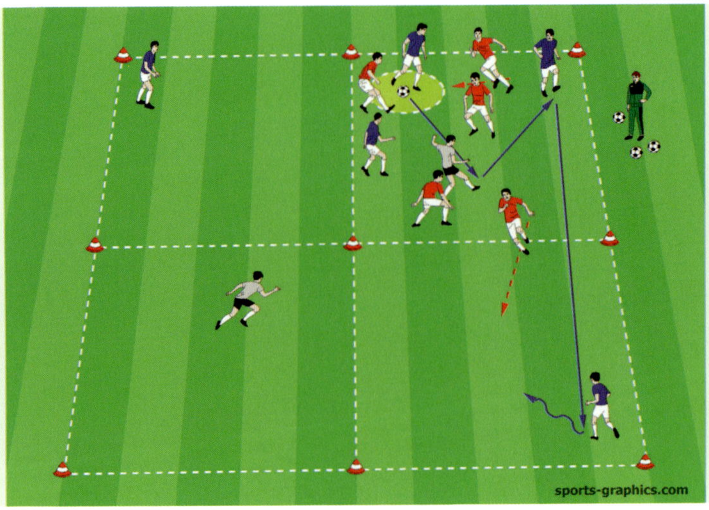

Ein Feld 30 x 30 Meter aufbauen und in vier Quadrate teilen.

Es wird 5-gegen-5 mit zwei Neutralen gespielt.

Freies Spiel auf Ballhalten. Der Ball darf sich maximal 5 Sekunden in einem Viertel befinden.

Spieleranzahl: 8-16 Spieler. Die Spielfeldgröße anpassen.

Wettbewerb: Für jeden direkten Pass zu einem dritten Spieler gibt es einen Punkt. Bei drei Punkten – ohne einen Ballkontakt des Gegners dazwischen – erhält das Team ein Tor. Welches Team erreicht nach 7 Minuten mehr Tore?

Tipp: Je nach Leistungsstand die Zahl der neutralen Spieler erhöhen oder verringern.

Organisation und Ablauf (18. Spielform)

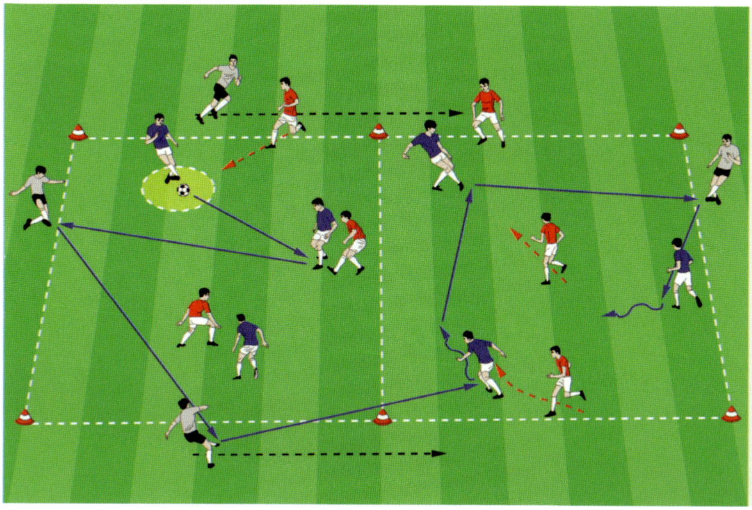

Ein Feld (32 x 16 Meter) mit Mittellinie aufbauen.

Zwei 6er-Teams bilden und vier neutrale Spieler bestimmen. Die Spielfeldhälften fest mit je drei Spielern eines Teams besetzen. Die Neutralen besetzen je eine Außenseite.

Die beiden Teams spielen zusammen mit den Neutralen auf Ballhalten gegeneinander. Die Spieler im Feld agieren mit maximal drei Kontakten und die Neutralen mit maximal zwei Kontakten. Nur die Neutralen an den Längsseiten dürfen in die andere Hälfte verlagern. Nach der Verlagerung rücken beide nach.

Nach 6 Minuten Spielzeit werden neue Neutrale bestimmt.

Spieleranzahl: 10-22 Spieler. 2er- oder 4er-Teams bilden. Nur Neutrale sind an den Stirnseiten → jeder darf verlagern. Je zwei Neutrale sind an einer Längsseite.

Wettbewerb: Für jede unterbrechungsfreie Kombination zwischen den Neutralen an den Stirnseiten gibt es einen Punkt für die Mannschaftswertung.

Variation: Maximal zwei Kontakte der Spieler im Feld sind erlaubt.

Tipp: Die Neutralen positionsspezifisch einteilen. Die Außenspieler sind an den Längsseiten und die zentrale Spieler an den Stirnseiten. Der Kopf ist oben, um stets vororientiert zu sein. Immer in freie Räume aufdrehen und verlagern.

Organisation und Ablauf (19. Technik)

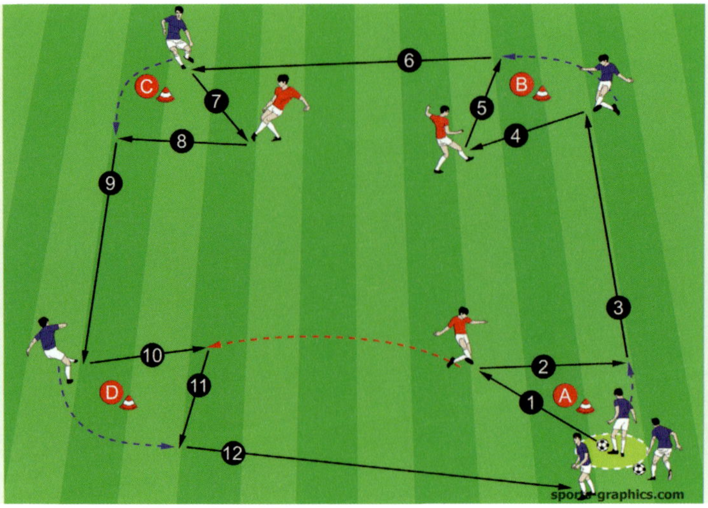

Ein Quadrat (8 Meter) aufbauen.

1-3 Spieler wechseln als Doppelpassspieler ins Quadrat. Die Positionen B-D einfach besetzen und 2-5 Spieler mit Bällen gehen zu A. Der letzte Spieler A ist ohne Ball. Die Außenspieler stehen deutlich außerhalb des Quadrats.

Die Eckhütchen des Quadrats gilt es, stets per Doppelpass auszuspielen. Dazu bietet sich ein beliebiger Doppelpassspieler an. Nach dem Doppelpass wird der Ball entgegen dem Uhrzeigersinn eine Position weitergeleitet.

Nachdem eine Position weitergespielt wird, folgt der Passgeber seinem Pass.

Spieleranzahl: 6-11 Spieler. Maximal mit drei Bällen spielen.

Wettbewerb: Welche Gruppe spielt in 3 Minuten häufiger den Pass ⓬? Neuer Durchgang mit neuen Doppelpassspielern.

Variation: Im Uhrzeigersinn passen. Die Doppelpassspieler müssen nach jedem Doppelpass ihre Position wechseln.

Tipp: Der Kopf der Außenspieler ist oben. Bevor sie ein Zuspiel erhalten, rufen sie schon einen freien Doppelpassspieler zu sich. Einen deutlichen Doppelpass flach über den Boden spielen. Positionswechsel mit Blick zum Spiel. Offene Stellung aller Spieler.

Organisation und Ablauf (19. Spielform)

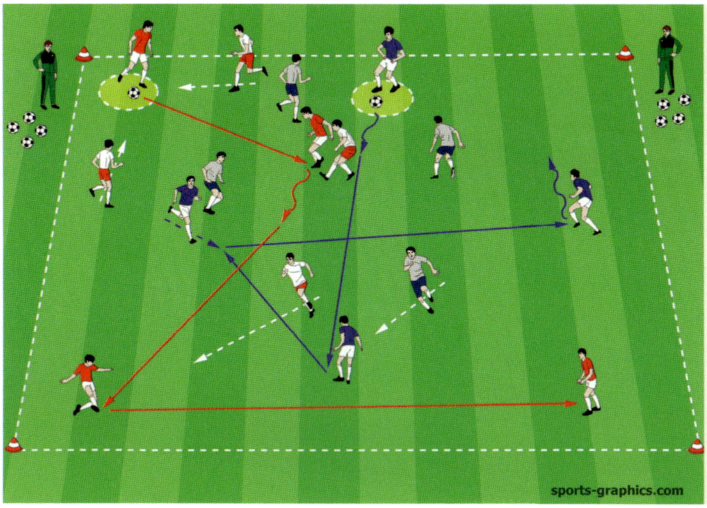

Ein Quadrat (40 Meter) aufbauen.

Vier 4er-Teams bilden.

Zwei Spiele finden gleichzeitig und unabhängig voneinander auf einem Feld statt. Die Teams spielen auf Ballhalten gegeneinander. Freies Spiel.

3 Minuten Spielzeit.

Spieleranzahl: 12-20 Spieler. 3er- bzw. 5er-Teams bilden. Es können Begegnungen mit unterschiedlicher Spieleranzahl stattfinden. Beispielsweise: 4-gegen-4 und 3-gegen-3. Bei ungerader Spielerzahl mit einem Neutralen bei einer Begegnung agieren.

Wettbewerb: 10 Passfolgen ergeben einen Punkt. Turniermodus: jeder gegen jeden.

Variation: Die Feldgröße und die Ballkontaktzahl so wählen, dass beide Teams einige Punkte erzielen können.

Tipp: Aufgrund von zwei Begegnungen in einem Feld ist eine hohe Aufmerksamkeit der Spieler erforderlich. Zusammenstöße vermeiden, indem man stets die komplette Spielfeldumgebung im Blick hat. Zwei Trainer stehen mit Ersatzbällen am Spielfeldrand und coachen je eine Begegnung. Sie zählen die Punkte und sorgen durch das Hineinspielen von Bällen für einen unterbrechungsfreien Ablauf.

Organisation und Ablauf (19. Spielform)

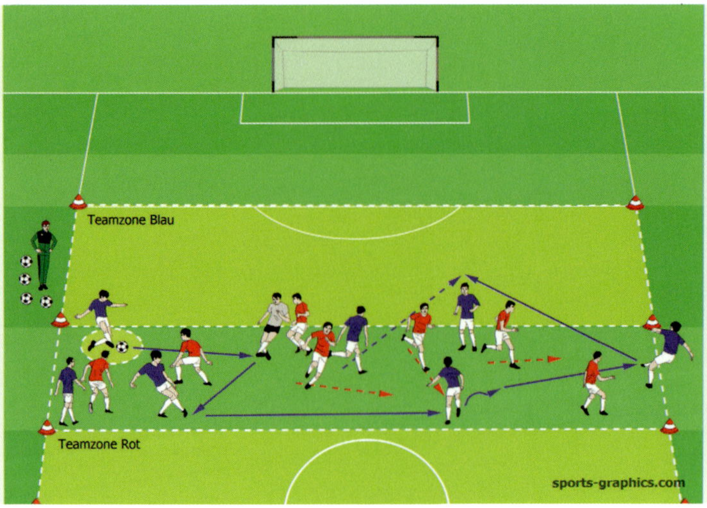

Ein Feld zwischen Strafraum und Mittellinie aufbauen und in drei gleich große horizontale Zonen teilen.

Zwei 7er-Teams und einen neutralen Spieler bestimmen und der Mittelzone zuweisen.

In der Mittelzone spielen die beiden Teams gegeneinander auf Ballhalten. Jedem Team eine Endzone zuweisen (Teamzone). Erreicht ein Team fünf Passfolgen, darf es in seine Teamzone spielen und das 7-gegen-7 plus 1 auf Ballhalten setzt sich dort fort. Erobert das balljagende Team den Ball, darf es wieder in die Mittelzone spielen und dann erfolgt wieder der Ablauf wie zu Beginn.

Drei Teams bilden und eine Turnierform spielen. Spielzeit: 4 Minuten.

Spieleranzahl: 10-17 Spieler. 5er- oder 6er-Teams bilden. 0-3 Neutrale.

Wettbewerb: Fünf Passfolgen in der eigenen Teamzone ergeben einen Punkt.

Variation: Maximal drei Ballkontakte sind erlaubt. Spielt das balljagende Team den Ball ins Seitenaus, so erhält das ballberechtige Team einen neuen Ball vom Trainer in ihrer Teamzone.

Tipp: Gleichmäßige Raumaufteilung. Anbieten ohne Ball. Den Kopf schon vor einem Zuspiel heben, um den Ball möglichst schnell weiterleiten zu können. Gelassenheit im Ballbesitz. Passwege und Räume für Mitspieler öffnen (die Laufwege kreuzen).

Organisation und Ablauf (20. Technik)

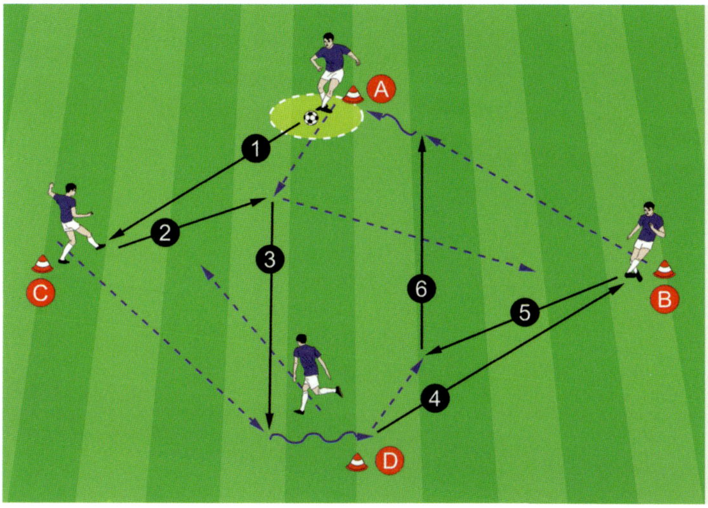

Eine Raute (12 x 6 Meter) aufbauen.

An jeder Position ein Spieler. Spieler A mit Ball.

Spieler A passt zu Spieler C und C lässt klatschen. Gleichzeitig läuft Spieler D dem Spieler C entgegen. D lässt sich von C und A per Doppelpass ausspielen. C spielt zu B weiter und B lässt klatschen. Spieler A läuft B entgegen und lässt sich von Spieler C (Position D) und B per Doppelpass ausspielen. B dribbelt zu A.

C und D, wie auch A und B, wechseln untereinander ihre Positionen. Wer per Doppelpass ausgespielt ist, wechselt nach außen, und wer Doppelpass spielt, lässt sich per Doppelpass auf der anderen Seite ausspielen.

Spieleranzahl: 4-7 Spieler. Die Positionen doppelt besetzen.

Wettbewerb: Mehrere Parcours treten gegeneinander an. Welche Gruppe verliert in 4 Minuten weniger oft den Ball?

Variation: Für einen zweiten Durchgang die Spielrichtung wechseln. A spielt zuerst zu B. Dann wechseln jeweils B und D untereinander die Positionen sowie A und C. Die äußeren Spieler täuschen einen Doppelpass an und dribbeln nach der Finte im 1-gegen-1 vorbei.

Kognition: Augenklappen. Spezialball.

Tipp: Der „Verteidiger" agiert authentisch und wird deutlich ausgespielt. Ersatzbälle bereithalten. Beidfüßig passen.

Organisation und Ablauf (20. Spielform)

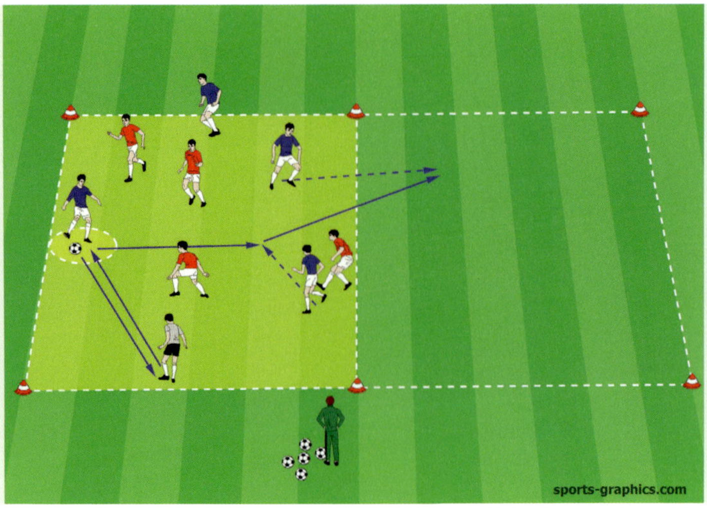

Ein Feld (40 x 20 Meter) mit Mittellinie aufbauen.

Zwei 4er-Teams bilden und 1-3 neutrale Spieler bestimmen. Alle Spieler sind in einer Hälfte.

Es wird mit maximal drei Ballkontakten auf Ballhalten gespielt. Ab der fünften Passfolge darf über die Mittellinie zu einem Mitspieler gepasst werden. Nun wird in der anderen Hälfte auf Ballhalten gespielt.

Nach 6 Minuten Spielzeit neue Neutrale bestimmen.

Spieleranzahl: 6-11 Spieler. 3er-Teams bilden.

Wettbewerb: Für jeden Pass über die Mittellinie gibt es einen Punkt für die Mannschaftswertung. Zwei Felder nebeneinander aufbauen. Das Siegerteam steigt ein Feld auf und das Verliererteam ein Feld ab.

Variation: Bis zu sechs Spieler verteilen sich als Neutrale ums Feld. Zwei 6er-Teams bilden und in den beiden Hälften verteilen. In einer Hälfte wird nun 3-gegen-3 mit den Neutralen gespielt. Wurden alle Neutralen in einer Hälfte angespielt, darf der Ball in die andere Hälfte verlagert werden. Zusätzliche Neutrale ins Feld postieren.

Tipp: Sich ständig bewegen, um immer anspielbar zu sein. Eine weite Anspielstation schaffen und der Rest bietet sich ballnah an. Zuspiele aktiv fordern. Viele direkte Pässe zum Dritten.

Organisation und Ablauf (20. Spielform)

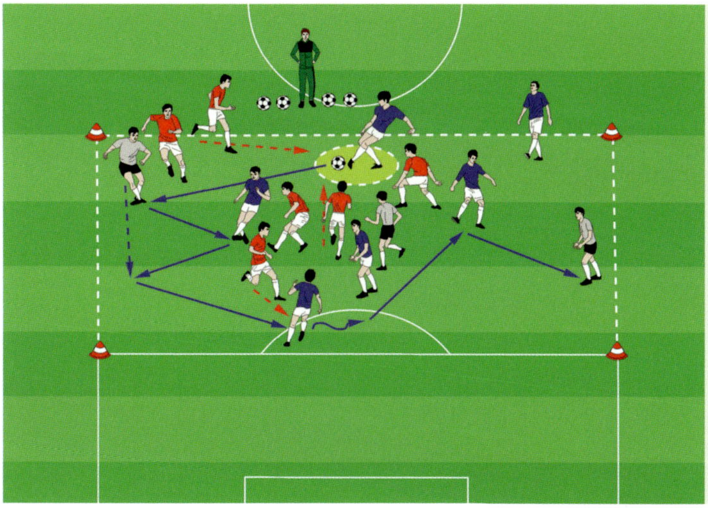

Ein Feld (40 x 20 Meter) aufbauen.

Zwei 6er-Teams bilden und drei Neutrale bestimmen. Zwei Neutrale agieren jeweils in den Außenbereichen und ein Neutraler im Spielfeldzentrum.

Es wird 6-gegen-6 plus 3 auf Ballhalten gespielt. Freies Spiel. Keine Flugbälle. Die Neutralen agieren jeweils mit dem ballbesitzenden Team. Ziel ist es, unterbrechungsfrei von einem neutralen Außenspieler zum anderen zu kombinieren.

Nach 3 Minuten neue Neutrale bestimmen.

Spieleranzahl: 10-18 Spieler. 4er- bis 7er-Teams bilden. 2-4 Neutrale. Immer neutrale Spieler in die Außenbereiche stellen. Bei mehr Spielern drei Teams bilden und ein Turnier spielen. Das pausierende Team läuft z. B. ums Feld.

Wettbewerb: Eine komplette Spielverlagerung ohne Ballverlust ergibt einen Punkt für die Mannschaftswertung.

Variation: Kontaktbegrenzung.

Tipp: Ständige Spielverlagerungen anstreben. In freie Räume spielen. Mitspieler, die aufdrehen können, bevorzugt anspielen. Anspielstationen in alle Richtungen schaffen (gleichmäßige Raumaufteilung). Sich aus dem Deckungsschatten des Verteidigers bewegen. Permanent den Kopf heben zum „Scannen" der Spielfeldumgebung.

Organisation und Ablauf (21. Technik)

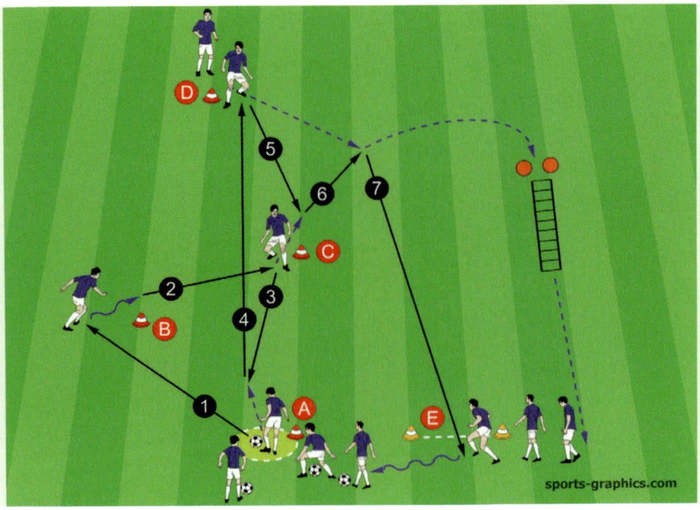

Ein Dreieck A, B, C (16 x 8 Meter) aufbauen. Etwa 16 Meter von C entfernt die Position D und 3 Meter neben Hütchen A das HT E (Breite: 2 Meter) stellen. Wahlweise mit athletischer Aufgabe (z. B. KL und MB).

Die Positionen B/C einfach und die Position D doppelt besetzen. 3-7 Spieler wechseln mit Ball zu A und 2-7 Spieler stehen ohne Ball hinter HT E.

Spieler A passt in die offene Stellung von Spieler B. B spielt mit seinem zweiten Kontakt zu Spieler C und C lässt auf A klatschen. A passt druckvoll zu Spieler D, D spielt einen Doppelpass mit C und D passt druckvoll mit dem äußeren Fuß durchs Hütchentor.

Die Spieler wechseln eine Position weiter. A zu B, B zu C, C zu D, D über die KL zu E und E dribbelt zu A. Sobald Position B neu besetzt ist, startet der nächste Durchgang.

Spieleranzahl: 9-18 Spieler. Bei einer athletischen Aufgabe mindestens drei Spieler zu E.

Wettbewerb: Zwei Parcours treten gegeneinander an. Welche Gruppe passt in 4 Minuten häufiger durchs Hütchentor?

Variation: Zu einem spiegelverkehrt aufgebauten Parcours wechseln.

Tipp: Spieler A macht den Raum für Pass ❸ nicht zu klein (nur kurz dem Spieler C entgegenstarten). Hohes Spieltempo. Beidfüßig passen. Zügig und mit Blick zum Feld die Positionen wechseln.

Organisation und Ablauf (21. Spielform)

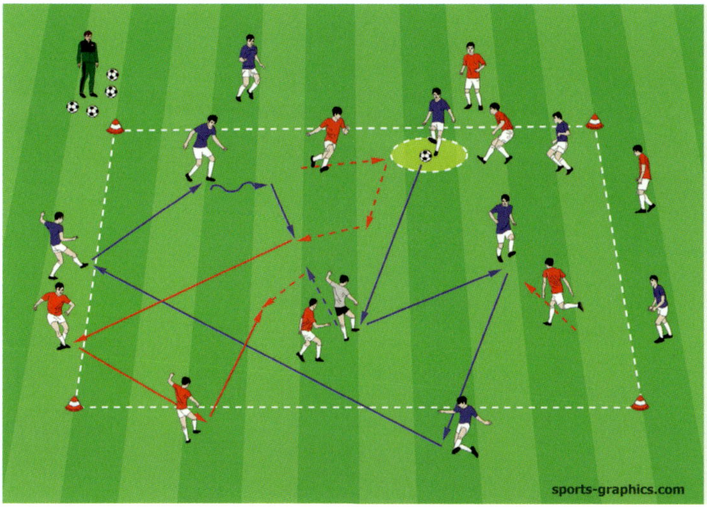

Ein Feld (25 x 20 Meter) aufbauen.

Zwei Teams zu je 7-9 Spielern bilden und 0-2 neutrale Spieler bestimmen. Die Außenseiten mit je einem Spieler eines Teams besetzen. Der Rest geht ins Feld.

Die Teams spielen auf Ballhalten gegeneinander. Das ballbesitzende Team agiert zusammen mit ihren Außenspielern und den neutralen Spielern. Die Außenspieler haben maximal zwei Ballkontakte. Erobert das balljagende Team den Ball → Aufgabenwechsel.

Zwei Durchgänge zu je 8 Minuten spielen. Außenspieler und zentrale Spieler wechseln Position und Aufgabe.

Spieleranzahl: 14-20 Spieler.

Wettbewerb: 10 Passfolgen ergeben einen Punkt für die Mannschaftswertung.

Variation: Wird ein Außenspieler von einem zentralen Spieler angespielt, wechseln diese sofort Position und Aufgabe. Die zentralen Spieler spielen mit maximal drei Ballkontakten.

Tipp: Der Trainer gewährleistet einen ständigen Spielfluss, indem er bei Bedarf sofort einen neuen Ball ins Feld spielt. Alle Mitspieler des Ballführenden sind immer anspielbar. Die Mitspieler so anspielen, dass diese den Ball in einen freien Raum mitnehmen können.

Organisation und Ablauf (21. Spielform)

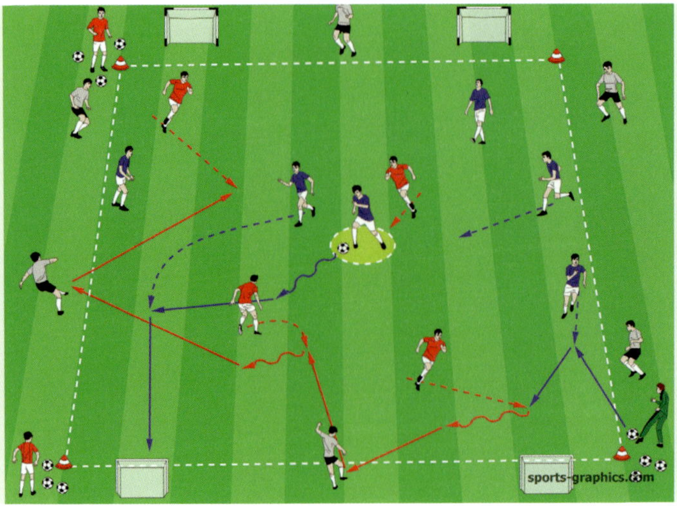

Ein Quadrat (20 Meter) mit zwei äußeren Minitoren kurz hinter den Grundlinien aufbauen.

Drei 6er-Teams bilden. Zwei Teams spielen im Feld gegeneinander (zwei Spieler eines Teams pausieren). Das dritte Team postiert sich ums Feld. Der Trainer steht mit Bällen bereit.

Das Überzahlteam spielt 3 Minuten lang auf alle vier Minitore. Das Unterzahlteam geht auf Balljagd und spielt nach einer Balleroberung zusammen mit dem dritten Team auf Ballhalten. Das Überzahlteam setzt nach und greift nach einer Balleroberung wieder auf die Minitore an. Bei einem Treffer spielt der Trainer einen neuen Ball zum Überzahlteam. Dieser Ball darf nicht direkt ins Tor geschossen werden.

Nach 90 Sekunden neue pausierende Spieler und nach 3 Minuten wechseln die Teams ihre Aufgaben. Die Spielzeit beträgt 6 Minuten.

Spieleranzahl: 12-21 Spieler. 7er-Teams (7-gegen-5 im Feld). 5er-Teams (5-gegen-4). 4er-Teams (4-gegen-3) und nur ein Minitor hinter den Grundlinien. Die Feldgröße anpassen. Bei ungeraden Teamgrößen „leiht" man sich einen Spieler vom dritten Team aus.

Variation: Die Außenspieler dürfen nur direkt passen.

Wettbewerb: 10 Passfolgen ergeben ein Tor. Turnierform jeder gegen jeden.

Tipp: Das Unterzahlteam agiert geschlossen gegen den Ball. Die Tore hinter den Grundlinien aufbauen. Bei Ballaus spielt der Trainer sofort einen neuen Ball zum ballberechtigten Team.

Organisation und Ablauf (22. Technik)

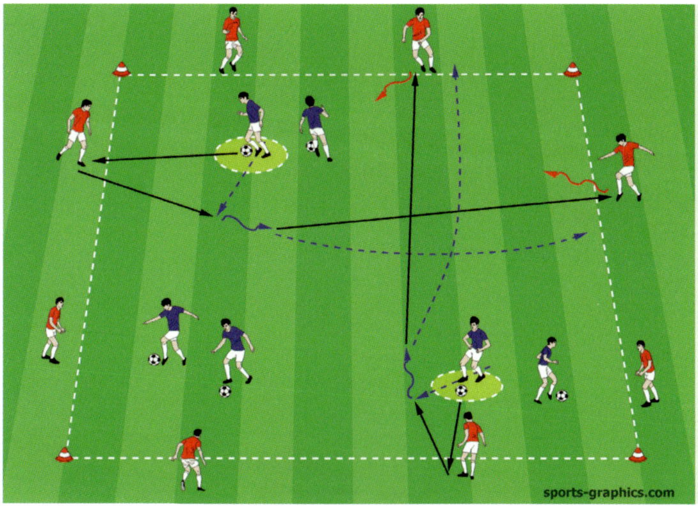

Ein Quadrat (30 Meter) aufbauen.

Die Außenseiten gleichmäßig mit 4-12 Spielern besetzen. 4-12 Spieler wechseln mit je einem Ball ins Feld. Außen sind nie weniger Spieler als im Feld.

Die Spieler im Feld dribbeln und versuchen, so oft wie möglich, folgende Aktion: Doppelpass mit einem freien Außenspieler, aufdrehen und einen weiträumigen Pass zu einem deutlich entfernten Außenspieler spielen.

Nach einem weiträumigen Pass wechseln Passgeber und Passempfänger Position und Aufgabe.

Spieleranzahl: 8-24 Spieler.

Wettbewerb: Welchem Spieler gelingen zuerst 10 weiträumige Pässe?

Variation: Dribbeln mit maximal drei Kontakten, dann muss ein Pass erfolgen.

Tipp: Präziser Doppelpass und den weiträumigen Pass druckvoll spielen. Der Kopf ist oben zur Wahrnehmung der Spielfeldumgebung. Freie Außenspieler sollen unmittelbar erkannt werden. Die Außenspieler sind voll aktiv und fordern Zuspiele. Außerdem gilt es, sie zu coachen, ob sie einen Doppelpass spielen müssen bzw. mit dem Ball ins Feld dribbeln müssen.

Organisation und Ablauf (22. Spielform)

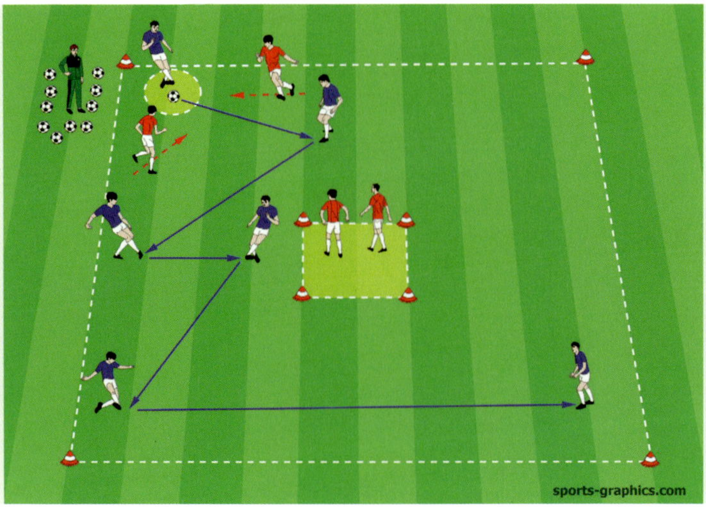

Ein Quadrat (15 Meter) aufbauen. Im Zentrum ein kleines „Wartefeld" markieren.

Sechs Überzahlspieler und vier Balljäger bestimmen. Zwei Balljäger pausieren im Wartefeld.

Im Feld wird 6-gegen-2 auf Ballhalten gespielt. Nur direkte Pässe zum Dritten. Die Balljäger versuchen, innerhalb von 4 Minuten 10 Bälle aus dem Feld zu spielen. Die beiden Balljäger können einen pausierenden Balljäger abschlagen und wechseln dann mit ihm Position und Aufgabe.

Nach 4 Minuten neue Balljäger bestimmen. Jeder Spieler soll 1 x Balljäger sein.

Spieleranzahl: 9-18 Spieler. 5-12 Überzahlspieler und 4-6 Balljäger (immer nur zwei aktive Balljäger).

Wettbewerb: Gelingt es den Balljägern, in 4 Minuten 10 Bälle aus dem Feld zu spielen?

Variation: Rückpässe erlauben. Die Balljäger dürfen den eroberten Ball erst mit dem zweiten Ballkontakt aus dem Feld spielen.

Tipp: Der Trainer spielt nach einem Ballaus sofort einen neuen Ball zu einem freien Überzahlspieler. Das Überzahlteam spielt nach einem Ballverlust ein Gegenpressing.

Organisation und Ablauf (22. Spielform)

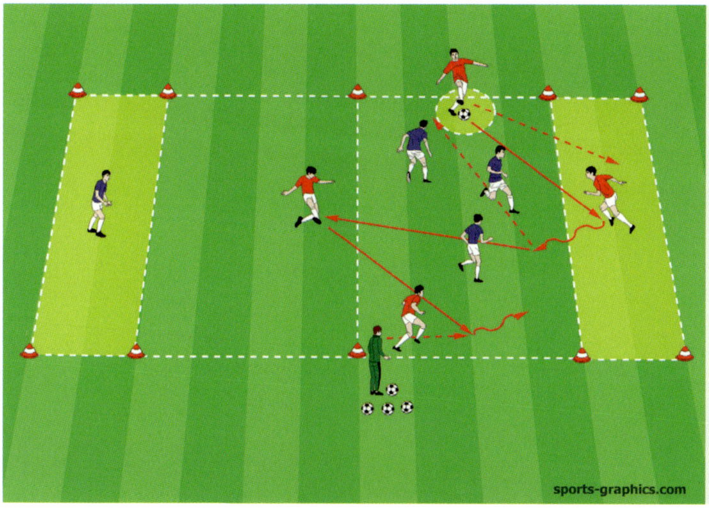

Ein Feld (40 x 15 Meter) mit einer Mittellinie und zwei Endzonen (Tiefe: 5 Meter) aufbauen.

Zwei 4er-Teams bilden. Ein Spieler je Team besetzt eine Endzone.

Ziel ist es, den Ball möglichst lange in den eigenen Reihen zu halten. Freies Spiel. Wird ein Mitspieler in der Endzone angespielt, wechselt der Passgeber mit ihm die Position. Bevor man erneut in die Endzone spielen darf, muss man über die Mittellinie kombinieren. Bei einer Balleroberung zielstrebig in die eigene Endzone spielen. Nur flache Pässe sind erlaubt.

Spieleranzahl: 8-15 Spieler. Die Teamgröße erhöhen. Mit Neutralen spielen.

Wettbewerb: Jeder Pass in die Endzone wird mit einem Punkt belohnt. 3 Minuten Spielzeit. Ab 16 Spieler zwei Felder aufbauen und ein Turnier spielen.

Variation: Die Teams besetzen beide Endzonen mit einem Spieler. Wird dann ein Mitspieler in einer Endzone angespielt, wechseln beide Spieler des erfolgreichen Teams aus den Endzonen ins Feld und es gehen zwei neue Spieler in die Endzonen.

⚽ **Tipp:** Die Spieler ohne Ball fordern ständig Zuspiele. Sie beobachten die Positionen der Gegen- und der Mitspieler. Werden freie Räume erkannt, werden diese sofort besetzt. Ungedeckte Mitspieler bevorzugt anspielen.

Organisation und Ablauf (23. Technik)

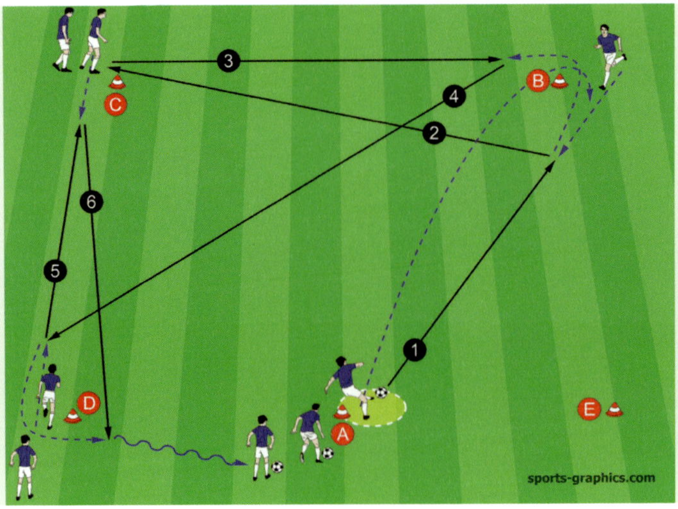

Ein Rechteck (16 x 12 Meter) mit einem zentralen Starthütchen A auf der Grundlinie.

Die Position B einfach und die Positionen C und D doppelt besetzen. 2-8 Spieler mit Ball zur Startposition A schicken.

Die Hütchen simulieren Gegenspieler, gegen die man den Ball behaupten soll. Spieler B kommt Spieler A entgegen und fordert das Zuspiel. A passt und B leitet den Ball direkt zu Spieler C weiter. Direkt nach seinem Pass sprintet Spieler B hinter Hütchen B und will, dass Spieler C den Ball auf ihn klatschen lässt. B spielt zu dem entgegenkommenden Spieler D, D lässt auf C klatschen, umläuft Hütchen D und erhält den Ball zurück. D dribbelt zu A.

Alle Spieler wechseln eine Position weiter. Sobald A ums Hütchen B gesprintet ist und den Ball fordert, startet der nächste Durchgang.

Spieleranzahl: 7-13 Spieler.

Wettbewerb: Zwei Parcours treten gegeneinander an. Welche Gruppe spielt häufiger den Pass 6?

Variation: Wechsel der Spielrichtung. Die Positionen spiegelverkehrt besetzen. A spielt den ersten Pass zu C.

Tipp: Möglichst direkt spielen. Mehr Kontakte, um den Ball im Spiel zu halten. Die Bälle flach, ohne Rotation und druckvoll spielen. Die Zuspiele energisch fordern. Offene Stellung beim deutlichen Umlaufen der Hütchen. Den Pass 6 nicht zu steil spielen.

Organisation und Ablauf (23. Spielform)

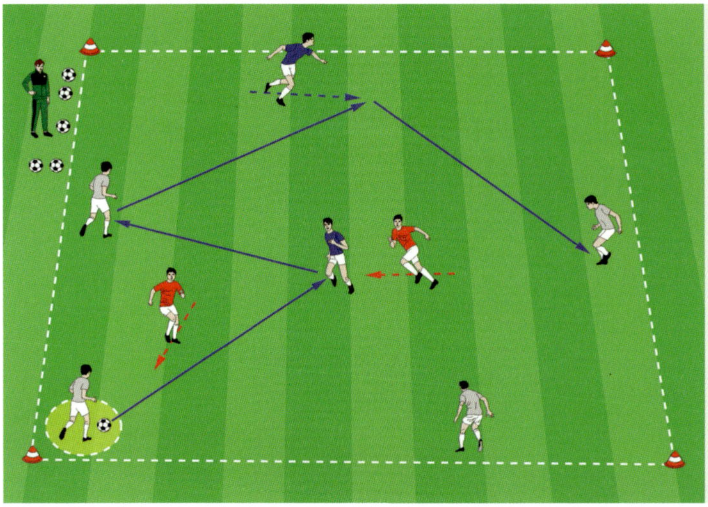

Ein Quadrat (15 Meter) aufbauen.

Zwei 2er-Teams bilden und die restlichen Spieler sind neutral.

Die zwei 2er-Teams spielen auf Ballhalten gegeneinander. Die Neutralen agieren mit den Ballbesitzern. Freies Spiel. Gewinnen die zwei Balljäger den Ball, spielen sie direkt mit den Neutralen auf Ballhalten weiter und das andere 2er-Team geht auf Balljagd. Bei einem Abspielfehler vom Überzahlteam erhält das balljagende Team vom Trainer einen Ball zugespielt.

Nach 3 Minuten Spielzeit zwei neue 2er-Teams bilden. Jeder Spieler soll 1 x in einem 2er-Team sein.

Spieleranzahl: 7-13 Feldspieler.

Wettbewerb: Wird 10 x in einer Ballbesitzphase ein direktes Spiel zum Dritten erreicht, erhält das ballbesitzende 2er-Team einen Punkt. Welche beiden Spieler erreichen die meisten Punkte?

Tipp: Das ballbesitzende 2er-Team besetzt das Zentrum, um möglichst viele Anspielstationen zu schaffen. Die Neutralen dürfen unter sich spielen. Sie bewegen sich auf dem Vorderfuß, um Zuspiele optimal weiterleiten zu können. Vororientierung für direkte Spiele zum Dritten ohne Ballverlust.

Organisation und Ablauf (23. Spielform)

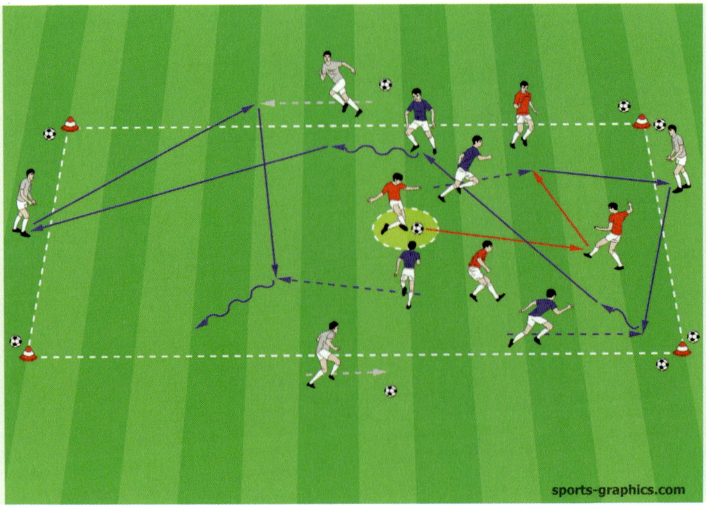

Ein Feld (35 x 18 Meter) aufbauen.

Drei 4er-Teams bilden. Ersatzbälle um das Feld legen.

Team Rot spielt gegen Team Blau auf Ballhalten. Freies Spiel. Das dritte Team stellt neutrale Spieler und besetzt die Außenseiten des Felds. Neutrale spielen mit maximal zwei Kontakten. Ziel ist es, entweder den Ball zwischen den beiden Neutralen an den Stirnseiten hin- und herzuspielen oder 10 Passfolgen zu erreichen. Die Neutralen hinter den Längsseiten sorgen für eine Überzahl in Ballnähe. Nur flache Pässe sind erlaubt.

Turnierform: Jeder gegen jeden. Spielzeit: 3 x 2 Minuten. Sieger einer Begegnung ist, wer mehr Drittel gewinnt. Entscheidet ein Team schon die ersten beiden Drittel für sich → Spielende.

Spieleranzahl: 8-18 Spieler. 3er- bis 6er-Teams bilden. Mit nur zwei Neutralen an den Stirnseiten spielen. Ab 5er-Teams agieren die restlichen Neutralen im Feld.

Wettbewerb: Für eine vollständige Verlagerung von Stirnseite zu Stirnseite, ohne Ballverlust und Ballaus, gibt es einen Punkt. Ebenso für 10 Passfolgen. Welches Team gewinnt die meisten Spiele?

Variation: Alle Spieler dürfen mit maximal drei Kontakten spielen.

Tipp: Nach einem Ballgewinn möglichst schnell offensiv umschalten und in die Tiefe zu einem Neutralen spielen. Bei Ballaus spielt ein Neutraler sofort einen neuen Ball ins Feld.

Organisation und Ablauf (24. Technik)

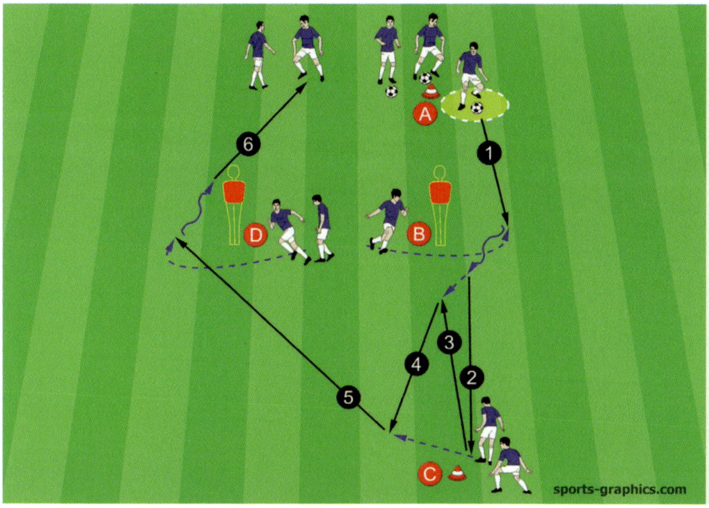

Ein Feld (22 x 8 Meter), bestehend aus zwei Dummys (alternativ Stangen), aufbauen. Der Abstand von A nach B beträgt 8 Meter.

Ein Spieler wechselt zu B (innen stehen), zwei Spieler gehen zu C, 1-2 Spieler gehen zu D (innen stehen) und 4-8 Spieler mit Bällen wechseln zu A. Die letzten zwei Spieler A haben keinen Ball.

Spieler B löst sich explosiv nach außen und geht in eine offene Stellung. Er fordert von A den Ball in seinen hinteren Fuß. Mit dem zweiten Kontakt spielt er Doppelpass mit C und spielt C in Richtung D erneut an (4). D löst sich ebenfalls nach außen und fordert in offener Stellung den Pass 5. D spielt mit seinem zweiten Kontakt zu einem freien Spieler A.

Die Spieler wechseln eine Position weiter. Sobald sich A von innen nach außen am Dummy B löst und den Ball fordert, startet der nächste Durchgang.

Spieleranzahl: 8-13 Spieler. Bei weniger als acht Spielern dribbelt D zu A.

Wettbewerb: Welche Gruppe spielt in 4 Minuten mehr Pässe 6? Einen zweiten Durchgang an einem spiegelverkehrt aufgebauten Parcours absolvieren.

Variation: Athletische Aufgaben beim Wechsel von D nach A (z. B. Sprünge über Hürden).

Tipp: Gutes Timing beim Lösen vom Dummy. Präzise und druckvoll in den hinteren Fuß passen. Stets auf eine offene Stellung achten. Mit Blick auf die Übung die Positionen wechseln.

Organisation und Ablauf (24. Spielform)

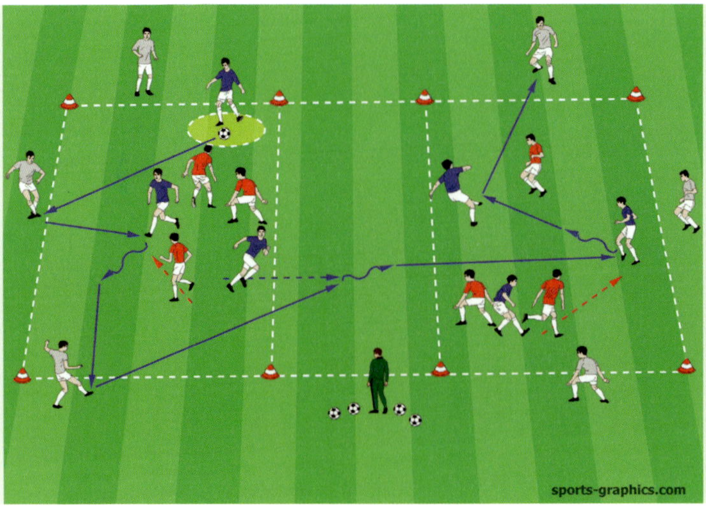

Ein Feld (40 x 15 Meter) in drei Zonen teilen. Die Mittelzone ist 10 Meter breit.

Drei 6er-Teams bilden. Team A spielt im 3-gegen-3 gegen Team B in den beiden Endzonen. Team C stellt die Neutralen. Sie umstellen gleichmäßig die Endzonen.

Der Trainer spielt einen Ball in eine Endzone. Dort wird auf Ballhalten gespielt. Freies Spiel. Die Neutralen agieren mit maximal zwei Kontakten mit dem ballbesitzenden Team. Erreicht ein Team fünf Passfolgen, darf ein Spieler in der Mittelzone angespielt werden. Dieser wird nicht attackiert und verlagert in die andere Endzone. Dort nun der gleiche Ablauf.

Nach 6 Minuten werden die Neutralen von einem anderen Team gestellt.

Spieleranzahl: 14-20 Spieler. Nur zwei neutrale Spieler (je an einer Stirnseite). Zusätzlich wechselt ein Neutraler in die Endzonen.

Wettbewerb: Für jede Verlagerung gibt es einen Punkt. Turnierform: jeder gegen jeden.

Variation: Keine Bedingung für eine Spielverlagerung bzw. diese erschweren, indem in einer Passfolge drei direkte Pässe zum Dritten gespielt werden müssen.

Tipp: Nach der Erfüllung der Bedingung für eine Verlagerung läuft direkt ein Spieler in die Mittelzone und fordert ein Zuspiel. Nach der Verlagerung kehrt er in seine Zone zurück. Ausreichend Ersatzbälle beim Trainer ablegen.

Organisation und Ablauf (24. Spielform)

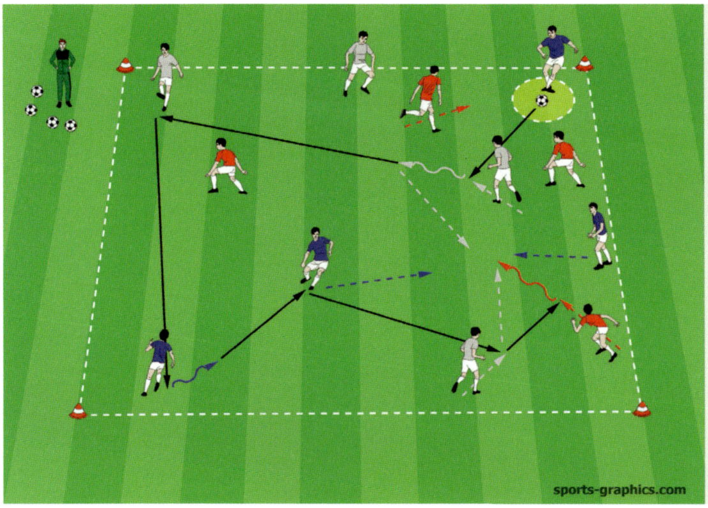

Ein Quadrat von etwa 30 Metern aufbauen.

Drei 4er-Teams bilden.

Zwei Teams spielen zusammen auf Ballhalten gegen das dritte Team. Die Überzahlspieler spielen mit maximal drei Ballkontakten. Die Unterzahlspieler haben freies Spiel. Bei Ballaus oder zu vielen Kontakten vom Überzahlteam erfolgt der Pass des Trainers zu einem Unterzahlspieler.

Erobert das Unterzahlteam den Ball und ihnen gelingen 3 (4) Passfolgen, wechseln sie fliegend die Aufgabe mit dem fehlerverursachenden Team. Ohne Unterbrechung wird nun in der neuen Konstellation weitergespielt.

Spieleranzahl: 9-18 Spieler. Die Teamgrößen können auf drei Spieler sinken bzw. auf bis zu sechs Spieler steigen. Bleiben Spieler übrig, agieren diese als Neutrale im Feld.

Wettbewerb: Das Team, welches länger als 2 Minuten auf Balljagd geht, erhält eine „Sonderaufgabe" und wechselt dann die Aufgabe mit einem anderen Team.

Variation: Maximal sind zwei Ballkontakte für das Überzahlteam erlaubt. Ohne Kontaktbegrenzung, aber dann sind keine Rückpässe erlaubt.

Tipp: Das Überzahlteam spielt sofort nach einem Ballverlust ein Gegenpressing, um die erforderlichen Passfolgen der Unterzahlspieler zu verhindern. Enge Spielsituationen vermeiden.

Organisation und Ablauf (Umschaltspielform)

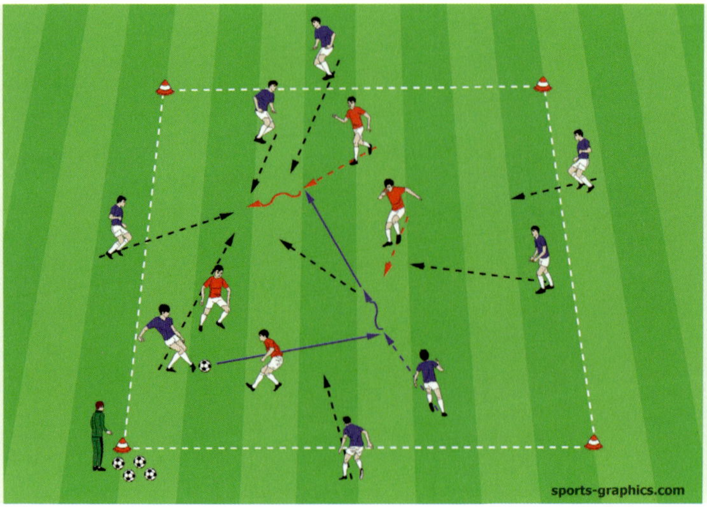

Ein Quadrat (20 Meter) aufbauen.

Ein Drittel der Spieler geht als Balljäger ins Feld. Der Rest verteilt sich als Überzahlspieler halb im Feld und halb ums Feld.

Es wird mit maximal zwei Ballkontakten im Feld auf Ballhalten gespielt. Die Außenspieler agieren ausschließlich im Direktspiel. Erobern die Balljäger den Ball, versuchen sie, aus dem Feld zu dribbeln. Alle Überzahlspieler setzen nach, um dies zu verhindern (Gegenpressing). Die Außenspieler laufen dazu ins Feld. Nach erfolgreichem Gegenpressing verlassen die Außenspieler wieder das Feld und es wird wieder, wie zuvor, auf Ballhalten gespielt.

Neue Balljäger kommen nach 4 Minuten Spielzeit aufs Feld.

Spieleranzahl: 12-18 Spieler.

Wettbewerb: Fünf Passfolgen ergeben einen Punkt für das Überzahlteam und die Balljäger erhalten einen Punkt für ein erfolgreiches Dribbling.

Variation: Feldgröße und Ballkontaktzahl dem Leistungsstand anpassen. Es sollte etwa alle 10-20 Sekunden ein Gegenpressing stattfinden.

Tipp: Gegenpressing massiv coachen! Die Außenspieler verschieben stets in Richtung Ball, um beim Gegenpressing kurze Wege zu haben. Bei Ballverlust aggressiv nachsetzen. Ballnahe Spieler gehen direkt auf den Ball und die ballfernen Überzahlspieler schieben in Richtung Ball, um alle Passwege für die Balljäger zu schließen.

Organisation und Ablauf (Umschaltspielform)

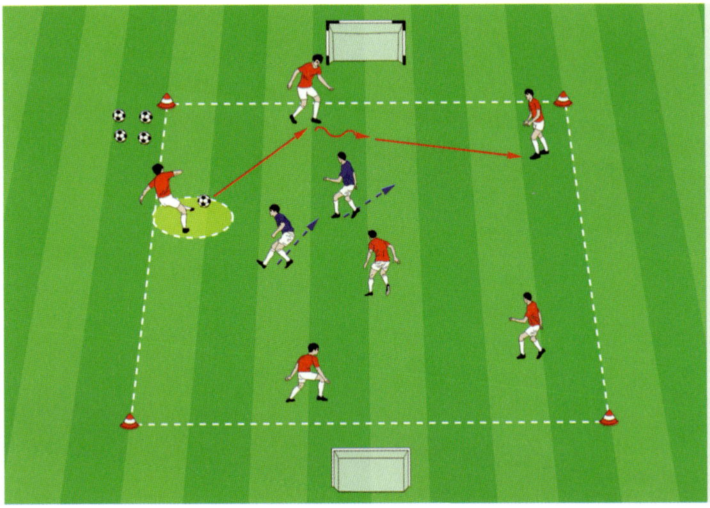

Ein Quadrat (10 Meter) mit zwei gegenüberliegenden Minitoren (3 Meter hinter den Seitenlinien) aufbauen.

Zwei Verteidiger und 4-7 Angreifer aufs Feld schicken.

Die Angreifer spielen im Direktspiel gegen die Verteidiger auf Ballhalten. Die Verteidiger agieren stets gestaffelt zueinander mit dem Ziel, Pässe durchs Zentrum zu unterbinden. Nach einer Balleroberung kontern sie auf die Minitore. Die Angreifer setzen bei Ballverlust nach (Gegenpressing). Beim Gegenpressing sind mehr Kontakte erlaubt.

Nach 2 Minuten neue Verteidiger bestimmen.

Spieleranzahl: 6-9 Spieler.

Wettbewerb: Erzielen die Verteidiger in 2 Minuten drei Tore?

Variation: Zwei Ballkontakte. Anstatt Konter auf Minitore sollen die Verteidiger nach einem Ballgewinn aus dem Feld dribbeln.

Tipp: Ausreichend Ersatzbälle bereitlegen für ein unterbrechungsfreies Spiel. Die Verteidiger agieren gestaffelt, um das Zentrum zu schließen. Die Verteidiger coachen sich gegenseitig. Leichte Toleranz bezüglich des Ballaus. Die Verteidiger bilden immer ein kompaktes Zentrum und dürfen auch außerhalb des Felds auf die Minitore schießen.

Organisation und Ablauf (Umschaltspielform)

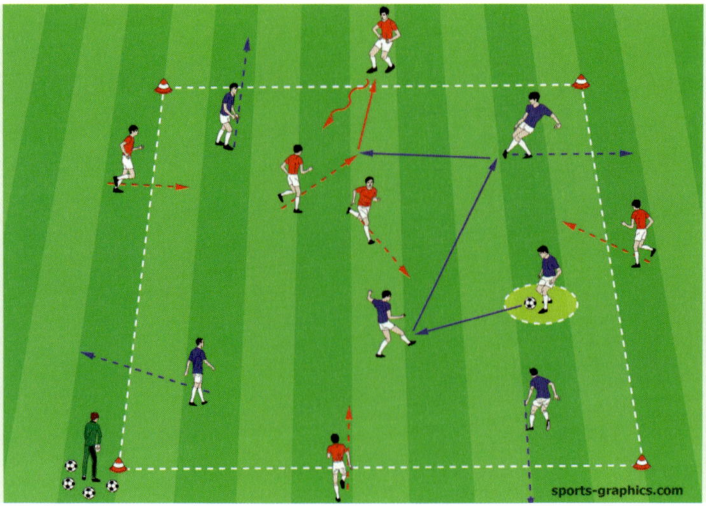

Ein Quadrat (15 Meter) markieren.

Zwei gleich große Teams bilden. Im Quadrat postiert sich Team Blau plus zwei Spieler Rot. Die restlichen Spieler Rot verteilen sich als Außenspieler um das Quadrat. Der Trainer steht mit Bällen bereit.

Team Blau spielt gegen Rot auf Ballhalten. Nur direkte Pässe zum Dritten sind erlaubt. Erobert Rot den Ball, versuchen sie, einen Außenspieler anzuspielen. Gelingt dies, wechselt Team Rot komplett mit Ball ins Quadrat. Gleichzeitig werden, bis auf zwei Spieler, alle Spieler von Blau zu Außenspielern. Jetzt spielt Rot auf Ballhalten gegen Blau. Die zwei verbleibenden Spieler dürfen erst auf Balljagd gehen, wenn ihre Mitspieler komplett das Feld verlassen haben.

Spieleranzahl: 10-18 Spieler.

Wettbewerb: Fünf Passfolgen ergeben einen Punkt.

Tipp: Beim ersten Abspielfehler erhält das Überzahlteam vom Trainer einen neuen Ball. Beim zweiten Abspielfehler Aufgabenwechsel. Beim Aufgabenwechsel organisiert das Unterzahlteam lautstark, welche zwei Spieler für die Balljagd verbleiben. Das Überzahlteam agiert mit einem zentralen Spieler. Nach dem Wechsel sofort Pässe spielen, auch wenn noch keine Balljagd stattfindet. Das Überzahlteam spielt nach einem Ballverlust ein Gegenpressing.

Organisation und Ablauf (Umschaltspielform)

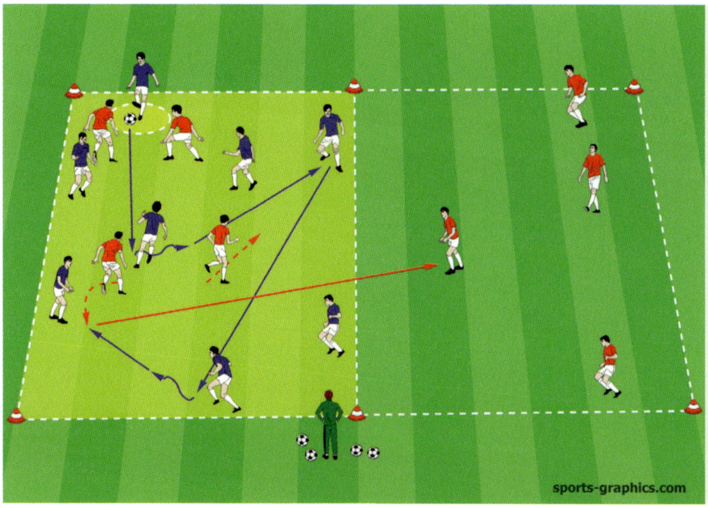

Ein Feld (36 x 18 Meter) mit Mittellinie aufbauen.

Zwei gleich große Teams bilden. Team Blau komplett in eine Hälfte und Team Rot teilt sich in den beiden Hälften zur gleichen Zahl auf.

Die Spieler in der Überzahl (Blau) spielen in einer Hälfte gegen die Spieler in der Unterzahl (Rot) auf Ballhalten. Freies Spiel. Erobern die Spieler in der Unterzahl den Ball, passen sie zu einem Mitspieler in ihrer Hälfte. Mit dem Pass wechseln alle vormaligen Unterzahlspieler, wie die Hälfte der vormaligen Überzahlspieler, in die andere Hälfte. Jetzt spielt das andere Team in ihrer Hälfte auf Ballhalten. Bei einem Ausball von Überzahl erhalten sie einen „Extraball". Wird auch dieser ausgespielt, passt der Trainer einen neuen Ball in die andere Hälfte und die Spieler wechseln wie gehabt.

Spieleranzahl: 10-20 Spieler. Bei einer ungeraden Teamgröße, eine feste Zahl an Balljägern bestimmen.

Wettbewerb: Können 20 Pässe ohne Feldwechsel gespielt werden, absolviert das komplette Defensivteam Liegestütze.

Variation: Bevor der Ball über die Mittellinie gespielt werden darf, muss der Ball noch einmal innerhalb des Unterzahlteams gepasst werden. Spielfeldgröße ändern, um einen guten Mittelweg zwischen Ballzirkulation und vielen Gegenpressing-Aktionen zu finden.

Tipp: Überzahl setzt nach Ballverlust direkt nach, um einen Pass über die Mittellinie zu verhindern. Der ballnächste Spieler geht direkt auf den Ball und die entfernteren Spieler schieben geschlossen nach und stellen Passwege zu. Ist der Ball zurückgewonnen, wieder Breite und Tiefe schaffen. Lautes Kommando beim Gegenpressing.

Organisation und Ablauf (Umschaltspielform)

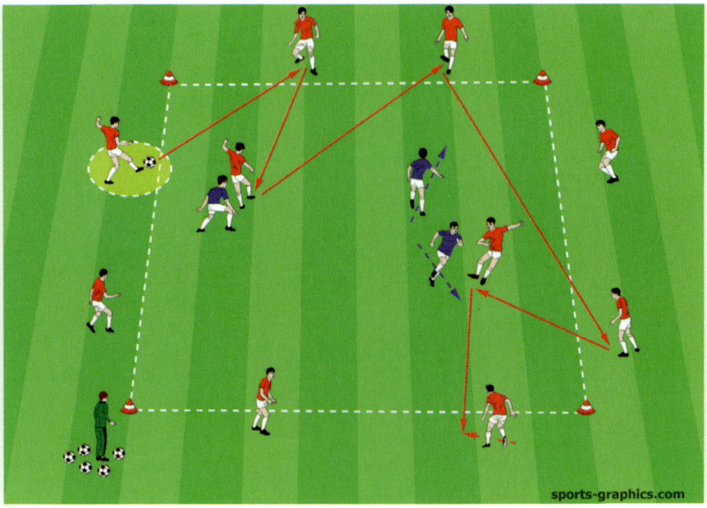

Ein Quadrat (15 Meter) aufbauen.

Drei Balljäger und 7-11 Überzahlspieler bestimmen. 2-3 Überzahlspieler gehen zusammen mit den Balljägern aufs Feld und die restlichen Überzahlspieler verteilen sich um das Feld.

Der Trainer passt zu einem Überzahlspieler. Diese spielen auf Ballhalten im Direktspiel. Die zentralen Überzahlspieler dürfen mit maximal drei Kontakten spielen. Erobern die Balljäger den Ball, spielen sie auf Ballhalten. Nun freies Spiel. Alle Überzahlspieler gehen direkt ins Gegenpressing. Bei erfolgreichem Gegenpressing direkt weiterspielen und dabei in die Ausgangsposition gehen. Das Direktspiel startet erst wieder mit der Herstellung der Ausgangssituation.

Gelingen den Balljägern insgesamt 10 Pässe untereinander (müssen nicht in Folge sein), werden drei neue Balljäger bestimmt.

Spieleranzahl: 7-14 Spieler. Bei weniger als neun Spielern sind nur zwei Balljäger und 1-2 Überzahlspieler auf dem Feld.

Wettbewerb: Erreichen die Balljäger in 4 Minuten keine 10 Pässe, erhalten sie eine „Sonderaufgabe" und neue Balljäger kommen.

Variation: Direktspiel der zentralen Überzahlspieler.

Tipp: Die zentrale Überzahlspieler sind stets anspielbar. Die äußere Überzahlspieler sind voll aktiv. In freie Räume kombinieren.

Organisation und Ablauf (Umschaltspielform)

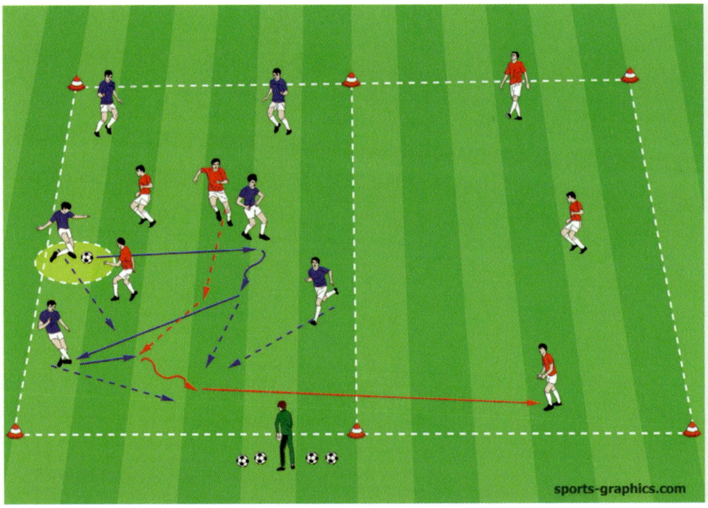

Ein Feld (32 x 16 Meter) mit Mittellinie aufbauen.

Zwei 6er-Teams bilden und je eine Hälfte zuweisen. Drei Spieler von Rot sind zunächst in der Hälfte von Blau.

Es wird 6-gegen-3 in einer Hälfte auf Ballhalten gespielt. Dem Überzahlteam ist nur Direktspiel erlaubt. Erobert das Unterzahlteam den Ball, passen sie zu einem der wartenden Mitspieler in ihrer Hälfte. Das Überzahlteam setzt bei Ballverlust sofort nach und versucht, dadurch einen Pass in die gegnerische Hälfte zu unterbinden. Beim Gegenpressing sind kurzzeitig auch mehr Ballkontakte erlaubt.

Den Pässen in die andere Hälfte folgen jeweils drei Spieler einer Mannschaft. Nun spielt das andere Team im 6-gegen-3 auf Ballhalten.

Spieleranzahl: 8-17 Spieler. 4er- bis 8er-Teams bilden. Ein Neutraler agiert mit dem Überzahlteam und wechselt mit dem Ball die Hälfte.

Wettbewerb: Fünf Passfolgen ergeben einen Punkt. Welches Team erreicht in 6 Minuten mehr Punkte?

Variation: Die Spielfeldgröße so wählen, dass das Unterzahlteam den Ball gut gewinnen kann und ein erfolgreiches Gegenpressing möglich ist.

Tipp: Droht ein Ballverlust, verengen die ballfernen Überzahlspieler sofort den Raum. Bei Ballverlust setzt das Überzahlteam aggressiv und geschlossen nach. Nach einer Ballrückgewinnung das Spiel wieder „groß" machen und in freie Spielfeldbereiche kombinieren.

Organisation und Ablauf (Umschaltspielform)

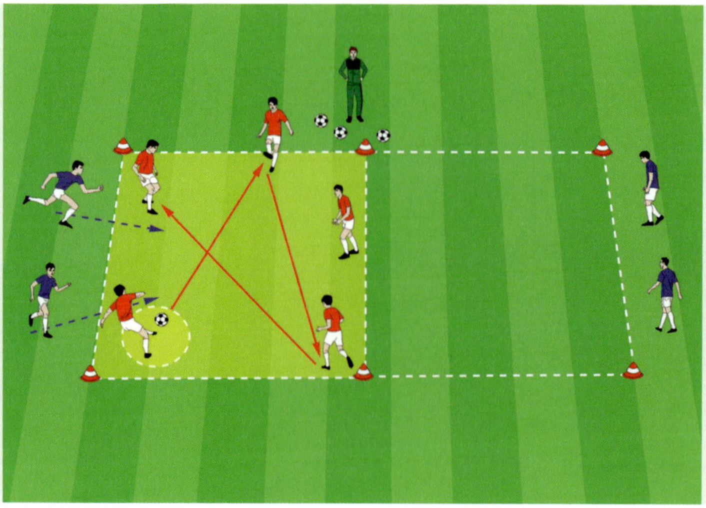

Ein Feld (30 x 15 Meter) mit einer Mittellinie aufbauen.

Vier Balljäger bestimmen und hinter den Stirnseiten des Felds aufteilen. 5-9 Überzahlspieler befinden sich in einer Spielfeldhälfte.

Der Trainer spielt den Ball zum Überzahlteam und die beiden ballnahen Balljäger starten nach. Das Überzahlteam hält den Ball ausschließlich durch direkte Pässe zum Dritten in den eigenen Reihen. Ziel ist es, nach 10 Passfolgen in einer Hälfte die Ballzirkulation in der anderen Hälfte fortzusetzen. Mit dem Pass in die andere Hälfte werden die anderen beiden Balljäger aktiv. Die vormals aktiven Balljäger verlassen das Feld in Richtung Ausgangsposition.

Die Balljäger versuchen, nach einem Ballgewinn zum Trainer zu passen. Beim fünften Ballgewinn mit Pass zum Trainer werden neue Balljäger bestimmt.

Spieleranzahl: 7-13 Feldspieler. Bei weniger als neun Spielern spielt nur ein Balljäger auf jeder Seite.

Wettbewerb: Die Überzahlspieler müssen innerhalb von 4 Minuten fünf Verlagerungen erreichen.

Variation: Bei einem geringen Leistungsstand sind auch Rückpässe erlaubt.

⚽ **Tipp:** Mit der zehnten Passfolge schafft das Überzahlteam sofort Anspielstationen in der anderen Hälfte. Nach der Verlagerung rücken alle Spieler nach und sind anspielbar. Gleichmäßige Raumaufteilung zur Schaffung vieler Kombinationsmöglichkeiten.

Organisation und Ablauf (Umschaltspielform)

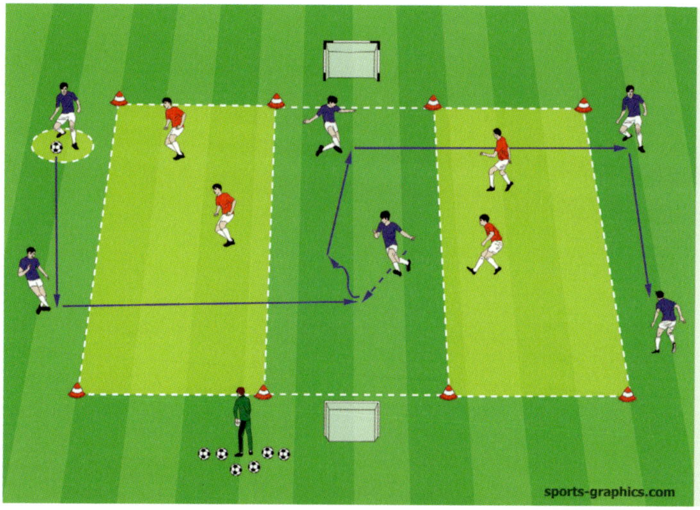

Ein Feld (12 x 18 Meter), bestehend aus drei gleich großen Zonen, markieren. Zwei Minitore an der Mittelzone aufstellen.

Vier Verteidiger (Rot) bestimmen und diese den beiden Endzonen zuweisen. Sechs Spieler sind Angreifer (Blau); zwei davon gehen in die Mittelzone und jeweils zwei stehen hinter den Kopfseiten.

Alle Spieler bleiben zunächst in ihrem Bereich. Ziel der Angreifer ist es, in 2 Minuten möglichst viele Spielverlagerungen von Kopfseite zu Kopfseite zu spielen. Fangen die Verteidiger den Ball ab, kontern sie auf die Minitore. Gegenpressing der Angreifer. In diesem Fall dürfen sich alle Spieler frei bewegen.

Nach 2 Minuten neue Verteidiger bestimmen.

Spieleranzahl: 6-15 Spieler. Die Zonen und Kopfseiten mit je drei Spielern besetzen (die Feldgröße anpassen). Bei 6-9 Spielern nur mit Verteidigern in der Mittelzone spielen.

Wettbewerb: Gelingen den Angreifern 10 Spielverlagerungen in 2 Minuten? Sie verfügen dabei nur über 10 Bälle.

Variation: Die Kontaktzahl reduzieren.

Tipp: Schnelle Ballzirkulation. Der Ball rollt immer. Der Kopf ist oben. Sobald sich ein freier Passweg ergibt, diesen druckvoll bespielen. Die Passempfänger gehen auf „Lücke" bzw. sind außen anspielbar. Nach einem Zuspiel in die Mittelzone schnell aufdrehen und den Ball direkt weiterleiten. Nach einer Verlagerung schnell weiterspielen.

Organisation und Ablauf (Umschaltspielform)

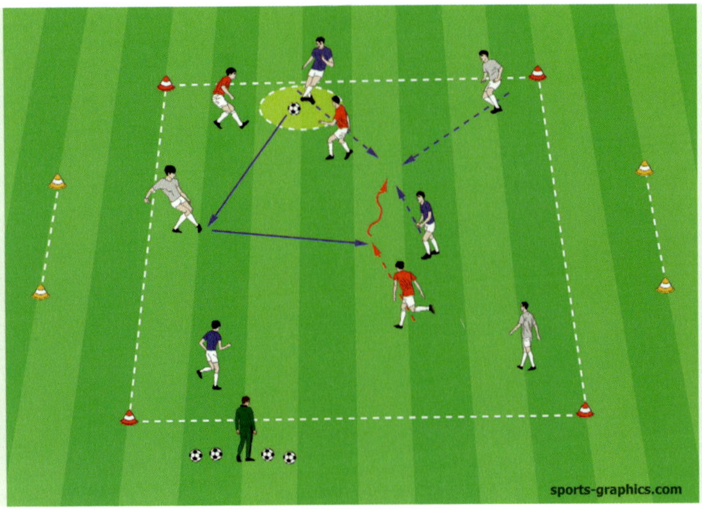

Ein Quadrat (20 Meter) mit zwei gegenüberliegenden Hütchentoren (Breite: 4 Meter) außerhalb des Felds aufbauen.

Drei 3er-Teams bilden.

Zwei Teams spielen zusammen gegen das dritte auf Ballhalten. Das Überzahlteam spielt mit maximal zwei Ballkontakten. Erobert das Unterzahlteam den Ball, versucht es, durch eines der beiden HT zu passen. Bei Ballaus spielt der Trainer sofort einen neuen Ball ins Feld.

Nach 4 Minuten spielen zwei andere Teams zusammen.

Spieleranzahl: 9-16 Spieler. 4er-Teams bilden. Vier Teams bilden. Das vierte Team trabt ums Feld.

Wettbewerb: 10 Passfolgen ergeben einen Punkt und ein Pass durch ein HT drei Punkte. Ein Turnier spielen: jeder gegen jeden.

Variation: Ohne HT spielen. Das Unterzahlteam muss aus dem Feld dribbeln, um drei Punkte zu erhalten. Die Feldgröße dem Leistungsstand anpassen. Der Ball muss zirkulieren können.

Tipp: Das Überzahlteam schaltet nach einem Ballverlust direkt auf Gegenpressing um. Sie versuchen, den Ball möglichst schnell zurückzugewinnen. Der ballnächste Spieler geht direkt auf den Ball und die entfernteren Spieler schieben geschlossen nach und stellen Passwege zu. Ist der Ball zurückgewonnen, wieder Breite und Tiefe schaffen.

Organisation und Ablauf (Umschaltspielform)

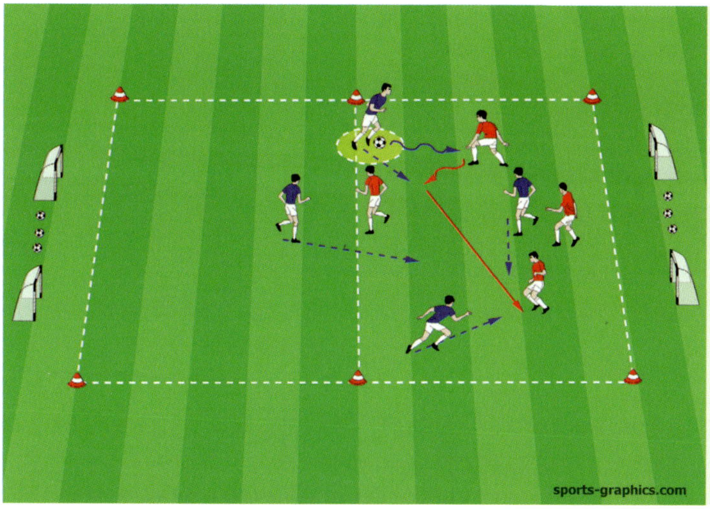

Ein Feld (40 x 25 Meter) mit Mittellinie und je zwei Minitoren hinter den Stirnseiten aufbauen.

Zwei 4er-Teams (1-2-1) bilden.

Die Teams spielen jeweils auf die Minitore der gegnerischen Mannschaft. Erobert das verteidigende Team den Ball in der eigenen Hälfte, muss es zunächst vier Passfolgen spielen, bevor es über die Mittellinie darf. Erobert das verteidigende Team dagegen den Ball in der gegnerischen Hälfte, darf es sofort ein Tor erzielen.

Spieleranzahl: 8-18 Spieler. 6er-Teams bilden. Drei Teams bilden. Das dritte Team trabt ums Feld.

Wettbewerb: Welches Team hat nach 5 Minuten gewonnen? Bei drei Teams ein Turnier spielen.

Variation: Wie in der nebenstehenden Spielform drei Teams bilden. Zwei Teams spielen gegen das dritte Team auf Ballhalten. Das Überzahlteam spielt mit maximal zwei Kontakten. Erobert das Unterzahlteam den Ball, kontert es auf eines der vier Minitore.

Tipp: Aufgrund der Sonderregel mit den vier Passfolgen in der eigenen Hälfte wird die Chance auf eine Ballrückgewinnung nach einem Ballverlust erhöht.

5 1-GEGEN-1

SS2: Ballbehandlung und offensives Dribbling

Alle Trainer wünschen sich sogenannte *Unterschiedsspieler*. Offensivspieler, die Verteidiger ausdribbeln, und so, trotz gegnerischer Kompaktheit, Torchancen kreieren. Aber genau diese Fähigkeit zu entwickeln, wird von vielen Trainern sabotiert. Die Kinder werden ständig angehalten, abzuspielen und verlieren sie mal im 1-gegen-1 den Ball, werden sie als „Fummelköppe" verschrien.

Doch genau diese „Fummelköppe" braucht der Fußball. Die Kinder sollen ermutigt werden, das 1-gegen-1-Duell zu suchen. Man muss ihnen beibringen, wie es geht und ihnen Gelegenheit geben, es zu trainieren. Offensivspieler mit guten Fähigkeiten im 1-gegen-1 sind später sehr begehrt. Besonders auf der MA-Position werden sie gebraucht.

Die MA agieren zunächst breit und sollen dann nach einem Zuspiel den Gegner-AV zielstrebig andribbeln. Täuschen zu einer Seite und dann in die andere Richtung wegdribbeln. Die Torchance ist kreiert! Dribblings werden von hinteren Spielern abgesichert. Geht der Ball verloren, gewinnt man ihn im Gegenpressing zurück. Selbst wenn alles schiefläuft, ist der Ort des Ballverlustes weit vom eigenen Tor entfernt.

Das Dribbeln und Fintieren gilt es, im Kinder- und Jugendfußball oft als Schwerpunkt zu trainieren. Erfolgreiche Teams verfügen gleichermaßen über Qualität im Passspiel und im Dribbling. Beim Training des 1-gegen-1 ist zu beachten, dass die Spieler Schienenbeinschoner tragen und in der Verteidigerrolle kein Foul spielen. Sie sollen den Mitspieler schonen und sich durch ein faires Zweikampfverhalten im defensiven 1-gegen-1 verbessern.

Die ersten beiden Trainingsformen des Schwerpunkts absolvieren alle Spieler gleichzeitig. Je nach Spieleranzahl werden die Parcours mehrmals aufgebaut. Auch dieser Schwerpunkt ist methodisch vom Einfachen zum Schweren konzipiert. Die erste Trainingsform „Einstimmung" ist direkt die Aufwärmübung. Die Spieler lernen die Bewegungsabläufe von verschiedenen Finten. Ab der zweiten Trainingsform kommen aktive Verteidiger dazu. Von Übung zu Übung wird es also immer etwas schwieriger für den Offensivspieler.

Für die dritte und vierte Übung wird die Trainingsgruppe gesplittet. Eine Gruppe absolviert das 1-gegen-1 in Verbindung mit einem Torschuss und die andere Gruppe trainiert das 1-gegen-1 in einem freien Feldbereich abseits des Tors. Nach der Hälfte der Zeit wechseln die Gruppen. Zwecks Motivationssteigerung sind Wettbewerbsmöglichkeiten beschrieben.

Alle Spieler sollten über ein gewisses Repertoire an Finten verfügen. Hier einige einfache und effektive Finten:

Sohlenzieher-Außenseite: Zum Antäuschen den Ball mit der Sohle des Dribbelfußes leicht diagonal nach innen ziehen und dann abrupt mit der Außenseite des gleichen Fußes den Ball entgegengesetzt wegspielen.

Übersteiger: Während des Dribblings mit der einen Fußaußenseite eine Ballmitnahme antäuschen und entgegengesetzt mit der anderen Fußaußenseite wegdribbeln. Dabei schwingt ein Bein von innen nach außen über den Ball, setzt weit außen neben dem Ball auf, sich direkt wieder vom Boden abdrücken und dabei mit der Außenseite des anderen Fußes wegdribbeln.

Ausfallschritt: Während des Dribblings einen Fuß weit nach außen aufsetzen, kurze Gewichtsverlagerung darauf und sich dann so abdrücken, dass man entgegengesetzt mit der Fußaußenseite des anderen Fußes wegdribbeln kann.

Möglichkeit für ein **Abschlussspiel**: Das Spielfeld horizontal dritteln. Die Provokationsregel lautet, dass man nur ins gegnerische Drittel dribbeln darf.

Organisation und Ablauf (1. Einstimmung)

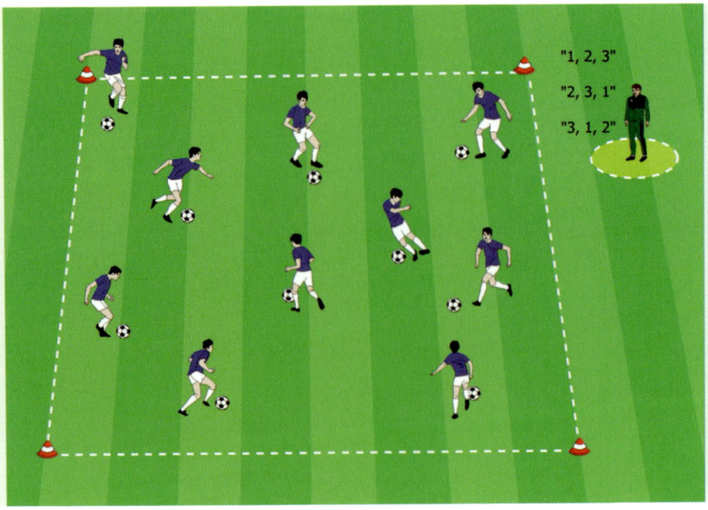

Ein Quadrat (etwa 40 Meter) aufbauen.

Alle Spieler befinden sich mit Ball im Feld.

Die Spieler dribbeln frei im Feld. Alle Spieler führen auf das Kommando „1" einen Ausfallschritt aus. In der nächsten Stufe wird beim Kommando „2" ein Übersteiger ausgeführt und zuletzt mit „3" der Sohlenzieher. Sobald die Spieler dies zu 80-90 % umsetzen, folgt der nächste Schritt. Der Trainer ruft nun in beliebiger Reihenfolge alle drei Zahlen hintereinander (z. B. 2-3-1). Die Spieler müssen nun in genau dieser Reihenfolge die drei Finten ausführen.

Spieleranzahl: Beliebig. Gerade bei Anfängern darauf achten, dass diese genug Platz zum Fintieren haben.

Wettbewerb: Der Trainer beobachtet je Durchgang immer einen Spieler. Erfüllt er die gestellte Aufgabe nicht korrekt, erhält dieser eine „Sonderaufgabe".

Variation: An jede Zahl den Buchstaben A oder B hängen. A steht für die Durchbruchsrichtung rechts und B für den Durchbruch links. Weitere Zahlen und Finten dazunehmen. Ein Spieler ruft die Zahlenkombination. Rechenaufgaben stellen. Ergebnis 0-10 = Ausfallschritt, 11-20 = Übersteiger und 21-30 = Sohlenzieher.

Tipp: Immer freie Räume andribbeln. Die Spielfeldumgebung wahrnehmen. Zusammenstöße vermeiden, indem man eigenmächtig die auszuführenden Finten variiert.

Organisation und Ablauf (1. Technik)

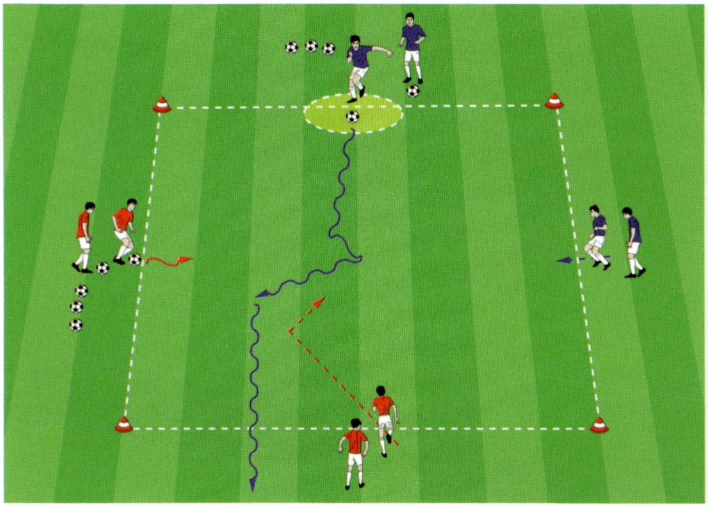

Ein Quadrat (8 Meter) aufbauen.

Zwei Teams zu je 4-8 Spieler bilden. Die Spieler teilen sich in gleicher Anzahl zentral hinter den Außenlinien auf. Dabei stehen sich Gegenspieler gegenüber. Die Bälle befinden sich bei je einem Team an benachbarten Außenlinien.

Der erste Spieler von Team A versucht, über die gegenüberliegende Außenlinie zu dribbeln. Der Gegenspieler auf dieser startet entgegen, versucht, den Ball zu gewinnen und über die Linie des startenden Spielers zu kontern. Direkt nachdem der Sieger ermittelt ist, dribbelt der erste Spieler von Team B ins Feld und versucht ebenfalls, über die Außenlinie seines Gegenspielers zu kommen. Auch hier wird nach einer Balleroberung gekontert.

Nach jeder Aktion wechseln die Mitspieler ihre Positionen untereinander. Auf die Positionen der „Angreifer" immer mit Ball wechseln.

Spieleranzahl: 8-16 Spieler.

Wettbewerb: Welchem Team gelingen in 4 Minuten mehr erfolgreiche Dribblings?

Variation: Für einen zweiten Durchgang haben die „Verteidiger" den Ball. Sie passen zum „Angreifer" gegenüber und dann 1-gegen-1 wie zuvor.

Tipp: Bei den Angreifern Ersatzbälle bereithalten. Von den Verteidigern eine seitliche Stellung einfordern (zur Seitenlinie steuern).

Organisation und Ablauf (1. Torschuss)

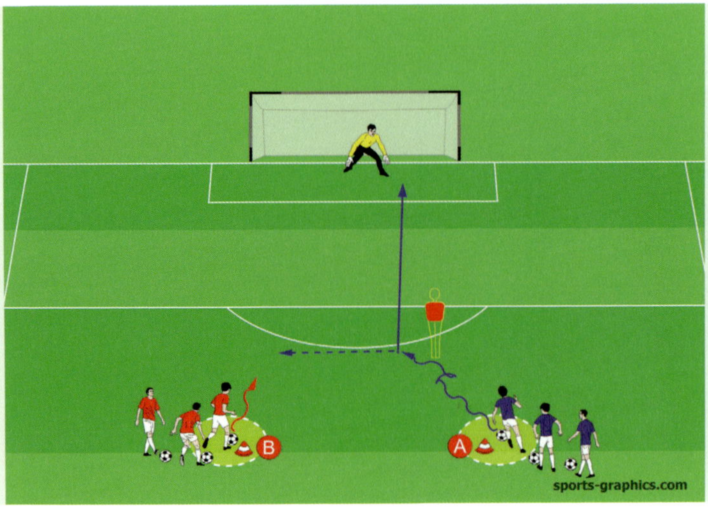

Im Abstand von etwa 10 Metern die beiden Startpositionen A und B aufbauen. Vor die Startposition einen Dummy (alternativ Stange) stellen.

Die Spieler zur Hälfte an den beiden Startpositionen verteilen. Jeder Spieler hat einen Ball. Ein Torwart geht ins Tor.

Spieler A dribbelt den Dummy an, fintiert, zieht nach innen und schießt aufs Tor. Mit dem Torschuss wird Spieler A zum Verteidiger und Spieler B zum Angreifer. B versucht nun, A auszuspielen und ebenfalls ein Tor zu schießen. Erobert A den Ball, darf er erneut aufs Tor schießen.

Nach der Aktion wechseln die Spieler zur jeweils anderen Position. Sobald der Torwart bereit ist, startet die nächste Aktion.

Spieleranzahl: 4-12 Feldspieler. Plus 2-3 Torhüter, die sich schnell abwechseln.

Wettbewerb: Welcher Spieler erzielt zuerst drei Tore?

Variation: Den Dummy vor das Hütchen B stellen und Aktionsstart bei B. Ein Konter-Minitor für den Verteidiger aufstellen (etwa 32 Meter zentral gegenüber dem Großtor).

Tipp: Spieler A dreht sich nach seinem Torschuss direkt in Richtung B und attackiert ihn möglichst weit vom Tor entfernt. Authentisch fintieren. Sollte Spieler A nicht rechtzeitig als Verteidiger für B fungieren, so wird das Hütchen B um einige Meter nach hinten versetzt.

Organisation und Ablauf (1. Spiel)

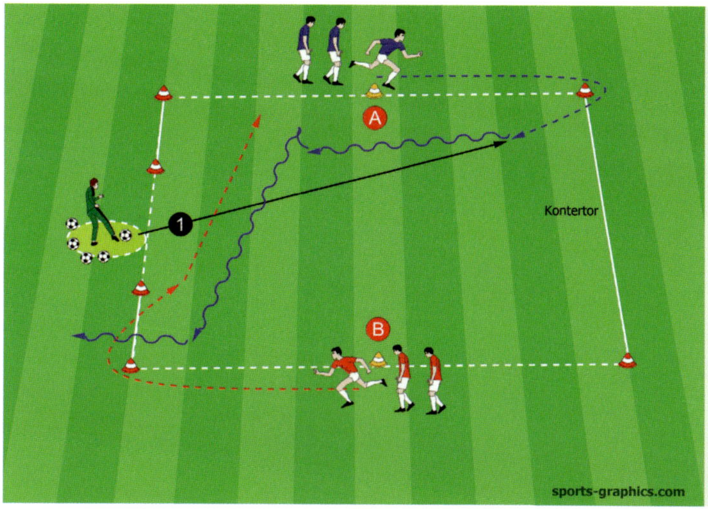

Ein Feld (16 x 10 Meter) mit Mittellinie aufbauen. Eine Kopfseite besteht aus zwei Hütchentoren (Breite: 3 Meter).

Die Spieler in gleicher Anzahl außen an der Markierung der Mittellinie aufteilen (A/B). Der Trainer steht mit Bällen zwischen den Hütchentoren.

Auf Trainersignal sprintet der jeweils erste Spieler einer Gruppe ins Feld. Angreifer A kommt von der Kopfseite gegenüber von den Hütchentoren ins Feld und Verteidiger B durch sein nahes Hütchentor. Sobald der Angreifer im Feld ist, erhält er vom Trainer einen Pass. Der Angreifer versucht, einen Punkt zu erzielen, indem er durch eines der beiden Hütchentore dribbelt. Erobert der Verteidiger den Ball, kontert er über die gegenüberliegende Kopfseite.

Nach jeder Aktion erfolgt ein Positionswechsel.

Spieleranzahl: 6-10 Spieler.

Wettbewerb: Welcher Spieler erreicht zuerst fünf Punkte? Für einen erfolgreichen Konter gibt es auch einen Punkt.

Variation: Wechsel des Fußes. Die Spieler drehen sich um 180 Grad. Jetzt durch das andere Hütchentor und um das andere äußere Hütchen sprinten.

Tipp: Der Angreifer dribbelt zunächst zielstrebig das nahe Hütchentor an.

Organisation und Ablauf (2. Einstimmung)

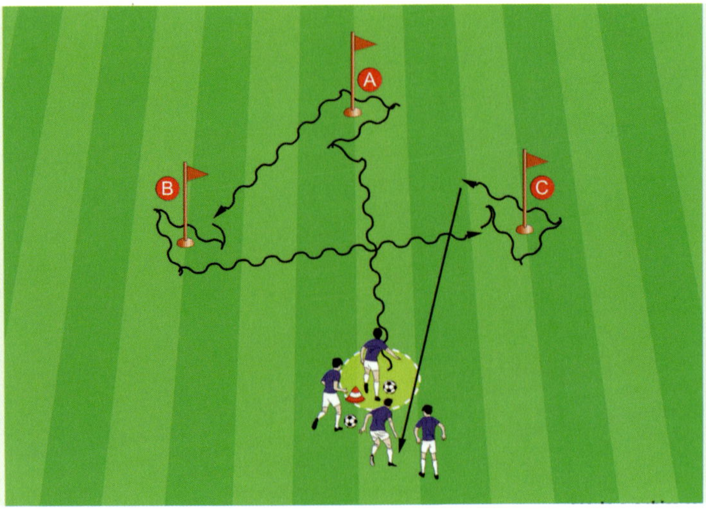

Ein Starthütchen und drei Stangen im Abstand von 6 Metern zueinander aufbauen. Die Stangen simulieren einen Gegenspieler.

4-6 Spieler mit 2-3 Bällen stehen am Starthütchen.

Auf Trainersignal dribbelt der erste Spieler zur Stange A, absolviert vor ihr den Sohlenzieher (links antäuschen, rechts vorbei), umdribbelt Stange A, dribbelt auf Stange B zu, absolviert einen Übersteiger (links antäuschen, rechts vorbei), umdribbelt Stange B, dribbelt auf Stange C zu, absolviert einen Ausfallschritt (links antäuschen, rechts vorbei), umdribbelt Stange C und passt zurück zum ersten Spieler ohne Ball.

Sobald der vordere Spieler Stange B ausspielt, dribbelt der nächste Spieler in den Parcours.

Spieleranzahl: 4-6 Spieler. Bei weniger als vier Spielern mit 1-2 Bällen spielen.

Wettbewerb: Welche Gruppe absolviert in 4 Minuten mehr Pässe?

Variation: Richtungswechsel im Parcours (Stange A → Stange C → Stange B). Dabei die Durchbruchsrichtung ändern (rechts antäuschen, links vorbei). Den Stangen andere Finten zuweisen. Neue Finten vorgeben. Die Gruppen bestimmen vorab selbst, welche Finten sie an welcher Stange ausführen.

Tipp: Enge Ballführung. Rechtzeitiges Ausführen der Finte (die Stange nicht berühren). Tiefer Körperschwerpunkt. Die Spielfeldumgebung wahrnehmen.

Organisation und Ablauf (2. Technik)

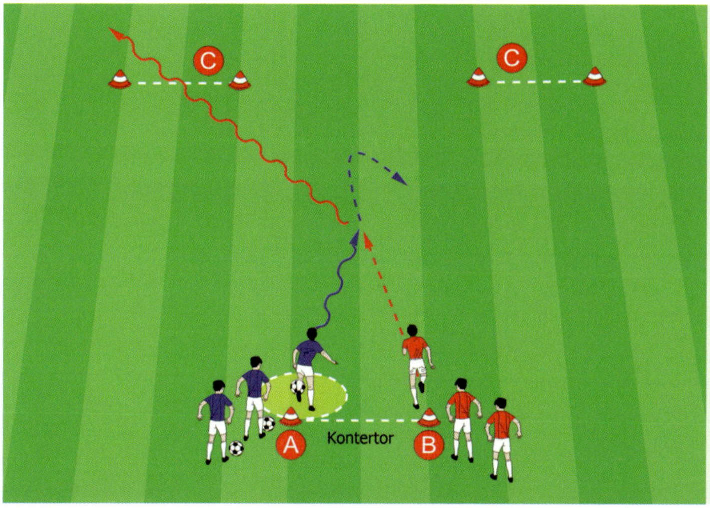

Ein Parcours 16 x 12 Meter, bestehend aus drei Hütchentoren (Breite: 3 Meter), aufbauen.

Paare bilden und zum Kontertor (A/B) stellen. Die Spieler A haben einen Ball (Verteidiger) und die Spieler B sind ohne Ball (Angreifer).

Verteidiger A dribbelt in Richtung Parcourszentrum und Angreifer B läuft hinterher. Auf halber Strecke lässt der Verteidiger den Ball liegen und dreht sich um 180 Grad. Der Angreifer nimmt den Ball auf und versucht, durch eines der beiden Hütchentore C zu dribbeln. Nach einer Balleroberung kann der Verteidiger kontern.

Nach jeder Aktion wechseln die Spieler ihre Aufgabe.

Spieleranzahl: 4-12 Spieler.

Wettbewerb: Welcher Spieler erreicht zuerst 10 erfolgreiche Dribblings?

Variation: Die Übung kann auch als Torschussübung absolviert werden.

Tipp: Der erste Ballkontakt von A signalisiert immer den Start. Beim Umdrehen dem Angreifer den ersten Ballkontakt gewähren. Der Angreifer bricht entgegengesetzt zur Drehrichtung des Verteidigers durch.

Organisation und Ablauf (2. Torschuss)

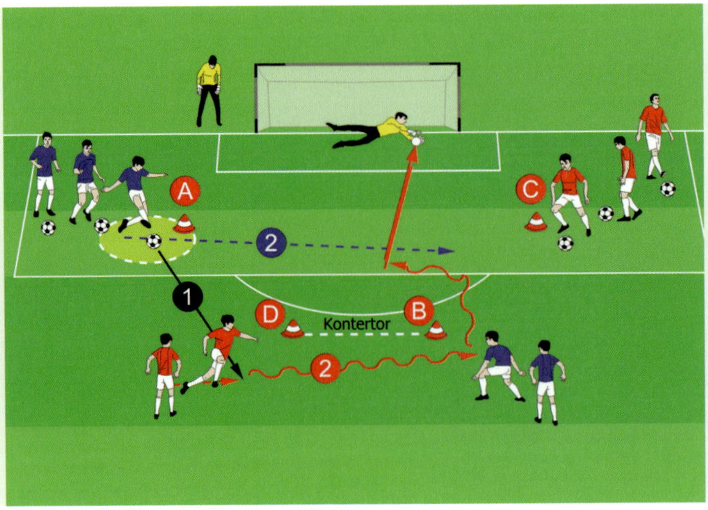

Zentral vor dem Strafraum ein Hütchentor (Breite: 6 Meter) aufbauen. Etwa 12 Meter von den Hütchen des HT die Positionen A und C markieren.

Zwei Teams von je 4-8 Spielern bilden. Zwei Spieler je Team stehen deutlich diagonal hinter einem Hütchen des HT. Die restlichen Mitspieler stehen mit Bällen am entfernten Hütchen A/C.

Die Teams greifen im Wechsel an. Spieler A passt als Verteidiger zum Angreifer D. D dribbelt ums HT in Richtung Tor und versucht, einen Treffer zu erzielen. A sprintet nach seinem Pass ➊ direkt vors Tor, um einen Treffer von D zu verhindern und im Falle einer Balleroberung durch das HT zu kontern. Direkt im Anschluss erfolgt der gleiche Ablauf spiegelverkehrt. Dabei stellen nun die anderen Teams den Angreifer und den Verteidiger.

Nach jeder Aktion zur jeweils anderen Position des Teams wechseln.

Spieleranzahl: 8-16 Spieler.

Wettbewerb: Welches Team hat nach 4 Minuten mehr Tore erzielt? Kontertore mitzählen.

Variation: Seitenwechsel der Teams.

Tipp: Den Abstand der Hütchen zueinander so wählen, dass der Verteidiger bei einem Sprint einen direkten Schuss vom Angreifer blocken kann.

Organisation und Ablauf (2. Spiel)

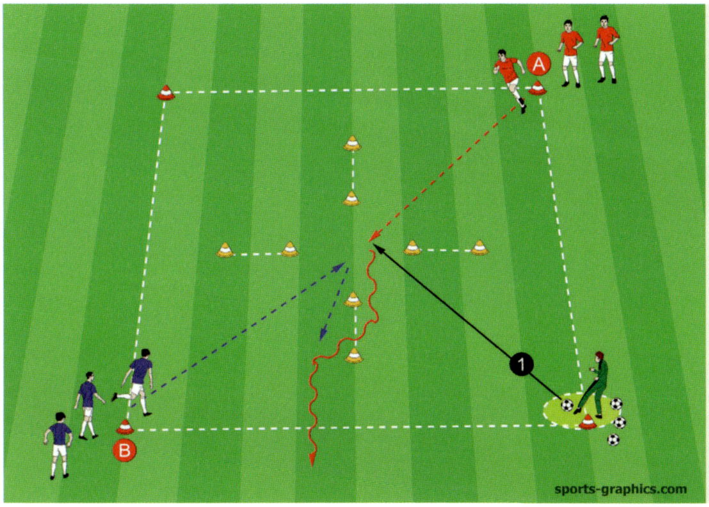

Ein Quadrat (20 Meter) mit vier innenliegenden Hütchentoren (Breite: 2 Meter) aufbauen. Der Abstand zu den Seitenlinien beträgt je 4 Meter.

Zwei Gruppen (Angreifer A und Verteidiger B) stellen sich an zwei Ecken des Felds diagonal gegenüber auf. Der Trainer steht mit Bällen an einer dritten Ecke.

Auf Trainersignal läuft der jeweils erste Spieler beider Gruppen in Richtung Zentrum. Der Trainer spielt einen leicht parteiischen Pass zum Angreifer. Dieser versucht nun, durch ein beliebiges Hütchentor und dann über die dazugehörige Seitenlinie zu dribbeln. Erobert der Verteidiger den Ball, versucht er das Gleiche.

Nach jeder Aktion wechseln beide Spieler Position und Aufgabe.

Spieleranzahl: 4-12 Spieler.

Wettbewerb: Welcher Spieler schafft zuerst 10 erfolgreiche Dribblings?

Variation: Auf die Seitenlinien Minitore stellen, in die gepasst werden soll.

Tipp: Nach dem Durchdribbeln eines Hütchentors darf auch ein weiteres Hütchentor durchdribbelt werden. Man muss aber immer die Seitenlinie des zuletzt durchdribbelten Hütchentors überdribbeln.

Organisation und Ablauf (3. Einstimmung)

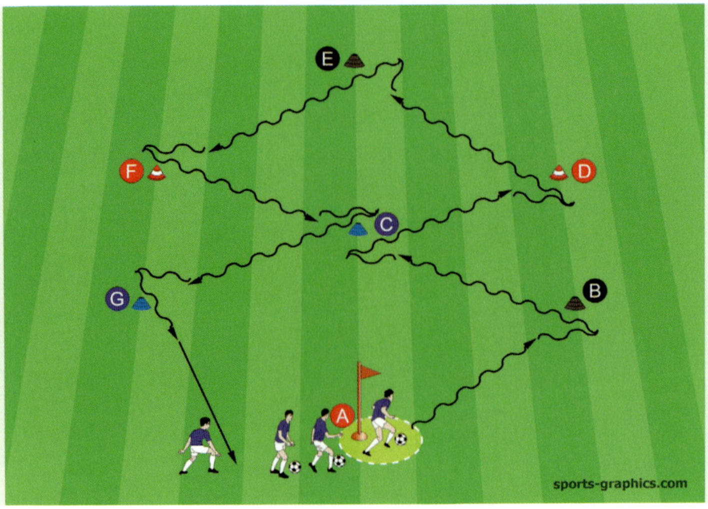

Ein Hütchenfeld (12 x 8 Meter) aufbauen. Das Feld besteht aus einer Startstange A und drei andersfarbigen Hütchenpaaren.

2-6 Spieler gehen mit Bällen zu A. Der letzte Spieler A ist ohne Ball.

Jeder Hütchenfarbe eine Finte zuordnen. Schwarz = Ausfallschritt, Blau = Übersteiger, rot = Sohlenzieher. Auf Trainersignal dribbelt der erste Spieler in den Parcours und absolviert vor jedem Hütchen die entsprechende Finte. Zuerst das schwarze Hütchen B (Ausfallschritt) andribbeln, dann das blaue Hütchen C (Übersteiger) und die Reihenfolge entsprechend der Zeichnung fortsetzen (B, C, D, E, F, C, G). Die Finten so ausführen, dass man immer entgegen der Täuschungsrichtung weiterdribbeln kann. Ist der vordere Spieler am Hütchen D, startet der nächste Spieler. Nach der Finte am Hütchen G den Ball zum letzten Spieler A passen.

Spieleranzahl: 3-7 Spieler.

Wettbewerb: Mehrere Parcours treten gegeneinander an. Wem gelingen mehr Pässe zu A in 4 Minuten? Nur Durchgänge mit korrekten Finten zählen und dies auch kommunizieren.

Variation: Die Spielrichtung wechseln, indem zuerst in Richtung G gedribbelt wird. Doppelte Finten an den Hütchen ausführen.

Tipp: Rechtzeitiges Ausführen der Finte (Hütchen nicht berühren). Der Oberkörper geht deutlich in die angetäuschte Richtung und tiefer Körperschwerpunkt. Enge Ballführung.

Organisation und Ablauf (3. Technik)

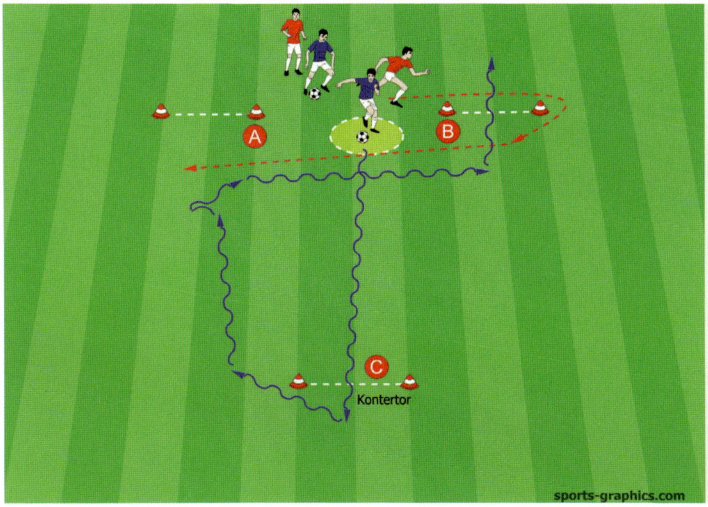

Drei Hütchentore (Breite: 2 Meter) in einem Dreieck (10 x 8 Meter) aufbauen.

Pärchen bilden und hintereinander zwischen den Hütchentoren A/B postieren. Je Pärchen ein Angreifer mit Ball und ein Verteidiger ohne Ball. Der Angreifer steht vor dem Verteidiger.

Der Angreifer dribbelt durch das Kontertor C und wieder zurück. Er hat das Ziel, eines der beiden Hütchentore A/B zu durchdribbeln. Der Verteidiger C umläuft mit dem ersten Ballkontakt des Angreifers ein beliebiges Hütchentor A/B und hat das Ziel, den Ball zu erobern und zu kontern.

Nach jeder Aktion wechseln die Spieler Position und Aufgabe.

Spieleranzahl: 4-8 Spieler. Bei ungerader Zahl zwei Wartehütchen (für Angreifer und Verteidiger) aufbauen, an denen sich die Spieler im Wechsel anstellen.

Wettbewerb: Welcher Spieler erreicht zuerst 10 erfolgreiche Dribblings?

Variation: Der Angreifer steht mit dem Rücken zum Kontertor etwa 5 Meter gegenüber dem Verteidiger mit Ball. Sie spielen sich den Ball hin und her. Der Angreifer nimmt den 3., 4., 5. oder 6. Pass nach hinten mit, dribbelt durch das Kontertor und dann Ablauf wie zuvor.

Tipp: Um einen Sprint des Verteidigers zu provozieren, dribbelt der Angreifer zunächst das freie Hütchen an. Sobald der Verteidiger eine Fehlbewegung macht, Durchbruch mit Tempo.

Organisation und Ablauf (3. Torschuss)

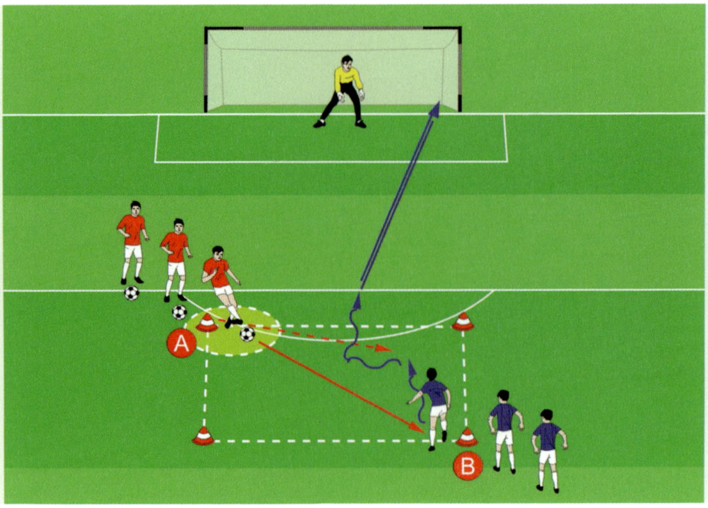

Etwa 22 Meter vor dem Tor ein Rechteck (10 x 6 Meter) aufbauen.

Die Spieler in gleicher Anzahl auf die Positionen A und B aufteilen. Spieler A als Verteidiger hat Bälle und Spieler B agiert als Angreifer.

Verteidiger A passt zu Angreifer B und läuft ins Feld. Angreifer B nimmt den Ball zur freien Seite mit, versucht, über die Grundlinie zu dribbeln und zum Torabschluss zu kommen. Der Verteidiger versucht, den Ball innerhalb des Feldes zu erobern. Nach einem Ballgewinn kann auch er zum Torabschluss kommen.

Nach jeder Aktion wechseln Verteidiger und Angreifer die Aufgaben.

Spieleranzahl: 6-11 Spieler. Ab 12 Spieler auf zwei Tore spielen.

Wettbewerb: Welcher Spieler erzielt zuerst fünf Tore?

Variation: Angreifer und Verteidiger stehen sich jetzt an den anderen beiden Ecken diagonal gegenüber.

Tipp: Der Angreifer nimmt den Ball direkt nach vorne mit, dribbelt weit außen, um ein hohes Tempo des Verteidigers zu erreichen. Im Sprint kann der Verteidiger kaum eine Fehlbewegung – nach einer Finte – korrigieren.

Organisation und Ablauf (3. Spiel)

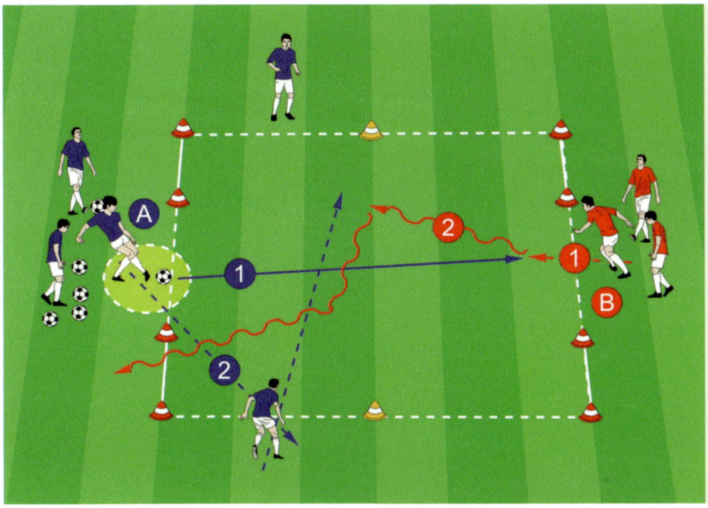

Ein Rechteck (16 x 12 Meter) mit vier Außentoren (Breite: 3 Meter) aufbauen.

4-5 Verteidiger (blau) und 2-3 Angreifer (rot) bestimmen. Die Teams befinden sich zentral hinter den Außentoren. Je ein Verteidiger steht neben dem Feld. Die Bälle sind bei den Verteidigern.

Der erste Verteidiger passt zum ersten Angreifer und sprintet sofort einem beliebigen Mitspieler neben dem Feld entgegen. Er klatscht ihn ab und dieser startet als vollaktiver Verteidiger ins Feld. Der Angreifer nimmt das Zuspiel ins Feld mit und versucht, über ein Außentor der Verteidiger zu dribbeln. Erobert der Verteidiger den Ball, kontert er.

Nach 3 Minuten neue Angreifer bestimmen.

Spieleranzahl: 6-12 Spieler. Ab 10 Spieler zwei Teams bilden. Jedes Team ist dann für 4 Minuten Angreifer. Welches Team erzielt mehr Tore?

Wettbewerb: Gelingt es den Angreifern, sich innerhalb von 3 Minuten einen 10-Tore-Vorsprung zu erspielen?

Tipp: Je höher das Tempo des Verteidigers ist, desto einfacher ist er ausspielbar. Deshalb soll der Angreifer zunächst auf das Tor dribbeln, welches vom Verteidiger weiter entfernt liegt. Faire Pässe der Verteidiger. Präzise Ballmitnahme der Angreifer.

Organisation und Ablauf (4. Einstimmung)

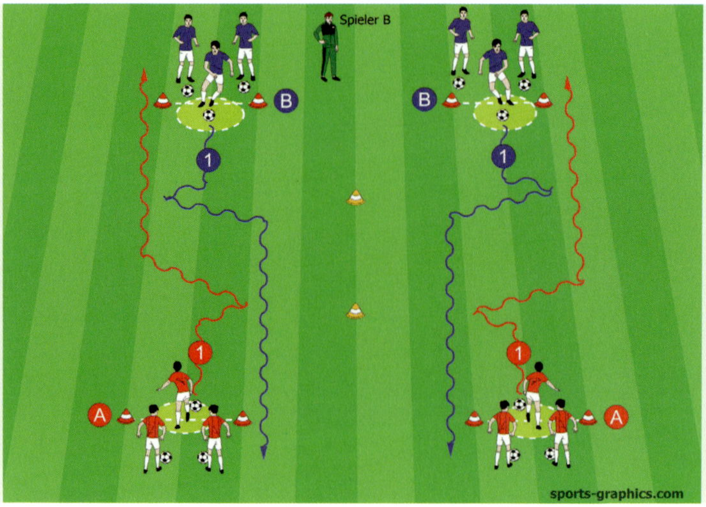

Für je 4-6 Spieler zwei HT (Breite: 2 Meter) im Abstand von etwa 12 Metern aufbauen. Zwischen den Feldern, im Abstand von 4 Metern, Hütchen aufstellen.

Die Spieler verteilen sich gleichmäßig hinter den HT. Alle Spieler haben einen Ball.

Spieler A und Spieler B starten gleichzeitig, indem sie aufeinander zudribbeln. Spieler A absolviert auf Höhe des ersten seitlichen Hütchens wahlweise die Finte Übersteiger oder Ausfallschritt. Spieler B reagiert darauf mit der gleichen Finte und der gleichen Durchbruchsrichtung (die Spieler dribbeln so deutlich aneinander vorbei).

Spieler A wechselt zu B und umgekehrt.

Spieleranzahl: 4-8 Spieler je Parcours.

Wettbewerb: Welche Spieler A eines Parcours fintieren in 4 Minuten am häufigsten?

Variation: Spieler B führt die jeweils andere Finte aus. Andere „Fintenpaare" bestimmen, z. B. Übersteiger und Sohlenzieher. Eine Zahl rufen. Bei einer geraden Zahl bestimmt A die Finte und bei einer ungeraden Zahl B. Rechenaufgabe stellen und das Ergebnis entscheidet.

Tipp: Bei dieser Übung lernen die Spieler, den Gegner zu beobachten. Dies ist nötig, um die Bewegungen des Verteidigers wahrzunehmen. Enge Ballführung. Temposteigerung beim Durchbruch. Aufrechte Körperhaltung.

Organisation und Ablauf (4. Technik)

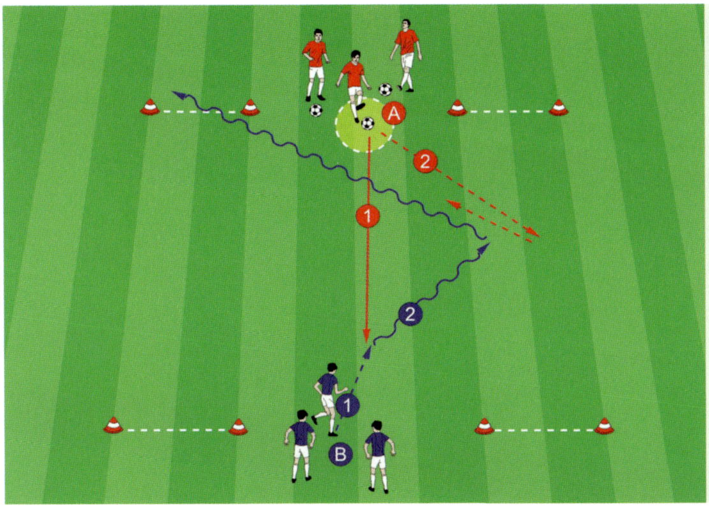

Ein Quadrat (10 Meter) mit vier Außentoren (Breite: 3 Meter) aufbauen.

Jeweils 2-5 Spieler stellen sich als Verteidiger und Angreifer zwischen den Außentoren gegenüber auf. Die Verteidiger haben Bälle.

Verteidiger A passt zu Angreifer B. Der Angreifer nimmt den Ball ins Feld mit und versucht, durch eines der beiden Außentore der Verteidiger zu dribbeln. Gewinnt der Verteidiger den Ball, kontert er auf die Außentore der Angreifer.

Nach jeder Aktion Positionswechsel.

Spieleranzahl: 4-10 Spieler.

Wettbewerb: Welcher Spieler erreicht zuerst 10 erfolgreiche Dribblings?

Tipp: Faire Pässe spielen. Ballmitnahme diagonal ins Feld und zielstrebig dribbeln. Vor dem Gegner fintieren. Einfach, doppelt, dreifach und sobald man eine Körperschwerpunktsverlagerung des Verteidigers erkennt, mit einer Temposteigerung vorbeidribbeln. Enge Ballführung, um jederzeit einen Richtungswechsel durchzuführen. Beim Durchdribbeln der Außentore muss der Ball kontrolliert am Fuß sein. Der Trainer unterbricht langatmige Zweikämpfe.

Organisation und Ablauf (4. Torschuss)

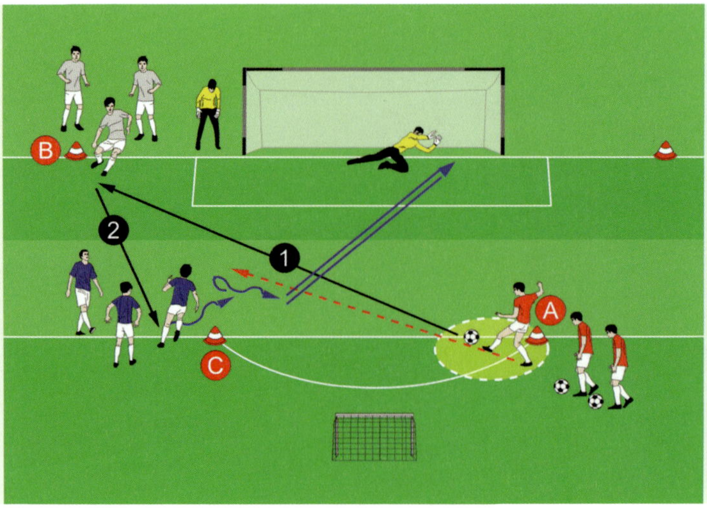

Drei Hütchen A, B und C am Strafraum aufbauen. Ein Konter-Minitor aufstellen.

Ein Torwart stellt sich ins Tor. Je 2-4 Spieler an den drei Positionen aufteilen. Alle Bälle zu A.

Spieler A passt zu B und B leitet das Zuspiel direkt zu C weiter. C versucht, ein Tor zu erzielen, darf aber nicht direkt schießen. Spieler A wird unmittelbar nach seinem Pass Verteidiger und versucht, einen Torerfolg von C zu verhindern. A muss Spieler C einen Ballkontakt lassen. Erobert A den Ball, kontert er auf das Minitor.

Nach ihren Aktionen wechseln die Spieler entgegen dem Uhrzeigersinn eine Position weiter. C wechselt mit Ball zu A.

Spieleranzahl: 6-12 Feldspieler.

Wettbewerb: Welcher Spieler erzielt zuerst fünf Tore?

Variation: Ablauf von der anderen Torseite. Wechsel nun im Uhrzeigersinn.

Tipp: Die Pässe druckvoll und präzise spielen. Den Pass 2 direkt in Richtung Tor mitnehmen, Bewegung des Verteidigers beobachten und dann versuchen, in seinen Rücken zu dribbeln und den Ball sicher ins Tor schießen.

Organisation und Ablauf (4. Spiel)

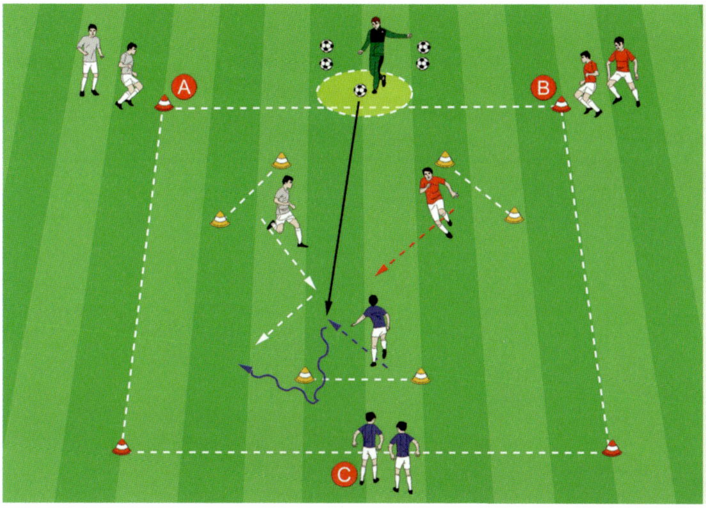

Ein Quadrat (15 Meter) markieren. Drei Hütchentore (Breite: 2 Meter) entsprechend der Zeichnung im Quadrat aufbauen.

An die Positionen A, B und C je 2-4 Spieler stellen. Der jeweils vorderste Spieler rückt vor ein Hütchentor. Der Trainer steht mit Bällen gegenüber von Position C.

Der Trainer passt einen leicht parteiischen Ball ins Feld. Ziel der Spieler ist es, nun durch die Hütchentore zu dribbeln. Diese können von beiden Seiten durchdribbelt werden. Welchem Spieler gelingt dies zuerst 3 x? Verlässt der Ball deutlich das Quadrat, spielt der Trainer sofort einen neuen Ball ins Feld.

Sobald ein Spieler drei Hütchentore durchdribbelt hat, ist der Durchgang beendet. Die drei aktiven Spieler verlassen das Feld, holen Bälle, geben sie dem Trainer und stellen sich bei derselben Position wieder an. Die nächsten drei Spieler rücken ins Feld vor.

Spieleranzahl: 6-12 Spieler.

Wettbewerb: Welcher Spieler erreicht zuerst drei Punkte? Alle außer ihm müssen eine Sonderaufgabe absolvieren.

Variation: Welcher Spieler durchdribbelt zuerst beide HT der Gegenspieler?

Tipp: Während des Dribblings die Bewegungen beider Gegenspieler beobachten. Mit Tempo von den Bewegungen der Gegenspieler wegdribbeln.

Organisation undAblauf (5. Einstimmung)

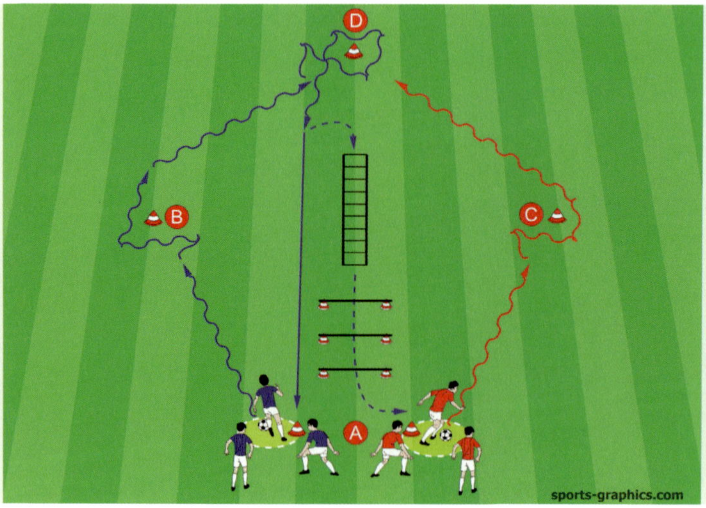

Eine Raute 20 x 15 Meter markieren. Zentral in der Raute zwei athletische Aufgaben aufbauen (mehr in Richtung A legen).

Zu den beiden Starthütchen A gehen je 2-6 Spieler. Der jeweils erste Spieler hat einen Ball.

Die beiden Spieler dribbeln gleichzeitig zum äußeren Hütchen, absolvieren eine Finte (innen antäuschen), dribbeln zu D weiter, absolvieren dort eine weitere Finte (außen antäuschen), umdribbeln D und passen zum jeweils vorderen Spieler ihrer Gruppe. Der Passempfänger startet sofort mit der gleichen Aufgabe in den Parcours.

Nach dem Pass die athletischen Aufgaben erfüllen und sich bei der anderen Gruppe anstellen.

Spieleranzahl: 4-12 Spieler. Ab vier Spieler je Gruppe mit zwei Bällen auf einer Seite spielen.

Wettbewerb: Nach einigen Durchgängen einen Wettbewerb absolvieren. Welche Gruppe passt öfters in 2 Minuten? Dazu sich nach dem Pass immer bei der eigenen Gruppe anstellen.

Variation: Zwei Parcours mit unterschiedlichen athletischen Aufgaben aufbauen. Parcourswechsel nach 4 Minuten. Bei einem Wettbewerb treten die Parcours gegeneinander an. Dazu Pässe in einem Parcours zusammenzählen.

Tipp: Denkbare Finten: Bei B Sohlenzieher-Außenseite, bei D Übersteiger und bei C Ronaldo. Nach einer Finte immer mit Tempoerhöhung wegdribbeln.

Organisation und Ablauf (5. Technik)

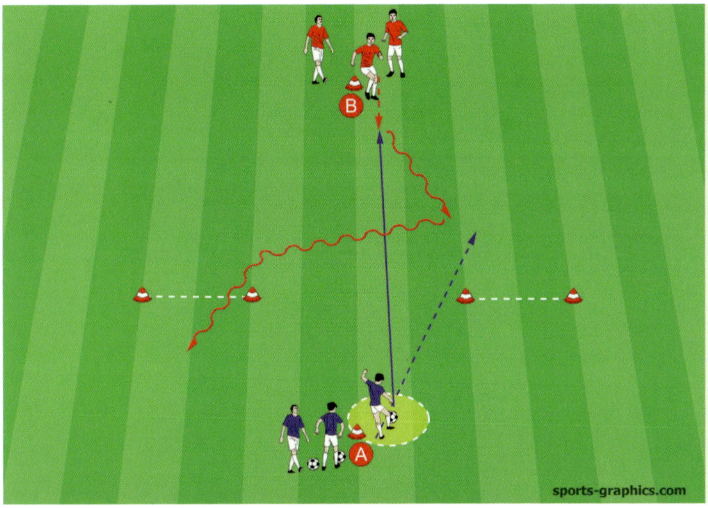

Die beiden Startpositionen A und B im Abstand von 12 Metern aufbauen. Im Abstand von 6 Metern zwei HT (Breite: 3 Meter) nebeneinanderstellen. Die HT stehen 4 Meter von A entfernt.

2-6 Spieler mit Bällen gehen zu A und 2-6 Spieler ohne Bälle gehen zu B.

Spieler A passt zu B und startet seinem Pass nach. Spieler B nimmt das Zuspiel zu einem beliebigen HT mit und versucht, dieses zu durchdribbeln. Spieler A soll dies verhindern und nach einem Ballgewinn ebenfalls ein HT durchdribbeln.

Nach jeder Aktion wechseln die Spieler Position und Aufgabe.

Spieleranzahl: 4-12 Spieler.

Wettbewerb: Welchem Spieler gelingen zuerst fünf erfolgreiche Dribblings?

Variation: Die Höhe der HT so ändern, dass Spieler A für eine Balleroberung sprinten muss.

Tipp: Der Angreifer dribbelt zielstrebig ein HT an. So wird eine maximale Geschwindigkeit des Verteidigers erzeugt. Bei einem Sprint ist eine Fehlbewegung, durch eine authentische Finte provoziert, kaum korrigierbar. Die Reaktion des Verteidigers auf die Finte für den Durchbruch nutzen.

Organisation und Ablauf (5. Torschuss)

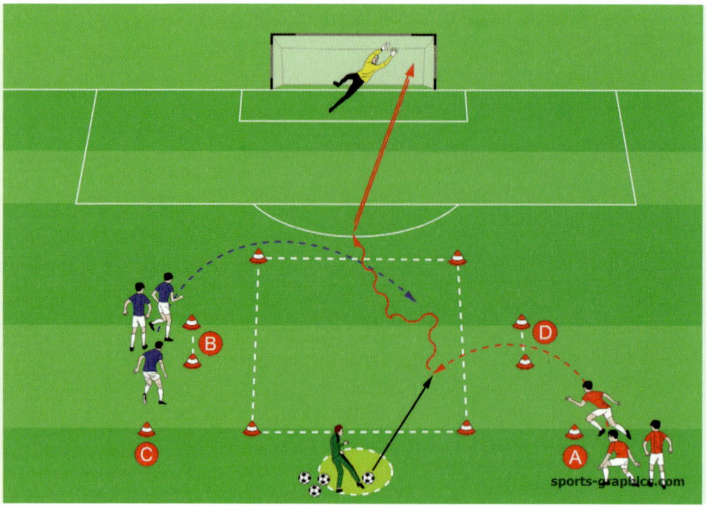

Etwa in 20 Meter Torentfernung ein Feld (15 x 10 Meter) markieren. Dazu zwei Startpositionen A/C und zwei HT B/D (Breite: 2 Meter) entsprechend der Zeichnung aufbauen.

An die Positionen A und B je 2-5 Spieler stellen. Bei A stehen die Angreifer und bei B die Verteidiger. Der Trainer steht mit Bällen am Kopf des Felds.

Auf Trainersignal sprinten die jeweils ersten Spieler ins Feld. Der Angreifer läuft durch das Hütchentor D und der Verteidiger über die Grundlinie. Der Trainer passt zum Angreifer. Der Angreifer versucht, über die Grundlinie des Felds zu dribbeln und schießt noch vor der Strafraumlinie aufs Tor. Der Verteidiger versucht, den Ball im Feld zu gewinnen und kontert dann ebenfalls über die Grundlinie.

Nach Ende der Aktion wechselt A nach B und umgekehrt. Mindestens ein Spieler legt einen Ball zum Trainer.

Spieleranzahl: 4-10 Spieler.

Wettbewerb: Welcher Spieler erzielt zuerst drei Tore? Gelingen in 5 Minuten insgesamt keine 10 Tore, haben alle Feldspieler „verloren".

Variation: Spiegelverkehrter Ablauf. Die Angreifer stehen bei C und die Verteidiger bei D.

Tipp: Der Angreifer dreht direkt mit dem Pass des Trainers auf, dribbelt vom Verteidiger weg, behält ihn im Blick und kappt entgegen seiner Laufrichtung ab und bei Bedarf nochmals abkappen. Mit Tempo vorbeidribbeln.

Organisation und Ablauf (5. Spiel)

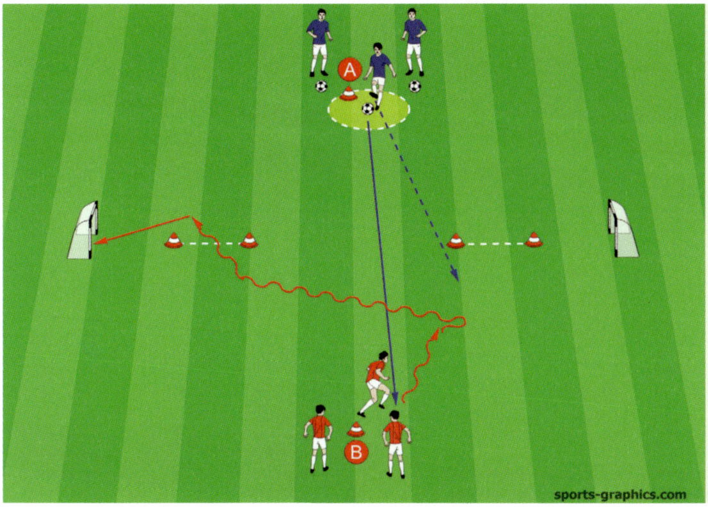

Den Parcours 24 x 20 Meter entsprechend der Zeichnung aufbauen. Zwei Hütchentore (Breite: 2 Meter) und je 5 Meter davon entfernt ein Minitor aufstellen.

Angreifer (B) und Verteidiger (A) bestimmen und an den zwei Starthütchen aufteilen. Die Verteidiger haben Bälle.

Verteidiger A passt zu Angreifer B. B nimmt den Ball in Richtung eines der beiden Hütchentore mit, versucht, es zu durchdribbeln und dann ins nahe gelegene Minitor zu schießen. Der Verteidiger startet seinem Pass nach und versucht, den Ball zu erobern. Gelingt es ihm, wird dieser zum Angreifer und der vorherige Angreifer zum Verteidiger.

Nach jeder Aktion wechseln Verteidiger und Angreifer Position und Aufgabe.

Spieleranzahl: 4-8 Spieler.

Wettbewerb: Welcher Spieler erzielt zuerst 10 Tore?

Variation: Anstatt des Minitors Hütchentore aufbauen, über die man dribbelt. Schwerer für den Angreifer: Der Verteidiger dribbelt vor seinem Pass kurz an.

Tipp: Enge Ballführung. Sobald der Verteidiger in der Nähe ist und sich in eine Richtung bewegt, entgegengesetzt mit einer Temposteigerung wegstarten. Fehlbewegungen durch Finten provozieren.

Organisation und Ablauf (6. Einstimmung)

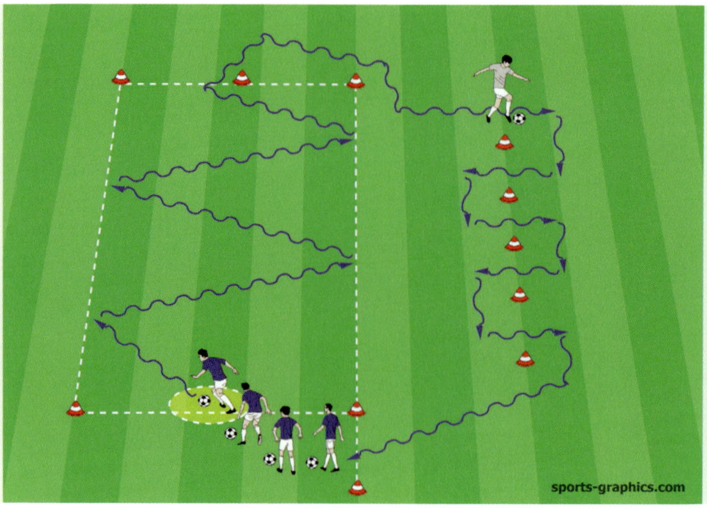

Ein Feld (12 x 5 Meter) mit einer Hütchenreihe und einem Hütchentor entsprechend der Zeichnung aufbauen.

Es postieren sich 5-9 Spieler mit Bällen zentral auf der Grundlinie des Rechtecks.

Der erste Spieler dribbelt diagonal durch das Feld, sodass er an den Außenseiten jeweils 2 x eine Wende vollzieht. Drei Durchgänge:

1. Wende mit Übersteiger,
2. Sohlenzieher,
3. Ausfallschritt.

Über die Hütchenreihe zurückdribbeln. Dort neben jedem Hütchen eine Zidane-Drehung absolvieren. Nach jeder Drehung durch den Zwischenraum dribbeln und dann am nächsten Hütchen auf der anderen Seite fintieren. Sobald der vordere Spieler seine zweite Finte absolviert, startet der nächste Spieler.

Spieleranzahl: 5-9 Spieler.

Wettbewerb: Welche Gruppe dribbelt in 3 Minuten häufiger durch das HT?

Variation: Drei Durchgänge mit jeweils einer anderen Wendefinte.

Tipp: Zidane-Drehung jeweils 1 Meter neben den Hütchen. Mit dem inneren Fuß (Sohle) den Ball leicht zurückziehen, die Sohle des anderen Fußes auf den Ball setzen und sich dabei 1 x komplett mit dem Körper drehen (der Rücken ist in Richtung Hütchenreihe). Jetzt mit der Innenseite des äußeren Fußes den Ball durch den Zwischenraum der Hütchen spielen.

Organisation und Ablauf (6. Technik)

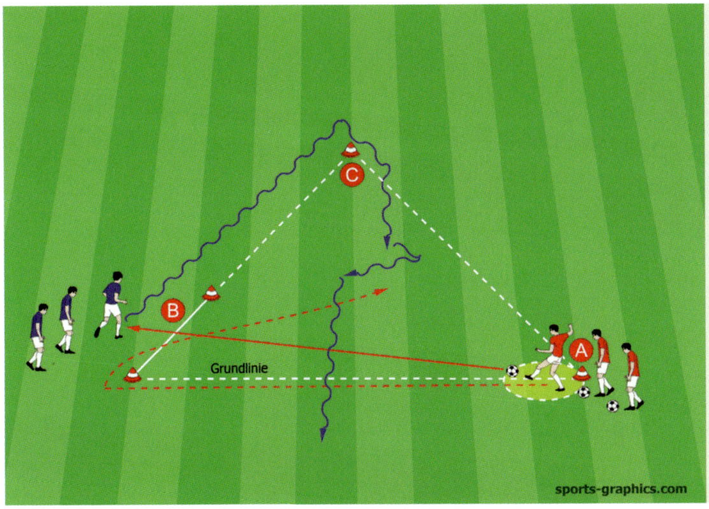

Ein Hütchendreieck (10 x 6 Meter) aufbauen. Eine Ecke als Starthütchen A und ein Hütchentor B markieren.

Die Gruppe in Verteidiger und Angreifer teilen. Angreifer zu B und die Verteidiger mit je einem Ball zu A schicken.

Verteidiger A passt durch das Hütchentor zu Angreifer B. Der Angreifer umdribbelt Hütchen C, kommt ins Dreieck und versucht, über die Grundlinie des Dreiecks zu dribbeln. Der Verteidiger sprintet direkt nach seinem Pass von außen durch das Hütchentor in das Dreieck und versucht, den Ball zu erobern. Gewinnt der Verteidiger den Ball, kontert er über eine der anderen beiden gedachten Linien des Dreiecks.

Nach jeder Aktion Positionswechsel.

Spieleranzahl: 4-10 Spieler.

Wettbewerb: Für jedes erfolgreiche Dribbling/Kontern gibt es einen Punkt. Welcher Spieler erreicht zuerst fünf Punkte?

Variation: Hütchentor und Starthütchen auf der gegenüberliegenden Seite aufbauen.

Tipp: Die freie Grundlinienseite andribbeln. Gültig sind nur Dribblings mit enger Ballführung aus dem Dreieck.

Organisation und Ablauf (6. Torschuss)

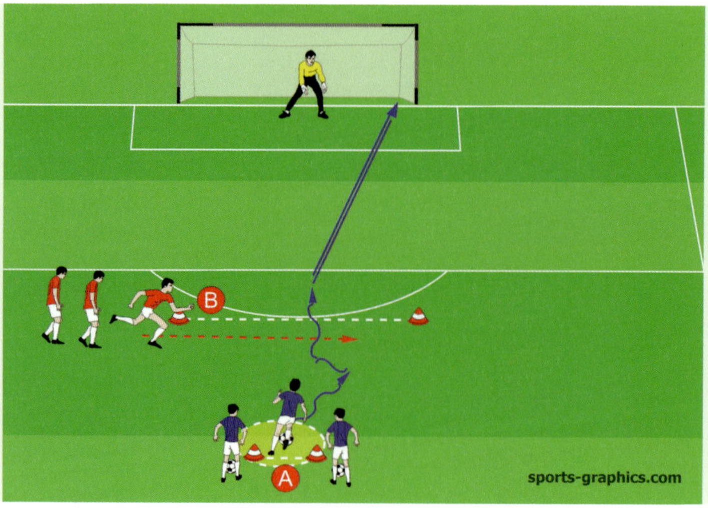

Etwa 22 Meter vor dem Tor ein zentrales Hütchentor (Breite: 10 Meter) und 8 Meter davon entfernt ein Starttor A stellen.

Zwei Teams bilden. Die Spieler dem Hütchentor (Verteidiger B) und dem Starthütchen (Angreifer A) zuweisen. Die Angreifer haben je einen Ball.

Die Angreifer versuchen, über das Hütchentor zu dribbeln und dann vor dem Strafraum zum Torabschluss zu kommen. Mit dem ersten Ballkontakt des Angreifers startet der Verteidiger vor das Hütchentor und versucht, ein Überdribbeln zu verhindern. Er darf nicht übers Hütchentor hinaus nachsetzen. Erobert er den Ball, kontert er übers HT A.

Nach jeder Aktion wechseln die Spieler Position und Aufgabe.

Spieleranzahl: 4-10 Spieler.

Wettbewerb: Welcher Spieler erzielt zuerst drei Tore? Kontertore mitzählen.

Variation: Die Verteidiger starten von der anderen Seite des Hütchentors.

Tipp: Die Abstände so wählen, dass der Verteidiger im Sprint das komplette Hütchentor verteidigen kann.

Organisation und Ablauf (6. Spiel)

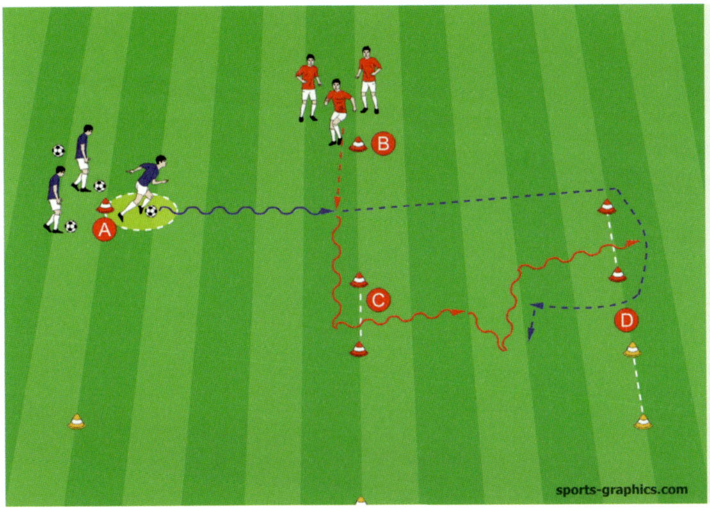

Zwei HT D (Breite: 3 Meter) etwa 4 Meter nebeneinander und 8 Meter zentral gegenüber das HT C (Breite: 3 Meter) stellen. 8 Meter von C das Hütchen B und 8 Meter von B/C das Starthütchen A aufbauen.

Die Spieler verteilen sich an die beiden Hütchen A und B. Alle Spieler A haben einen Ball.

Spieler A und Spieler B starten gleichzeitig ins Feld. A dribbelt in Richtung HT D und lässt den Ball auf Höhe der Position B liegen. Er läuft weiter und startet von hinten, zwischen den beiden HT D, ins Feld. Spieler B nimmt den Ball von A auf und dribbelt von hinten durchs HT C ins Feld. Es entsteht ein 1-gegen-1 auf drei Dribbel-HT.

Spieler A und B stellen sich nach ihrer Aktion bei der jeweils anderen Gruppe an. Zu Position A immer mit Ball wechseln.

Spieleranzahl: 4-10 Spieler.

Wettbewerb: Einzelwettbewerb. Welcher Spieler erreicht zuerst fünf erfolgreiche Dribblings?

Variation: Wechsel der Spielrichtung. Dazu werden die Hütchen A/B auf der gegenüberliegenden Seite aufgebaut.

Tipp: Enge Ballführung und schnelle Entscheidungen des Dribblers. Durch Finten den Verteidiger in eine Richtung locken. Bewegung des Gegners wahrnehmen und dann Durchbruch mit Tempo entgegen der Bewegungsrichtung des Verteidigers.

Organisation und Ablauf (7. Einstimmung)

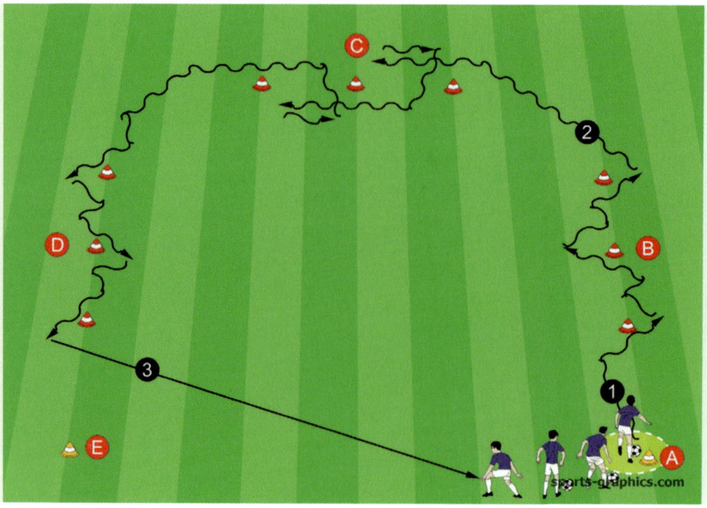

Ein Feld (12 x 12 Meter) mit drei Hütchenreihen (Hütchenabstände: 1,5 Meter) entsprechend der Zeichnung aufbauen.

4-8 Spieler mit Bällen zu A. Der letzte Spieler A ohne Ball.

Spieler A dribbelt zur Hütchenreihe B und absolviert an jedem Hütchen die Finte Ausfallschritt. Am ersten Hütchen rechts vorbei und dann im Wechsel jeweils zur anderen Richtung. An der Hütchenreihe C 2 x eine Rückziehfinte absolvieren. An der Hütchenreihe D jeweils einen doppelten Ausfallschritt. Auch hier zuerst rechts vorbei. Nach dem letzten Hütchen erfolgt ein Pass zum letzten Spieler A (derjenige ohne Ball). Sobald der vordere Spieler am Ende der Hütchenreihe B angelangt ist, startet der nächste Spieler.

Spieleranzahl: 4-8 Spieler.

Wettbewerb: Welcher Gruppe gelingen in 4 Minuten mehr Pässe?

Variation: Spielrichtungswechsel, indem von Hütchen E gestartet wird. Nun an den Hütchenreihen D/B zuerst links vorbei.

Tipp: Enge Ballführung. Immer den kompletten Körper in die angetäuschte Richtung bringen. Nach einem Ausfallschritt zentral vor das nächste Hütchen kommen und von dort den nächsten Ausfallschritt ausführen. Kein Hütchen berühren.

Organisation und Ablauf (7. Technik)

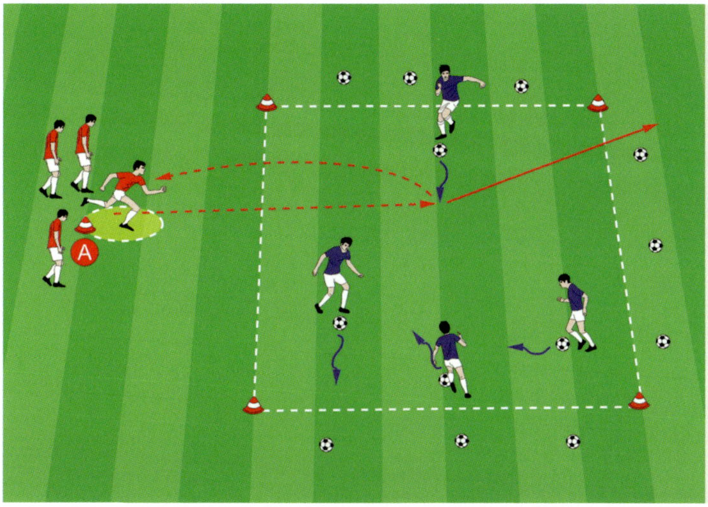

Ein Quadrat (12 Meter) und ein 5 Meter davon entferntes Starthütchen A aufbauen.

Zwei gleich große Teams bilden. Team A steht am Starthütchen und Team B dribbelt im Feld. Um das Feld Ersatzbälle legen.

Der erste Spieler von Team A sprintet ins Feld und versucht, möglichst schnell einen Ball aus dem Feld zu spielen. Die Spieler B dribbeln und fintieren so, dass sie den Ball halten können. Nachdem es Spieler A gelungen ist, sprintet er zu einem Mitspieler, klatscht ihn ab und dieser sprintet mit derselben Aufgabe ins Feld. Sobald ein Spieler B seinen Ball verloren hat, holt er sich einen neuen Ball und dribbelt weiter im Feld.

Aufgabenwechsel, nachdem Team A 10 (15) Bälle aus dem Feld gespielt hat.

Spieleranzahl: 6-12 Spieler.

Wettbewerb: Welches Team benötigt weniger Zeit, um die vorgegebene Anzahl an Bällen aus dem Feld zu spielen?

Variation: Die Übung als Fangspiel absolvieren. Spieler A haben nun die Aufgabe, einen Spieler B abzuschlagen.

Tipp: Enge Ballführung. Variantenreiches Fintieren. Durch eine stabile Körperhaltung den Ball abschirmen. Den Ball wegspielen nach einem Foulspiel zählt nicht!

Organisation und Ablauf (7. Torschuss)

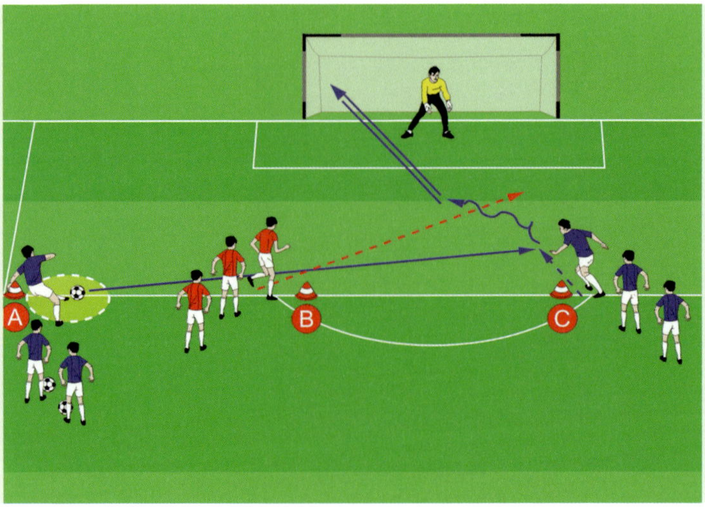

Ein Hütchen am Strafraumeck (A) sowie jeweils ein Hütchen an die Strafraumlinie auf Höhe erster und zweiter Pfosten (B und C) stellen.

An jedem Hütchen 2-4 Spieler postieren. Die Spieler A haben jeweils einen Ball.

Spieler A passt zu Spieler C und dieser versucht, ein Tor zu erzielen. Spieler B versucht, dies zu verhindern. Erst mit dem Pass von A dürfen B und C den Strafraum betreten. B darf erst nach dem ersten Ballkontakt von C aktiv eingreifen. Direktschüsse aufs Tor sind nicht erlaubt. Der Torwart startet immer von der Torlinie aus.

Nach jeder Aktion eine Position weiter wechseln.

Spieleranzahl: 6-12 Spieler.

Wettbewerb: Welcher Spieler erzielt zuerst drei Tore?

Variation: Starthütchen A am anderen Strafraumeck aufbauen.

Tipp: Gerade bei mehr Spielern die Aktionen zügig hintereinander absolvieren. Uninteressante und lange 1-gegen-1-Situationen abbrechen.

Organisation und Ablauf (7. Spiel)

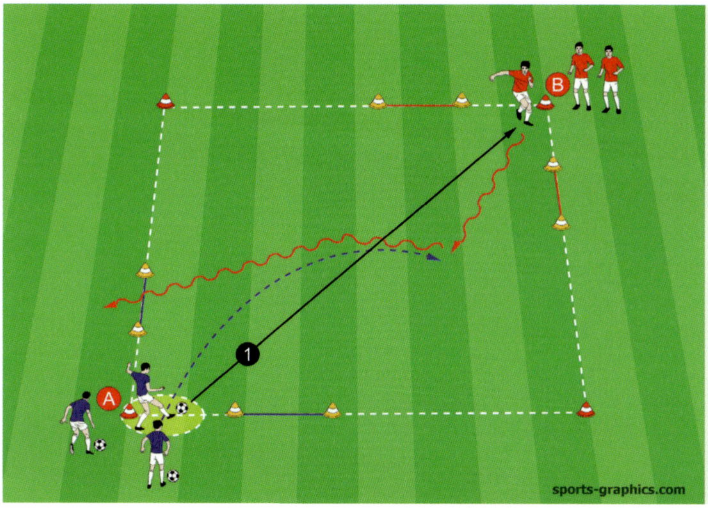

Ein Quadrat (15 Meter) aufbauen. Von den Ecken A/B jeweils 4 Meter entfernt zwei Hütchentore (Breite: 2 Meter) markieren.

Zu den Positionen A/B jeweils 2-5 Spieler schicken. Spieler A als Verteidiger hat einen Ball.

Spieler A als Verteidiger passt zum Angreifer B und sprintet ihm entgegen. Dann 1-gegen-1-Duell im Feld. Ziel ist es, durch eines der beiden Hütchentore des jeweils anderen Spielers zu dribbeln.

Nach jeder Aktion wechseln die beiden Spieler zur anderen Position. B soll mit Ball zu A wechseln.

Spieleranzahl: 4-10 Spieler.

Wettbewerb: Einzelwettbewerb. Welchem Spieler gelingen zuerst fünf erfolgreiche Dribblings?

Variation: Feld auf 12 Meter verkleinern. Die Verteidiger stehen bei B.

Tipp: Der Verteidiger stellt den Angreifer möglichst weit von seinem HT entfernt. Er versucht, ihn durch eine seitliche Stellung nach außen zu drängen. Der Angreifer dribbelt entschlossen und mutig auf ein HT des Verteidigers zu. Er ist sich darüber im Klaren, welche Finten er bei welcher Bewegung des Verteidigers einsetzt. Die Bewegungen des Verteidigers stets im Blick haben. Nach einem Ballverlust sofort nachsetzen.

Organisation und Ablauf (8. Einstimmung)

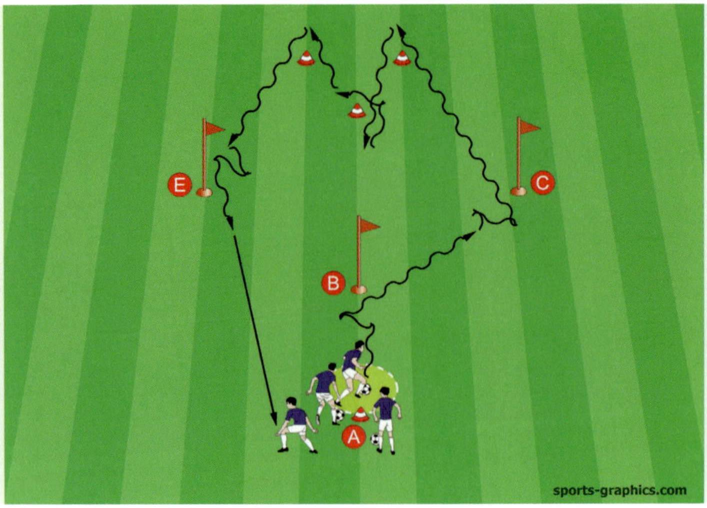

Eine Startposition A, drei Stangen und drei Slalomhütchen im Abstand von 6-8 Metern entsprechend der Zeichnung aufstellen.

3-6 Spieler gehen mit Bällen zu A. Der letzte Spieler A hat keinen Ball.

Der erste Spieler A startet mit einem Dribbling in den Parcours. Die Stangen und Hütchen stehen für Gegenspieler. Jeweils eine vorgegebene Finte ausführen. Stange B mit dem „Sohlenzieher" ausspielen und Durchbruch in Richtung C. An Stange C einen doppelten Ausfallschritt und an den Slalomhütchen jeweils eine Zidane-Drehung. Stange E wieder mit einem doppelten Ausfallschritt ausspielen und Pass zu A. Ist der Vordermann bei C, startet der nächste Spieler.

Spieleranzahl: 3-6 Spieler.

Wettbewerb: Welcher Gruppe gelingen in 4 Minuten mehr Pässe?

Variation: Spielrichtungswechsel, indem bei Stange B in Richtung E durchgebrochen wird. Nach Stange C erfolgt der Pass zurück zu A. An der letzten Stange eine frei wählbare Finte ausführen.

Tipp: Enge Ballführung. Jederzeit ist ein Richtungswechsel möglich. Die Stange beim „Ausspielen" nicht berühren. Deutliche Körpertäuschung bei der Finte. Gewichtsverlagerung auf das Bein der Täuschungsrichtung. Den Oberkörper beim Täuschen einsetzen. Bei jeder Stange eine perfekte Finte anstreben.

Organisation und Ablauf (8. Technik)

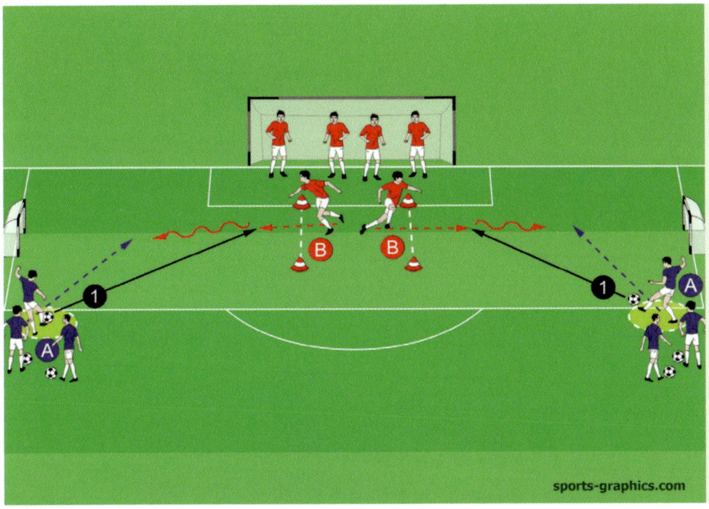

Zentral an die Seitenlinien des Strafraums je ein Minitor stellen. Zwei HT B (Breite: 4 Meter) entsprechend der Zeichnung aufbauen.

Die Hälfte der Spieler verteilt sich als Verteidiger mit Ball an den beiden Strafraumecken A. Die andere Hälfte geht als Angreifer ohne Ball zunächst in den Torraum. Jeweils ein Angreifer stellt sich hinter die HT B.

Es wird auf beiden Seiten unabhängig voneinander gespielt. Spieler A passt zu Spieler B und dieser nimmt das Zuspiel in Richtung Minitor mit. A startet als Verteidiger entgegen. Kann B ein Tor erzielen? Erobert A den Ball, kontert er mit einem Dribbling auf das HT B.

Nach ihren Aktionen werden die Verteidiger zu Angreifern auf der anderen Seite und die Angreifer zu Verteidigern auf derselben Seite. Zu Hütchen A immer mit Ball wechseln.

Spieleranzahl: 4-24 Spieler. Bei weniger als acht Spielern nur auf einer Seite spielen.

Wettbewerb: Einzelwettbewerb. Welcher Spieler erzielt zuerst fünf Tore (inklusive Konter)?

Variation: Spieler A stehen neben dem Minitor und passen von dort aus zu Spieler B. Anstatt auf Minitore anzugreifen, muss über die Seitenlinie des Strafraums gedribbelt werden.

Tipp: Die Angreifer dribbeln mit Tempo und sind stets in der Lage, die Spielrichtung des Balls zu ändern. Den Kopf heben, um die Bewegungen des Verteidigers wahrzunehmen.

Organisation und Ablauf (8. Torschuss)

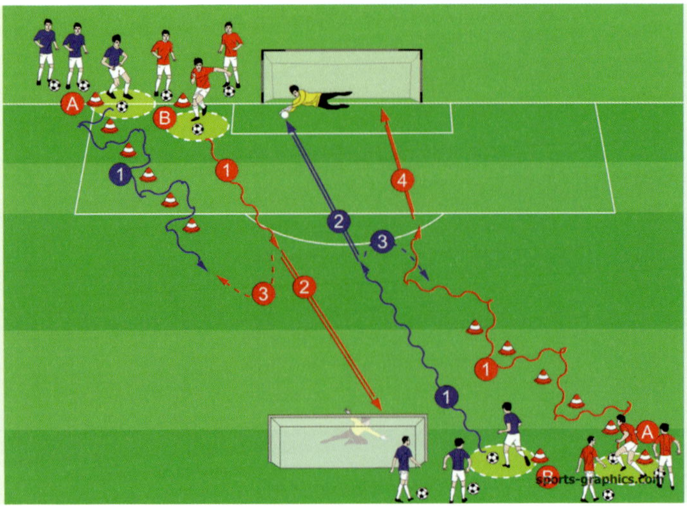

Im Abstand von etwa 50 Metern zwei Tore aufstellen. Diagonal gegenüber je eine Hütchenreihe A und eine Startposition B markieren.

Zwei gleich große Teams bilden. Die Hälfte eines Teams steht sich immer bei A und B diagonal gegenüber. Alle Spieler haben Bälle.

Es wird gleichzeitig auf beide Tore gespielt. Die Spieler B dribbeln in Richtung gegnerisches Tor und kommen etwa aus 18-Meter-Torentfernung zum Torschuss. Mit dem ersten Ballkontakt von B absolvieren die Spieler A ein Slalomdribbling an der Hütchenreihe. Mit dem Torschuss drehen sich die Spieler B zu Spieler A, sodass nach Ende des Slalomdribblings eine 1-gegen-1-Situation entsteht. Der Zweikampfsieger schießt aufs Tor.

Nach jeder Aktion wechseln die Spieler zu ihrer Gruppe auf der anderen Seite.

Spieleranzahl: 12-24 Feldspieler. Bei weniger als 12 Spielern nur auf ein Tor spielen.

Wettbewerb: Welches Team erzielt in 5 Minuten mehr Tore?

Variation: Die Teams wechseln so, dass sie an den Toren jeweils auf der anderen Position stehen. Ist kein zweiter TW vorhanden, die Torecken mit zwei Stangen markieren.

Tipp: Ist an einem Tor das 1-gegen-1 entschieden, startet sofort das nächste Pärchen, unabhängig von der Situation am anderen Tor.

Organisation und Ablauf (8. Spiel)

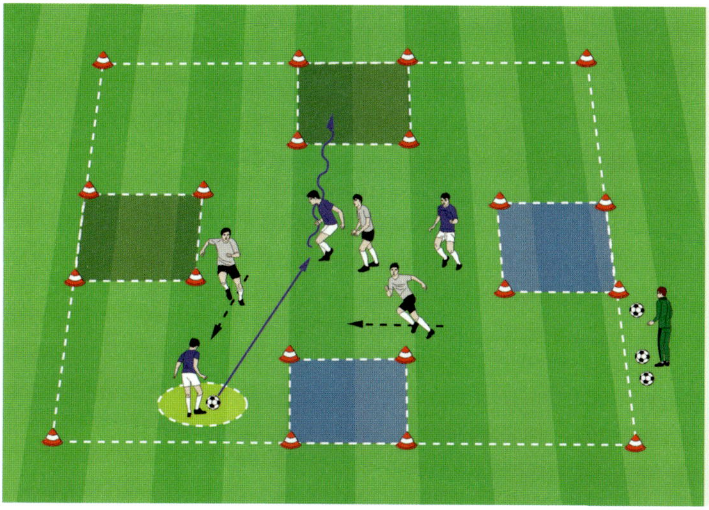

Ein Quadrat (24 Meter) aufbauen. Vier Zielzonen (4 Meter) zentral an jeder Außenseite markieren.

3er-Teams bilden.

Jedes Team verteidigt zwei nebenstehende Zielzonen und greift auf die anderen beiden Zielzonen an. Ziel ist es, in die gegnerische Zielzone zu dribbeln. Das erfolgreiche Team erhält einen Punkt und bleibt in Ballbesitz. Für einen erneuten Punkt muss in die andere Zielzone gedribbelt werden.

Bei mehr als zwei Teams ein Turnier spielen.

Spieleranzahl: 6-16 Spieler. Bei vier Teams zwei Felder aufbauen. 4er-Teams bilden. Diese verfügen über einen Ersatzspieler. Bei jeder Punkterzielung wechseln die Teams ihn selbstständig ein.

Wettbewerb: Welches Team erreicht in 4 Minuten mehr Punkte?

Variation: Jedes Team verfügt über eine „Haupt-Zielzone". Ein Dribbling in diese ergibt zwei Punkte.

Tipp: Verlagerungen zwischen den beiden gegnerischen Zielzonen anstreben. Entschlossen ins 1-gegen-1 gehen. Eine gute Balance zwischen Fintieren und Passen finden.

Organisation und Ablauf (9. Einstimmung)

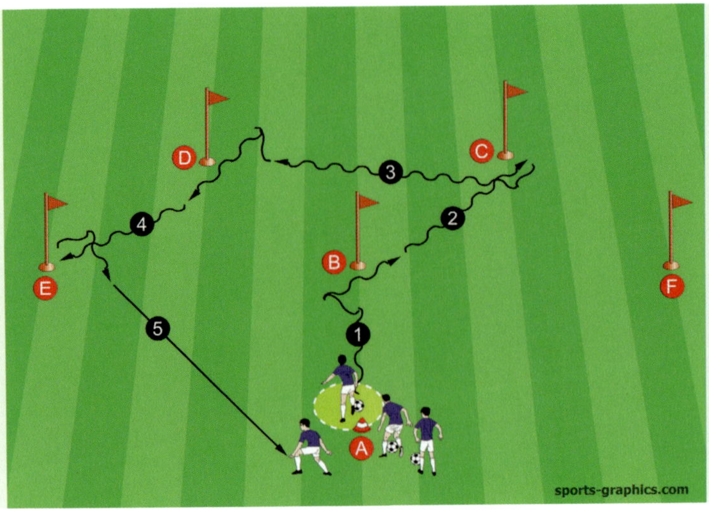

Eine Startposition A und fünf Stangen im Abstand von 6 und 8 Metern entsprechend der Zeichnung aufbauen.

3-6 Spieler gehen mit Bällen zu A. Der letzte Spieler A ist ohne Ball.

Der erste Spieler A startet mit einem Dribbling in den Parcours. Jede Stange steht für einen Gegenspieler. An jeder Stange muss eine vorgegebene Finte ausgeführt werden. Stange B mit einem „Sohlenzieher" ausspielen. Durchbruch in Richtung C. Stange C mit einem Ausfallschritt und Stange D mit einem Übersteiger ausspielen. Durchbruch in Richtung E. Bei Stange E einen „Sohlen-Rückzieher" und dann Pass zum letzten Spieler A. Sobald der vordere Spieler bei C ist, startet der nächste Spieler in den Parcours.

Spieleranzahl: 2-6 Spieler.

Wettbewerb: Welcher Gruppe gelingen in 4 Minuten mehr Pässe?

Variation: Spielrichtungswechsel, indem bei Stange B in Richtung D durchgebrochen wird. Nach Stange F erfolgt der Pass zurück zu A.

Tipp: Enge Ballführung. Jederzeit ist ein Richtungswechsel möglich. Stange beim „Ausspielen" nicht berühren. Authentische Finte mit Gewichtsverlagerung auf dem Bein in Richtung Täuschungsrichtung. Den Oberkörper beim Täuschen mit einsetzen. Bei jeder Stange eine perfekte Finte anstreben.

Organisation und Ablauf (9. Technik)

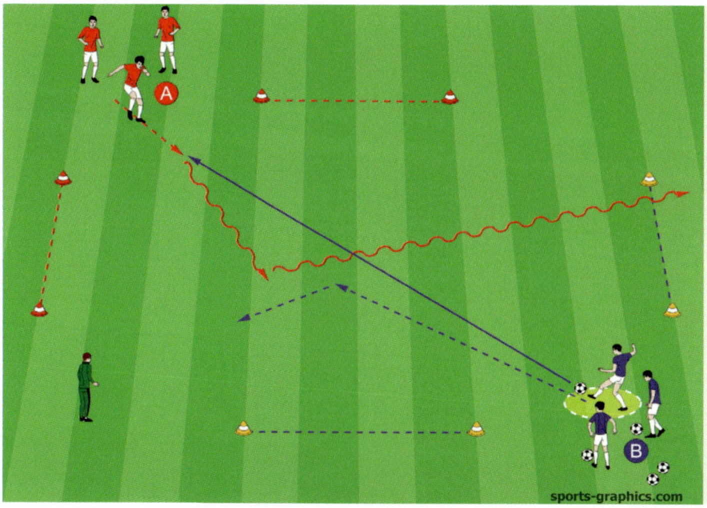

Ein Rechteck (24 x 18 Meter), bestehend aus vier Hütchentoren (Breite: 6 Meter), aufbauen.

Je 2-5 Spieler zu den Feldecken A und B schicken. Alle Spieler B haben einen Ball.

Der erste Spieler B passt zum Spieler A. Beide starten ins Feld und es entsteht eine 1-gegen-1-Situation. Der Passempfänger wird Angreifer und versucht, über eines der beiden entfernten HT zu dribbeln. Der Passgeber wird zum Verteidiger und kontert nach einem Ballgewinn über eines der beiden gegnerischen HT.

Nach jeder Aktion jeweils zur anderen Position wechseln. Zu B immer einen Ball mitnehmen. Es startet sofort der nächste Zweikampf.

Spieleranzahl: 4-10 Spieler.

Wettbewerb: Einzelwettbewerb. Welcher Spieler erreicht zuerst fünf Punkte?

Variation: Spieler A läuft als Verteidiger ins Feld. Dies ist das Startsignal für Spieler B, der dann als Angreifer ins Feld dribbelt. Einen Chipball zu A spielen.

Tipp: Der Pass zu A kann auch sehr druckvoll erfolgen. So wird es schwieriger für den Angreifer. Den Verteidiger durch schräges Andribbeln in Bewegung versetzen. Den Blick vom Ball lösen. Fintieren (auch doppelt), um eine Gewichtsverlagerung zu provozieren. Diese dann nutzen, um mit Tempo vorbeizudribbeln. Mutig agieren und immer bereit sein für einen Richtungswechsel.

Organisation und Ablauf (9. Torschuss)

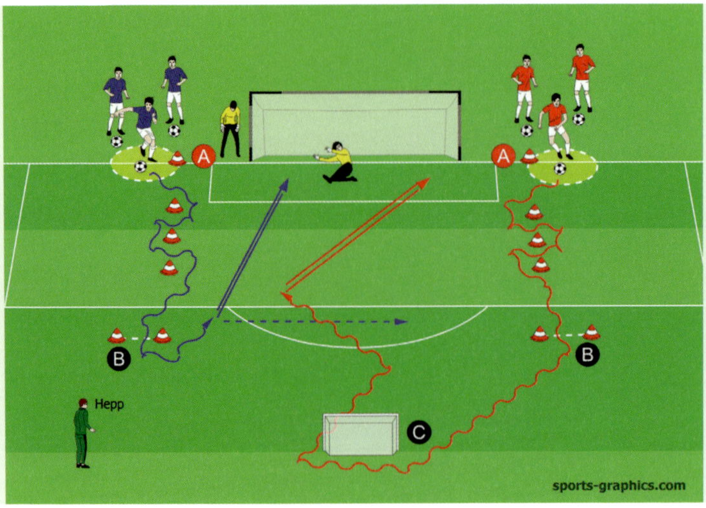

Vor dem Großtor ein Rechteck (26 x 18 Meter), bestehend aus zwei Starthütchen A, zwei HT B und je drei Dribbelhütchen, zwischen A und B aufbauen. Etwa 30 Meter zentral vor das Großtor ein Minitor stellen.

Die Spieler teilen sich je zur Hälfte an den beiden Starthütchen auf. Jeder Spieler hat einen Ball.

Auf ein Trainersignal hin gehen die ersten beiden Startspieler ins Slalomdribbling (zuerst von außen nach innen) und durchdribbeln dann ihr HT. Der schnellere Spieler kommt unmittelbar zum Torabschluss und wird Verteidiger. Der langsamere Spieler umdribbelt das Minitor und geht dann ins 1-gegen-1. Erobert der Verteidiger den Ball, kontert er aufs Minitor.

Nach der Aktion wechseln die Spieler jeweils zur anderen Startposition (mit Ball).

Spieleranzahl: 6-12 Feldspieler.

Wettbewerb: Welcher Spieler erzielt zuerst fünf Tore? Kontertore mitzählen.

Variation: Mehr Dribbelhütchen. Anstelle des Minitors ein HT stellen. Der Verteidiger kontert dann, nach einer Balleroberung, mit einem Dribbling auf das HT.

Tipp: Der Trainer ruft laut den Sieger des Dribbelduells aus. Wird beim Slalomdribbling ein Hütchen berührt, so ist der Spieler automatisch der Unterlegene.

Organisation und Ablauf (9. Spiel)

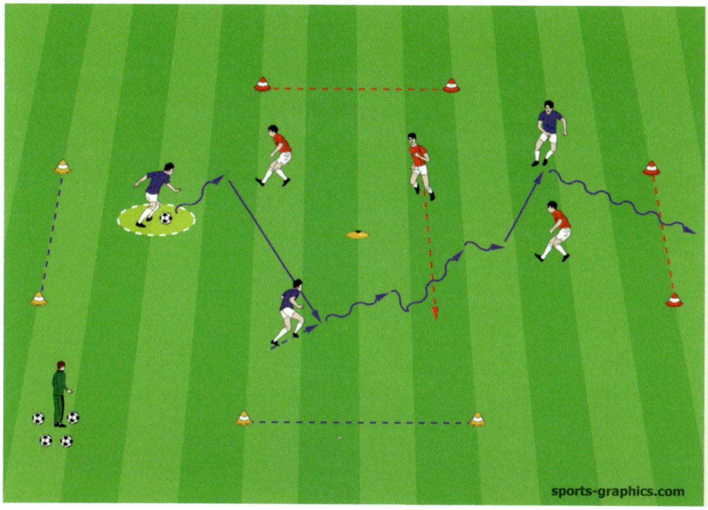

Ein Rechteck (24 x 18 Meter), bestehend aus vier Hütchentoren (Breite: 6 Meter), aufbauen. Ein zentrales Hütchen markiert die Mitte.

Zwei 3er-Teams bilden.

Die Teams verteidigen zwei nebenstehende HT und greifen auf die jeweils anderen beiden an. Ziel ist es, über eines der beiden gegnerischen HT zu dribbeln.

Nach einer Punkterzielung geht es beim gleichen HT weiter. Das unterlegene Team nimmt im Idealfall denselben Ball.

Spieleranzahl: 6-10 Spieler. 1-2 Ersatzspieler je Team. Die Teams wechseln selbstständig.

Wettbewerb: Die Spielzeit beträgt 4 Minuten. Wer erzielt mehr Punkte? Ab vier Teams ein Turnier jeder gegen jeden spielen.

Variation: Um einen Punkt erzielen zu dürfen, muss in der Ballbesitzphase zuvor mindestens ein Spieler im 1-gegen-1 ausgespielt werden.

Tipp: Die Farbe der HT so wählen, dass die Zuordnung zu den Teams klar ist. Die Verteidiger entschlossen andribbeln. Spieler ohne Ball bieten sich an. Viele und schnelle Richtungswechsel ausführen. Nötige 1-gegen-1-Situationen mutig und selbstbewusst bestreiten.

Organisation und Ablauf (10. Einstimmung)

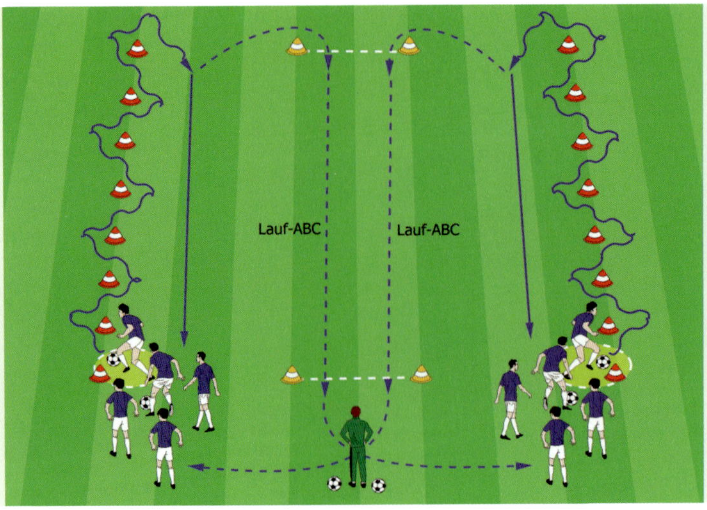

Zwei Hütchenreihen (je 8-10 Hütchen) etwa 10 Meter nebeneinander aufbauen. Zentral zwischen den Hütchenreihen eine Hütchenstrecke für ein Lauf-ABC markieren.

Die Spieler verteilen sich am jeweils ersten Hütchen der Hütchenreihe (innen stehen). Die jeweils ersten zwei Spieler haben einen Ball. Der jeweils erste Spieler startet ein Slalomdribbling (zuerst innen rein) und passt nach dem Umdribbeln des letzten Hütchens zum nächsten Spieler seiner Gruppe. Der zweite Spieler mit Ball startet in die Hütchenreihe, sobald der Vordermann etwa die Hälfte der Hütchenreihe absolviert hat.

Nach dem Pass wechseln die Spieler über die Hütchenstrecke zur jeweils anderen Gruppe zurück. Dabei absolvieren sie eine frei wählbare Aufgabe des Lauf-ABCs.

Spieleranzahl: 8-20 Spieler. Ab 16 Spielern auf beiden Seiten mit drei Bällen dribbeln.

Variation: Die Spieler köpfen im Anschluss an das Lauf-ABC einen zugeworfenen Ball zurück. Verschiedene Varianten des Slalomdribblings. Den Ball mit der Innenseite hinters Standbein und durch ein Fenster spielen. Die Hütchen der Hütchenreihen leicht seitlich versetzt zueinander aufbauen und vor den Hütchen jeweils im Wechsel einen Übersteiger und Ausfallschritt ausführen. Antäuschen und wegstarten sind immer „ruckartige" Zick-Zack-Bewegungen.

Organisation und Ablauf (10. Technik)

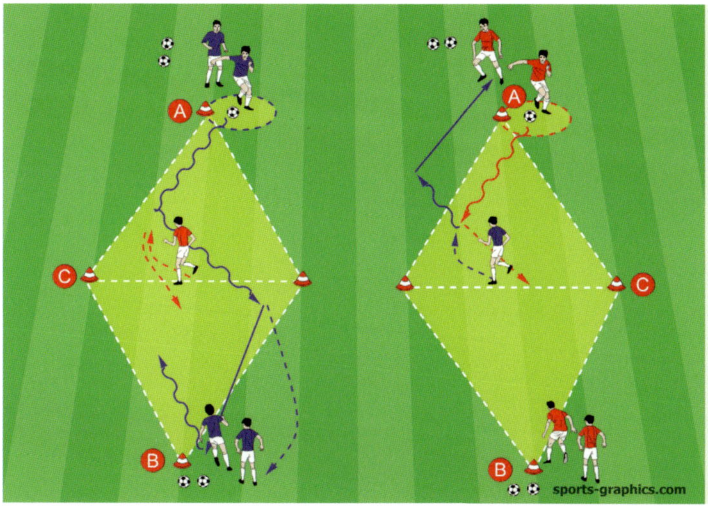

Zwei Rauten (12 x 5 Meter) mit Mittellinie C aufbauen.

Ein Verteidiger zentral auf die Mittellinie C. Die restlichen Spieler verteilen sich als Angreifer an den beiden Startpositionen A und B. Ein Angreifer A hat einen Ball.

Angreifer A startet in die Raute mit dem Ziel, über die Mittellinie zu dribbeln. Der Verteidiger versucht, den Ball zu erobern und aus der Raute zu dribbeln. Nach dem Überdribbeln der Mittellinie bzw. dem Dribbling aus der Raute zur nahen Startposition passen.

Der Verlierer des 1-gegen-1-Duells wird zum Verteidiger für den nächsten Durchgang. Der Sieger folgt seinem Pass.

Spieleranzahl: 4-8 Spieler.

Wettbewerb: Für jedes Dribbling über die Mittellinie gibt es einen Punkt. Welcher Spieler erreicht in 5 Minuten mehr Punkte?

Variation: Zwei gleich große Teams bilden und diesen je eine Raute zuweisen. Jeweils ein Spieler geht als Verteidiger in die Raute des Gegners. Jedes Team greift 10-mal an. Wem gelingen mehr Dribblings über die Mittellinie? Mehrere Durchgänge spielen.

Tipp: Der Verteidiger muss mit dem Ersten Kontakt des Angreifers auf der Mittellinie stehen. Der Angreifer setzt nach einem Ballverlust nach. Ersatzbälle liegen an den Startpositionen.

Organisation und Ablauf (10. Torschuss)

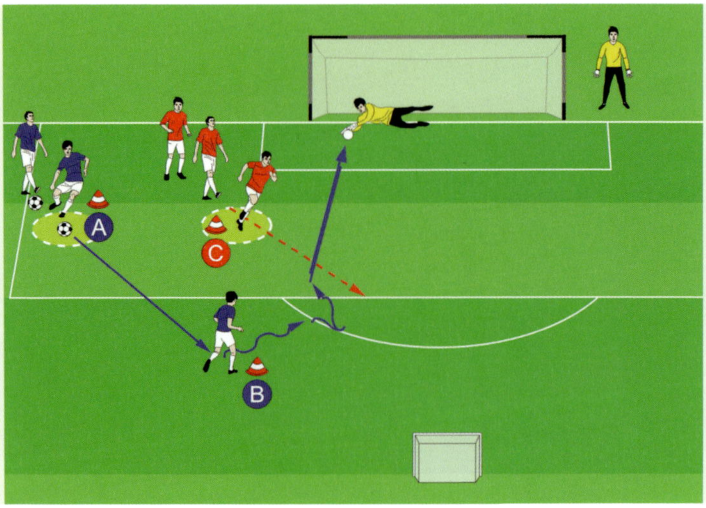

Drei Hütchen entsprechend der Zeichnung im und am Strafraum aufbauen. Gegenüber dem Großtor ein Minitor aufstellen.

Die Spieler verteilen sich gleichmäßig an den beiden Hütchen A und C. Der erste Spieler A rückt auf Position B vor. Alle Spieler A haben Bälle.

Spieler A passt zu Spieler B. B versucht, ein Tor zu erzielen, darf dabei aber nicht direkt schießen. Mit dem Pass von A sprintet Spieler C als Verteidiger zu B. Erobert C den Ball, kontert er auf das Minitor.

Die Spieler wechseln eine Position weiter. A zu B, B zu C und C mit Ball zu A.

Spieleranzahl: 5-13 Feldspieler.

Wettbewerb: Einzelwettbewerb. Welcher Spieler erzielt zuerst fünf Tore?

Variation: Gleicher Ablauf von der anderen Torseite.

Tipp: Spieler B entscheidet, ob er den Ball ins lange Toreck schießt oder den Verteidiger durch ein Abkappen ausspielt und dann aufs Tor schießt. Schussfinten einsetzen und gegen die Bewegungsrichtung des Verteidigers dribbeln.

Organisation und Ablauf (10. Spiel)

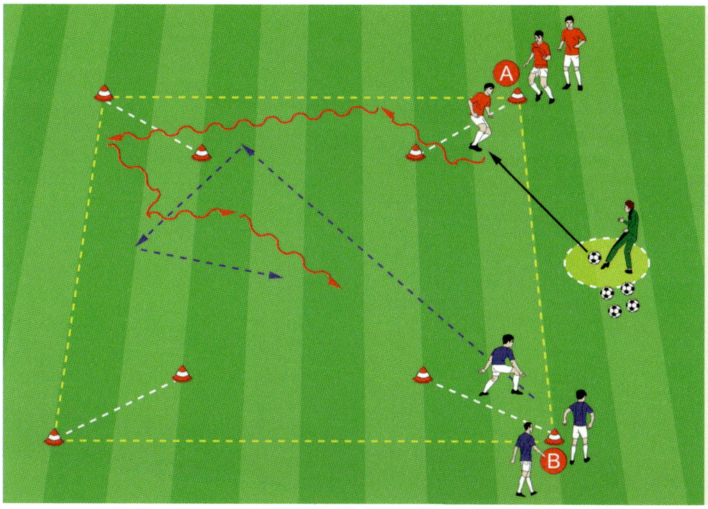

Ein Quadrat (12 Meter) aufbauen und die Eckhütchen zu einem HT (Breite: 3 Meter) erweitern.

Je 2-5 Spieler teilen sich an den Positionen A und B auf. Der jeweils erste Spieler stellt sich vor das HT an seiner Position. Der Trainer steht mit Bällen neben dem Quadrat.

Spieler A und Spieler B spielen zügig „Schere, Stein, Papier" gegeneinander. Der Sieger erhält sofort einen Pass vom Trainer. Der Passempfänger dreht auf und dribbelt durch sein HT. Seine Aufgabe ist es nun, drei HT in Folge zu durchdribbeln. Der Verlierer wird zum Verteidiger und versucht, den Ball zu gewinnen. Gelingt dies, ist es auch sein Ziel, drei HT zu durchdribbeln. Es darf nicht 2 x in Folge das gleiche HT durchdribbelt werden. Wem gelingt die Aufgabe zuerst? Verlässt der Ball das Feld, ist die Aktion beendet.

Sich wieder bei der eigenen Gruppe anstellen.

Spieleranzahl: 4-10 Spieler.

Wettbewerb: Für jeden Sieg gibt es einen Punkt für die Mannschaftswertung. Welches Team erreicht zuerst fünf Punkte?

Variation: Die Teams wechseln die Positionen. Ein etwa 4 Meter großer Toleranzbereich besteht bezüglich der Außenlinien.

Tipp: Beim Dribbling immer den Verteidiger beobachten. Vom Verteidiger wegdribbeln und weg von seinen Laufbewegungen abkappen. Nach einer Finte explosiv wegstarten.

Organisation und Ablauf (11. Einstimmung)

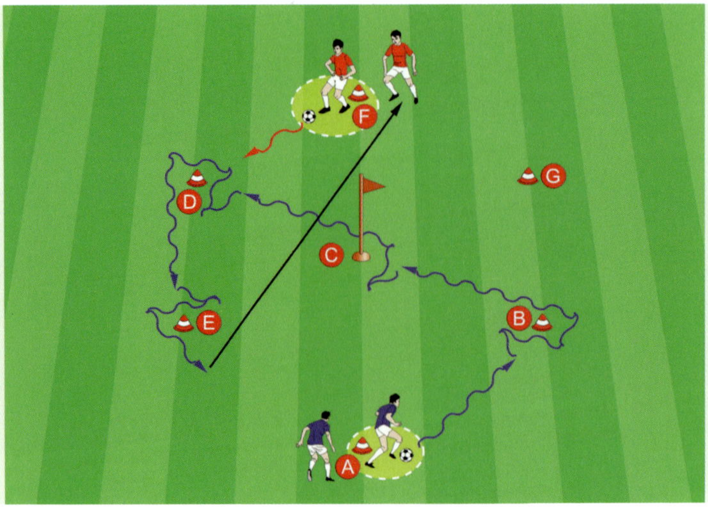

Zwei Startpositionen A und F mit einer zentralen Stange aufbauen. Vier Hütchen im Abstand von etwa 8 Metern um die Stange stellen. Hütchen und Stangen simulieren Gegenspieler.

2-3 Spieler mit je einem Ball zu den beiden Startpositionen schicken.

Spieler A und F dribbeln gleichzeitig das rechte Hütchen (B/D) an, täuschen links an und brechen rechts durch (Sohlenzieher). Dann dribbeln sie zur Stange (C), hier auch links antäuschen und rechts durchbrechen (Übersteiger). Dann zu Hütchen D/B, links antäuschen, rechts vorbei (Ausfallschritt) und zuletzt an Hütchen E/G eine Kombination aus allen drei Finten ausführen. Im Anschluss zur gegenüberliegenden Startposition passen.

Die Spieler folgen ihren Pässen.

Spieleranzahl: 4-6 Spieler.

Wettbewerb: Mehrere Parcours treten gegeneinander an. Wem gelingen mehr Pässe in 4 Minuten? Bei schlecht ausgeführten Finten keinen Punkt beim anschließenden Pass zählen.

Variation: Für einen zweiten Durchgang den Ablauf im Uhrzeigersinn und die Durchbruchsrichtung wechseln. Also zunächst das linke Hütchen (E/G) andribbeln und links durchbrechen.

Tipp: Bei einem Durchbruch rechts mit dem rechten Fuß dribbeln und umgekehrt.

Organisation und Ablauf (11. Technik)

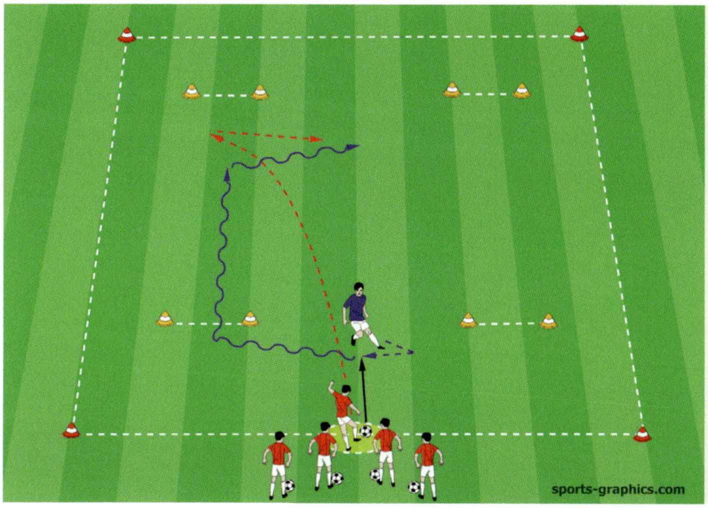

Ein Quadrat (15 Meter) mit vier Hütchentoren (Breite: 2 Meter) aufbauen. Der Abstand der HT zu den Außenlinien beträgt 3 Meter.

Die Spieler gehen als Verteidiger mit Bällen zentral auf die Grundlinie des Quadrats. Ein Spieler stellt sich als Angreifer dem ersten Verteidiger gegenüber (auf Höhe des ersten HT).

Der erste Verteidiger passt zum Angreifer und läuft ins Feld. Der Angreifer und der Verteidiger führen jetzt ein 1-gegen-1-Duell aus. Welcher der beiden Spieler dribbelt zuerst durch drei HT? Es darf nicht 2 x in Folge durch das gleiche HT gedribbelt werden. Geht der Ball ins Seitenaus, ist die Aktion beendet.

Nach der Aktion stellen sich beide Spieler mit Ball zu den Verteidigern. Die nächste Aktion startet direkt im Anschluss. Dazu geht der vorderste „Verteidiger" als Angreifer ins Feld und erwartet einen Pass.

Spieleranzahl: 4-10 Spieler.

Wettbewerb: Derjenige, der im 1-gegen-1-Duell drei HT durchdribbelt, erhält einen Punkt. Welcher Spieler erreicht zuerst fünf Punkte?

Variation: Für einen zweiten Durchgang den Ball zum Angreifer lupfen, sodass dieser einen „hohen Ball" verarbeiten muss.

Tipp: Zielstrebig die HT ansteuern. Den Verteidiger stets im Sprint halten, indem man von ihm wegdribbelt. Spielsituationen, in denen Richtungswechsel für den Verteidiger schwierig sind, nutzt man zum Abkappen.

Organisation und Ablauf (11. Torschuss)

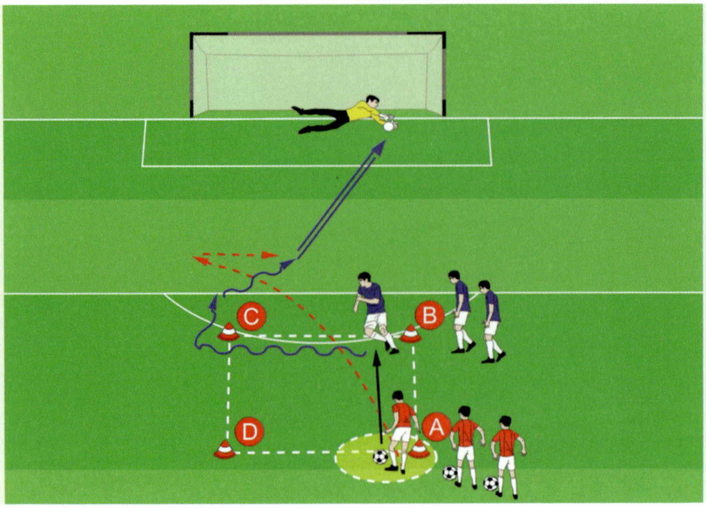

Zentral vor dem Strafraum ein Hütchenquadrat (6 Meter) aufbauen.

Je 2-5 Spieler gehen zu den Positionen A und B: A als Verteidiger mit Ball und B als Angreifer ohne Ball.

Spieler A passt zu B, B nimmt den Ball mit und dribbelt um das Hütchen C. Mit dem Pass sprintet A in Richtung Dribbler und versucht, den Ball zu erobern. Der Angreifer versucht, nach dem Umdribbeln des Hütchens C ein Tor zu erzielen. Der Verteidiger kontert nach einem Ballgewinn über die Grundlinie des Quadrats.

Nach der Aktion wechseln die beiden Spieler Aufgabe und Position.

Spieleranzahl: 4-10 Spieler.

Wettbewerb: Welcher Spieler erzielt zuerst fünf Tore? Erfolgreiche Konter mitzählen!

Variation: Wechsel der Spielrichtung. Die Angreifer starten nun bei C und die Verteidiger bei D. Die Quadratgröße anpassen.

Tipp: Guter erster Kontakt des Angreifers zum Umdribbeln des Hütchens. Der Angreifer kann nach dem Umdribbeln entweder direkt schießen oder gegen die Laufrichtung des Verteidigers abkappen.

Organisation und Ablauf (11. Spiel)

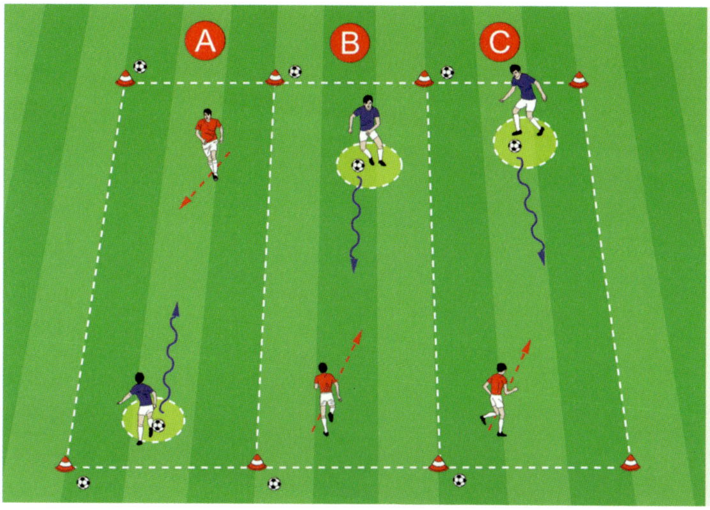

Für je zwei Spieler ein Feld (12 x 5 Meter) aufbauen.

Zwei Spieler mit Bällen je einem Feld zuweisen. Die vermeintlich besten Dribbler gehen in die „niedrigsten Felder" (siehe Wettbewerb).

In den Feldern wird 1-gegen-1 gespielt. Ziel ist es, die gegnerische Grundlinie zu überdribbeln.

Die Spielzeit beträgt 2 Minuten.

Spieleranzahl: Ab zwei Spieler. Bei einer ungeraden Spielerzahl ein 2er-Team bilden, welches sich immer abwechselt.

Wettbewerb: Im Champions-League-Modus spielen. Feldernamen: Champions League, Bundesliga, Kreisliga. Der Sieger steigt ein Feld auf und der Verlierer steigt ein Feld ab.

Variation: Die Spielzeit auf 90 Sekunden reduzieren. Zwei gleich große Teams bilden. In jedem Feld ist ein Spieler eines Teams. Welches Team hat nach Spielende die meisten Sieger?

Tipp: Den Verteidiger schräg und entschlossen andribbeln. Verschiedene Täuschungsmanöver ausführen und sobald der Verteidiger sich zu einer nicht mehr rechtzeitig zu korrigierende Seite bewegt, in die andere Richtung mit einer Tempoerhöhung vorbeidribbeln. Nach einem Punkt oder Ballaus kann auch die Spielrichtung wechseln (eventuell kürzere Wege).

Organisation und Ablauf (12. Einstimmung)

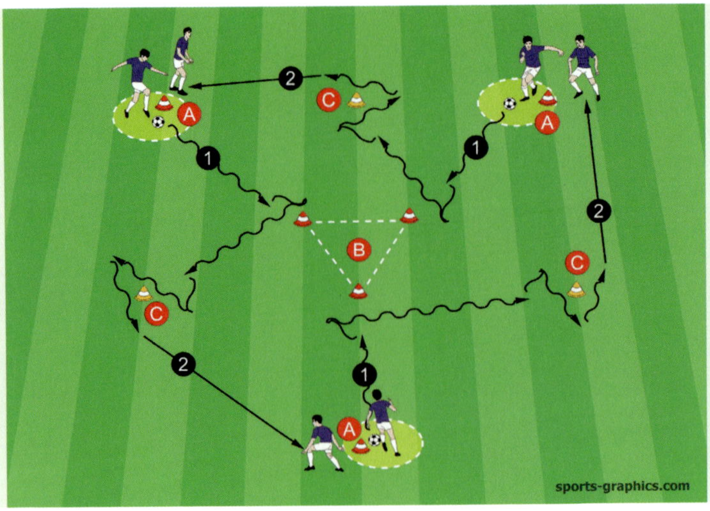

Drei Dreiecke entsprechend der Zeichnung aufbauen: A = 18 x 12 Meter. B = 3 x 2 Meter. C = 12 x 10 Meter. Die Hütchen simulieren Gegenspieler.

Die Ecken A mit 2-3 Spielern besetzen. Der jeweils erste Spieler hat einen Ball.

Die Spieler mit Ball dribbeln gleichzeitig in den Parcours. Zunächst fintieren sie bei B (doppelter Ausfallschritt), rechts wegdribbeln, fintieren vor C (doppelter Übersteiger), rechts wegdribbeln und dann zum freien Spieler A passen.

Die Spieler folgen ihren Pässen.

Spieleranzahl: 6-9 Spieler.

Wettbewerb: Welches Team passt in 4 Minuten häufiger zur unteren Position A?

Variation: Für einen zweiten Durchgang den Ablauf im Uhrzeigersinn wiederholen, dazu die Durchbruchsrichtung wechseln. Neue Finten vorgeben.

Tipp: Rechtzeitige Ausführung der Finten. Also nicht zu spät fintieren (das Dreieck betreten), sonst kann man nicht mit ausreichend Abstand am Gegner vorbeiziehen. Aber auch nicht zu früh fintieren, sonst kann der Gegner sich wieder neu orientieren. Doppelte Finten möglichst schnell hintereinander ausführen. Die Zuspiele direkt in Richtung B mitnehmen. Bei zu kurzem Abstand zum Vordermann das Abspiel kurz verzögern.

Organisation und Ablauf (12. Technik)

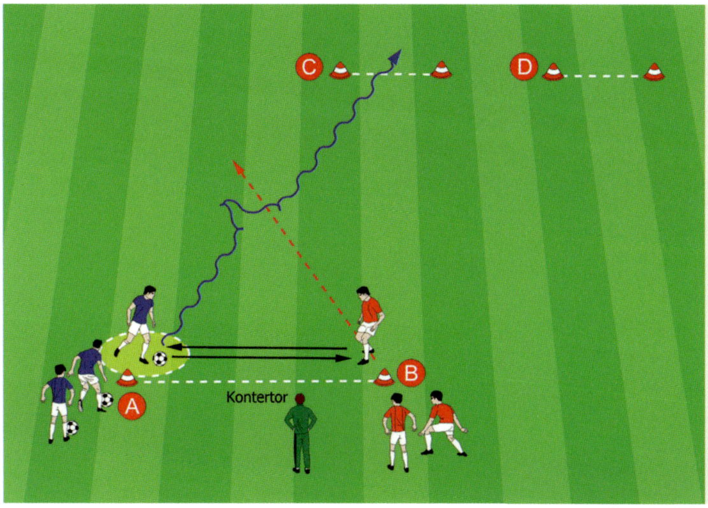

Ein Kontertor (Breite: 6 Meter) aufbauen. 12 Meter höher zwei HT (Breite: 2 Meter) im Abstand von etwa 4 Metern markieren.

Je 2-5 Spieler an die Hütchen A und B verteilen. Spieler A als Angreifer und Spieler B als Verteidiger. Alle Angreifer haben einen Ball.

Spieler A und Spieler B passen sich einen Ball hin und her. Spieler A entscheidet den Zeitpunkt für eine Ballmitnahme in Richtung C/D. Ziel ist es, entweder HT C oder D zu durchdribbeln. A muss den Ball spätestens mit seinem vierten Ballkontakt mitnehmen. Erobert der Verteidiger den Ball, dribbelt er durchs Kontertor.

Nach der Aktion Aufgabenwechsel der Spieler.

Spieleranzahl: 4-10 Spieler.

Wettbewerb: Welchem Spieler gelingen zuerst fünf erfolgreiche Dribblings?

Variation: Spieler B fungiert als Angreifer mit Bällen: keine Passbegrenzung.

Tipp: Die jeweils zweiten Spieler halten ausreichend Abstand, um die vorderen Spieler nicht zu stören. Faire Pässe spielen. Keine Täuschungen, indem der Ball vor- und dann wieder zurückgespielt wird. Der Angreifer versucht, in den Rücken des Verteidigers zu kommen.

Organisation und Ablauf (12. Torschuss)

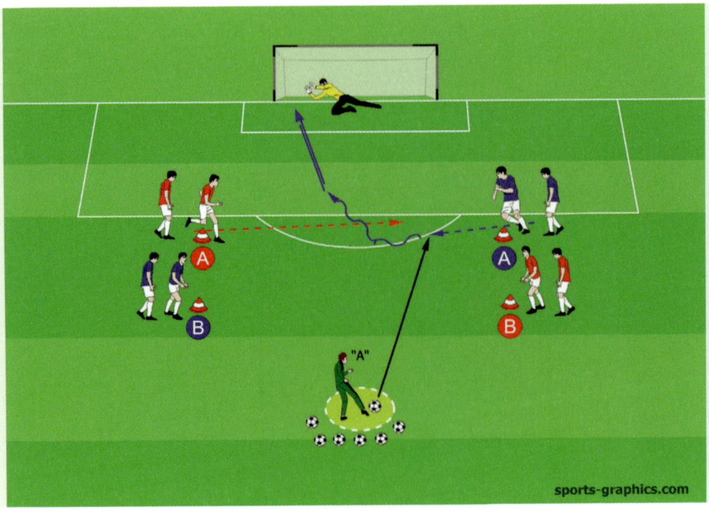

Ein Rechteck (20 x 4 Meter) etwa 20 Meter vom Tor entfernt aufbauen. Der Trainer steht mit Bällen etwa 30 Meter entfernt vom Tor.

Zwei gleich große Teams bilden. Die Spieler teilen sich in die gleiche Anzahl an den vier Positionen (A/B) so auf, dass die Mitspieler sich diagonal gegenüberstehen.

Der Trainer ruft entweder „A" oder „B". Der jeweils erste Spieler der genannten Position sprintet dem Trainer entgegen und dieser spielt einen leicht parteiischen Pass (Verletzungsgefahr reduzieren). Der Ballbesitzer wird Angreifer und der Nicht-Ballbesitzer Verteidiger. Der Angreifer versucht, sich im 1-gegen-1 durchzusetzen und dann ein Tor zu erzielen. Der Verteidiger darf nach einer Balleroberung auch ein Tor erzielen. Direkt im Anschluss signalisiert der Trainer den Start der nächsten Aktion.

Die Spieler A wechseln zu B und umgekehrt.

Spieleranzahl: 6-16 Spieler. Bei weniger als acht Spielern nur zwei Positionen aufbauen.

Wettbewerb: Welches Team erzielt in 5 Minuten mehr Tore? Zwei (drei) Durchgänge spielen. Welches Team gewinnt mehr Durchgänge?

Tipp: Derjenige, der zum Torabschluss kam, holt einen Ball und legt diesen zum Trainer.

Organisation und Ablauf (12. Spiel)

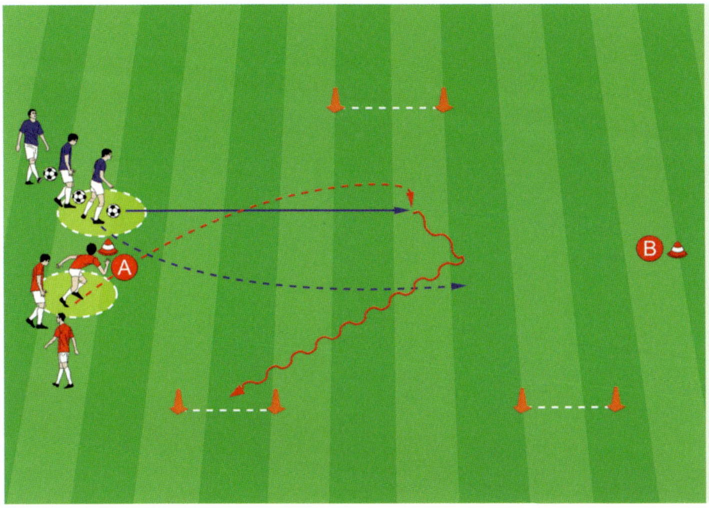

Ein Feld (14 x 12 Meter), bestehend aus drei Hütchentoren (Breite: 2 Meter) und zwei Starthütchen, aufbauen.

Links und rechts neben dem Starthütchen A stehen je 3-6 Spieler in einer Reihe, die Verteidiger haben je einen Ball und die Angreifer sind ohne Ball.

Der Verteidiger passt seinen Ball so ins Feld, dass der Angreifer den Ball auf Höhe des mittleren HT erlaufen kann. Direkt nach dem Pass kreuzen die beiden Spieler ihren Lauf. Der Angreifer versucht, über eines der beiden tieferen HT zu dribbeln und der Verteidiger versucht, den Ball zu gewinnen und dann über das mittlere HT zu kontern.

Die Spieler wechseln nach jeder Aktion Position und Aufgabe.

Spieleranzahl: 6-12 Spieler.

Wettbewerb: Einzelwettbewerb. Welcher Spieler erreicht zuerst drei Punkte?

Variation: Einen zweiten Durchgang von Position B starten.

Tipp: Den Pass gut dosiert bis zur Mitte des Felds spielen. Beide Spieler sprinten ins Feld. Der Kopf ist oben und die Bewegung des Verteidigers beobachten. Durch eine Täuschung eine Fehlbewegung des Verteidigers provozieren und dann entgegen seiner Bewegung mit einer Temposteigerung vorbeidribbeln.

Organisation und Ablauf (13. Einstimmung)

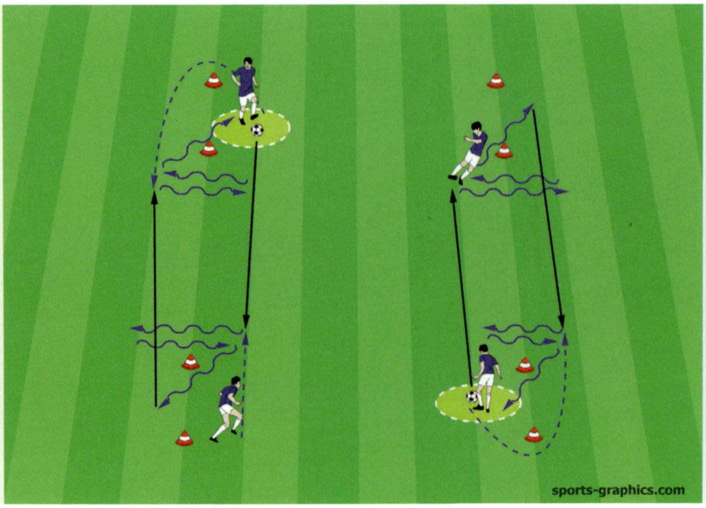

Zwei Hütchentore (Breite: 2 Meter) im Abstand von etwa 6 Metern aufbauen.

1 Meter neben den HT befindet sich je ein Spieler (gerade gegenüber). Ein Spieler hat einen Ball.

Der Spieler ohne Ball startet dem Partner entgegen. Er erhält einen Pass vor seinem HT in den rechten Fuß. Mit der rechten Sohle zieht er den Ball direkt zur anderen Hütchenseite und dreht sich dabei um 180 Grad. Mit seinem zweiten Kontakt zieht er den Ball wieder mit der rechten Sohle zurück zum Punkt seines ersten Ballkontakts (dabei keine Drehung). Jetzt nimmt er den Ball mit der linken Fußinnenseite in sein HT mit und absolviert dort eine Zidane-Drehung (zuerst ist der rechte Fuß auf dem Ball) und passt im Anschluss mit links zum Partner. Dieser vollführt die gleiche Aufgabe.

Nach dem Pass Wechsel der Hütchenseite, indem um das hintere Hütchen gelaufen wird.

Spieleranzahl: 2 Spieler.

Wettbewerb: Welchem 2er-Team gelingen zuerst 20 Pässe?

Variation: Pass von der anderen Hütchenseite in den linken Fuß. Jetzt den Ball 2 x mit der linken Sohle mitnehmen, mit rechts ins HT spielen, beim Zidane-Trick zuerst den linken Fuß auf den Ball setzen und dann folgt der Pass mit dem rechten Fuß.

Tipp: Zuerst so lange ohne Wettbewerb spielen, bis die Bewegungen flüssig ineinander übergehen. Den Ball deutlich mit der Sohle 2 x am vorderen Hütchen vorbeilegen.

Organisation und Ablauf (13. Technik)

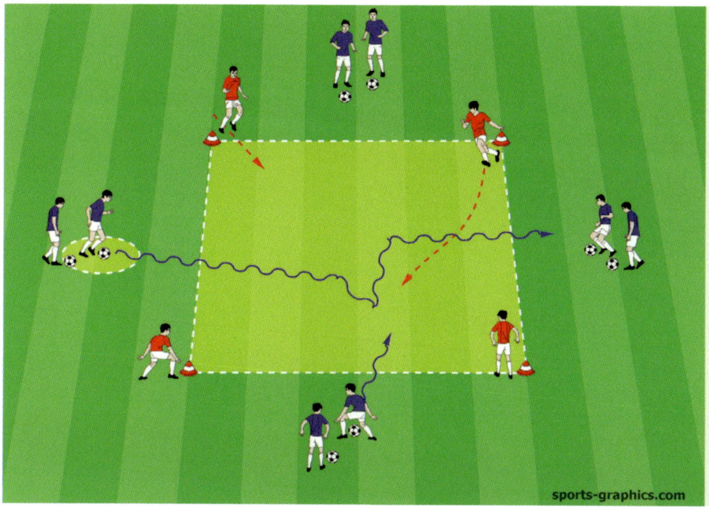

Ein Quadrat (6 Meter) markieren.

Vier Verteidiger bestimmen und an den Quadratecken aufteilen. 4-12 Angreifer bestimmen. Diese verteilen sich gleichmäßig 2 Meter zentral hinter den Außenseiten. Alle Angreifer mit Ball.

Der erste Angreifer dribbelt ins Feld und versucht, über die gegenüberliegende Außenlinie zu dribbeln. Der Verteidiger am entfernten linken Hütchen (vom Angreifer aus gesehen) versucht, dies zu verhindern. Im Falle einer Balleroberung kontert er über die gegenüberliegende Außenlinie. Direkt nach dem Ende der Aktion startet der nächste Angreifer ins Feld (Reihenfolge: entgegen dem Uhrzeigersinn). Es ist nun wieder der entfernte linke Verteidiger, der den Angreifer stoppen soll.

Die Angreifer stellen sich bei der Gruppe gegenüber an und die Verteidiger gehen jeweils an ihre Ecke zurück.

Spieleranzahl: 8-16 Spieler.

Wettbewerb: Die Angreifer sollen in 4 Minuten 16 erfolgreiche Dribblings erreichen. Nach einer gelungenen Konteraktion werden den Angreifern zwei „Dribblings" abgezogen.

Variation: Neue Verteidiger bestimmen. Der jeweils rechte hintere Verteidiger wird aktiv.

Tipp: Entschlossen die freie Seite andribbeln. Ist der Verteidiger in der Nähe, fintieren und weg von seiner Bewegung durchbrechen. Die Aktionen zügig hintereinander spielen.

Organisation und Ablauf (13. Torschuss)

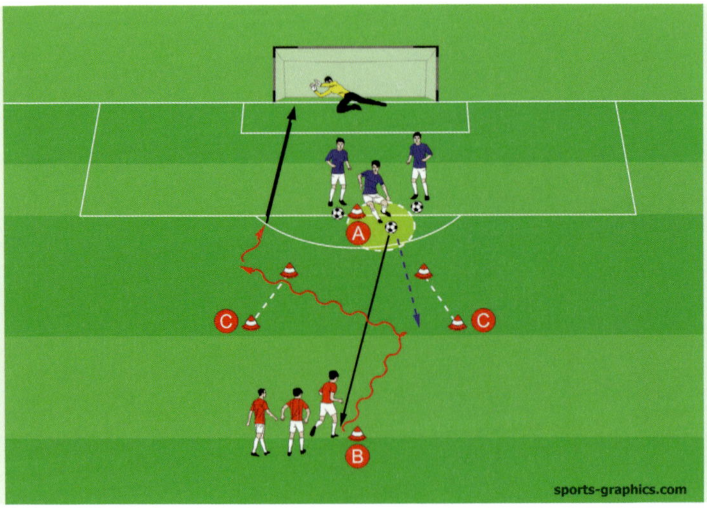

Zwei Hütchen (A/B) im Abstand von etwa 12 Metern zueinander, zentral vor dem Strafraum, aufbauen. Seitlich je ein schräges Hütchentor C (Breite: 3 Meter) aufstellen.

Jeweils 2-5 Spieler an die Positionen A und B verteilen. Jeder Spieler A hat einen Ball.

Der erste Spieler A passt zu Spieler B und folgt seinem Pass. Spieler B versucht, durch eines der beiden Hütchentore zu dribbeln und kommt dann noch außerhalb des Strafraums zum Torabschluss. Spieler A versucht, ein Überdribbeln der Hütchentore zu verhindern. Er darf nur zwischen den Hütchentoren agieren. Erobert er den Ball, kontert er über eines der HT und schießt ebenfalls aufs Tor.

Spieler A wechselt zu B und B mit Ball zu A.

Spieleranzahl: 4-10 Spieler.

Wettbewerb: Welcher Spieler erzielt zuerst drei Tore? Gelingen in 5 Minuten insgesamt keine 10 Tore, haben alle Feldspieler „verloren".

Variation: Spieler A chippt den Ball zu B.

Tipp: Die Abstände der Hütchen und der Hütchentore zueinander so wählen, dass A für das Verteidigen der Hütchentore sprinten muss. Spieler B absolviert bereits vor der Ballmitnahme eine Körperfinte, dribbelt zielstrebig ein HT an und reagiert dann auf das Verhalten von A.

Organisation und Ablauf (13. Spiel)

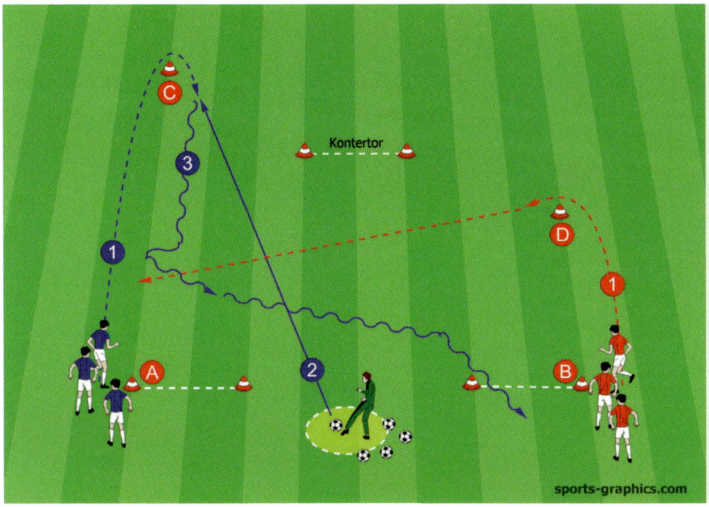

Zwei HT A/B (Breite: 3 Meter) im Abstand von 6 Metern nebeneinanderstellen. Zwei Wendehütchen C/D stehen 12 und 6 Meter von den HT entfernt. Ein Kontertor aufbauen.

Je 2-5 Spieler außen an die HT stellen. Der Trainer steht mit Bällen zwischen den HT.

Auf Trainersignal sprintet jeweils ein Spieler A und B um sein nahes Wendehütchen. Nachdem Spieler A das Hütchen umkreist hat, erhält er vom Trainer einen Pass. Spieler A ist Angreifer und Spieler B ist Verteidiger. Der Angreifer versucht, durch eines der beiden HT zu dribbeln. Erobert der Verteidiger den Ball, dribbelt er durchs Kontertor.

Nach der Aktion wechseln die beiden Spieler zum jeweils anderen HT.

Spieleranzahl: 4-10 Spieler.

Wettbewerb: Welchem Spieler gelingen zuerst fünf erfolgreiche Dribblings?

Variation: Angreifer A nimmt den Pass ❷ durchs Kontertor mit und Verteidiger B sprintet am Trainer vorbei, von hinten durchs HT A und dann zum 1-gegen-1 ins Feld.

Tipp: Der Angreifer dribbelt entschlossen das für den Verteidiger entfernte HT an, um einen Sprint zu provozieren. Eine Finte für einen seitlich kommenden Gegner anwenden (z. B. Rückziehfinte). Eine gute Technik bei der Ballmitnahme führt zu weiteren Vorteilen.

Organisation und Ablauf (14. Einstimmung)

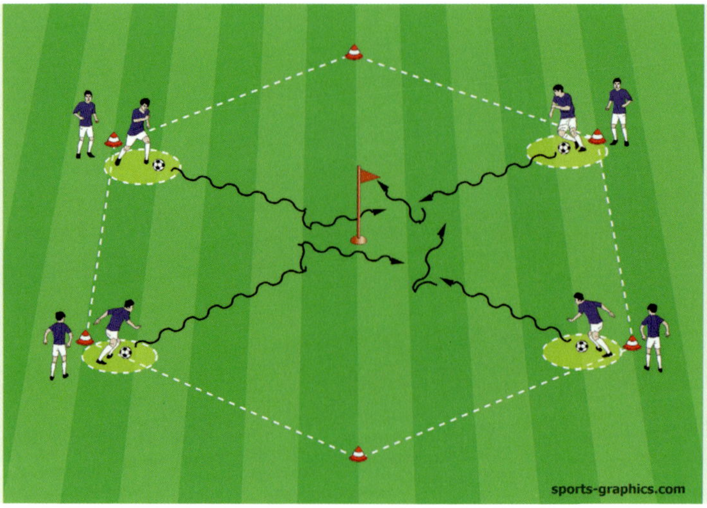

Ein Sechseck (Seitenlängen: 8 Meter) aufbauen. Zentral ins Feld eine Stange stellen.

An 3-4 Hütchen des Sechsecks stehen jeweils 2-3 Spieler. Die jeweils ersten Spieler mit Ball.

Die Spieler mit Ball dribbeln gleichzeitig ins Feld. Die Aufgabe der Spieler lautet: Gegenüber von der Stange oder einem anderen Dribbler eine Finte ausführen (die Richtung antäuschen und sich weg von der Laufrichtung des anderen absetzen). Zwei verschiedene Finten vorgeben (z. B. Ausfallschritt und Übersteiger). Jede Finte mindestens 3 x anwenden.

Sobald ein Spieler 10 x fintiert hat, übergibt er den Ball zu einem Spieler an einem beliebigen Hütchen. Dieser dribbelt nun mit der gleichen Aufgabe ins Feld.

Spieleranzahl: 6-12 Spieler.

Wettbewerb: Welchem Parcours gelingen in 4 Minuten mehr Ballübergaben? Je Parcours benötigt man einen Trainer, der zählt.

Variation: Für einen zweiten Durchgang nur doppelte Finten ausführen. Der Ball wird schon nach fünf Finten übergeben.

Tipp: Das Spielfeld stets im Blick haben. Möglichst viele Finten an den Mitspielern ausführen. Dribbelt man aufeinander zu, jeweils in die andere Richtung antäuschen (bei einem Durchbruch einen Zusammenstoß vermeiden).

Organisation und Ablauf (14. Technik)

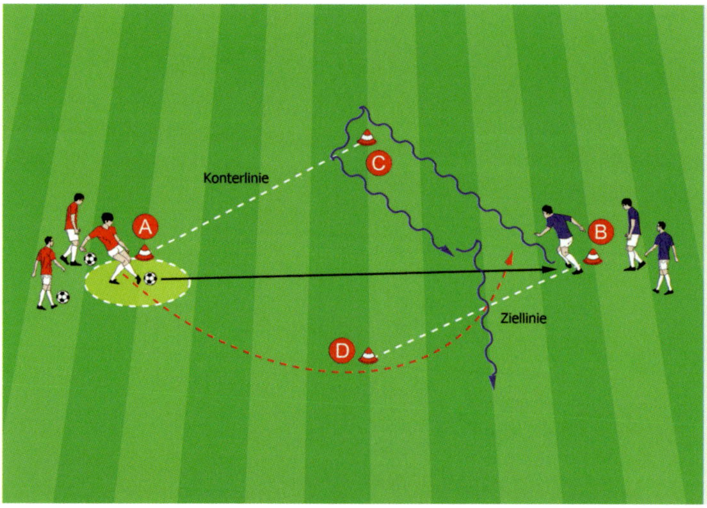

Eine Hütchenraute (8 x 6 Meter) markieren.

An die Hütchen A und B je 2-5 Spieler stellen. A als Verteidiger spielen mit Bällen und B als Angreifer ohne Bälle.

Spieler A passt zu Spieler B. B nimmt den Ball in Richtung C mit und umdribbelt Hütchen C. A umsprintet nach seinem Pass das Hütchen D. Nun 1-gegen-1-Situation. B versucht, die Ziellinie (B/D) zu überdribbeln und A kann im Falle eines Ballgewinns über die Linie A/C kontern.

Nach der Aktion wechseln die Spieler Aufgabe und Position.

Spieleranzahl: 4-10 Spieler.

Wettbewerb: Einzelwettbewerb: Welcher Spieler erreicht zuerst fünf Punkte? Die Konter mitzählen!

Variation: Angreifer und Verteidiger wechseln die Positionen. Ziellinie ist nun A/D und die Konterlinie gegenüber.

Tipp: Einen fairen Pass spielen. Den Ball mit dem Ersten Kontakt optimal in Dribbelrichtung mitnehmen. Vom Verteidiger wegdribbeln, sodass er sprinten muss. Jetzt fintieren, abkappen und in seinen Rücken dribbeln.

Organisation und Ablauf (14. Torschuss)

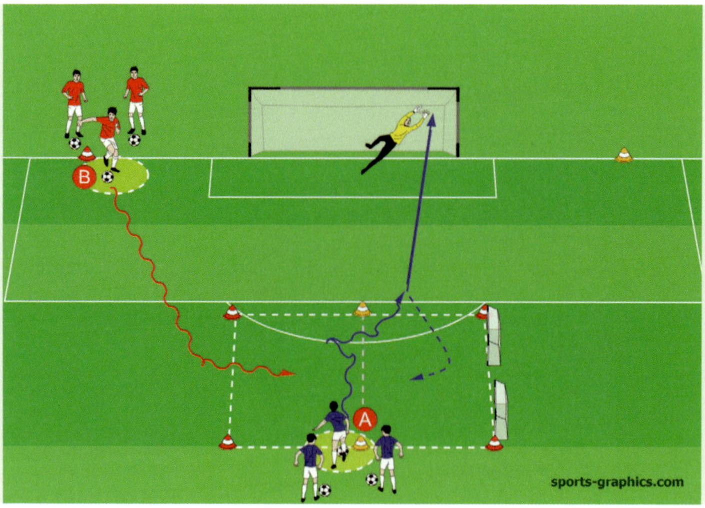

Zentral vor dem Strafraum ein Feld (12 x 8 Meter) mit Mittellinie (A) und zwei äußeren Minitoren aufbauen. 10 Meter neben dem Großtor (diagonal zu den Minitoren) das Starthütchen B stellen.

Die Spieler verteilen sich an die beiden Positionen A und B. Alle Spieler haben einen Ball.

Spieler A dribbelt ins Feld, fintiert vor dem gegenüberliegenden Hütchen (Simulation eines Gegenspielers) und schießt aufs Tor. Mit dem Ersten Kontakt von A dribbelt Spieler B los und startet über die Grundlinie des Felds (gegenüber von den Minitoren) zum 1-gegen-1. Spieler A wird unmittelbar nach seinem Schuss zum Verteidiger. Das 1-gegen-1-Duell findet ausschließlich in der Hälfte nahe den Minitoren statt. B versucht, aus der nahen Hälfte in ein Minitor zu passen. Gewinnt A den Ball, kontert er über die gegenüberliegende Grundlinie.

Spieler A und B stellen sich nach ihrer Aktion mit Ball bei der jeweils anderen Gruppe an.

Spieleranzahl: 4-10 Feldspieler.

Wettbewerb: Einzelwettbewerb. Welcher Spieler erzielt zuerst fünf Tore (inklusive Konter)?

Variation: Wechsel der Spielrichtung. Dazu wird das Hütchen B und die beiden Minitore auf der jeweils anderen Seite aufgebaut.

Tipp: Mutig ins 1-gegen-1 gehen. Schnelles Umschalten beider Spieler.

Organisation und Ablauf (14. Spiel)

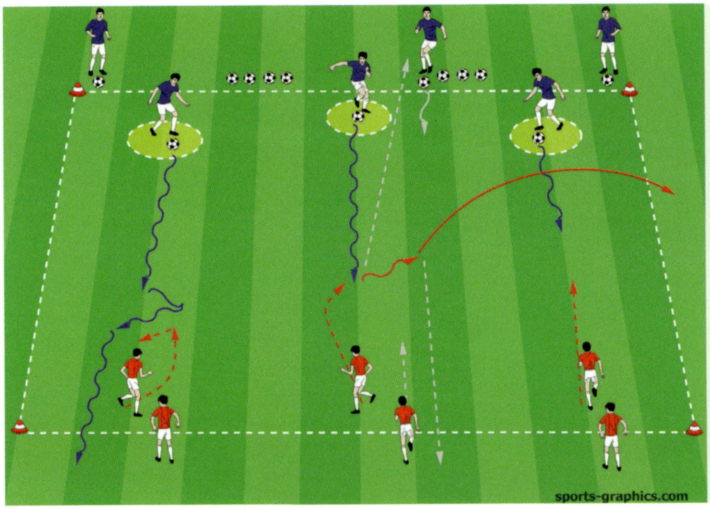

Ein Feld (30 x 20 Meter) aufbauen.

Zwei Teams zu je 3-10 Spielern bilden und einer Grundlinie zuordnen. Ein Team hat alle Bälle.

Das Team mit Bällen besitzt für 3 (4) Minuten das Angriffsrecht. Dazu dribbelt es mit drei Angreifern (jeder mit Ball) ins Feld und versucht, so oft wie möglich, über die gegnerische Grundlinie zu dribbeln. Mit den Angreifern starten drei Verteidiger ins Feld und versuchen, die Bälle zu gewinnen und wegzuschießen. War ein Angreifer erfolgreich, so holt er sich einen neuen Ball von seiner Grundlinie und dribbelt erneut ins Feld.

Hat ein Verteidiger einen Ball weggeschossen, so wechseln die beiden beteiligten Angreifer und Verteidiger jeweils die Aufgabe mit einem pausierenden Mitspieler.

Spieleranzahl: 6-20 Spieler.

Wettbewerb: Welches Team erreicht nach einmaligem Aufgabenwechsel mehr erfolgreiche Dribblings?

Variation: Die Verteidiger dürfen mit vier Spielern attackieren. Dazu einen „Störspieler" bestimmen, der über die komplette Zeit im Feld bleibt.

Tipp: Die Bälle der erfolgreichen Dribblings hinter der gegnerischen Grundlinie liegen lassen, damit diese am Ende gezählt werden können. Hat ein Verteidiger sein 1-gegen-1-Duell verloren, bleibt er im Feld

Organisation und Ablauf (15. Einstimmung)

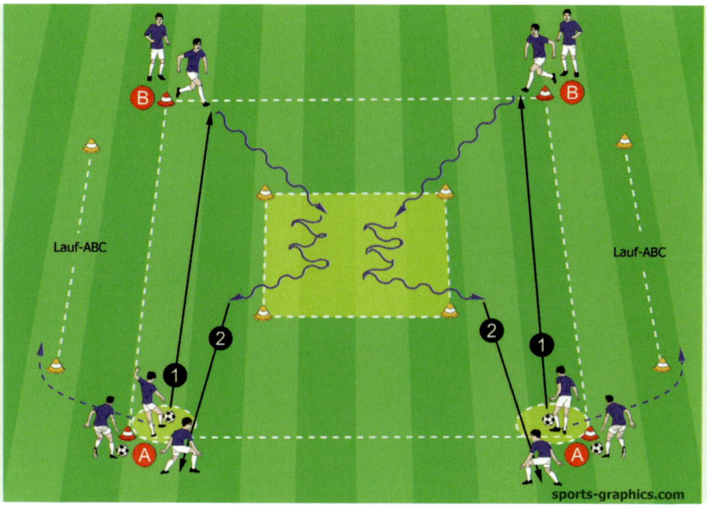

Ein Außenquadrat (16 Meter) und ein Innenquadrat (8 Meter) aufbauen. Seitlich vom Feld je eine Hütchenstrecke markieren.

Die Spieler verteilen sich gleichmäßig an den Ecken des Außenquadrats. Alle Spieler A spielen mit einem Ball, bis auf den jeweils letzten Spieler.

Die Spieler A passen zu Spieler B, B absolvieren eine Ballmitnahme in Richtung Innenquadrat und dribbeln dort hinein. Im Innenquadrat absolvieren sie folgende Ballbehandlung: rechter Fuß → Außenseite, Innenseite. Linker Fuß → Innenseite. Rechter Fuß → Ball mit der Sohle zurückziehen und mit der Innenseite hinters Standbein spielen. Linker Fuß → mit der Sohle den Ball auf den rechten Fuß spielen. Rechter Fuß → Außenseite, mit der Sohle den Ball auf den linken Fuß spielen und hier mit der Außenseite (Tempo!) aus dem Innenquadrat dribbeln. Dann zu A passen.

Spieler A wechseln über die Hütchenstrecke zu B und absolvieren dabei eine Aufgabe des Lauf-ABCs. B wechseln zu A.

Spieleranzahl: 6-12 Spieler. Bei weniger als acht Spielern die Positionen B nur einfach besetzen.

Wettbewerb: Welche Seite bzw. welcher Parcours spielt in 4 Minuten mehr Pässe 1?

Variation: Für einen zweiten Durchgang die Seiten wechseln und die Aufgabe im Innenquadrat mit dem anderen Fuß ausführen.

Tipp: Schnelle und klare Ausführung der Ballbehandlung im Innenquadrat.

Organisation und Ablauf (15. Technik)

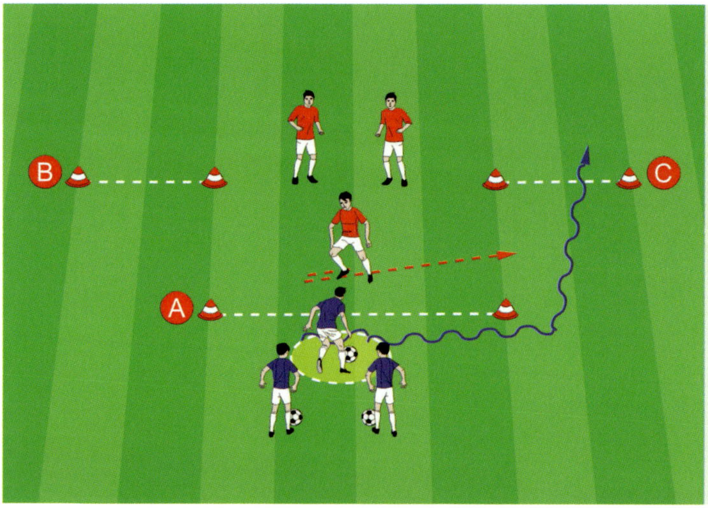

Drei Hütchentore (Breite: 4 Meter) aufbauen. HT B/C 5 Meter hinter HT A stellen.

Die Gruppe in Verteidiger und Angreifer teilen. Angreifer und Verteidiger stehen sich ca. 4 Meter entfernt gegenüber, dazwischen das Hütchentor A. Die Bälle sind bei den Angreifern.

Der Angreifer dribbelt außen um das Hütchentor A (beliebige Seite) und versucht dann, durch das Hütchentor B oder C zu dribbeln. Der Verteidiger versucht, dies zu verhindern, darf aber nur hinterm Hütchentor A agieren. Der Angreifer fintiert zunächst auf der Stelle, um eine Fehlbewegung des Verteidigers zu provozieren. Sobald der Verteidiger sich in eine Richtung bewegt, dribbelt er in die andere Richtung außen um A herum und dann durch HT B oder C. Der Verteidiger kontert über HT A.

Nach jeder Aktion erfolgt ein Positionswechsel.

Spieleranzahl: 4-10 Spieler.

Wettbewerb: Welchem Spieler gelingen zuerst fünf erfolgreiche Dribblings?

Tipp: Ist der Angreifer außen am Hütchentor A vorbeigedribbelt, kann er nochmals gegen die Laufrichtung des Verteidigers abkappen.

Organisation und Ablauf (15. Torschuss)

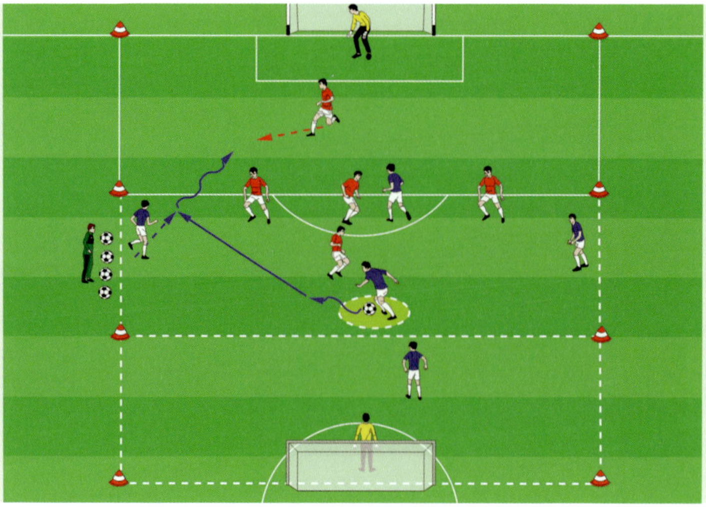

Ein Feld (48 x 40 Meter) mit zwei von Torhütern besetzten Großtoren aufbauen. Das Spielfeld horizontal dritteln.

Zwei 5er-Teams bilden. Ein Spieler (Verteidiger) je Team besetzt den Strafraum vor dem eigenen Tor. Der Rest befindet sich in der Mittelzone.

In der Mittelzone wird 4-gegen-4 gespielt. Freie Kontaktzahl. Ziel ist es, in den Strafraum des Gegners zu dribbeln. Gelingt dies, darf kein weiterer Spieler folgen. Im Strafraum entsteht ein 1-gegen-1-Duell. Das 1-gegen-1 muss in maximal 10 Sekunden entschieden sein.

Nach 2 Minuten den Verteidiger wechseln.

Spieleranzahl: 8-14 Feldspieler. 4er-Teams bilden und das Spielfeld verengen. 6er- oder 7er-Teams bilden und das Spielfeld verbreitern.

Wettbewerb: Welches Team erzielt in 6 Minuten mehr Tore?

Variation: Mit dem Dribbling eines Spielers in den gegnerischen Strafraum passt der Trainer zu einem Spieler in die Mittelzone des verteidigenden Teams. Dieser darf ebenfalls in den gegnerischen Strafraum dribbeln. Der jeweils erste Treffer zählt doppelt.

Tipp: Die Verteidiger agieren in der Mittelzone im 3-1. Gelingt ein Dribbling in den gegnerischen Strafraum, spielt der Trainer sofort den nächsten Ball in die Mittelzone. Hohes Tempo fordern! Ausreichend Ersatzbälle liegen beim Trainer neben der Mittelzone.

Organisation und Ablauf (15. Spiel)

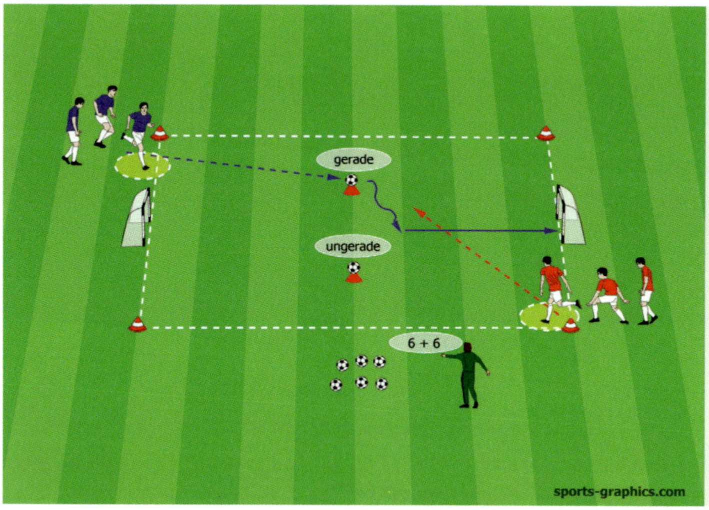

Ein Feld 20 x 15 Meter mit zwei Minitoren aufbauen. Zentral auf die Mittellinie zwei Hütchen stellen (Abstand: 6 Meter), auf denen jeweils ein Ball liegt. Ein Hütchen steht für gerade und das andere für ungerade Zahlen.

Die Spieler stellen sich in gleicher Anzahl diagonal gegenüber an den Feldecken auf. Alle Bälle werden zum Trainer gerollt.

Für den jeweiligen Start der Übung stellt der Trainer eine Rechenaufgabe. Der jeweils erste Spieler einer Seite sprintet ins Feld. Es wird 1-gegen-1 mit dem Ball gespielt, welches mit dem Rechenergebnis übereinstimmt. Ziel ist es, den Ball ins gegnerische Tor zu spielen. Man muss mindestens drei Ballkontakte haben, bevor man aufs Tor schießt.

Nach Tor, Ballaus oder Foul stellen sich die Spieler auf der jeweils anderen Seite an.

Spieleranzahl: 4-10 Spieler.

Wettbewerb: Welcher Spieler erzielt zuerst drei Tore? Teamwettbewerb: Sich dazu immer beim eigenen Team anstellen.

Variation: Auf HT spielen. Den Toren einen Wert unter und über 10 zuweisen. Es darf zunächst nur auf das entsprechende Tor gespielt werden. Konter auf das andere Tor. Anstatt Bälle auf die Hütchen zu legen, zwei unterschiedliche Bälle frei ins Feld legen.

Tipp: 10 Sekunden Zeitlimit je Aktion. Der Trainer hat immer einen Ball in der Hand und legt diesen auf das freie Hütchen.

6 TORERFOLG

SS3: Torchancen erspielen und verwerten

Beim Torerfolg setzt man auf die Entwicklung der Spielintelligenz, der Kreativität und der Handlungsschnelligkeit. Es finden keine festen Spielzüge statt. Das Einstudieren von Spielzügen kostet Trainingszeit, die an anderer Stelle fehlt. Sie sind in der Regel mannschaftsgebunden und können nur wenige Male im Spiel umgesetzt werden.

Der Schwerpunkt beginnt mit einer Passübung mit Zielschuss. Der Zielschuss in ein Minitor simuliert dabei das freie Toreck, in welches der Spieler den Ball im Spiel schießen soll. Vor dem Zielschuss werden verschiedene Passmuster gesetzt, die im Spiel immer anwendbar sind. Kombiniert man diese klug miteinander, entstehen Torchancen. Zu den Passmustern gehören: Direktspiel, Doppelpass, Spiel zum Dritten und Klatsch-Steil.

Je nach Spieleranzahl werden 2-3 Parcours nebeneinander aufgebaut. Zwecks Motivationssteigerung und Simulation eines Drucks (Zeitdruck) treten sie im Wettbewerb gegeneinander an. Die Konfrontation mit Drucksituationen verbessert die Stressresistenz. Welche Gruppe schießt in 4 Minuten mehr Tore? Das Verliererteam absolviert eine athletische Zusatzaufgabe (Liegestütze, Burpees, Strecksprünge usw.).

Im Optimalfall befindet sich an jedem Parcours ein Trainer mit einem Zähler. Durch dieses Gerät (Zähler) kann er die erzielten Tore zählen, ohne in seiner Funktion als Trainer eingeschränkt zu sein. Alternativ zählt ein Spieler laut die Tore. Um zu gewinnen, muss man nicht nur viele Tore erzielen, sondern sich auch viele „Torchancen" durch präzise und schnelle Pässe erspielen.

Jede Passübung wird in zwei Durchgängen absolviert. Für den zweiten Durchgang wird immer die Spielrichtung gewechselt. Dies bedeutet spiegelverkehrter Ablauf von Passfolgen, Zielschüssen und Positionswechseln. So wird die Beidfüßigkeit verbessert und die Spieler werden für ein Passspiel in alle Richtungen sensibilisiert.

Als Trainer sollte man diverse Dinge beim Passen einfordern. Gegenseitiges Coaching (Namen des Passempfängers rufen und Kommandos, wie z. B. „Klatsch", geben). Deutlich in den Fuß in Richtung Spielfortsetzung passen. Die Passempfänger stehen offen zum Ball und spielen die Pässe mit dem ballnahen Fuß (keine komplizierten Korrekturbewegungen, die Zeit kosten, ausführen). Alle Pässe nach einem Blickkontakt rotationslos, flach und mit einem zur Entfernung passenden Druck spielen. Offen die Positionen wechseln, sodass man stets das Spiel im Auge hat. Die Passempfänger fordern Zuspiele energisch und kommen entgegen. Der Standfuß zeigt in Spielrichtung und den Fuß des Spielbeins komplett aufdrehen.

Leistungsstarke Spieler können für sich den Schwierigkeitsgrad durch Freilaufbewegungen erhöhen. Kurz vor einem Zuspiel entfernen sie sich für wenige Schritte vom Anspielpunkt und starten dann fix in einem leichten Bogenlauf zum Ball hin. Die Aktion so timen, dass aus der Vorwärtsbewegung gepasst wird. Durch Freilaufbewegungen entzieht man sich der Manndeckung des Gegenspielers.

Nach der Passübung mit Zielschuss folgt eine **Torschussübung** ohne Gegenspieler. Der Ablauf ist immer gleich. Zuerst gilt es, eine gegnerische Abwehrkette (Dummys) auszuspielen und dann aus einem tornahen Raum ein Tor zu erzielen. Mit welchem Angriffsmuster man die Kette ausspielt, ist bei den Übungen jeweils unter „Situation" angegeben. Die Torschussübungen werden als Wettbewerb ausgeführt. Entweder treten zwei Teams gegeneinander an oder die Feldspieler gegen die Torhüter.

Auch die Torschussübungen werden in zwei Durchgängen absolviert. So wird immer von beiden Seiten aus „angegriffen". Aufgrund der Organisationsform erreichen alle Spieler, trotz großer Trainingsgruppe, viele Aktionen. Da die Torschussübungen immer nur auf ein Tor stattfinden, ist kein mobiles Großtor oder nicht zwingend ein zweiter Torhüter notwendig.

Nach dem Start laufen die Torschussübungen endlos. Die Spieler konzentrieren sich zwecks eines reibungslosen Ablaufs. Die Kombination aus Fokussierung, Wettbewerb und pausenlosen Aktionen (als Passspieler und Torschütze) kann zum **Flow** („Tunnel") führen.

Durch den **Flow** werden zum einen die ausgeführten Passkombinationen zum Ausspielen der Abwehr „vertieft" und zum anderen die sichere Torchancenverwertung unter Druck. Gelungene Aktionen prägen sich besonders stark ein und zeigen sich in Zukunft als Automatismus.

Nach der Torschussübung folgt eine **Überzahlspielform** (4-gegen-3 oder 3-gegen-2). Die Angreifer sollen geduldig und zielstrebig zugleich voll aktive Verteidiger ausspielen, in den tornahen Raum stoßen und dann die Torchance sicher verwerten. Das angreifende Team hat immer nur wenige Minuten Angriffsrecht und soll in dieser Zeit möglichst viele Tore erzielen. Dabei dürfen sie aber nicht zu hektisch agieren, da sie über einen Spieler mehr verfügen. Aufgrund überschaubarer Spielsituationen mit vielen Aktionen wird ein hoher Lerneffekt erreicht.

Die Überzahlspiele erzeugen ebenfalls **Flow**. Erreicht wird dies durch spannende Wettbewerbe, pausenlose Aktionen, einfache Regeln und viele Erfolgserlebnisse. Gerade durch die Erfolgserlebnisse wird eine selbstbewusste Grundeinstellung zum Offensivspiel entwickelt. Die Überzahlspiele werden in kleine Zeitabschnitte unterteilt. Dadurch sind die Spieler von Beginn an unter Spannung. Durch das Reinrufen der verbleibenden Spielzeit kann man dies weiter erhöhen.

Jeder Spieler ist dabei mal Angreifer und mal Verteidiger. Die Verteidiger lernen, in Unterzahl zu verteidigen. Der ballnahe Verteidiger rückt vor und der ballferne Verteidiger diagonal dahinter (Staffelung). Keine Laufwege kreuzen, sondern die Aufgaben übergeben. Die Verteidiger sind durch Kontermöglichkeiten motiviert. Bei jedem Ballbesitzwechsel wird das Umschaltspiel geschult. Die Verteidiger kontern und die Angreifer versuchen, dies durch Gegenpressing zu unterbinden.

Bedingt durch ihre Überzahl, können die Angreifer die ganze Bandbreite an Angriffsmitteln ausprobieren, ohne dass sofort ein Ballverlust droht. Möglichkeiten für die Offensive: Spiel über den Dritten, Doppelpass, Spielverlagerung, Schnittstellenpass, Positionswechsel, Andribbeln und Hinterlaufen. Diese Angriffsmittel sind einzeln oder miteinander kombiniert anwendbar. Die Spielformen überlassen den Spielern alle Entscheidungen. Anstatt starre Spielzüge auswendig zu lernen, wird die Spielintelligenz durch freies Spielen gefördert.

Der Trainer coacht die Spieler simultan zum Spiel.

Empfohlene Ausgangsposition: Der Ballführende steht zentral und beide Außenseiten sind besetzt. Die Außenspieler stehen maximal breit, um nach einem Zuspiel nicht direkt unter Druck zu geraten. Sie bewegen sich in offener Stellung und können den Ball so direkt in Richtung Tor mitnehmen. Erfolgt ein Pass nach außen, kann sich der zentrale Angreifer zwecks Spielverlagerung im Rückraum anbieten oder den Außenspieler hinterlaufen. Der zentrale Angreifer kann aber auch einen Verteidiger aktiv andribbeln und ihn dadurch „binden". Der Außenspieler auf der Seite des angedribbelten Verteidigers geht in die Breite und macht sich anspielbar. Nach einem Zuspiel kann er am Verteidiger vorbeidribbeln.

Die Spielformen 4-gegen-3 bieten zudem gute Möglichkeiten, um eine Sturmspitze zu schulen. Alle Spieler wechseln nach Aktionsende, nur die Sturmspitze bleibt. Sie bewegt sich permanent entlang der Abwehrkette und fungiert Angriff auf Angriff als zentrale und tiefe Anspielstation. Sie ist bereit, im Rücken der Abwehr einen Pass zu erlaufen, sie bietet sich für einen Doppelpass an, kommt entgegen, lässt den Ball klatschen und geht wieder tief. Sie blockt den ballfernen Innenverteidiger, um ein Zuspiel in Richtung Tor mitzunehmen.

Organisation und Ablauf (1. Hinführung)

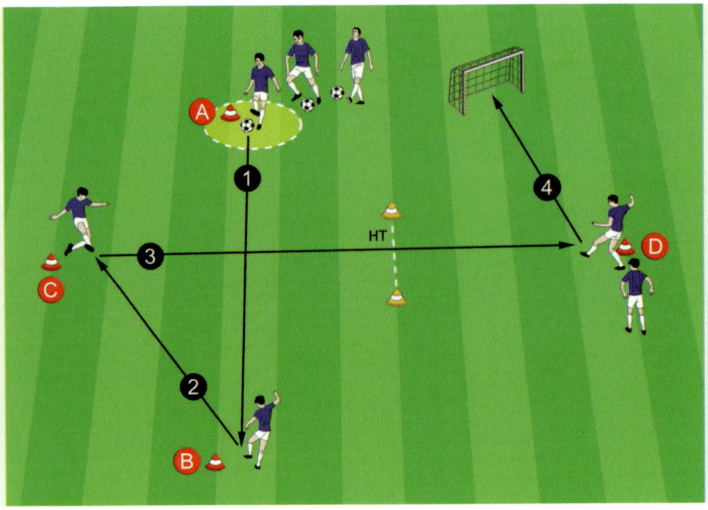

Eine Raute (12 x 8 Meter), bestehend aus den Hütchen A, B, C und einem HT (Breite: 3 Meter), aufbauen. 6 Meter vom HT entfernt die Position D markieren und etwa 6 Meter neben A ein Minitor leicht schräg aufstellen.

Die Positionen B/C einfach und D doppelt besetzen. 2-7 Spieler gehen mit Bällen zu A.

Spieler A passt zu Spieler B, B leitet direkt auf C weiter und C spielt durch das HT zu D. D schießt direkt aufs Minitor.

Die Spieler folgen ihren Pässen (A zu B, B zu C, C zu D und D mit Ball zu A). Sobald Spieler A ums Hütchen B gelaufen ist und einen Pass des nächsten Spielers A fordert, geht es wie zuvor weiter.

Spieleranzahl: 6-11 Spieler.

Wettbewerb: Welcher Gruppe gelingen in 4 Minuten mehr Treffer ins Minitor? Es zählen nur Treffer, wenn der Pass 3 zuvor durch das HT gespielt wurde.

Variation: Zu einem spiegelverkehrt aufgebauten Parcours wechseln.

Tipp: Zügig die Positionen wechseln. Spieler A sprintet nach dem Pass 1 ums Hütchen B und fordert energisch das Zuspiel. Damit der Zielschuss ins Minitor einfach zu bewerkstelligen ist, flach und ohne Ballrotation durch das HT passen.

Organisation und Ablauf (1. Torschuss)

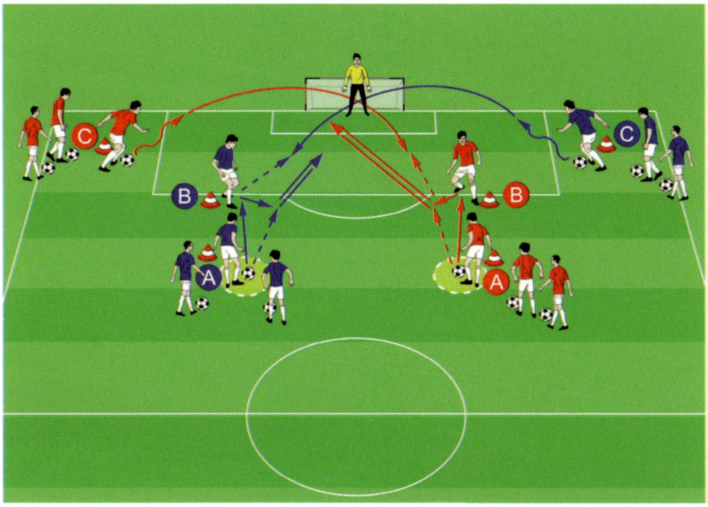

Sechs Hütchen (Blau A-C und Rot A-C) entsprechend der Zeichnung am Strafraum aufstellen.

Zwei gleich große Teams bilden und jeweils den Positionen A-C eine Farbe zuweisen. Position B einfach besetzen. Die restlichen Spieler teilen sich mit Bällen an A und C auf.

Spieler A (rot) passt zu Spieler B (rot) und B legt zum Torschuss auf. Mit dem Torschuss dribbelt C (rot) in Richtung Grundlinie und flankt zu B. B verwertet direkt (Kopf oder Fuß). Sofort gleicher Ablauf vom blauen Team.

Die Spieler wechseln eine Position weiter. A zu B, B mit Ball zu C und C mit Ball zu A.

Spieleranzahl: 10-22 Feldspieler.

Wettbewerb: Welches Team erzielt in 4 Minuten mehr Tore? Werden in dieser Zeit weniger als 10 Tore erzielt, Sonderaufgabe für alle Feldspieler.

Variation: Seitenwechsel der Teams. Schwache Spieler dürfen einen ruhenden Ball flanken. Bei zwei Treffern in Folge ein Extrator.

Situation: Flanke, ST fungiert als Wandspieler.

Tipp: Verfügt man über mehrere Torhüter, so wechseln diese immer nach einem Durchgang von Rot und Blau. Spieler C legt sich den Ball mit dem letzten Kontakt vor der Flanke leicht nach innen vor und spielt gezielt auf B. Nicht zu nah ans Tor flanken. Treffsichere Torabschlüsse.

Organisation und Ablauf (1. Spielform)

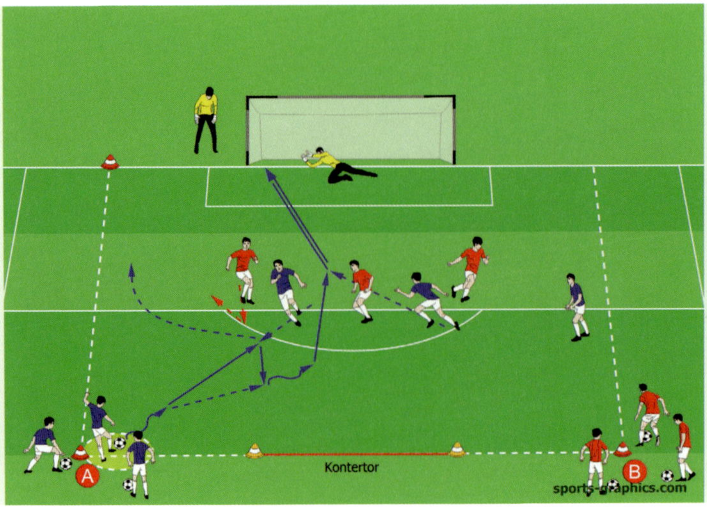

Vor dem besetzten Großtor ein Feld (30 x 25 Meter) und gegenüber dem Großtor ein Hütchentor (Breite: 8 Meter) für einen Konter aufbauen.

Zwei Teams bilden. Je drei Spieler ins Feld. Der Rest teilt sich mit je einem Ball als Angreifer an den Hütchen A und B auf.

Ein Team besitzt für 90 Sekunden Angriffsrecht. Dazu dribbelt ein Angreifer ins Feld und das Team versucht, im 4-gegen-3 ein Tor zu erzielen. Bei Ballaus oder Tor verlässt ein Angreifer das Feld und der nächste Angreifer dribbelt ins Feld. Erobern die Verteidiger den Ball und gelingt ihnen ein Überdribbeln des Kontertors, wechselt das Angriffsrecht sofort. Fängt der Torwart den Ball, spielt er diesen zu einem Verteidiger.

Der das Feld verlassende Spieler stellt sich mit Ball bei A (B) an. Nach 90 Sekunden ohne Konter Wechsel des Angriffsrechts.

Spieleranzahl: 8-18 Feldspieler. Bei weniger als 12 Spielern nur zwei Spieler je Team ins Feld stellen.

Wettbewerb: Wer erzielt zuerst 20 Tore (das Verteidigerteam startet mit drei Toren)?

Variation: Nach dem Eindribbeln von A/B das erste Zuspiel klatschen lassen.

Tipp: Lautstark kommunizieren, wer das Feld verlässt. Bei Ballverlust spielt das Überzahlteam ein Gegenpressing.

Organisation und Ablauf (2. Hinführung)

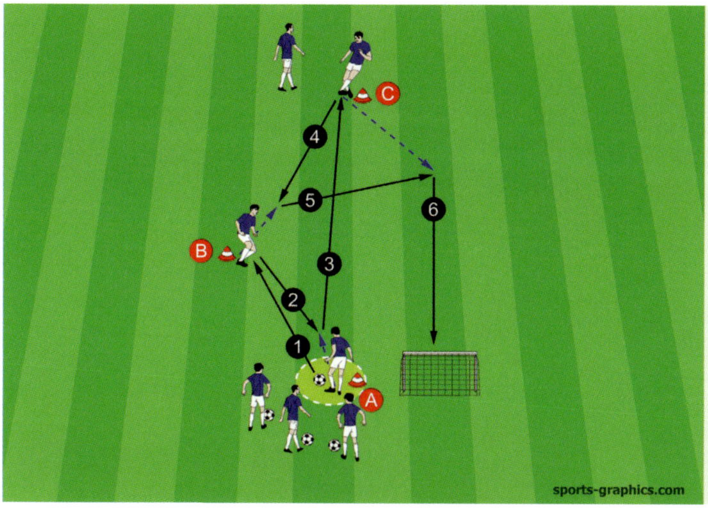

Ein Hütchendreieck (18 x 5 Meter) entsprechend der Zeichnung mit einem Minitor aufbauen.

Die Position B einfach und die Position C doppelt besetzen. Die restlichen Spieler gehen mit Bällen zu A.

Spieler A passt zu B, B lässt klatschen und A spielt zu C. C lässt auf B klatschen und B legt den Ball zum Zielschuss für C auf.

Die Spieler wechseln eine Position weiter. Sobald Spieler A um Hütchen B gelaufen ist (von außen nach innen), fordert er von A ein Zuspiel und der nächste Durchgang startet.

Spieleranzahl: 5-10 Spieler.

Wettbewerb: Spiegelverkehrt zueinander aufgebaute Parcours spielen gegeneinander. Wer erzielt in 4 Minuten mehr Tore? Nur direkte Zielschüsse mit dem äußeren Fuß hinter Hütchen B zählen.

Variation: Zum spiegelverkehrt aufgebauten Parcours wechseln.

Tipp: Vor dem Zielschuss den Kopf heben und das Minitor anvisieren. Das Standbein zeigt in Schussrichtung. Den Zielschuss druckvoll ausführen.

Organisation und Ablauf (2. Torschuss)

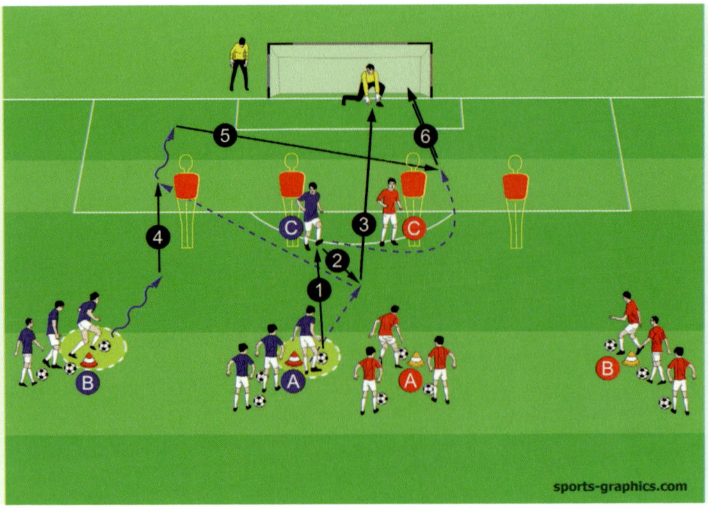

Vor dem Strafraum vier Dummys zu einer Viererkette aufstellen. Dazu vier Hütchen entsprechend der Zeichnung aufbauen.

Zwei gleich große Teams bilden, die je an einer Parcoursseite stehen. Je ein Spieler steht am IV-Dummy und die restlichen Spieler mit Bällen an den Hütchen verteilt.

Die beiden Teams greifen im Wechsel an. Spieler A (blau) passt zu C und C legt zum Torschuss auf. Direkt nach dem Schuss läuft A diagonal in den Rücken des AV-Dummys. Spieler B hat mittlerweile den AV-Dummy angedribbelt und passt longline zu A. Spieler C hat inzwischen den entfernten IV-Dummy umlaufen und erhält von A einen Rückpass zum Torschuss. Mit dem Schuss 6 folgt der gleiche Ablauf von Rot.

Spieler A wechselt mit Ball zu B, B zu C und C mit Ball zu A.

Spieleranzahl: 5-22 Feldspieler. Bei weniger als 10 Spielern nur von einer Seite spielen.

Wettbewerb: Welches Team erzielt in 4 Minuten mehr Tore? Fallen in dieser Zeit weniger als 15 Tore, gewinnen die Torhüter.

Situation: ST als Wandspieler, quer laufender ST. Lösen vom IV.

Tipp: Den AV-Dummy aktiv andribbeln. Nicht zu früh, nicht zu spät passen (Abseits beachten und Blickkontakt herstellen). Den Pass 4 in den Fuß von A spielen. A kontrolliert den Ball in Richtung Grundlinie. A und C fordern lautstark die Zuspiele 4 und 5.

Organisation und Ablauf (2. Spielform)

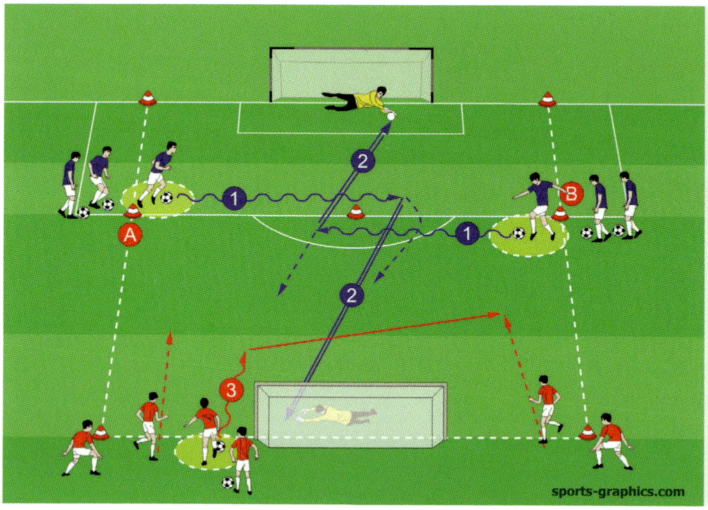

Ein Feld (32 x 32 Meter) mit zwei Toren aufbauen. Ein zentrales Hütchen aufstellen.

Zwei Teams bilden und je einem Tor zuweisen. Die Spieler von Team A teilen sich mit je einem Ball an die beiden Hütchen A und B auf. Team B bildet 3er-Gruppen. Diese haben je einen Ball und stehen an der Stirnseite des Felds.

Auf Trainersignal dribbeln die Spieler A und B gleichzeitig um das zentrale Hütchen und kommen zum Torabschluss. Direkt nach den beiden Torschüssen dribbelt das erste 3er-Team von B ins Feld und versucht, gegen die beiden Torschützen im 3-gegen-2 ein Tor zu erzielen. Die beiden Torschützen, jetzt Verteidiger, kontern nach einer Balleroberung. Direkt nach dem Ballaus, Abseits oder Tor erfolgt die nächste Aktion.

Nach 4 Minuten Spielzeit erfolgt ein Aufgabenwechsel.

Spieleranzahl: 12-24 Feldspieler.

Wettbewerb: Welches Team hat nach einmaligem Aufgabenwechsel mehr Tore erzielt?

Variation: Die jeweils nächste Aktion wird durch ein Trainersignal begonnen.

Tipp: Die Überzahlspieler ohne Ball sind stets anspielbar. Es wird eine zentrale Ballposition angestrebt. Ständig verlagern und hinterlaufen. Wenige Ballkontakte. Abseits beachten. Die Aktionen zügig hintereinander absolvieren.

Organisation und Ablauf (3. Hinführung)

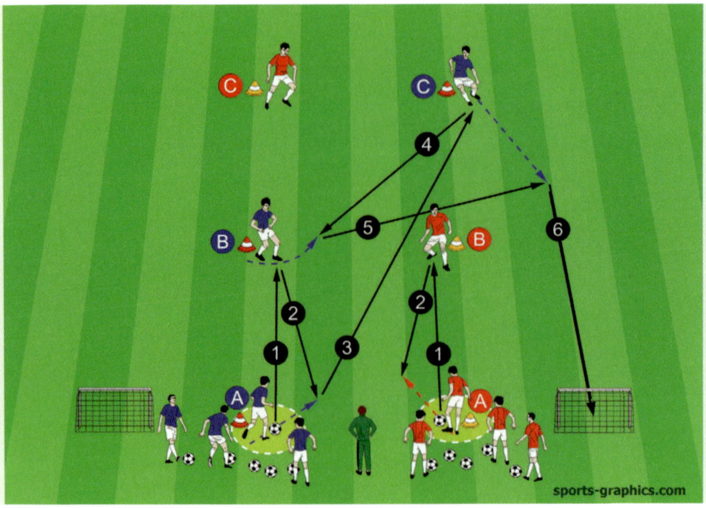

Ein Feld (16 x 8 Meter) mit zwei Minitoren (6 Meter Abstand zu A) aufbauen.

Zwei gleich große Teams bilden. Je ein Spieler wechselt zu den Positionen B und C und die restlichen Spieler gehen mit allen Bällen zu A.

Beide Teams starten gleichzeitig. Spieler A passt zu Mitspieler B, er lässt klatschen und A passt steil zu Mitspieler C. C spielt Doppelpass mit B und kommt mit dem äußeren Fuß zum Zielschuss ins Minitor.

Alle Spieler wechseln eine Position weiter. Sobald B neu besetzt ist, startet der nächste Durchgang. C wechselt mit Ball zu seinen Mitspielern A.

Spieleranzahl: 10-20 Spieler. Bei weniger als 10 Spielern nur auf ein Minitor spielen.

Wettbewerb: Welches Team erzielt in 4 Minuten mehr Tore? Nur direkte Schüsse mit dem äußeren Fuß zählen.

Variation: Für einen zweiten Durchgang wechseln die Teams ihre Positionen.

Tipp: Die Passwege der Teams kreuzen sich zum Teil. Bei den Pässen ❸ bis ❺ einen offenen Passweg kontrollieren. Die Spielfeldumgebung wahrnehmen und bei Bedarf den Pass verzögern. Mit Blick zum Feld die Positionen wechseln. Ein einzelner Trainer kann die Tore mit einem Zähler je Hand zählen. Spieler C soll dann nach einem Treffer ein lautes Kommando geben.

Organisation und Ablauf (3. Torschuss)

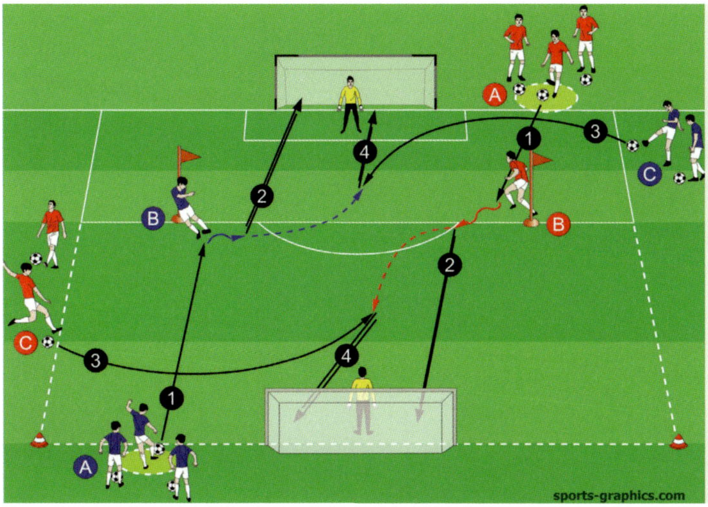

Einen doppelten Strafraum mit zwei Toren aufbauen. Zwei Stangen (Dummys) B entsprechend der Zeichnung ins Feld stellen.

Zwei gleich große Teams bilden und sie je einem Tor zuweisen. Die Positionen B einfach besetzen und 2-3 Spieler zu C. Die restlichen Spieler wechseln zu A. Alle Bälle werden zu A/C gebracht.

Die Teams beginnen gleichzeitig und spielen unabhängig voneinander. Spieler A passt zu Spieler B. B dreht auf und schießt spätestens mit seinem dritten Kontakt aufs Tor. Direkt im Anschluss zu diesem Torschuss ❷ erfolgt eine Flanke (❸) des Mitspielers C und B verwertet diese direkt.

Die Spieler wechseln eine Position weiter. Auf die Positionen A und C nur mit Ball wechseln. Sobald der gegnerische Torwart bereit ist, startet die nächste Aktion.

Spieleranzahl: 10-22 Feldspieler. 2 x TW.

Wettbewerb: Welches Team erzielt in 4 Minuten mehr Tore? Kopfballtreffer zählen doppelt.

Variation: Wechsel der Spiel- und Schussrichtung, indem A, B und C jeweils zur anderen Seite wechseln.

Situation: Flanke, Ballmitnahme ST.

Tipp: Den Pass ❶ druckvoll in den inneren Fuß spielen. Spieler B verbindet die Ballmitnahme mit einer Körpertäuschung. Die Flanke gezielt auf B spielen. B startet kontrolliert in die Flanke und verwertet mutig. Der Torwart agiert maximal 7 Meter vor dem Tor.

Organisation und Ablauf (3. Spielform)

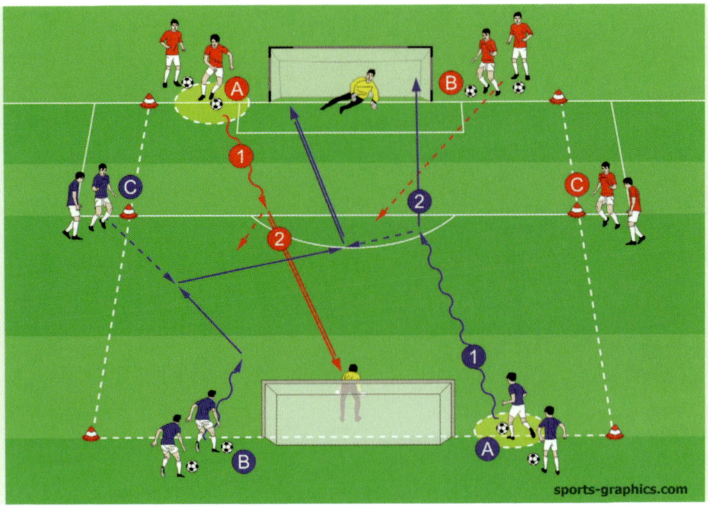

Ein Feld (32 x 32 Meter) aufbauen. Die Strafraumlinie ist gleich der Mittellinie.

Zwei Teams bilden und sie je einem Tor zuweisen. Je zwei Spieler wechseln zu den Positionen C. 2-5 Spieler gehen zu den Positionen A/B mit Bällen.

Auf Trainersignal dribbeln beide Spieler A ins Feld und schießen noch aus ihrer Spielfeldhälfte auf das gegnerische Tor. Trifft nur ein Spieler, so darf nun seine Mannschaft im 3-gegen-2 angreifen. Es starten beide Spieler B (Angreifer B mit Ball) plus Angreifer C ins Feld. Erzielen beide Spieler A oder keiner von beiden ein Tor, so besitzt das Team Angriffsrecht, welches schneller geschossen hat.

Spieler A wechselt mit Ball zu B, B zu C und C mit Ball zu A. Auch Spieler C des Verteidigerteams, welcher nicht aktiv eingreifen durfte, wechselt mit Ball zu A.

Spieleranzahl: 12-24 Feldspieler. Immer ausreichend Bälle an die Positionen A und B legen.

Wettbewerb: Welches Team erzielt nach 6 Minuten mehr Tore?

Variation: Seitenwechsel der Teams. Beide Spieler C starten zum 3-gegen-3 ins Feld.

Tipp: Der Trainer kann das angriffsberechtigte Team laut benennen. Der entsprechende Spieler B dribbelt entschlossen ins Feld. Zielstrebig, aber nicht hektisch zum Torabschluss kommen. Abseits beachten. Erobern die beiden Verteidiger den Ball, kontern sie.

Organisation und Ablauf (4. Hinführung)

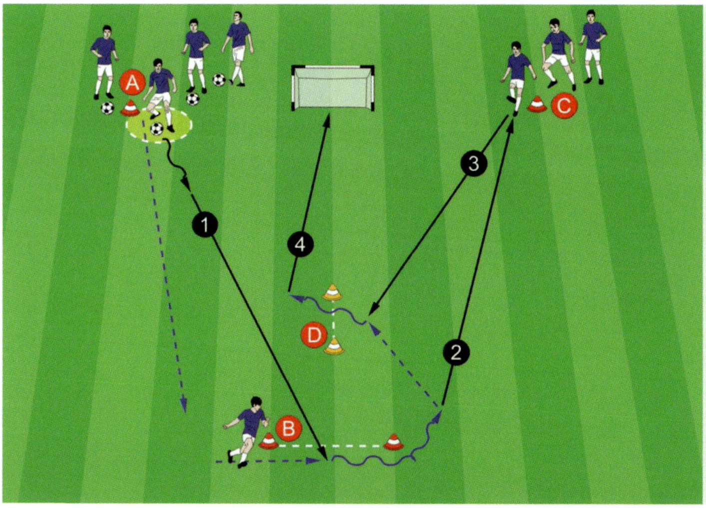

Ein Hütchendreieck A-C (16 x 10 Meter) mit einem zentralen Minitor auf der Grundlinie aufbauen. Position B besteht aus einem HT (Breite: 4 Meter). Im Dreieck (4 Meter von B) ein weiteres HT D (Breite: 2 Meter) aufstellen.

Ein Spieler wechselt zu B, drei Spieler gehen zu C und die restlichen Spieler mit Bällen zu A.

Spieler A passt mit seinem zweiten Kontakt (den Ball kurz vorlegen) durch das HT B zu Spieler B. Dieser nimmt das Zuspiel außen um sein HT mit und passt zu Spieler C. C lässt klatschen und B nimmt den Ball durch das HT D mit und absolviert einen Zielschuss ins Minitor.

Die Spieler wechseln eine Position weiter. Sobald Position B neu besetzt ist, startet der nächste Durchgang.

Spieleranzahl: 6-11 Spieler.

Wettbewerb: Zwei Teams treten im Wettbewerb gegeneinander an. Welches Team erzielt in 4 Minuten mehr Tore? Treffer zählen nur, wenn zuvor durch die HT gedribbelt wurde.

Kognition: Futsalbälle einstreuen (die Treffer zählen doppelt). Augenklappen nutzen.

Variation: Für einen zweiten Durchgang Wechsel der Spielrichtung. Es wird nun von Position C gestartet. Vor dem Pass 1 dribbelt A mit mindestens fünf Ballkontakten ins Feld.

Tipp: B nimmt den Ball mit dem Ersten Kontakt in Spielrichtung mit. A sprintet nach seinem Pass 1 direkt hinters HT B. Präziser Pass von C (gegebenenfalls mit zwei Kontakten arbeiten).

Organisation und Ablauf (4. Torschuss)

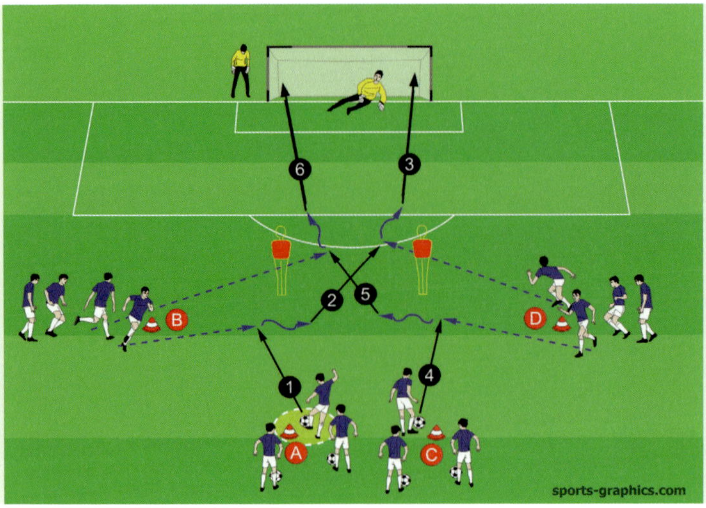

Zwei Dummys als IV etwa 24 Meter vor das Tor stellen. Vier Hütchen (zwei Außenpositionen und zwei Startpositionen) entsprechend der Zeichnung um die IV herum aufbauen.

Je 4-8 Spieler wechseln zu B und D und 2-4 Spieler mit Bällen zu A und C.

Spieler B sprintet vor die IV, erhält von Spieler A einen Pass und nimmt den Ball zur Mitte mit. Parallel zur Ballmitnahme sprintet Spieler D in den Rücken der IV und erhält von B einen Schnittstellenpass. Mit seinem zweiten Ballkontakt kommt D zum Torabschluss. Mit diesem Torabschluss folgt der gleiche Ablauf von der anderen Seite: Der nächste Spieler D sprintet vor die IV, Pass von C und Schnittstellenpass von D zum nächsten Spieler B (5).

Die Passgeber A/C wechseln zur nahen Außenposition und die Passgeber B/D zur gegenüberliegenden Außenposition. Der Torschütze geht mit Ball zur nahen Startposition.

Spieleranzahl: 12-24 Feldspieler.

Wettbewerb: Feldspieler gegen Torhüter. Erzielen die Feldspieler in 5 Minuten 10 Tore?

Variation: Torabschluss direkt. Schnittstellenpass und Torabschluss direkt. Den Pass 1/4 zur jeweiligen Startposition klatschen lassen und nun passen Spieler A/C in die Schnittstelle.

Situation: Schnittstellenpass.

Tipp: Beidfüßig spielen und schießen. Abseits beachten. Gutes Timing beim Passen und Sprinten. Den Ball nicht zu nah an die IV spielen.

Organisation und Ablauf (4. Spielform)

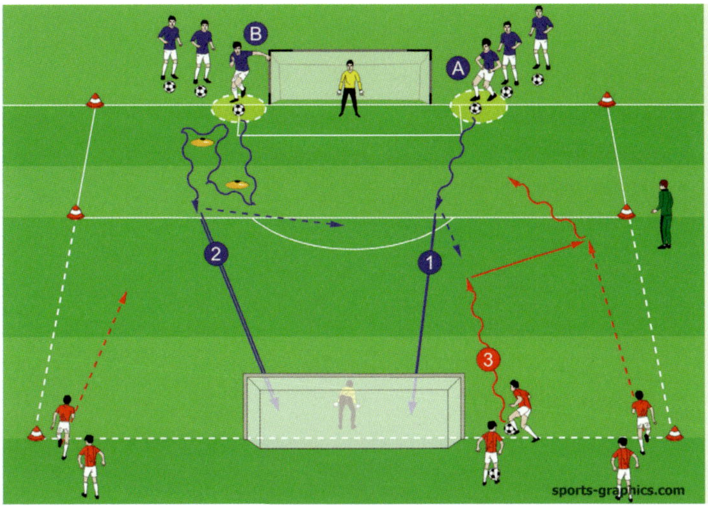

Ein Spielfeld in doppelter Strafraumgröße mit zwei Großtoren aufbauen. Zwei Hütchen (Gummiteller) entsprechend der Zeichnung ins Feld legen.

Zwei gleich große Teams bilden und sie je einem Tor zuweisen. Team Blau wechselt mit jeweils einem Ball links und rechts neben ihrem Tor. Team Rot bildet drei Gruppen neben ihrem Tor. Die zentralen Spieler Rot haben alle einen Ball.

Auf ein Trainersignal hin dribbelt Spieler A und Spieler B ins Feld. Spieler A direkt in Richtung gegnerisches Tor und mit Torabschluss vor der Strafraumgrenze. Spieler B umdribbelt, vor seinem Torabschluss, die beiden Hütchen im Feld. Spieler A/B werden unmittelbar zu Verteidigern und drei rote Spieler kommen mit Ball ins Feld. Es entsteht eine 3-gegen-2-Situation. Die Abseitsregel gilt. Konter sind möglich.

Nach dem Aktionsende verlassen alle fünf Spieler zügig das Feld und stellen sich bei ihren Mitspielern an (gegebenenfalls mit Ball). Team Blau startet sofort mit dem nächsten Durchgang.

Spieleranzahl: 12-24 Feldspieler.

Wettbewerb: Welches Team hat nach einmaligem Aufgabenwechsel mehr Tore erzielt? Spielzeit 2 x 5 Minuten.

Tipp: Die Hütchen im Feld führen zu einer Verzögerung des zweiten Torschusses. Nach den ersten beiden Torschüssen sofort aufmerksam sein und klug verteidigen. Der ballnahe Spieler übt Druck aus (nicht zu stürmisch) und der ballferne Verteidiger steht gestaffelt dahinter.

Organisation und Ablauf (5. Hinführung)

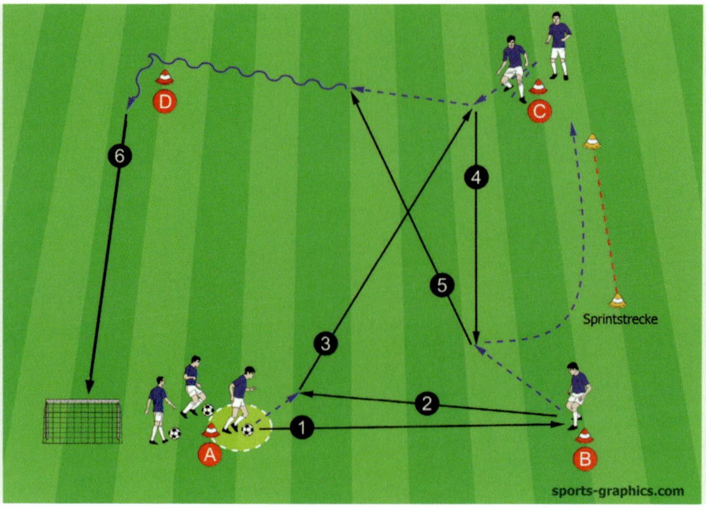

Ein Quadrat (15 Meter) mit Minitor und Sprintstrecke aufbauen. Hütchen A leicht einrücken.

Die Position C doppelt und B einfach besetzen. 3-8 Spieler gehen mit Bällen zu A.

Spieler A passt zu B. B lässt klatschen, A spielt diagonal zu C und C lässt auf B klatschen. B spielt leicht in den Lauf von C, C umdribbelt Hütchen D und schießt ins Minitor.

Die Spieler wechseln eine Position weiter. A umläuft dabei Hütchen B und fordert das nächste Zuspiel.

Spieleranzahl: 6-11 Spieler.

Wettbewerb: Welcher Parcours erzielt in 4 Minuten mehr Tore? Nur Zielschüsse mit dem äußeren Fuß zählen.

Variation: Zu einem spiegelverkehrt aufgebauten Parcours wechseln. Als reine Passübung ohne Zielschuss absolvieren. In diesem Fall müssen bei A Spieler ohne Ball stehen. Der Zielschuss 6 erfolgt dann als Pass.

Tipp: Der Passempfänger C löst sich vor dem Pass 3 von einem imaginären Gegenspieler. Die Mitspieler immer innen anspielen. Den Pass 5 druckvoll und nur leicht steil spielen. Dribbling mit Tempo. Vor dem Zielschuss den Kopf heben und das Minitor anvisieren.

Organisation und Ablauf (5. Torschuss)

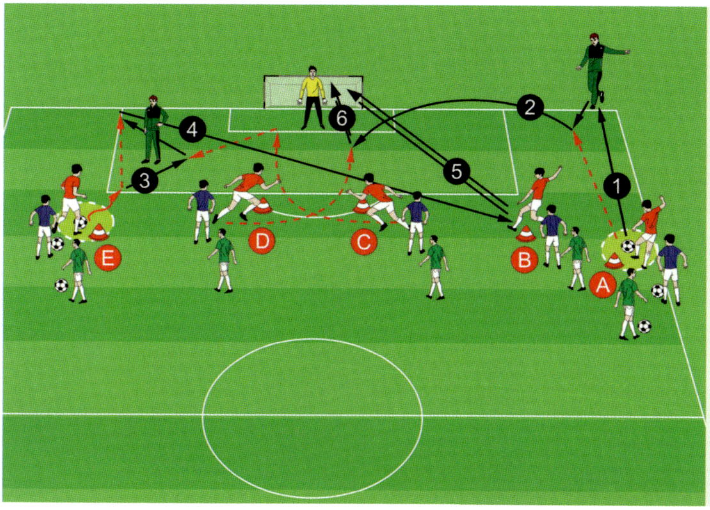

Fünf Hütchen (A-E) entsprechend der Zeichnung am Strafraum aufstellen. B/E 20 Meter, C/D 18 Meter und A 22 Meter von der Grundlinie entfernt.

Mindestens 10 Spieler stellen sich in gleicher Anzahl an den fünf Hütchen auf. Alle Bälle zu A und E. Ein Trainer steht auf der Grundlinie gegenüber von A und ein zweiter Trainer wird per Doppelpass an Position E ausgespielt.

Spieler A passt zum Trainer und läuft seinem Zuspiel nach. Der Trainer legt ihm den Ball so auf, dass er gezielt zu C oder D vor das Tor flanken kann. Beim Verwerten der Flanke kreuzen C und D ihre Laufwege. Wer von den beiden den Ball nicht verwertet, läuft direkt in Richtung Spieler E und spielt mit ihm einen Doppelpass (E dribbelt kurz den Trainer an). E passt nun diagonal zu B. B kommt zum Torabschluss.

Nach Abschluss eines Durchgangs wechselt A zu B, B zu C, C zu D, D mit Ball zu E und E mit Ball zu A.

Spieleranzahl: 10-20 Feldspieler.

Wettbewerb: Werden keine 12 Tore in 5 Minuten erzielt, Sonderaufgabe für die Spieler.

Variation: Zwecks Beidfüßigkeit die Startposition A auf der anderen Seite aufbauen.

Situation: Flanke, Doppelpass mit dem Außenspieler.

Tipp: C und D starten so in den Strafraum, dass die Flanke nicht in ihren Rücken fliegt und sie im Strafraum nicht zum Stillstand kommen.

Organisation und Ablauf (5. Spielform)

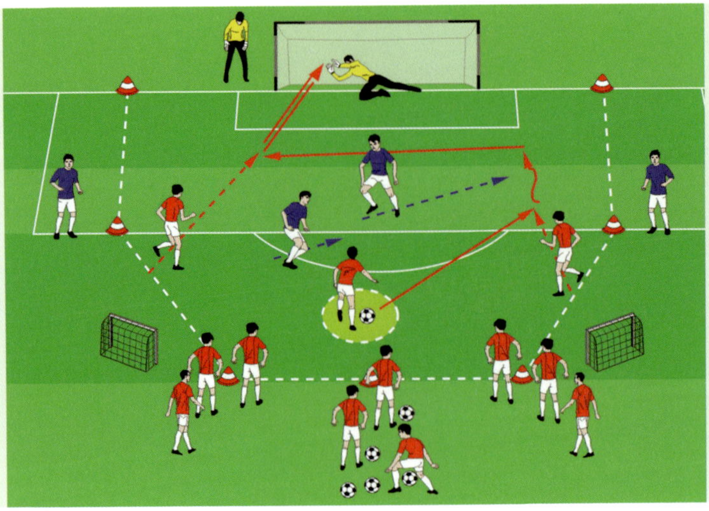

Vor dem mit einem Torwart besetzten Großtor ein Feld (40 x 28 Meter) aufbauen. Das Feld trichterförmig gestalten und seitlich zwei Minitore platzieren.

Vier Verteidiger bestimmen. Zwei gehen ins Feld und zwei als Ersatz neben dem Feld (selbstständig wechseln). Der Rest steht als Angreifer in drei Gruppen hinter dem Feld. Alle Bälle sind zentral!

Die ersten drei Angreifer dribbeln zum 3-gegen-2 ins Feld und versuchen, ein Tor zu erzielen. Erobern die Verteidiger den Ball, kontern sie auf eines der beiden Minitore. Bei Ballaus oder Torerfolg verlassen alle Angreifer sofort das Feld und die nächsten drei Angreifer starten zum 3-gegen-2 ins Spiel.

Nach 3 (4) Minuten Spielzeit kommen neue Verteidiger aufs Feld.

Spieleranzahl: 13-24 Feldspieler. Ab 19 Spieler 4-gegen-3 spielen. Fünf Verteidiger und einen festen ST bestimmen. Die Verteidiger bilden eine Dreierkette und ST bleibt die komplette Spielzeit im Feld (46 x 32 Meter).

Wettbewerb: Die Verteidiger starten mit einem 4:1-Vorsprung. Gelingt es den Angreifern, den Rückstand in 3 (4) Minuten aufzuholen?

Variation: Erster Pass zu ST und er lässt klatschen.

Tipp: Abseits beachten. Das Verteidigerpaar coacht sich: Ein Verteidiger blockt einen möglichen Torschuss und der zweite Verteidiger befindet sich leicht diagonal dahinter. Das Überzahlteam spielt nach einem Ballverlust ein Gegenpressing.

Organisation und Ablauf (6. Hinführung)

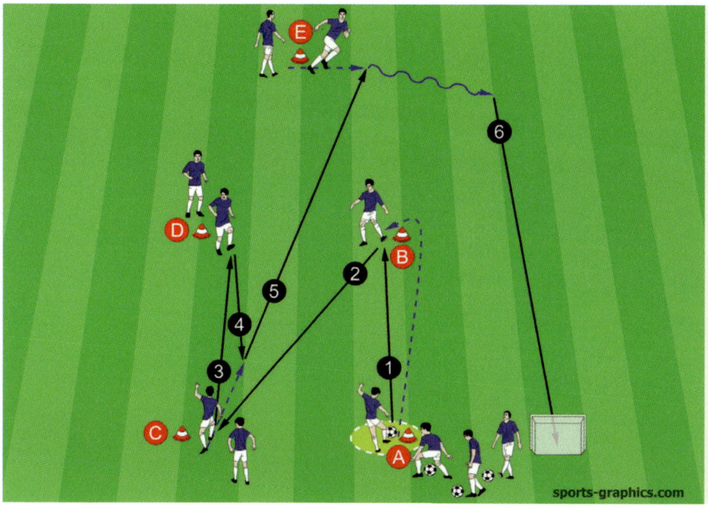

Ein Rechteck (10 x 8 Meter) und 12 Meter davon entfernt Hütchen E aufbauen. 4 Meter neben A ein Minitor stellen.

Die Position B einfach und die Positionen C-E doppelt besetzen. An der Startposition A stehen 2-6 Spieler mit Bällen.

Spieler A passt zu B, B direkt zu C, C zu D, D lässt klatschen und C spielt einen Steilpass zu E. E nimmt den Ball mit und schießt ins Minitor.

Die Spieler wechseln eine Position weiter. Sobald B neu besetzt ist (ums Hütchen laufen), startet die nächste Aktion.

Spieleranzahl: 7-13 Spieler. Hütchen D/E einfach besetzen.

Wettbewerb: Welches Team schießt in 4 Minuten mehr Tore?

Variation: Wechsel der Spielrichtung. Das Minitor wird neben Hütchen C aufgestellt und dann bei Hütchen C starten.

Tipp: Beim Positionswechsel sich offen zum Spiel bewegen. Die Spieler seitlich/innen anspielen. Spieler E in Richtung seines Dribbelwegs anspielen.

Organisation und Ablauf (6. Torschuss)

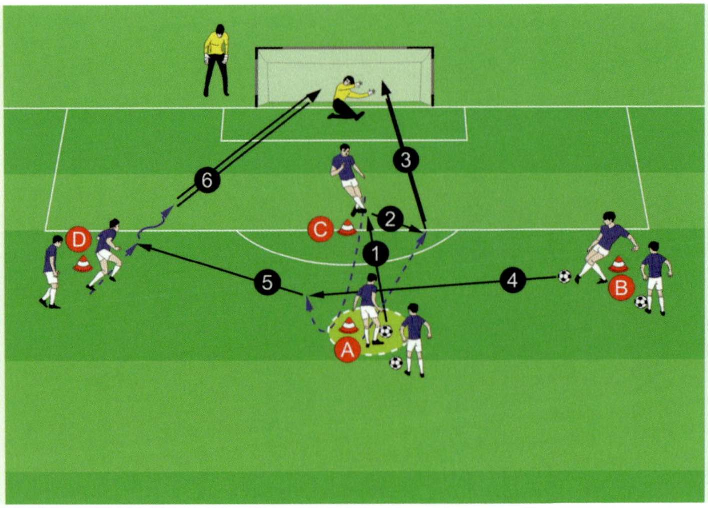

Vor dem Strafraum eine Hütchenraute (35 x 8 Meter) aufbauen.

Position C einfach besetzen. Zur Position D gehen 2-4 Spieler ohne Bälle und je 2-6 Spieler mit Bällen zu A und B.

Spieler A passt zu Spieler C, C legt zum Torschuss auf und A schießt aufs Tor. C läuft direkt nach diesem Doppelpass zu Hütchen A und fordert in offener Stellung von Spieler B ein Zuspiel. B passt (4) daraufhin zu C und C leitet den Ball mit zwei Kontakten zu Spieler D weiter. D nimmt den Ball kurz in Richtung Tor mit und kommt zum Torabschluss.

Die Spieler wechseln entgegen dem Uhrzeigersinn eine Position weiter. A mit Ball zu B, B zu C, C zu D und D mit Ball zu A. Wer zum Torschuss gekommen ist, muss einen Ball holen.

Spieleranzahl: 7-17 Feldspieler.

Wettbewerb: Erzielen die Feldspieler in 4 Minuten 12 Tore? Falls nicht, absolvieren sie eine athletische Zusatzaufgabe (z. B. Liegestütze).

Variation: Spiegelverkehrter Ablauf. Die Bälle sind nun bei D anstatt bei B. Positionswechsel im Uhrzeigersinn.

Situation: Spielverlagerung vor dem gegnerischen Tor.

Tipp: Nach dem Torschuss 6 kurz für die Torhüter warten. Spieler C fordert die Verlagerung 4 lautstark, dreht in offener Stellung auf und spielt mit dem zweiten Kontakt weiter.

Organisation und Ablauf (6. Spielform)

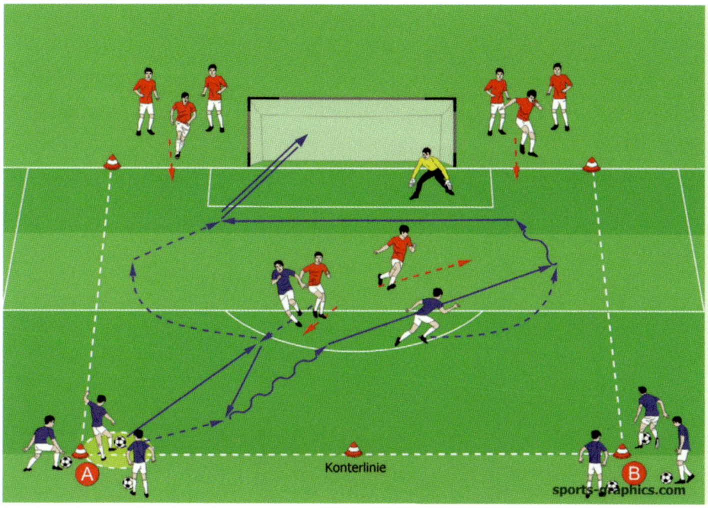

Ein Feld (30 x 25 Meter) vor dem Tor markieren.

Zwei Teams, Verteidiger und Angreifer, bilden. Zwei Verteidiger und zwei Angreifer gehen ins Feld. Die anderen Angreifer teilen sich mit Bällen an den Positionen A und B auf. Die restlichen Verteidiger stehen neben dem Tor.

Ein Angreifer aus dem Feld bietet sich deutlich A oder B an. A bzw. B spielt ihn an, der Passempfänger lässt zurückklatschen und er dribbelt zum 3-gegen-2 ins Feld.

Ist der Angriff abgeschlossen, kommen zwei neue Verteidiger ins Feld und einer der drei Angreifer wechselt mit Ball zu A/B. Einer der zwei verbleibenden Angreifer im Feld zeigt sich nun direkt wieder dem Angreifer A oder B für den nächsten Durchgang.

Spieleranzahl: 10-20 Feldspieler. Bei 10 Spielern sechs Angreifer und vier Verteidiger bestimmen.

Wettbewerb: Aufgabenwechsel nach 4 Minuten. Welches Team trifft öfters? Die Verteidiger erzielen einen Punkt, indem sie über die Grundlinie dribbeln.

Tipp: In den 4 Minuten so viele Angriffe wie möglich spielen. Der sich anbietende Angreifer im Feld kommt A bzw. B entgegengelaufen und fordert lautstark das Zuspiel. Miteinander zwecks korrekter Wechsel kommunizieren.

Organisation und Ablauf (7. Hinführung)

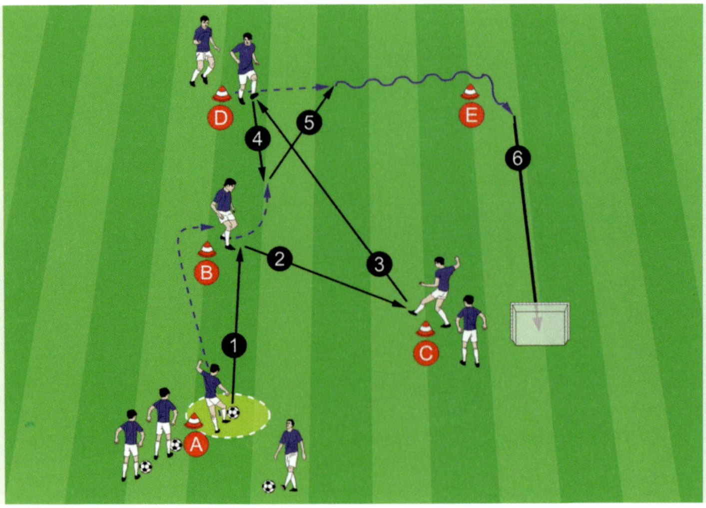

Drei Hütchen A, B und D im Abstand von 10 Metern in einer Reihe aufbauen. Neben der Hütchenreihe die Hütchen C/E und ein Minitor entsprechend der Zeichnung aufstellen.

Die Position B einfach und die Positionen C/D doppelt besetzen. Die restlichen Spieler gehen mit Bällen zu A.

Spieler A passt zu Spieler B, B leitet den Ball direkt zu Spieler C weiter und C passt zu Spieler D. D lässt auf B klatschen und B spielt in den Lauf von D (in Richtung E). D dribbelt um das Hütchen E und schießt ins Minitor.

Die Spieler wechseln eine Position weiter. A zu B, B zu C, C zu D und D mit Ball zu A. A umläuft beim Wechseln das Hütchen B von außen und fordert das nächste Zuspiel.

Spieleranzahl: 6-12 Spieler. Bei weniger als sieben Spielern die Position C nur einfach besetzen.

Wettbewerb: Zwei Parcours treten gegeneinander an. Welches Team erzielt in 4 Minuten mehr Tore (nur den äußeren Fuß zählen)?

Variation: Zu einem spiegelverkehrt aufgebauten Parcours wechseln.

Tipp: Immer in die offene Stellung passen. Orientiert sich B zu D, den Raum nicht zu eng machen. Beim Dribbling von D eine gute Ballkontrolle einfordern. Wechsel von A nach B im Sprint.

Organisation und Ablauf (7. Torschuss)

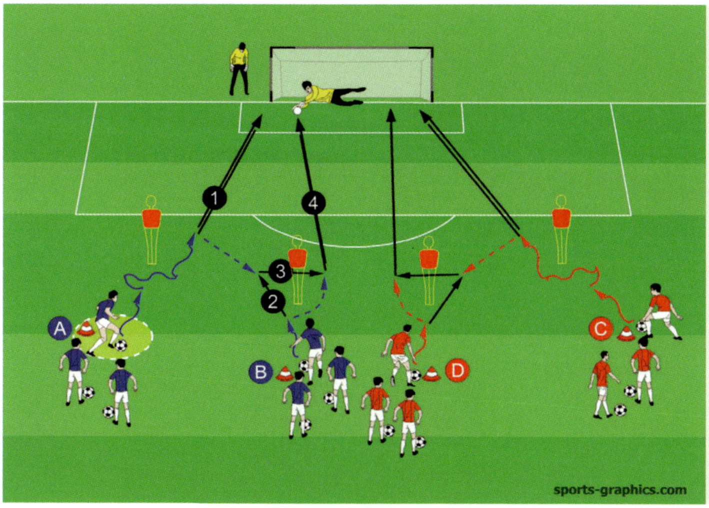

Vor den Strafraum vier Dummys (Simulation einer Abwehrkette) stellen. An jedem Dummy steht ein Hütchen. IV-Dummys sind leicht vorgerückt.

Zwei Teams bilden: je Hütchen 2-6 Spieler mit Bällen. Team A wechselt zu A/B und Team B zu C/D.

Spieler A dribbelt den AV-Dummy an, fintiert ihn aus und schießt aufs Tor. Direkt nach dem Torschuss bietet er sich B für einen Doppelpass an. B hat inzwischen den IV-Dummy angedribbelt und kommt, nach dem Doppelpass, ebenfalls zum Torschuss. Nach dem Torschuss ❹ startet das andere Team mit der gleichen Aufgabe (spiegelverkehrt).

Nach ihren Aktionen wechseln die Spieler mit Ball zur jeweils anderen Position ihres Teams.

Spieleranzahl: 8-24 Feldspieler.

Wettbewerb: Welches Team erzielt in 4 Minuten mehr Tore? Gelingen insgesamt keine 10 Tore, gewinnen die Torhüter und alle Feldspieler müssen eine „Zusatzaufgabe" erfüllen.

Variation: Für einen zweiten Durchgang wechseln die Teams die Seiten.

Situation: 1-gegen-1 mit dem Außenspieler, Doppelpass mit dem Zentrum.

Tipp: Die IV-Dummys sind vorgerückt, da ein realer IV beim Andribbeln aus der Kette rückt. Die Dummys dementsprechend als reale Gegenspieler sehen. Die Aktionen gehen zügig ineinander über.

Organisation und Ablauf (7. Spielform)

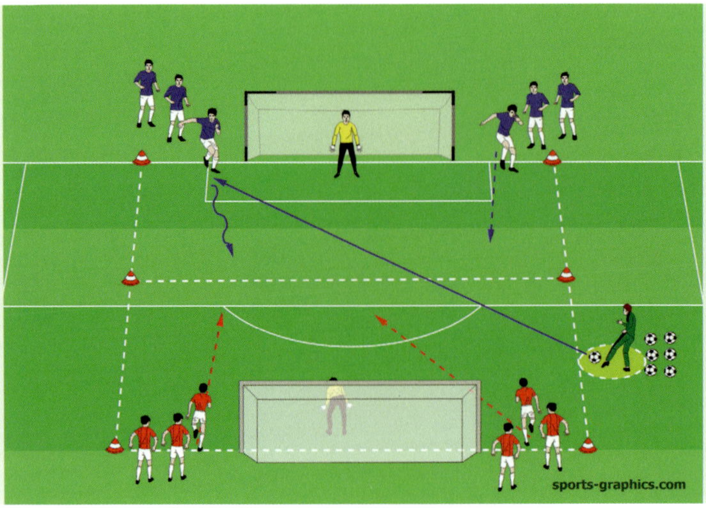

Für zwei Großtore ein Spielfeld (24 x 28 Meter) mit Mittellinie aufbauen.

Zwei Teams bilden und sie je einem Tor zuweisen. Die Teams verteilen sich gleichmäßig links und rechts neben ihrem Tor. Der Trainer steht mit Bällen neben dem Feld.

Team Blau besitzt für 5 Minuten Angriffsrecht. Das Spiel beginnt, indem der Trainer zu einem der beiden blauen Spieler passt. Der Passempfänger dribbelt ins Feld und sein Mitspieler von der anderen Torseite startet ebenfalls ins Feld. Gleichzeitig kommen zwei Verteidiger vom anderen Team ins Feld. Es entsteht eine 2-gegen-2-Situation. Treffer dürfen nur in der gegnerischen Hälfte erzielt werden. Die Abseitsregel gilt. Ein Angriff muss nach 20 Sekunden abgeschlossen sein. Erobern die Verteidiger den Ball, kontern sie.

Nach einer Aktion verlassen die Spieler schnell das Feld, legen dem Trainer einen Ball hin und stellen sich bei ihrem Team an.

Spieleranzahl: 8-20 Feldspieler.

Wettbewerb: Nach 5 Minuten Wechsel des Angriffsrechts. Welches Team erzielt in 10 Minuten mehr Tore?

Variation: 3-gegen-3. Der Angriff muss nach 10 Sekunden abgeschlossen sein.

Tipp: Die Angriffe zügig hintereinander spielen. Die Verteidiger binden durch Andribbeln. Die Torhüter tauschen die Tore beim Wechsel des Angriffsrechts.

Organisation und Ablauf (8. Hinführung)

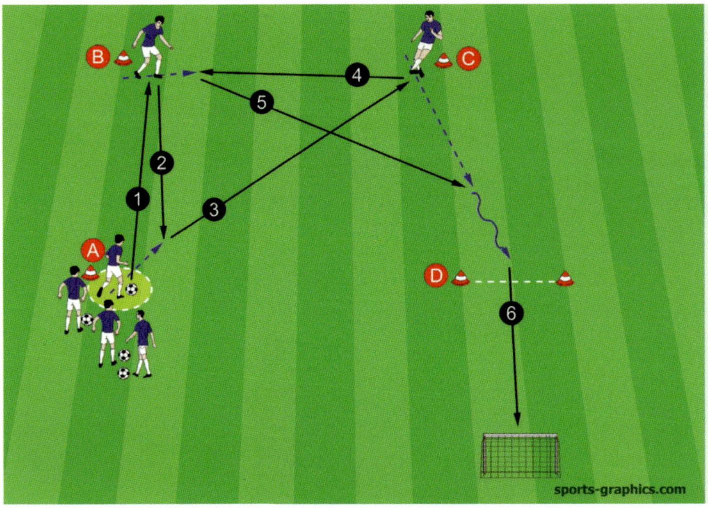

Ein Quadrat (15 Meter) aufbauen. Position D besteht aus einem HT (Breite: 3 Meter). Etwa 10 Meter vom HT ein Minitor aufstellen.

Die Positionen B und C einfach besetzen. 3-8 Spieler gehen mit Bällen zu A.

Spieler A passt zu B. B lässt auf A klatschen und A passt diagonal zu C. C lässt auf B klatschen, orientiert sich in Richtung D und erhält von B einen Direktpass leicht in die Bewegung. C absolviert vor dem HT einen Zielschuss ins Minitor.

Alle Spieler wechseln eine Position weiter. A zu B (Hütchen B umlaufen und das nächste Zuspiel fordern), B zu C und C mit Ball zu A.

Spieleranzahl: 5-10 Spieler.

Wettbewerb: Die Parcours treten gegeneinander an. Welchem Parcours gelingen in 4 Minuten mehr Treffer?

Variation: Wechsel zu einem spiegelverkehrt aufgebauten Parcours.

Tipp: Blickkontakte und Coaching bei den Pässen. Vor dem Zielschuss den Kopf heben, um das Minitor genau zu lokalisieren.

Organisation und Ablauf (8. Torschuss)

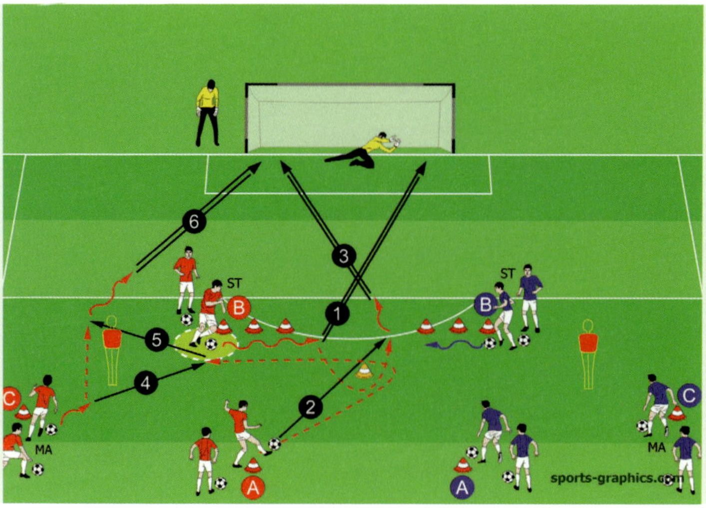

Vor dem 16-Meter-Raum eine Viererkette aus Hütchen und Dummys aufbauen. Dazu ein zentrales Wendehütchen und vier Startpositionen A / C.

Zwei Teams bilden und sie einer Seite zuweisen. Zwei Spieler zu B (außen stehen) und je 2-5 Spieler wechseln zu A und C. Alle Spieler haben einen Ball.

Die Teams greifen im Wechsel an. Spieler B dribbelt entlang der Hütchenreihe und schießt aufs Tor. Sofort nach dem Torabschluss umläuft er das Wendehütchen und erhält von Spieler A einen druckvollen Pass in den Fuß. Das Zuspiel nimmt er durch die Schnittstelle der beiden IV mit und schießt aufs Tor. A läuft nach seinem Pass um das Wendehütchen und bietet sich als ST seinem MA zum Doppelpass an. C nimmt den Pass ❺ kurz in Richtung Tor mit und schießt. Direkt nach dem Torschuss ❻ folgt der gleiche Ablauf spiegelverkehrt vom anderen Team.

Alle Spieler wechseln mit Ball eine Position weiter. A zu B, B zu C und C zu A.

Spieleranzahl: 12-24 Feldspieler.

Wettbewerb: Welches Team erzielt in 5 Minuten mehr Tore?

Variation: Seitenwechsel der Teams.

Situation: Schnittstellenpass, Doppelpass mit dem Außenspieler. Lösen vom IV.

Tipp: Den Pass ❷ vor den beiden IV kontrollieren und durch diese hindurch mitnehmen. Spieler A läuft von der ST-Position aus zum Doppelpass. Den Doppelpass genau in den Fuß spielen. Passendes Timing von C beim Andribbeln.

Organisation und Ablauf (8. Spielform)

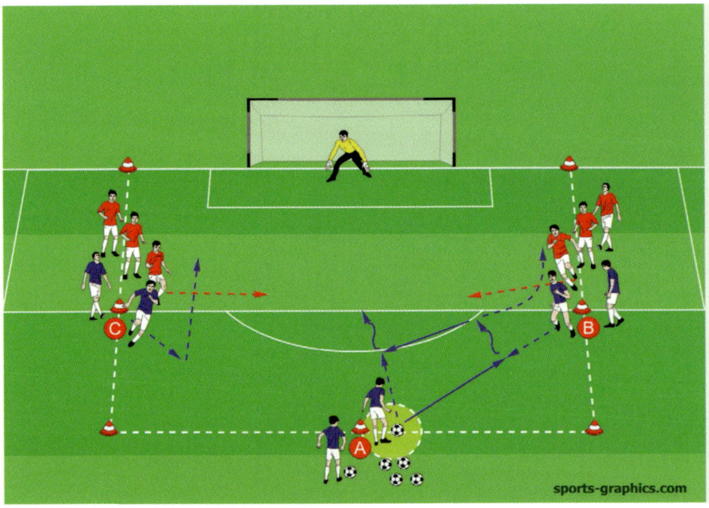

Vor dem mit einem Torwart besetzten Großtor ein Feld (32 x 28 Meter) aufbauen. Die drei Positionen A, B und C markieren.

Team A (blau) und Team B (rot) bilden. Zwei Spieler von Team A zu Position A. Die restlichen Spieler teilen sich an den Hütchen B und C auf. Mitspieler stehen hintereinander. Team A steht vor Team B. Alle Bälle werden zur Position A gespielt.

Team A besitzt für 4 Minuten das Angriffsrecht und versucht, in dieser Zeit möglichst viele Tore zu erzielen. Team A greift stets im 3-gegen-2 an. Angreifer B und C kommen Angreifer A entgegen und erhalten ein Zuspiel. Gleichzeitig starten Verteidiger B und C ins Feld. Erobern die Verteidiger den Ball, kontern sie über die Grundlinie.

Nach Aktionsende (Tor, Konter, Ballaus, Abseits, TW-Parade) verlassen alle Spieler zügig das Feld und die nächsten drei Angreifer spielen gegen die nächsten zwei Verteidiger.

Spieleranzahl: 10-18 Feldspieler. Bis 11 Spieler sind Angreifer A neutrale Spieler.

Wettbewerb: Wer hat nach dem Wechsel des Angriffsrechts mehr Tore (Konter mitzählen)?

Variation: Der erste Pass von A muss klatschen gelassen werden. Schulung der Sturmspitze: Je ein IV und ST bleiben aktionsübergreifend im Feld (immer 4-gegen-3).

⊕ **Tipp:** Das Überzahlteam spielt geduldig, aber zielstrebig. Für einen unterbrechungsfreien Ablauf die Positionen schnell wieder besetzen.

Organisation und Ablauf (9. Hinführung)

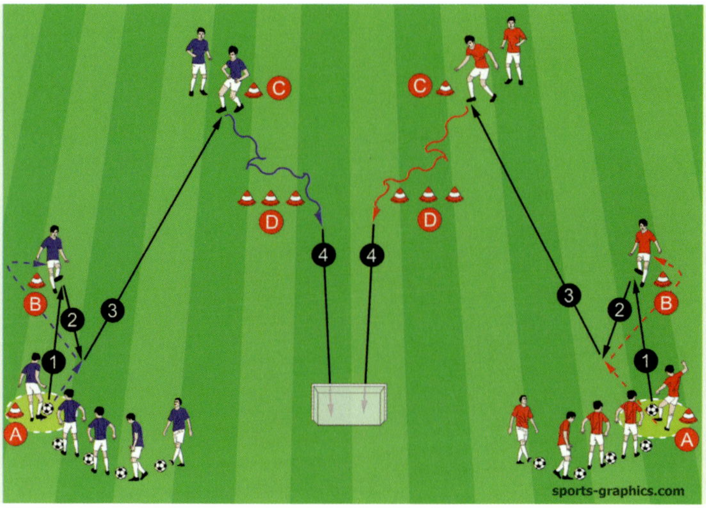

Je Seite drei Hütchen A, B und C aufstellen. Der Abstand A zu B beträgt 8 Meter und B zu C 18 Meter. Die Positionen C stehen 12 Meter nebeneinander und 10 Meter davon entfernt eine Hütchenreihe D, die einen Gegenspieler simuliert. Zwischen den Hütchenreihen und auf Höhe der Hütchen A steht ein Minitor.

Je ein Spieler geht zu B, zwei wechseln zu C und 2-6 Spieler zu A.

Der Ablauf erfolgt von beiden Seiten gleichzeitig und unabhängig voneinander. Spieler A passt zu B, B lässt klatschen und B spielt steil zu C. C nimmt den Ball in Richtung Hütchenreihe mit, absolviert eine Finte und schießt ins Minitor.

Alle wechseln eine Position weiter. Sobald A das Hütchen B umlaufen hat (von außen), startet der nächste Durchgang.

Spieleranzahl: 4-18 Spieler. Bei weniger als 10 Spielern nur auf einer Seite spielen.

Wettbewerb: Zwei Parcours (oder Seiten) treten gegeneinander an. Welches Team erzielt in 4 Minuten mehr Tore?

Variation: Die Finten vorgeben. C spielt vor seinem Dribbling noch einen Doppelpass mit B.

Tipp: Die Hütchenreihe diagonal andribbeln und innen durchbrechen. Authentische Körpertäuschung beim Ausführen der Finte.

Organisation und Ablauf (9. Torschuss)

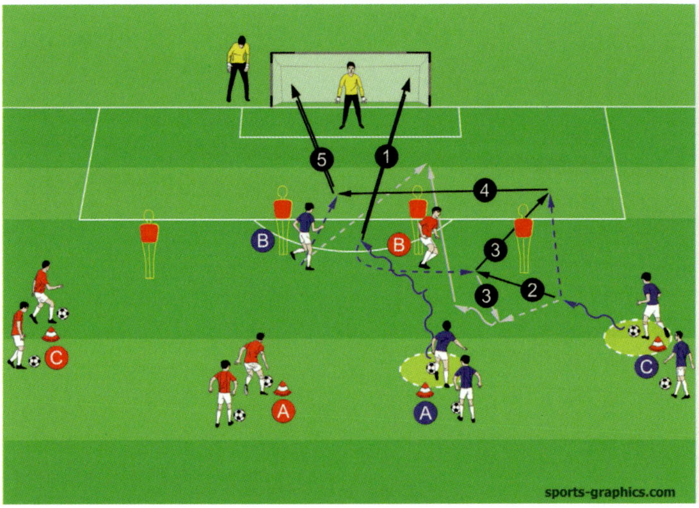

Vier Dummys vor dem Strafraum aufbauen und vier Startpositionen (A/C) entsprechend der Zeichnung markieren.

Zwei Teams zu je 5-9 Spieler bilden. Die Spieler teilen sich mit Bällen an ihren Positionen A/C auf. Ein Spieler je Team geht zum IV-Dummy gegenüber dem anderen Team.

Team Blau startet, indem Spieler A den passiven Gegner am Dummy andribbelt, ausfintiert und aufs Tor schießt. Direkt nach seinem Schuss ❶ läuft er zu Spieler C und bietet sich zum Doppelpass an. C dribbelt den AV-Dummy an und spielt einen Doppelpass mit A. Den Doppelpass spielt er direkt vors Tor (❹) zum hereinstartenden Mitspieler am hinteren IV-Dummy.

A wechselt zu B, B mit Ball zu C und C mit Ball zu A. A muss nach seinem Pass ❸ sofort auf seine neue Position. Dann startet das andere Team mit der gleichen Aufgabe.

Spieleranzahl: 10-18 Feldspieler.

Wettbewerb: Welches Team erzielt in 5 Minuten mehr Tore?

Variation: Anstatt des Doppelpasses legt A den Pass ❷ nach innen ab, C nimmt den Ball weiter nach innen mit und spielt in die Schnittstelle zu B. A zeigt die jeweilige Variante an.

Situation: Doppelpass mit dem Außenspieler, 1-gegen-1 im Zentrum spielen. Sich vom IV lösen.

Tipp: A sprintet C entgegen (vor Gegner-IV). C dribbelt AV nicht zu früh und nicht zu spät an. Den Querpass ❹ laut fordern. Abseits beachten.

Organisation und Ablauf (9. Spielform)

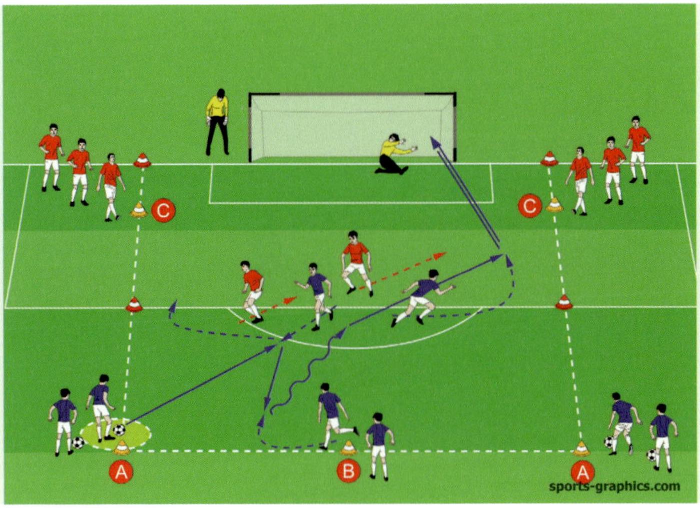

Ein Feld (28 x 32 Meter) am Großtor markieren. Drei Angreiferpositionen A-B-A markieren sowie zwei Verteidigerpositionen C.

Zwei gleich große Teams (Angreifer und Verteidiger) bilden. Zwei Verteidiger und zwei Angreifer wechseln ins Feld. Die restlichen Verteidiger gehen zu den Positionen C und die restlichen Angreifer gehen zu den Positionen A-B-A. Alle Bälle sind bei A.

Das Spiel startet, indem ein Angreifer aus dem Feld einen Ball von einer beliebigen Position A fordert. Das Zuspiel lässt er auf Spieler B klatschen. B dribbelt ins Feld und es entsteht eine 3-gegen-2-Situation. Die Angreifer versuchen, ein Tor zu erzielen und die Verteidiger kontern nach einem Ballgewinn über die Grundlinie. Nach einer Spielunterbrechung (Tor, Konter, Ballaus, Abseits) fordert ein Angreifer sofort das nächste Zuspiel von A.

Mit jedem neuen Ball kommen zwei neue Verteidiger ins Feld. Der am längsten aktive Angreifer verlässt das Feld, holt einen Ball und geht zu einer Position A. A wechselt nach seinem Pass zu B.

Spieleranzahl: 12-20 Feldspieler.

Wettbewerb: Welches Team hat nach einmaligem Aufgabenwechsel (Spielzeit je: 5 Minuten) mehr Tore erzielt? Die Konter mitzählen!

Tipp: B läuft im Bogen hinter den angespielten Angreifer für den Klatschball. Das Überzahlteam schnell und klug ausspielen. Bei zentraler Ballposition beide Außenseiten besetzen.

Organisation und Ablauf (10. Hinführung)

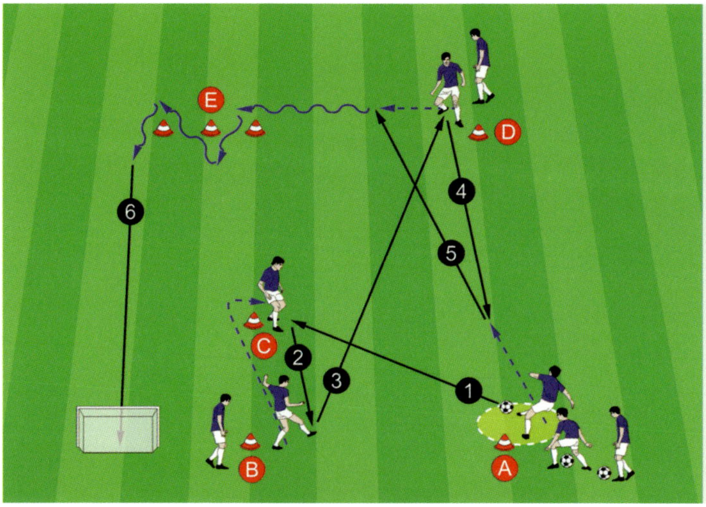

Ein Rechteck (18 x 10 Meter) aufbauen. Je 5 Meter von B das Hütchen C und ein Minitor stellen. Die Position E besteht aus eine Hütchenreihe.

Die Position C einfach und die Positionen B/D doppelt besetzen. Die restlichen Spieler gehen mit den Bällen zu A.

Spieler A passt zu Spieler C, C lässt auf Spieler B klatschen und B spielt steil auf Spieler D. D lässt auf A klatschen und A spielt D leicht in Richtung E in den Lauf. D absolviert ein Slalomdribbling und passt in das Minitor. Sobald Position C neu besetzt ist, startet der nächste Durchgang.

Die Spieler wechseln eine Position weiter. A zu B, B zu C, C zu D und D mit Ball zu A.

Spieleranzahl: 8-12 Spieler.

Wettbewerb: Zwei Parcours treten gegeneinander an. Welches Team erzielt in 4 Minuten mehr Tore (nur den äußeren Fuß zählen)?

Variation: Zu einem spiegelverkehrt aufgebauten Parcours wechseln.

Tipp: Offene Stellung zum Ball. Den Pass ❷ leicht in den Raum klatschen lassen. Den Pass ❸ leicht innen spielen. Die Bälle immer flach spielen. Jeden Pass coachen und mit dem richtigen Druck spielen. Tempodribbling. Von oben in die Hütchenreihe dribbeln. Die Positionen zügig wechseln. Konzentration bei der Technik!

Organisation und Ablauf (10. Torschuss)

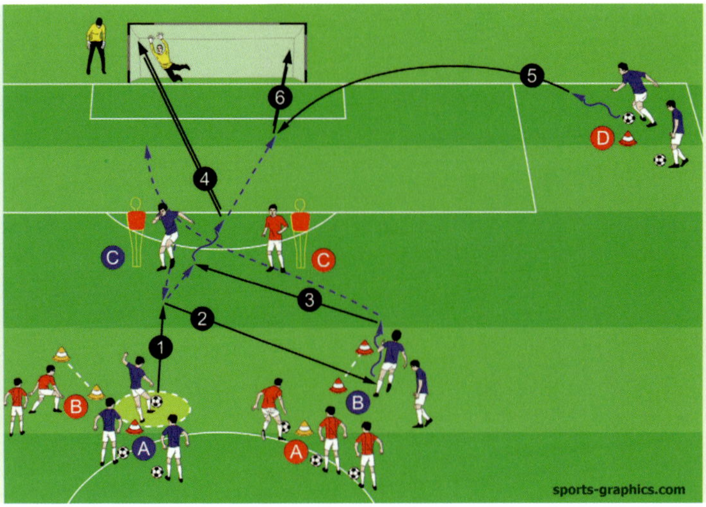

Zwei IV-Dummys vor dem Strafraum aufstellen. Zwei Außenhütchen D markieren und zwischen Strafraum und Mittelinie sechs Hütchen entsprechend der Zeichnung stellen.

Zwei gleich große Teams bilden. Die Positionen C einfach und die Positionen B/D doppelt besetzen. Der Rest geht zu A. Alle Bälle kommen zu A und D.

Die Teams absolvieren im Wechsel die gleichen Aufgaben (spiegelverkehrten Ablauf). Spieler C startet Spieler A entgegen und erhält den Pass ❶. C leitet das Zuspiel direkt durch das HT zu Spieler B weiter und startet wieder in Richtung Tor. B nimmt den Ball mit dem Ersten Kontakt um das HT mit und spielt zwischen die IV zu C. C nimmt den Ball in offener Stellung mit und schießt mit seinem zweiten Kontakt aufs Tor. Mitspieler D dribbelt los und flankt entweder zu Spieler B oder C.

Die Spieler wechseln innerhalb ihrer Teams eine Position weiter. A zu B, B zu C, C mit Ball zu D und D mit Ball zu A.

Spieleranzahl: 12-22 Feldspieler.

Wettbewerb: Welches Team erzielt in 4 Minuten mehr Tore?

Variation: Seitenwechsel der Teams.

Situation: Flanke. Ballmitnahme ST.

Tipp: Spieler C (ST) blockt das Zuspiel ❸, damit der IV in seinem Rücken den Ball nicht verteidigt. ST lernt, dass er nur zum Klatschenlassen seine Position verlässt und dann direkt wieder die Sturmspitze besetzen muss.

Organisation und Ablauf (10. Spielform)

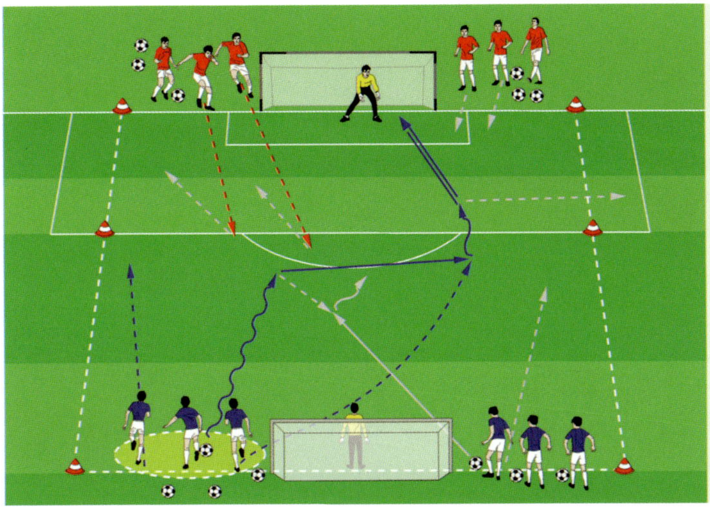

Ein Feld (32 x 30 Meter) mit zwei von Torhütern besetzten Toren aufbauen.

Zwei gleich große Teams (je 6-12 Spieler) bilden. Den Teams ein Tor zuweisen; sie stehen zunächst mit den Bällen außerhalb des Felds.

Team Blau besitzt zunächst Angriffsrecht. Immer eine 3-gegen-2-Überzahlsituation spielen. Ein Blauer dribbelt mit zwei Mitspielern ins Feld. Zwei Verteidiger Rot starten gleichzeitig ins Feld. Bei einem Tor für das Überzahlteam oder Ballaus verlässt ein Überzahlspieler das Feld, die verbleibenden zwei Angreifer orientieren sich zu ihrem Team, erhalten einen Pass und der Passgeber startet ins Feld. Gleichzeitig kommen zwei neue Verteidiger ins Feld.

Das Angriffsrecht wechselt, wenn das Unterzahlteam ein Kontertor erzielt. In diesem Fall orientieren sich die beiden Verteidiger zu ihrem Team, erhalten einen Pass, der Passgeber läuft mit ins Feld und sie greifen nun im 3-gegen-2 an (ein vorheriger Angreifer verlässt das Feld).

Spieleranzahl: 12-24 Feldspieler.

Wettbewerb: Nach dem ersten Wechsel des Angriffsrechts bleiben noch 4 Minuten Spielzeit. Die Verteidiger starten mit zwei Toren Vorsprung.

Variation: Das Angriffsrecht wechselt auch, nachdem die Verteidiger (plus TW) 3 x ins Ballaus gespielt haben. Seitenwechsel.

Tipp: Auf Abseits achten. Nach einem Ballgewinn schnell umschalten. Gegenpressing. Die Angriffe zügig hintereinander spielen.

Organisation und Ablauf (11. Hinführung)

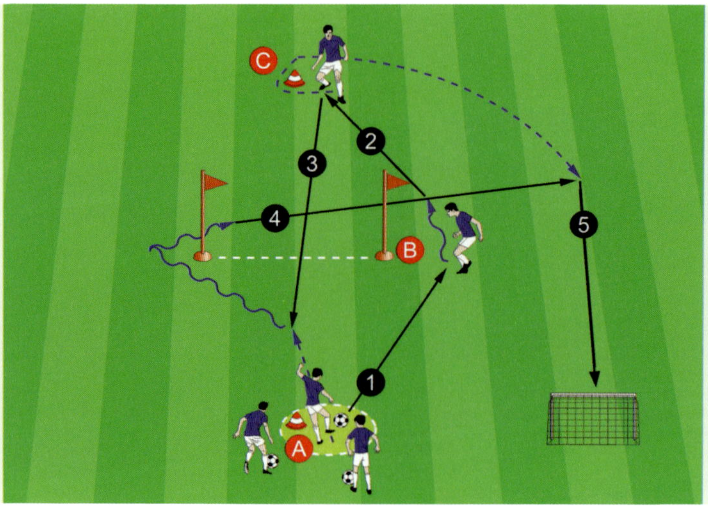

Zwei Positionen A/C im Abstand von 12 Metern aufbauen. Zentral dazwischen steht ein Stangentor B (Breite: 4 Meter). Etwa 8-10 Meter neben Hütchen A ein Minitor stellen.

Die Positionen B und C einfach besetzen. 2-5 Spieler wechseln mit den Bällen zu A.

Spieler A passt zu Spieler B. B dreht auf (Ballan- und -mitnahme nach hinten) und passt zu Spieler C. C passt direkt durchs HT zu A. A dribbelt außen um das Stangentor und spielt einen Pass zu C. C hat sich inzwischen vor dem Minitor in Position gebracht und absolviert einen direkten Zielpass ins Minitor.

Nach dem Pass ❹ bietet sich A in offener Stellung neben Stange B für einen Pass des nächsten Spielers A an. B folgt seinem Pass zu C und C wechselt mit Ball zu A.

Spieleranzahl: 4-7 Spieler.

Wettbewerb: Welche Gruppe trifft innerhalb von 4 Minuten am häufigsten direkt ins Minitor?

Variation: Für einen zweiten Durchgang steht das Minitor auf der anderen Seite (spiegelverkehrter Ablauf). Anstatt eines Minitors ein HT aufbauen. Hinter das HT dann zwei Passempfänger stellen.

Tipp: Spieler B steht in offener Stellung deutlich neben der Stange B. A passt ihn in den hinteren Fuß. So kann B schnellstmöglich aufdrehen. Den Pass ❹ in die Vorwärtsbewegung von C spielen. Nach dem Pass ❸ umläuft C sein Hütchen.

Organisation und Ablauf (11. Torschuss)

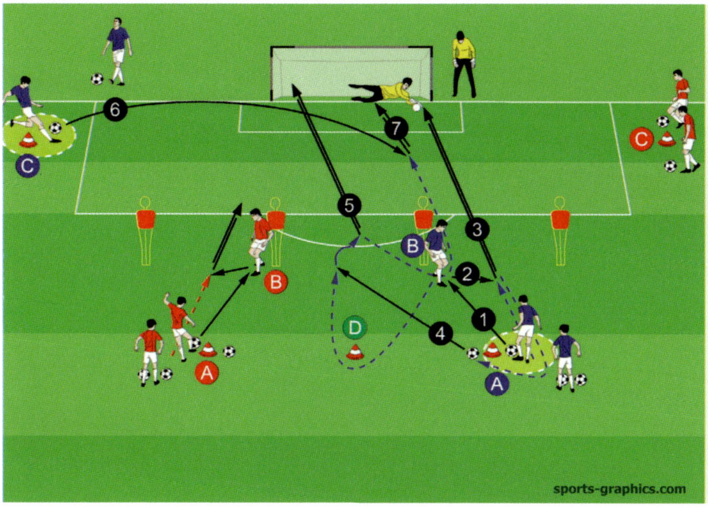

Dummys (Stangen) simulieren eine Viererabwehrkette. Fünf Hütchen entsprechend der Zeichnung aufstellen.

Zwei Teams bilden und sie je einer Seite zuweisen. Die Positionen B einfach besetzen. 1-3 Spieler mit Bällen zu C schicken und 2-4 Spieler mit jeweils zwei Bällen zu A.

Spieler A spielt mit B Doppelpass und A schießt aufs Tor. Im Anschluss umläuft B Hütchen D und fordert von A ein Zuspiel zwischen den beiden IV. A läuft zurück und passt seinen zweiten Ball (Pass 4). B schießt aufs Tor. Er umläuft den hinteren IV und erhält von C eine Flanke, die er direkt ins Tor verwerten soll.

A wechselt nach dem Pass 4 zu B, B nach Verwertung der Flanke zu C (mit Ball) und C nach der Flanke 6 mit zwei Bällen zu A.

Spieleranzahl: 8-16 Feldspieler.

Wettbewerb: Welches Team erzielt in 4 Minuten mehr Tore?

Variation: Seitenwechsel der Teams.

Situation: ST als Wandspieler. Ballmitnahme ST. Flanke.

Tipp: Die Pässe energisch fordern. Den Pass 4 nicht zu steil spielen. Der Torschuss 5 erfolgt noch außerhalb des Strafraums. Alle Aktionen schnell hintereinander ausführen. Direkt mit dem Torabschluss 7 startet das andere Team. Den Pass 2 nach vorne hin auflegen. Die Dummys als aktive Gegenspieler sehen, die es auszuspielen gilt.

Organisation und Ablauf (11. Spielform)

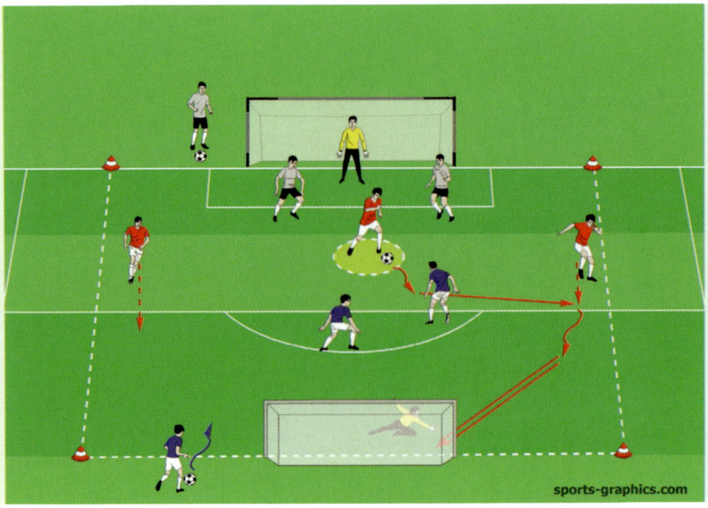

Ein Feld (30 x 32 Meter) mit zwei Toren markieren. Strafraumlinie = Mittellinie.

Drei 3er-Teams bilden. Zwei Teams besetzen jeweils mit zwei Spielern ohne Ball eine Spielfeldhälfte. Der jeweils dritte Spieler dieser beiden Teams steht mit dem Ball neben dem „eigenen" Tor. Das dritte Team steht komplett mit dem Ball in der „eigenen" Spielfeldhälfte.

Es wird immer 3-gegen-2 gespielt. Das dritte Team greift gegen zwei Verteidiger auf das gegenüberstehende Tor an. Sobald der Angriff abgeschlossen ist (Tor, Ballaus), scheidet das Angreiferteam aus dem Feld. Es kommt der wartende Mitspieler der Verteidiger mit Ball ins Feld und diese drei greifen gegen die zwei Verteidiger auf der anderen Seite an. Die Mannschaft, die ausscheidet, postiert sich direkt mit zwei Verteidigern vor das Tor, auf das sie angegriffen hat, und mit einem Spieler mit Ball neben das Tor. Erobern die Verteidiger den Ball, so läuft der wartende Mitspieler direkt ins Feld und es wird ein Konter gespielt.

Spieleranzahl: 9 oder 12 Feldspieler. Bei 12 Spielern ein viertes Team bilden.

Wettbewerb: Welches Team hat am Ende die meisten Tore erzielt?

Tipp: Jedes Angreiferteam hat immer ein Team im Rücken stehen.

Organisation und Ablauf (12. Hinführung)

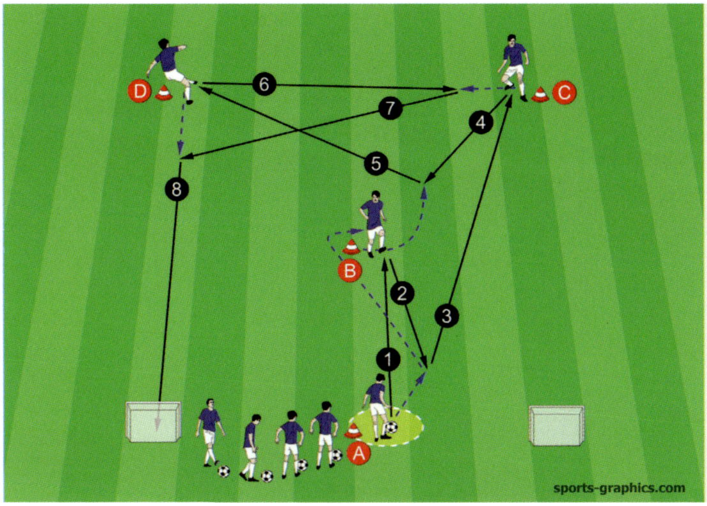

Zwei Minitore und vier Hütchen in Y-Form (24 x 14 Meter) als Rechteck aufbauen.

Die Positionen B-D einfach besetzen. An der Startposition stehen 2-5 Spieler mit Bällen.

Spieler A passt zu B, coacht ihn mit „klatsch" oder „dreh". Bei „dreh" dreht sich B auf, passt zu C, C lässt klatschen, B spielt zu D, D zu C und C in die Tiefe zu D in Richtung Minitor. Bei „klatsch" spielt B zurück zu A, A passt zu C und dann Ablauf wie zuvor. Spieler D schießt aufs Tor.

Die Spieler wechseln eine Position weiter. Sobald B neu besetzt ist (außen umlaufen), startet die nächste Aktion.

Spieleranzahl: 5-8 Spieler.

Wettbewerb: Welches Team schießt in 4 Minuten mehr Tore?

Variation: Wechsel der Spielrichtung. Spieler B dreht sich nun zur anderen Seite auf.

Tipp: Spieler B befindet sich in offener Stellung. Die Passempfänger bewegen sich auf dem Vorderfuß (Möglichkeit der Korrektur). Die Pässe laut und frühzeitig coachen. Den Pass in die Tiefe zu D gut timen. Die Pässe ohne Schnitt spielen.

Organisation und Ablauf (12. Torschuss)

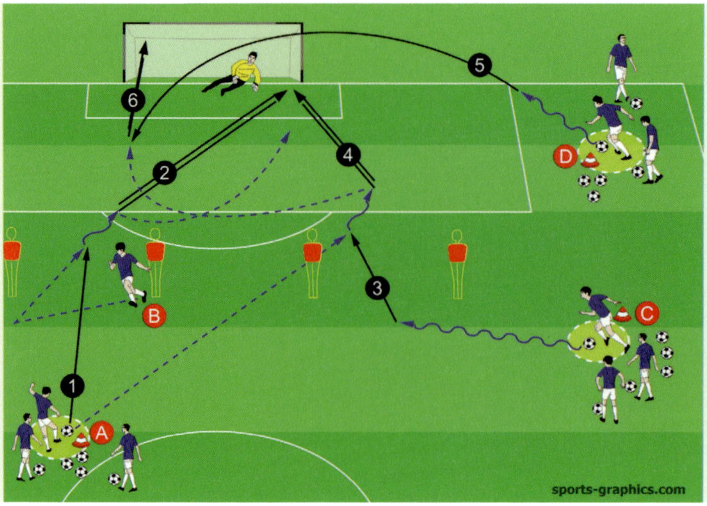

Etwa 6 Meter vor dem Strafraum vier Dummys oder Ähnliches (Simulation einer Abwehrkette) platzieren. Drei Hütchen (A, C und D) entsprechend der Zeichnung aufbauen.

Spieler B steht außen neben dem IV-Dummy gegenüber von A. Die restlichen Spieler mit allen Bällen an die drei Hütchen aufteilen.

Spieler B löst sich nach einer Auftaktbewegung nach außen und erhält dann von Spieler A einen Pass in die Schnittstelle zwischen AV und IV. B kommt mit seinem zweiten Ballkontakt zum Torabschluss. Mit dem Torschuss sprintet A zwischen den beiden IV in die Tiefe. Spieler C dribbelt gleichzeitig entlang der Abwehrkette und steckt den Ball (Pass ❸) durch die Lücke (AV und IV) zu A. A kommt zügig zum Torabschluss. A und B setzen sich leicht nach hinten ab und kreuzen ihre Laufwege. D dribbelt zur Grundlinie und flankt (❺) gezielt zu A oder B. Die Flanke ❺ direkt und sicher verwerten!

A wechselt zu B, B mit Ball zu C, C mit Ball zu D und D mit Ball zu A. Sobald Position B neu besetzt ist, startet der nächste Durchgang.

Spieleranzahl: 10-19 Feldspieler.

Variation: Von der anderen Torseite spielen. Dafür die drei Hütchen umstellen.

Situation: Flanke. Lösen vom IV. Ballmitnahme ST. Schnittstellenpass.

Tipp: Spieler B löst sich explosiv und in offener Position zum Ball. In die Flanke ❺ nicht zu früh hineinstarten.

Organisation und Ablauf (12. Spielform)

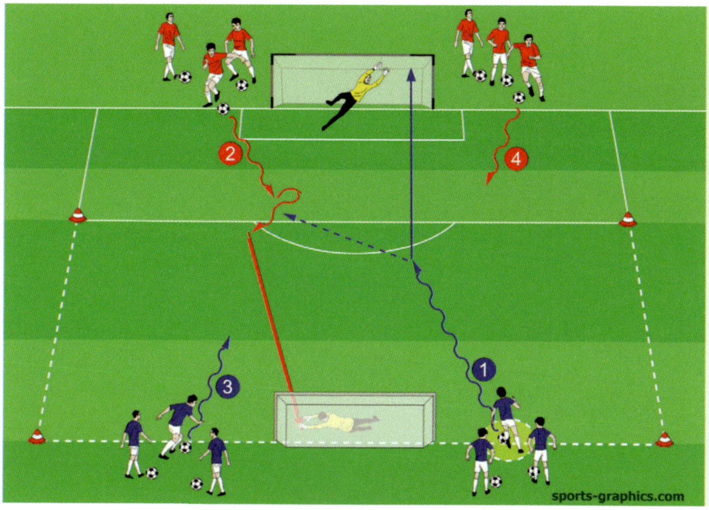

Einen doppelten Strafraum markieren. Ein zweites Tor aufbauen.

Die Tore mit Torhütern besetzen. Zwei Teams Blau und Rot bilden. Jedem Team ein Tor zuweisen und die Spieler links und rechts neben ihr Tor stellen. Alle Spieler haben Bälle.

Ein Spieler Blau dribbelt ins Feld und kommt im „1-gegen-0" noch in der eigenen Hälfte zum Torabschluss. Direkt im Anschluss dribbelt ein Spieler Rot gegen Spieler Blau zum 1-gegen-1 ins Feld und versucht, ein Tor zu erzielen. Einerlei, wie das Duell ausgeht, es dribbelt der nächste Spieler Blau zum 2-gegen-1 ins Feld. Nach einem Torabschluss spielt es keine Rolle, von welchem Team er erfolgt, dribbelt wieder ein Spieler Rot zum 2-gegen-2 ins Feld. Bis zum 3-gegen-3 so weiter. Danach startet Rot mit einem 1-gegen-0.

Die Teams starten im Wechsel ins 1-gegen-0.

Spieleranzahl: 8-20 Feldspieler.

Wettbewerb: Welches Team erzielt in 4 Minuten mehr Tore?

Variation: Nach dem gleichen Muster bis zum 2-gegen-2 oder 4-gegen-4 spielen.

Tipp: Zielstrebig, aber nicht überhastet zum Torabschluss kommen. Schnelles Umschalten nach einem Torabschluss. Nach Ballverlust erfolgt ein Gegenpressing. Auf Abseits achten. Die Angreifer möglichst weit vom eigenen Tor entfernt unter Druck setzen. Schnelle Abfolge der Aktionen.

Organisation und Ablauf (13. Hinführung)

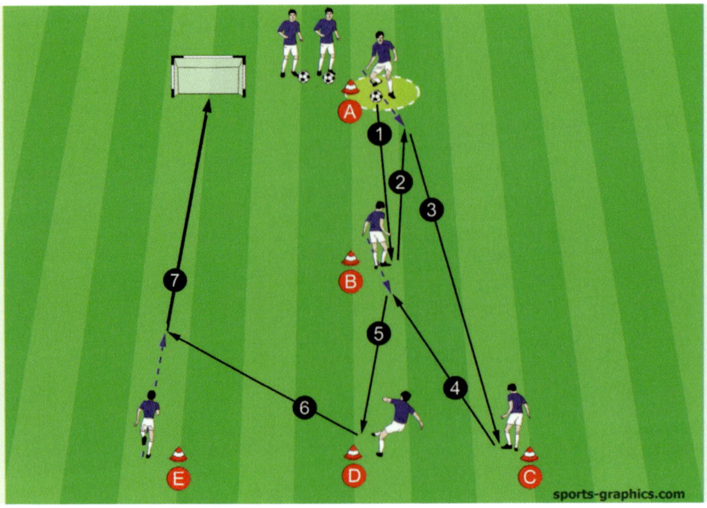

Eine Hütchenreihe A, B, D (8 und 12 Meter) und von D jeweils 8 Meter entfernt die Positionen C und E aufbauen. Neben A und gegenüber von E ein Minitor aufstellen.

Die Positionen B-E einfach besetzen. 2-7 Spieler gehen mit Bällen zu A.

Spieler A passt zu B. B lässt klatschen und A spielt steil zu C. B dreht zu C und leitet das Zuspiel von C direkt zu D weiter. D spielt leicht in den Lauf von E und E absolviert einen Zielschuss ins Minitor.

Die Spieler wechseln eine Position weiter. A zu B, B zu C, C zu D, D zu E und E mit Ball zu A. Sobald A das Hütchen B umläuft, startet der nächste Durchgang.

Spieleranzahl: 6-11 Spieler.

Wettbewerb: Zwei Parcours treten gegeneinander an. Welche Gruppe erzielt in 4 Minuten mehr Tore?

Kognition: Rechenaufgabe → gerades Ergebnis = Zielschuss mit rechts und ungerades Ergebnis = Zielschuss mit links.

Variation: Wechsel der Spielrichtung. C schießt auf das Minitor, welches nun auf der anderen Seite steht. Vor dem Zielschuss noch ein Slalomdribbling an drei Hütchen absolvieren.

Tipp: Die Mitspieler seitlich in Richtung Spielfortsetzung anspielen. B läuft den Raum von C nicht zu. Die Pässe mit passendem Druck spielen.

Organisation und Ablauf (13. Torschuss)

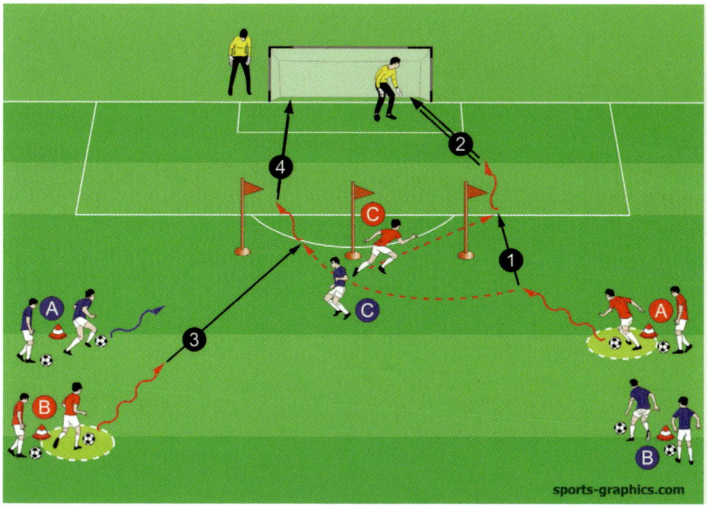

Etwa 22 Meter zentral vor dem Tor drei Stangen (Dummys) im Abstand von 6 Metern zueinander aufstellen. Zwei HT A/B (Breite: 8 Meter) etwa 30 Meter von der Grundlinie entfernt auf Höhe der äußeren Strafraumbegrenzung aufbauen.

Zwei Teams bilden. Ein Spieler je Team geht zu C. Die restlichen Spieler teilen sich mit Bällen diagonal gegenüber an die Positionen A und B auf.

Die Teams greifen im Wechsel an. Gleiche Aufgabe, jedoch spiegelverkehrter Ablauf. Spieler A bindet den AV, indem er ihn andribbelt. Mitspieler C läuft in den Rücken des AV und erhält von A den Longlinepass ❶. C kommt mit seinem zweiten Kontakt zum Torabschluss. Nach dem Pass ❶ läuft A ins Zentrum, Mitspieler B dribbelt in Richtung Tor und spielt den Pass ❸ zu A. Dieser nimmt das Zuspiel durch die Schnittstelle AV-IV mit und kommt noch vor dem Strafraum zum Torabschluss. Nach dem Schuss ❹ startet das andere Team.

Spieler A wechselt mit Ball zu B, B zu C und C mit Ball zu A.

Spieleranzahl: 10-22 Feldspieler.

Wettbewerb: Welches Team erzielt in 5 Minuten mehr Tore?

Variation: Seitenwechsel der Teams.

Situation: Quer laufender ST. Ballmitnahme ST. Lösen vom IV.

Tipp: Abseits beachten. Beidfüßig agieren. Zielstrebig und präzise passen und schießen.

Organisation und Ablauf (13. Spielform)

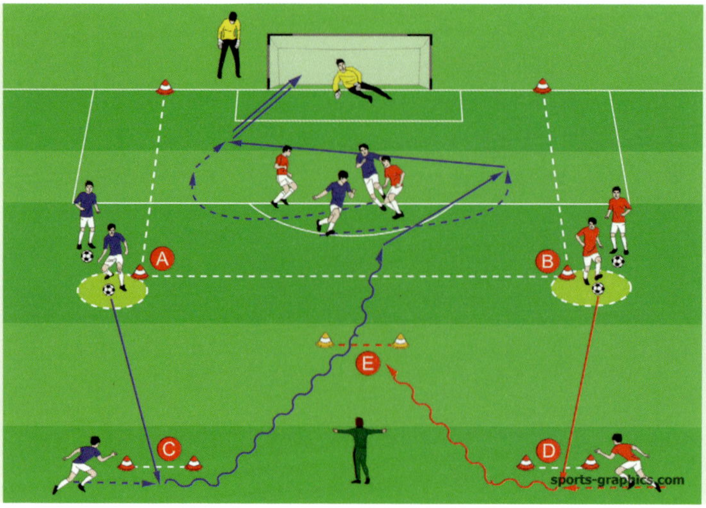

Vor dem besetzten Großtor ein Feld (30 x 22 Meter) markieren. Drei Hütchentore C, D und E (Breite: 3 Meter) entsprechend der Zeichnung aufbauen.

Zwei Teams bilden. Zwei Spieler einer Mannschaft gehen ins Feld. Ein Spieler je Team geht als Dribbler hinter die Hütchentore C und D. Die restlichen Spieler stehen mit Bällen hinter „ihrem" Dribbler auf den Positionen A und B.

Auf Trainersignal passen A und B gleichzeitig zu ihrem Mitspieler hinterm Hütchentor C bzw. D. Diese versuchen, nun möglichst schnell durch das Hütchentor E zu dribbeln. Der schnellere Spieler dribbelt oder passt ins Feld und sein Team darf im 3-gegen-2 angreifen.

Passgeber A und B wechseln zu C und D. Die Dribbler werden Spieler im Feld und jeweils ein Spieler aus dem Feld wechselt mit Ball zu seinen Mitspielern auf Position A bzw. B.

Spieleranzahl: 10-18 Feldspieler. Ab 14 Spielern können sechs Spieler im Feld stehen.

Wettbewerb: Welches Team erzielt zuerst 10 Tore?

Variation: Die Teams wechseln ihre Seiten.

Tipp: Der Ball ist zunächst auf der zentralen Position. Andribbeln und Breite schaffen. Sicheres Passspiel. Zielstrebigkeit. Entschlossenheit im Torabschluss.

Organisation und Ablauf (14. Hinführung)

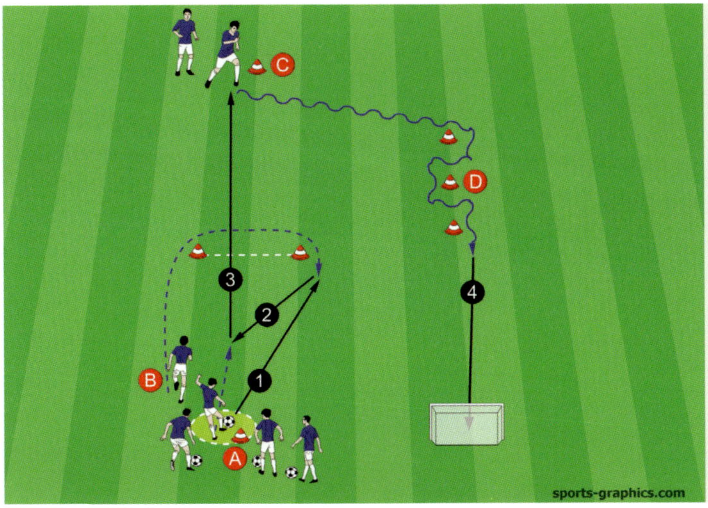

Eine Hütchenstrecke A-C von 24 Metern und 8 Meter von A ein HT (Breite: 2 Meter) markieren. Etwa 8 Meter neben die Hütchenstrecke drei Slalomhütchen D und ein Minitor stellen.

3-8 Spieler wechseln mit Bällen zu A, ein Spieler B geht ohne Ball direkt vor A und zwei Spieler wechseln zu C.

Spieler B umsprintet das HT (in Richtung Minitor) und erhält seitlich vom HT einen Pass von Spieler A. Den Pass ❶ klatschen lassen und A spielt steil durch das HT zu Spieler C. C nimmt den Ball in Richtung Slalomhütchen mit, absolviert ein Slalomdribbling (von außen ins erste Fenster) und schießt ins Minitor.

Die Spieler wechseln eine Position weiter. A umsprintet komplett das HT und fordert von Spieler A den Ball für den nächsten Durchgang.

Spieleranzahl: 6-11 Spieler.

Wettbewerb: Zwei Teams treten im Wettbewerb gegeneinander an. Welches Team erzielt in 4 Minuten mehr Tore? Treffer zählen nur mit dem äußeren Fuß.

Kognition: Futsalbälle einstreuen (die Treffer zählen doppelt). Augenklappen nutzen.

Variation: Für einen zweiten Durchgang zu einem spiegelverkehrt aufgebauten Parcours wechseln. Nach einem Pass ❸ folgt ein Doppelpass zwischen C und B.

Tipp: Tempodribbling von Spieler C. Enge Ballführung beim Slalomdribbling.

Organisation und Ablauf (14. Torschuss)

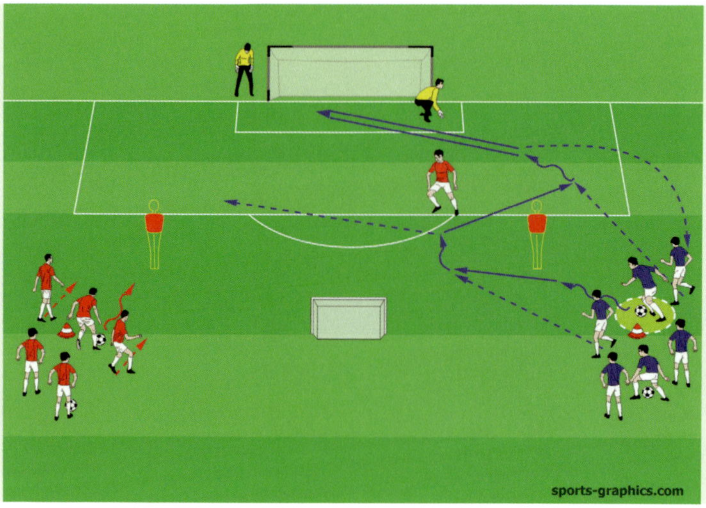

Vor dem Strafraum zwei Dummys, die einen gegnerischen AV simulieren, aufbauen. Etwa 10 Meter diagonal vor den Dummys eine Startposition und auf zentraler Position ein Minitor.

Zwei gleich große Teams bilden und die Mitspieler je einer Startposition zuweisen. Immer drei Spieler zusammen. Der zentrale Spieler hat einen Ball. Hinter dem Dummy des zuerst startenden Teams steht ein Spieler des gegnerischen Teams.

Die Teams greifen im Wechsel nach dem gleichen Muster an. Team Blau startet, indem der zentrale Spieler den AV-Dummy andribbelt. Die zwei Mitspieler laufen in den Strafraum ein und einer der beiden bekommt den Ball zugespielt. Die beiden einlaufenden Spieler versuchen nun, im 2-gegen-1 ein Tor zu erzielen. Der Verteidiger kontert bei Ballgewinn auf das Minitor. Nach Angriffsende sprintet ein Angreifer zur anderen Seite und wird dort Verteidiger.

Der zentrale Spieler geht nach dem Andribbeln direkt zur Startposition zurück. Die ausscheidenden Verteidiger und Angreifer wechseln mit Ball zu ihrer Startposition.

Spieleranzahl: 12-24 Feldspieler.

Wettbewerb: Welches Team erzielt in 5 Minuten mehr Tore?

Variation: Seitenwechsel der Teams.

Situation: Andribbeln.

Tipp: Das Überzahlteam zielstrebig und klug ausspielen. Entschlossen den AV andribbeln und den Rückraum besetzen. Abseits beachten.

Organisation und Ablauf (14. Spielform)

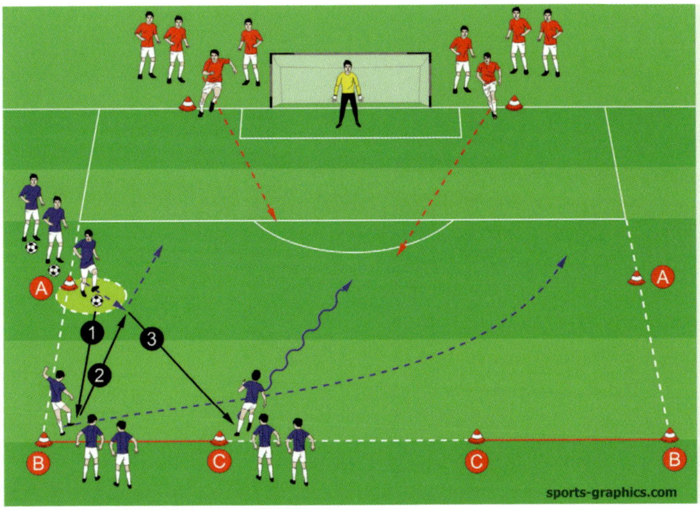

Am Großtor einen doppelten Strafraum markieren. Auf der Grundlinie zwei äußere HT B/C (Breite: 10 Meter) abstecken. Auf beiden Außenseiten, 12 Meter von B entfernt, ein Starthütchen A stellen.

Zwei gleich große Teams (Angreifer und Verteidiger) bilden. Die Verteidiger verteilen sich links und rechts neben dem Tor. Die Angreifer verteilen sich gleichmäßig bei A, B und C (auf einer Seite). Alle Bälle gehen zu A.

Angreifer A passt zu Angreifer B, B lässt klatschen und A spielt direkt weiter zu Angreifer C. C dribbelt ins Feld. A und B, sowie zwei Verteidiger, starten ebenfalls ins Feld. Es entsteht eine 3-gegen-2-Situation. Erobern die Verteidiger den Ball, kontern sie im Dribbling über eines der beiden äußeren HT. Nach jeder Spielunterbrechung starten fünf neue Spieler ins Feld. Die Abseitsregel gilt.

Die Angreifer wechseln eine Position weiter. Das Angriffsrecht wechselt nach 5 Minuten.

Spieleranzahl: 12-20 Feldspieler.

Wettbewerb: Welches Team hat nach einmaligem Aufgabenwechsel mehr Tore erzielt?

Variation: Anstatt äußere HT zwei Minitore aufstellen. Angriff von der anderen Seite.

Tipp: Die Verteidiger agieren gestaffelt und versuchen, die Angreifer möglichst weit vom Tor entfernt zu stellen. Eine zentrale Ballposition anstreben. Mit Tempo angreifen!

Organisation und Ablauf (15. Hinführung)

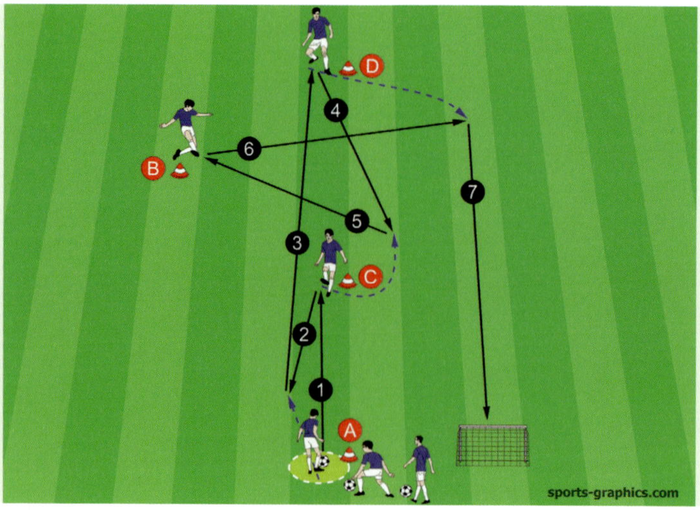

Eine Hütchenreihe (A, C, D) im Abstand von 8 und 14 Metern aufbauen. Position B im Dreieck zu C/D stellen (Abstand: 6 Meter). 6 Meter neben Hütchen A ein Minitor stellen.

Die Positionen B-D einfach besetzen. 3-8 Spieler gehen mit Bällen zu A.

Spieler A passt zu C (in den rechten Fuß), C lässt klatschen und läuft im Bogen in Richtung D. Durch den Bogenlauf öffnet sich der Passweg von A nach D. A passt zu D, D lässt auf C klatschen und löst sich in Richtung Minitor. C spielt zu B, B legt dem Spieler D den Ball zum Zielschuss ins Minitor auf.

Spieler A wechselt nach dem Pass 3 zu B, Spieler C nach Pass 5 zu D, D holt seinen geschossenen Ball und stellt sich bei A an. Spieler B sprintet nach dem Pass 6 zu Hütchen C und fordert dort ein Zuspiel für den nächsten Durchgang.

Spieleranzahl: 6-11 Spieler.

Wettbewerb: Welche Gruppe trifft in 4 Minuten häufiger ins Minitor (äußerer Fuß)?

Variation: Zu einem spiegelverkehrt aufgebauten Parcours wechseln. Spieler D absolviert auf dem Weg zum Minitor eine athletische Aufgabe an einer KL.

Tipp: C absolviert einen deutlichen Bogenlauf in Richtung D, da der Passweg zu D komplett offen sein muss. Vor dem Zielschuss den Kopf heben und das Minitor anvisieren (die Fußspitze des Standbeins zeigt zum Minitor). Präzises Passspiel vor dem Zielschuss. Pässe coachen!

Organisation und Ablauf (15. Torschuss)

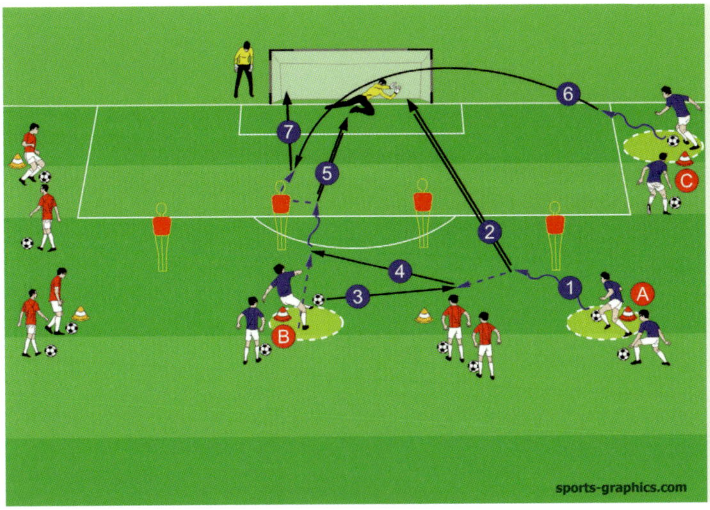

Vor dem 16-Meter-Raum eine Viererkette mit Dummys aufbauen. Vor den IV-Dummys je ein Hütchen sowie diagonal vor den AV-Dummys und jeweils außen neben dem Strafraum.

Zwei gleich große Teams bilden. Jedes Team teilt sich an drei Hütchen (A, B, C) auf. Jeder Spieler hat einen Ball.

Spieler A dribbelt den AV-Dummy an, fintiert und kommt zum Torabschluss. Er läuft zu B, erhält von ihm einen Pass, B läuft in die Schnittstelle der IV-Dummys und bekommt von A einen Pass. Er nimmt den Pass in Richtung Tor mit und schießt aufs Tor. Mit diesem Torschuss dribbelt C in Richtung Grundlinie und flankt auf B. B verwertet die Flanke direkt. Nun folgt der gleiche Ablauf (spiegelverkehrt) vom anderen Team.

A wechselt mit Ball zu B, B mit Ball zu C und C mit Ball zu A.

Spieleranzahl: 12-24 Feldspieler.

Wettbewerb: Welches Team erzielt in 4 Minuten mehr Tore? Für einen zweiten Durchgang wechseln die Teams ihre Seiten.

Situation: Ballmitnahme ST. Flanke.

Tipp: Spieler B schirmt den Pass 4 gegenüber dem IV-Dummy ab und kommt nach einer kurzen Ballmitnahme zum Torschuss. Den Pass 4 nicht zu nah am IV-Dummy vorbeispielen, weil ein realer IV diesen abfangen würde. Zum Verwerten der Flanke 6 setzt sich Spieler B nach hinten ab, sodass er vorwärts in den Ball starten kann. Die Pässe coachen!

Organisation und Ablauf (15. Spielform)

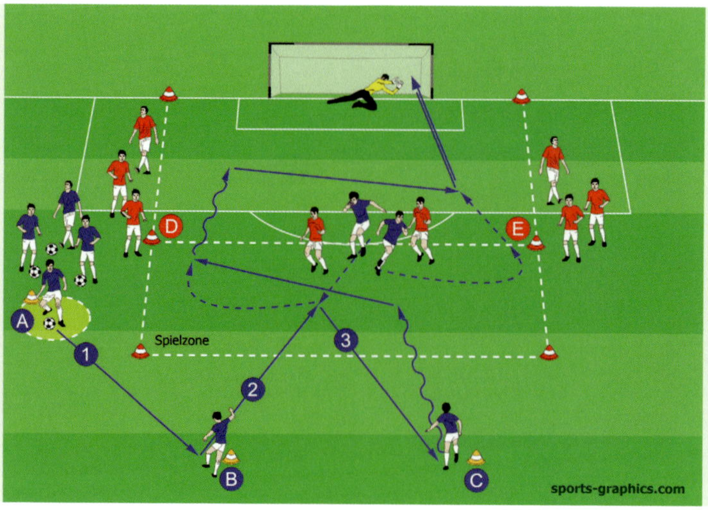

Vor dem Tor ein Feld (30 x 32 Meter) aufbauen. Die Positionen A-E mit Hütchen markieren. Es entsteht eine „Spielzone".

Zwei Teams zu je 6-10 Spieler bilden. Team A verteidigt und Team B greift an. Je zwei Spieler gehen in die „Spielzone". Die restlichen Verteidiger gehen zu D und E. Je ein Angreifer wechselt zu B und C und die restlichen Angreifer wechseln mit den Bällen zu A.

Die Übung startet mit einem Pass von A zu B. B leitet den Ball zu einem Angreifer in die Spielzone weiter und dieser passt zu C. Den Pass ❸ zulassen! C dribbelt in die Spielzone und es entsteht ein 3-gegen-2. Erobern die Verteidiger den Ball, kontern sie über die Grundlinie.

Nach einer Spielunterbrechung (Ballaus, Tor, Konter) startet der nächste Durchgang. Dazu kommen zwei neue Verteidiger in die Spielzone. A ist inzwischen zu B gewechselt und B zu C. Ein Angreifer aus dem Feld (der am längsten Aktive) wechselt mit Ball zu A.

Spieleranzahl: 12-20 Feldspieler. Bei weniger als 12 Spielern zwei feste Verteidiger gegen den Rest agieren lassen. Alle 4 Minuten neue Verteidiger bestimmen.

Wettbewerb: Die Verteidiger führen 4:1. Können die Angreifer das Ergebnis in 4 Minuten „drehen"? Die Konter zählen als Tor!

Variation: Hütchen A auf die andere Seite stellen. Ein fester Angreifer geht in die Spielzone. Es starten dann B und C ins Feld. Bei Aktionsende sprintet B zu C und C wechselt mit Ball zu A.

Tipp: Jeder Angriff soll ein Torabschluss sein!

Organisation und Ablauf (16. Hinführung)

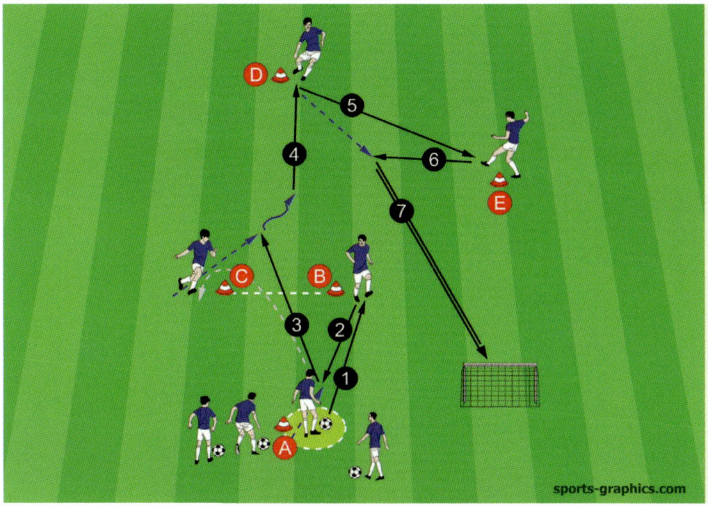

Etwa 8 Meter vom Starthütchen A entfernt ein Hütchentor (Breite: 4 Meter) aufbauen und 15 Meter weiter das Hütchen D. Neben den Parcours Hütchen E und ein Minitor stellen.

Die Positionen B-E einfach besetzen. 3-7 Spieler gehen mit Bällen zu A.

Spieler A passt zu B, B lässt klatschen und gleichzeitig bietet sich C hinter dem HT für einen Pass an. Das HT simuliert einen offenen Passweg. C erhält das Zuspiel ❸, dreht auf und passt zu D. D spielt direkt zu E und E legt D den Ball für einen Zielschuss ins Minitor auf.

Spieler A wechselt zu C. Dabei läuft er durch das HT und bietet sich außen am Hütchen für das nächste Zuspiel an. Spieler B bleibt stehen und erhält nun das Zuspiel ❸ (A wechselt dann zu B). Derjenige, der das Zuspiel ❸ erhält, wechselt zu D, D zu E und E mit Ball zu A.

Spieleranzahl: 7-11 Spieler. Bei sechs Spielern ohne Position E spielen. D kommt dann nach einem Doppelpass mit C (B) zum Zielschuss.

Wettbewerb: Spiegelverkehrt zueinander aufgebaute Parcours spielen gegeneinander. Wer erzielt in 4 Minuten mehr Tore?

Variation: Zum spiegelverkehrt aufgebauten Parcours wechseln.

Tipp: B mit „klatsch" und C mit „dreh" coachen. Zielschuss mit dem äußeren Fuß. Der Pass ❸ erfolgt in den Fuß.

Organisation und Ablauf (16. Torschuss)

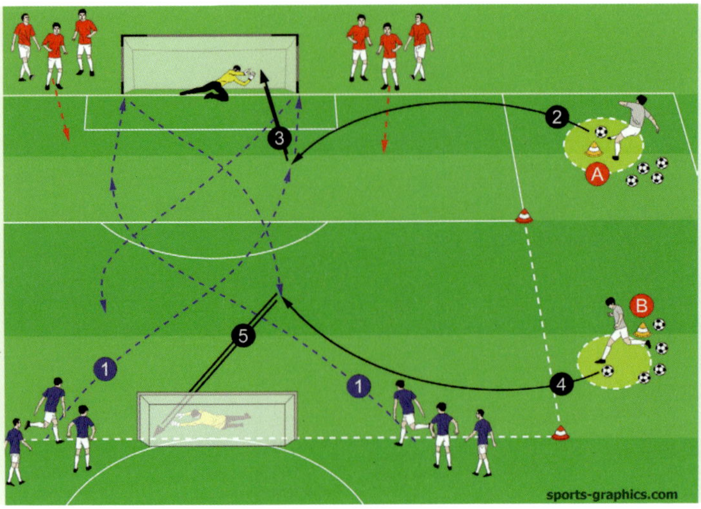

Einen doppelten Strafraum mit zwei Toren aufbauen. Neben die Strafräume je ein Flankenhütchen (A, B) stellen.

Die „Flankenhütchen" mit einem neutralen Spieler besetzen. Alle Bälle zu A und B. Zwei Teams bilden. Die Spieler eines Teams teilen sich links und rechts neben einem Tor auf.

Die ersten zwei Spieler Blau sprinten zum gegenüberliegenden Tor, kreuzen dabei und erhalten eine Flanke vom Neutralen A. Einer der beiden verwertet die Flanke direkt. Sofort sprinten sie zu je einem Torpfosten weiter, berühren ihn, drehen um und sprinten zu dem Tor, von dem sie gestartet sind. Dabei kreuzen sie erneut und erhalten diesmal eine Flanke vom neutralen B. Jetzt starten direkt zwei Spieler Rot mit der gleichen Aufgabe ins Feld.

Nach ihren Aktionen holen die Spieler Bälle, geben sie den Neutralen und stellen sich wieder bei ihrem Team an (jeweils andere Seite).

Spieleranzahl: 8-16 Feldspieler.

Wettbewerb: Welches Team erzielt in 4 Minuten mehr Tore? Mehrere Spiele absolvieren und dabei die Neutralen wechseln.

Variation: Die Flanken entweder mit Flugkurve zum Tor hin oder vom Tor weg (einfacher zu verwerten) spielen.

Situation: Flanke.

Tipp: Gezielt auf einen Spieler flanken. Entschlossen verwerten. Steht der Hintere besser, gibt er ein Kommando.

Organisation und Ablauf (16. Spielform)

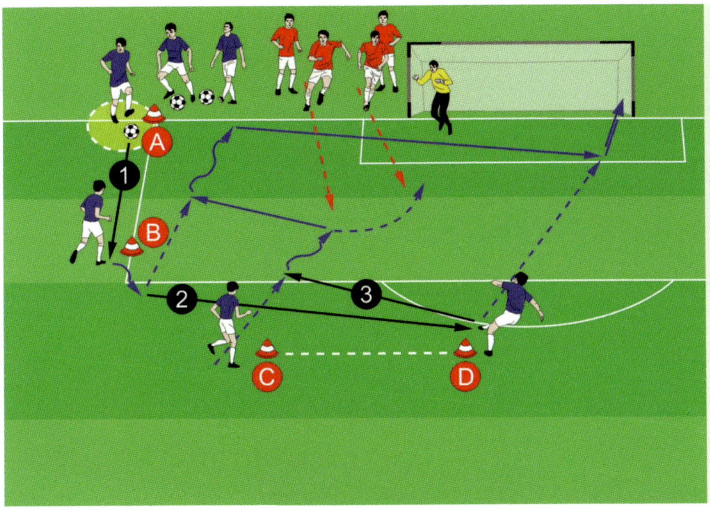

Vier Hütchen (A-D) aufbauen. Die Hütchen C/D dienen gleichzeitig als Dribbeltor für Konter.

Zwei gleich große Teams bilden. Team Blau besetzt die Positionen B-D einfach. Die restlichen Spieler Blau gehen mit Ball zu A. Team Rot bildet Verteidigerpaare neben dem Tor.

Team Blau besitzt für 4 Minuten Angriffsrecht und erzielt in dieser Zeit so viele Tore wie möglich. A passt zu B, B dreht auf und passt zu D. D lässt auf C klatschen. Mit dem Pass ❶ startet das erste Verteidigerpaar ins Feld. Spieler B, C und D greifen auf das Tor an. Gewinnen die Verteidiger den Ball, kontern sie auf das Dribbeltor.

A wechselt zu B. Nach einem Tor oder einer ungefährlichen Ballposition ist die Aktion beendet und der nächste Angriff wird mit Pass ❶ gestartet. Spieler B sprintet zu C und C zu D. D geht mit Ball zu A. Zwei neue Verteidiger.

Spieleranzahl: 10-24 Feldspieler. Ab 16 Spielern von beiden Spielfeldseiten im Wechsel angreifen. Dazu vier weitere Hütchen auf der anderen Torseite aufstellen. Die Teams teilen sich dann zur Hälfte an beiden Seiten auf.

Wettbewerb: Welches Team hat nach jeweils einmaligem Angriffsrecht mehr Tore erzielt?

Variation: Spielt man nur über eine Seite, dann noch einen zweiten Durchgang für die andere Seite organisieren.

Tipp: Abseits beachten. Den Pässen ❷ und ❸ entgegenstarten. Den Pass ❸ zulassen.

Organisation und Ablauf (17. Hinführung)

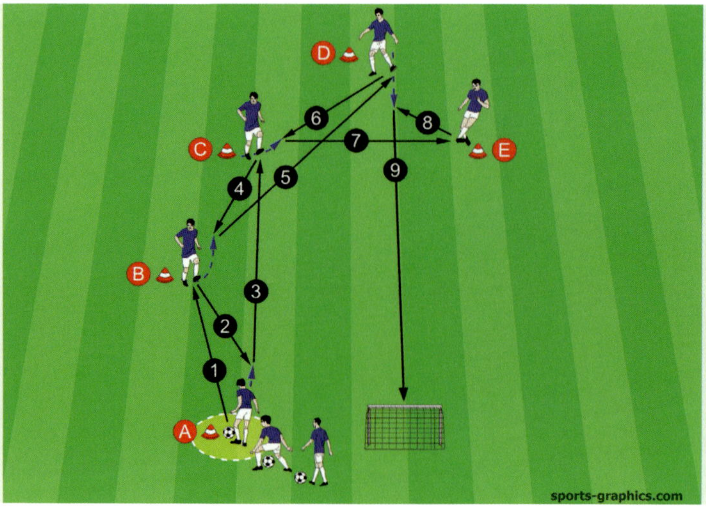

Fünf Hütchen im Abstand von etwa 8 Metern zueinander entsprechend der Zeichnung aufbauen. Ein Minitor neben Starthütchen A stellen.

Die Positionen B-E einfach besetzen. 3-9 Spieler wechseln mit den Bällen zu A.

Spieler A passt zu Spieler B, B lässt klatschen und A passt zu Spieler C. C lässt auf B klatschen und B passt zu Spieler D. D lässt auf C klatschen, C passt zu Spieler E und E legt D den Ball zum Zielschuss ins Minitor auf. Mit dem Pass ➎ startet der nächste Durchgang.

Die Spieler wechseln eine Position weiter: A zu B, B zu C, C zu D, D zu E und E mit Ball zu A.

Spieleranzahl: 7-13 Spieler. Es können auch mehr Spieler teilnehmen. Dann jedoch eine KL mit MB zwischen Hütchen E und Minitor auslegen. Beim Wechsel von E zu A wird dann eine athletische Aufgabe erfüllt.

Wettbewerb: Welche Gruppe trifft in 4 Minuten häufiger ins Minitor?

Variation: Zu einem spiegelverkehrt aufgebauten Parcours wechseln zwecks Verbesserung der Beidfüßigkeit.

Tipp: Präzises Passspiel bis zum Zielschuss. Sich vor dem Zielschuss von einem imaginären Gegner lösen. Die Mitspieler leicht seitlich anspielen. Pässe coachen. Mit offener Körperstellung wechseln. Blickkontakt vor einem Pass herstellen. Nach dem Zielschuss ➒ dreht Spieler D direkt auf, um den Pass ➑ zu spielen.

Organisation und Ablauf (17. Torschuss)

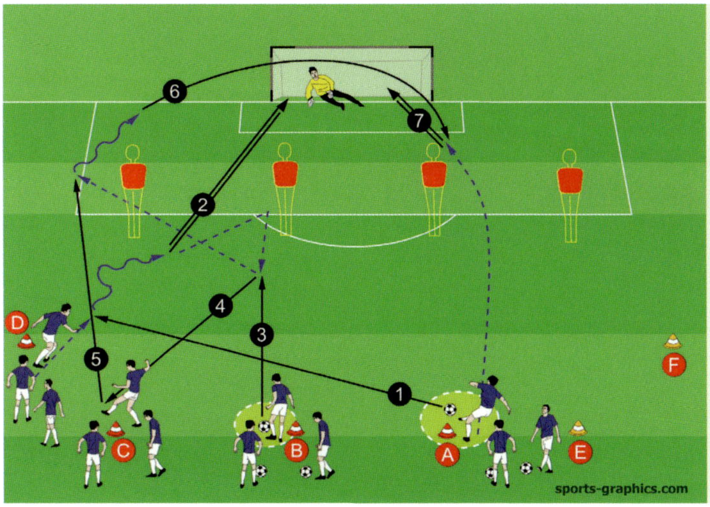

Vor dem Strafraum vier Dummys zu einer Viererkette aufstellen. Dazu sechs Hütchen entsprechend der Zeichnung aufbauen.

Die Spieler in gleicher Anzahl an den Hütchen A-D verteilen. Alle Bälle zu A und B.

Spieler A passt zu D, D fintiert beim AV-Dummy und schießt aufs Tor. Direkt im Anschluss wechselt er zum IV-Dummy und kommt Spieler B entgegen. B spielt ihn an (Pass ❸) und D leitet den Ball direkt zu C weiter. D läuft im Rücken der Abwehr und erhält von C das Zuspiel ❺. Währenddessen läuft A in Richtung Tor und erhält von D eine Hereingabe (❻) zum Verwerten.

Spieler A wechselt mit Ball zu B, B zu C, C zu D und D mit Ball zu A. Mit dem zweiten Torabschluss startet der nächste Durchgang.

Spieleranzahl: 8-16 Feldspieler.

Wettbewerb: Torhüter gegen Feldspieler. Gelingen in 4 Minuten 10 Tore?

Variation: Spiegelverkehrter Ablauf. Spieler B passt zu F usw.

Situation: Quer laufender ST. Sich vom IV lösen.

Tipp: Gutes Timing von A für seinen Start in die Tiefe fordern. Alle Aktionen zügig hintereinander ausführen. Auf Abseits achten und C spielt den Pass ❺ nicht zu steil.

Organisation und Ablauf (17. Spielform)

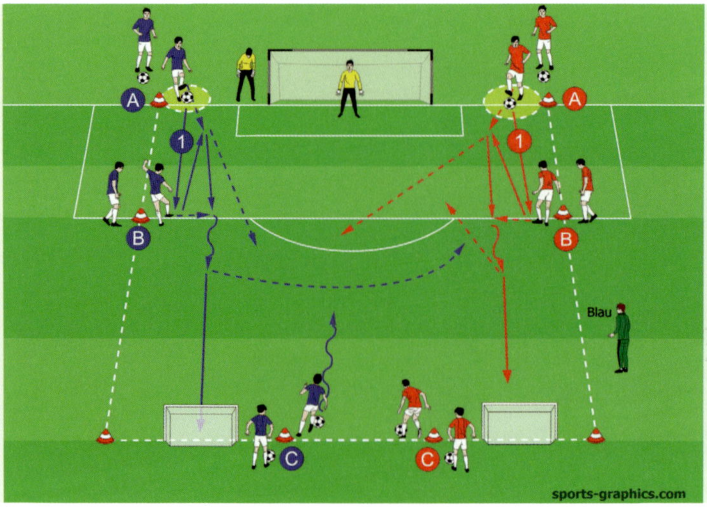

Ein Spielfeld (32 x 30 Meter) mit zwei Minitoren auf der Grundlinie aufbauen.

Zwei gleich große Teams bilden und sie je einer Seite zuweisen. Die Teams verteilen sich gleichmäßig an ihren drei Positionen A-C. Alle Spieler A und C haben einen Ball.

Auf Trainersignal passen beide Spieler gleichzeitig zu ihrem Mitspieler B. B lassen klatschen, erhalten erneut den Ball, nehmen ihn in Richtung Minitor mit und absolvieren einen Zielschuss. Das Team, welches zuerst ins Minitor trifft, greift unmittelbar im 3-gegen-2 an. Dazu dribbelt der entsprechende Spieler C ins Feld und alle vorherigen Spieler bleiben aktiv. Nach Aktionsende dribbelt noch der Spieler C des anderen Teams zum 3-gegen-3 ins Feld. Die Abseitsregel beachten.

Die Spieler wechseln innerhalb ihres Teams eine Position weiter (gegebenenfalls mit Ball).

Spieleranzahl: 12-24 Feldspieler.

Wettbewerb: Welches Team erzielt in 5 Minuten mehr Tore?

Variation: Seitenwechsel der Teams. Diagonaler Zielschuss ins Minitor. Zwischen den Minitoren ein mobiles Großtor aufstellen.

Tipp: Der Trainer ruft laut das angriffsberechtigte Team. Bei keinem Treffer ins Minitor entscheidet, wer schneller geschossen hat. Fängt der TW den Ball → Kontermöglichkeit. Spieler A und B gehen nach ihren Pässen sofort ins Feld.

Organisation und Ablauf (18. Hinführung)

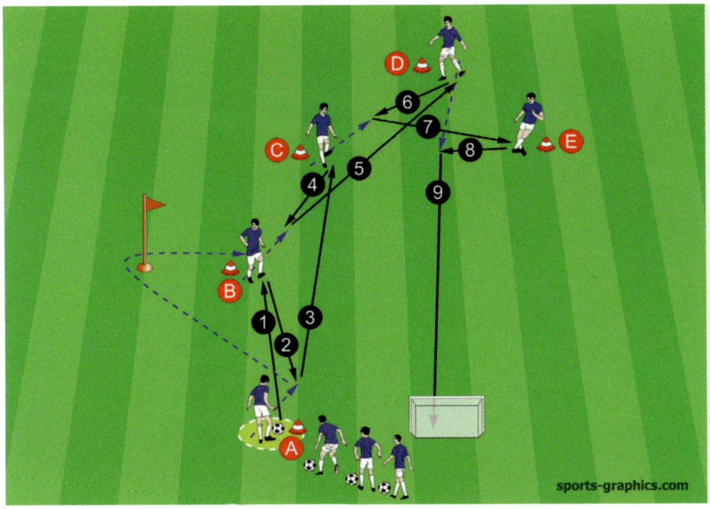

Die Hütchen A-E im Abstand von 10 Metern zueinander aufbauen. Etwa 6 Meter neben B eine Stange stellen und neben A ein Minitor.

Die Positionen B-E einfach besetzen. 3-7 Spieler gehen mit Bällen zu A.

Passspiel immer nach dem Muster *Klatsch-Steil*: A passt zu B, B lässt klatschen, A spielt steil zu C, C lässt auf B klatschen, B steil auf D, D lässt auf C klatschen, C spielt zu E und E legt Spieler D den Ball zum Zielschuss 9 auf.

Die Spieler wechseln eine Position weiter. A umläuft dabei die Stange. E holt einen Ball und stellt sich bei A an.

Spieleranzahl: 7-12 Spieler.

Wettbewerb: Zwei Parcours treten gegeneinander an. Welche Gruppe erzielt in 4 Minuten mehr Tore?

Kognition: Zwei Minitore nebeneinanderstellen. Je nach Rechenergebnis, Farbe usw. in das entsprechende Tor schießen.

Variation: Zu einen spiegelverkehrt aufgebauten Parcours wechseln.

Tipp: Den Passempfängern nicht zu weit entgegenstarten und dem Spiel dadurch Raum nehmen. Immer leicht in Spielrichtung passen. Die Passhärte der Passdistanz anpassen.

Organisation und Ablauf (18. Torschuss)

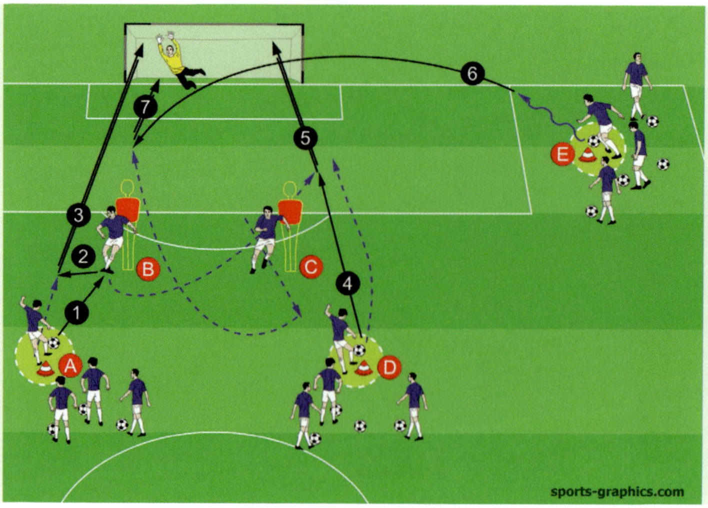

Zwei Dummys (B/C) etwa 22 Meter vor dem Tor platzieren. Drei Hütchen (A, D, E) entsprechend der Zeichnung aufstellen.

Die Positionen B und C einfach besetzen. Die restlichen Spieler teilen sich mit allen Bällen an den drei Hütchen auf.

Spieler A passt zu B und B legt ihm zum Torschuss auf. Direkt im Anschluss löst sich B vom Tor weg und C öffnet, durch ein Entgegenstarten in Richtung Spieler D, einen Raum in seinem Rücken. B dreht sich um 180 Grad, sprintet in den Rücken von C und erhält von D den Pass ❹ in die Tiefe. B kommt direkt zum Torabschluss. Mit dem Torschuss ❺ starten D und C in Richtung erster und zweiter Pfosten und verwerten die Flanke ❻ von E direkt.

A wechselt zu B, B zu C, C mit Ball zu D, D mit Ball zu E und E mit Ball zu A. Mit dem Torabschluss ❼ startet der nächste Durchgang.

Spieleranzahl: 8-20 Feldspieler.

Wettbewerb: Torhüter gegen Feldspieler. Gelingen in 4 Minuten 10 Tore?

Variation: Den Ablauf von der anderen Seite starten.

Situation: ST als Wandspieler. Quer laufender ST. Sich vom IV lösen. Flanke.

Tipp: Spieler B achtet auf Abseits. Er fordert Spieler C lautstark auf, in Richtung D zu starten. Spieler D legt sich den Ball zunächst kurz vor, bevor er in die Tiefe passt. Die Spieler müssen aufmerksam bei der Übungserklärung sein!

Organisation und Ablauf (18. Spielform)

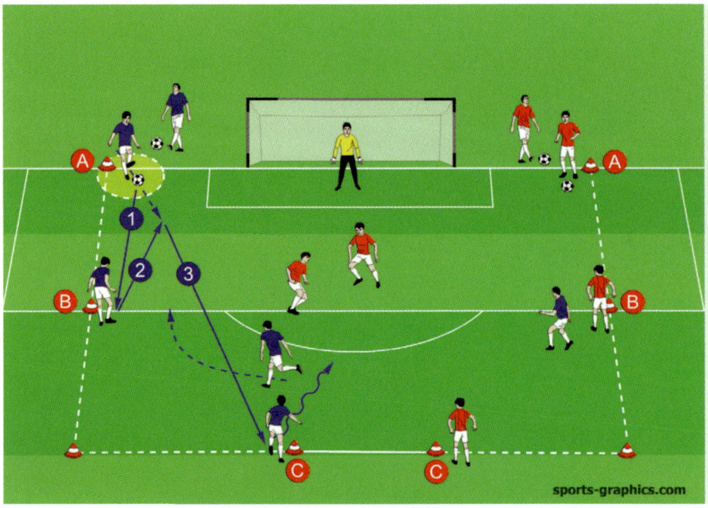

Ein Feld (35 x 28 Meter) mit einem zentralen Konter-Dribbeltor (Breite: 8 Meter) aufbauen.

Zwei gleich große Teams (je 6-9 Spieler) bilden. Die Teams je einer Torseite zuweisen. Die Positionen B und C einfach besetzen. Die restlichen Spieler gehen mit Bällen zu A.

Die Teams besitzen im Wechsel Angriffsrecht. Team Blau startet mit einem Pass von Spieler A zu B, B lässt auf A klatschen und A passt zu C. C dribbelt zwecks einer 3-gegen-2 Überzahlsituation ins Feld. Blau spielt aufs Großtor und Rot aufs Konter-Dribbeltor. Nach einem Tor, Konter oder Ballaus spielt sofort Spieler A der anderen Mannschaft einen Pass zu seinem Mitspieler B.

Vom Überzahlteam verlässt derjenige das Feld, welcher am längsten im Feld war, und geht mit Ball zu A.

Spieleranzahl: 12-18 Feldspieler.

Wettbewerb: Welches Team erzielt in 5 Minuten mehr Tore (inklusive Kontertore)?

Variation: Einen zweiten Durchgang mit Seitenwechsel der Teams spielen. Drei Spieler je Team sind auf dem Feld. Ein Angreifer agiert in diesem Fall als Sturmspitze.

Tipp: Die Überzahl ausnutzen. Auf Abseits achten. Nach dem Angriffsende sofort wechseln und sich neu orientieren. Fängt der Torwart den Ball, erfolgt ein Konter. Das Überzahlteam spielt nach einem Ballverlust ein Gegenpressing. Die Sturmspitze fordert Pässe in die Schnittstellen und lässt Bälle klatschen.

Organisation und Ablauf (19. Hinführung)

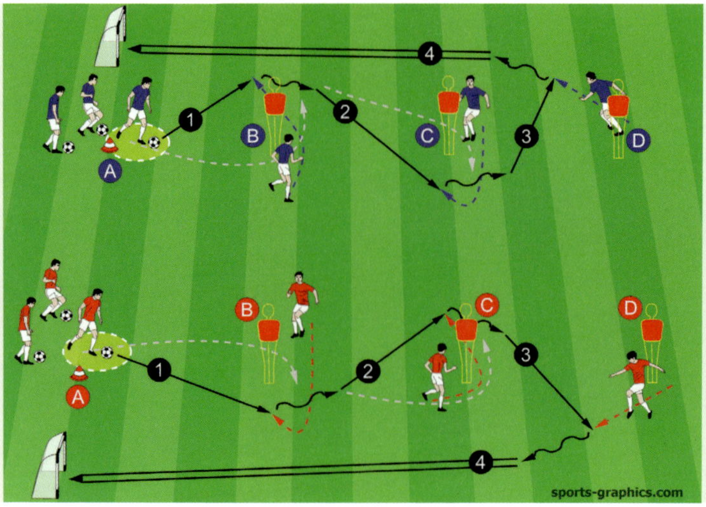

Ein Feld 30 x 15 Meter mit zwei Minitoren im Abstand von etwa 10 Metern zu A abstecken. Die Positionen B-D bestehen aus Dummys (Stangen).

Zwei gleich große Teams bilden und sie je einer Stangenreihe zuweisen. Die Positionen B-D einfach besetzen und die restlichen Spieler gehen mit Ball zu A. Die Spieler B stehen innen und die Spieler C außen.

Die Teams starten gleichzeitig. Spieler B löst sich blitzartig von innen nach außen in offener Stellung und erhält von A einen Pass in den hinteren Fuß. B nimmt den Ball Richtung C mit und passt mit seinem zweiten Kontakt zu C, der sich ebenfalls löst (von außen nach innen). C spielt mit seinem zweiten Kontakt zu D, der sich in Richtung Minitor anbietet. D nimmt den Pass ❸ mit und absolviert mit dem äußeren Fuß einen Zielschuss ins Minitor.

Die Spieler wechseln eine Position weiter. Positionen B und C werden, entsprechend der Ausgangsposition der Spieler, umsprintet.

Spieleranzahl: 12-24 Spieler. Bei weniger Spielern die Position D weglassen.

Wettbewerb: Welches Team erzielt in 4 Minuten mehr Tore?

Variation: Zur anderen Stangenreihe wechseln.

Tipp: Direkt nach dem Zielschuss die Schussbahn räumen. Aggressiv und mit Handzeichen den Ball in den hinteren Fuß fordern. Optimales Timing beim Lösen. Mit dem Ersten Kontakt den anschließenden Pass vorbereiten.

Organisation und Ablauf (19. Torschuss)

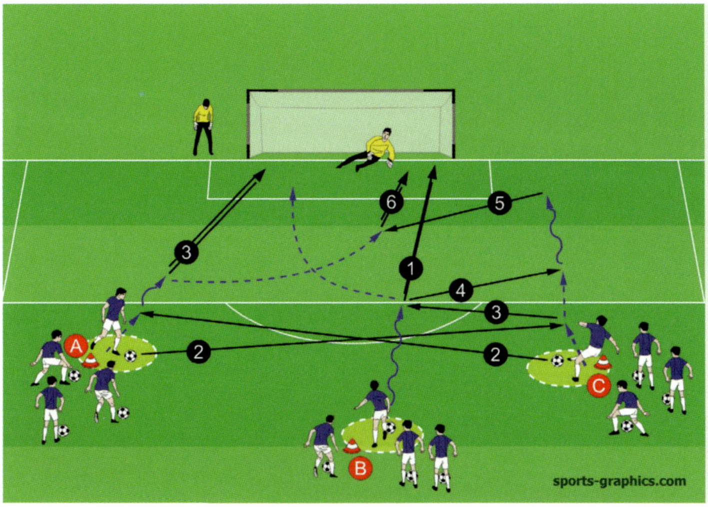

Vor dem Strafraum drei Hütchen entsprechend der Zeichnung aufbauen.

Die Spieler gleichmäßig mit Bällen an den drei Hütchen verteilen.

Spieler B dribbelt in Richtung Tor und kommt vor dem Strafraum zum Torabschluss. Direkt im Anschluss passen sich die Spieler A und C einen Ball gegenseitig zu. A nimmt das Zuspiel kurz in Richtung Tor mit und kommt unmittelbar zum Torabschluss. C spielt Doppelpass mit B und dribbelt in Richtung Grundlinie. Die Spieler A und B starten in Richtung Tor und verwerten eine flache Hereingabe von C.

Nach dem Durchgang wechseln die Spieler mit Ball zur jeweils nächsten Position (A zu B, B zu C und C zu A).

Spieleranzahl: 9-21 Feldspieler und mindestens zwei Torhüter.

Wettbewerb: Torhüter gegen Feldspieler. Erzielen die Feldspieler in 3 Minuten 12 Tore?

Variation: Bei einem zweiten Wettbewerb kommt nun C direkt zum Torschuss und es wird Doppelpass zwischen A und B gespielt.

Situation: Ballmitnahme ST.

Tipp: Die Torhüter wechseln immer nach zwei Durchgängen. Laufen die Spieler A und B zum Tor, um die Hereingabe 5 zu verwerten, machen sie ihre Laufwege voneinander abhängig. Ein Spieler ist nah am Tor und ein Spieler deutlich im Rückraum.

Organisation und Ablauf (19. Spielform)

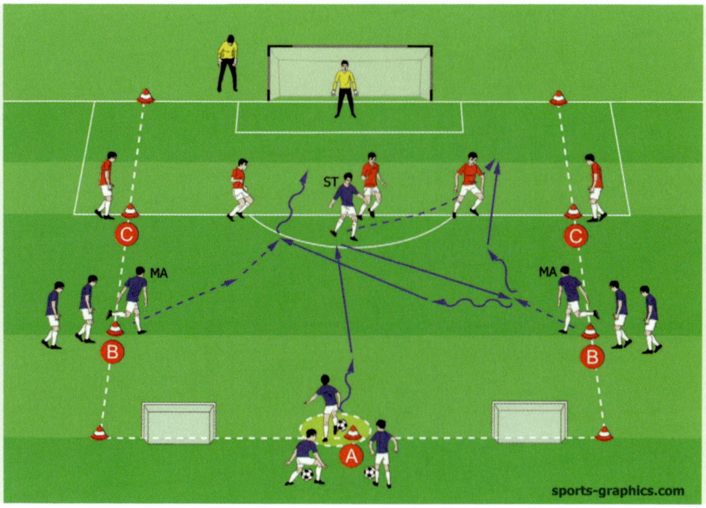

Vor dem Großtor ein Feld (30 x 40 Meter) aufbauen. Auf die Grundlinie zwei Minitore und das Starthütchen A stellen. Vier Positionen B/C an den Seitenlinien markieren.

Fünf Verteidiger bestimmen und die restlichen Spieler sind Angreifer. Die Verteidiger bilden eine 3er-Abwehrkette und pausieren bei C. Ein Angreifer wechselt zur Abwehrkette und die restlichen Angreifer verteilen sich an den drei Positionen A/B. Alle Spieler A mit Ball.

Es wird immer im 4-gegen-3 angegriffen. Spieler A dribbelt ins Feld und passt zu ST. Gleichzeitig laufen die beiden Spieler B (MA) in Richtung ST. ST lässt das Zuspiel klatschen und bietet sich erneut an. A bleibt im Rückraum und sichert den Angriff ab. Die Angreifer kreieren eine Konstellation, um in den Rücken der Abwehr zu kommen. Die Verteidiger kontern nach einem Ballgewinn auf die Minitore.

ST bleibt im Feld. Ist dieser zurück auf der Ausgangsposition, startet der nächste Durchgang mit drei neuen Angreifern. Die Verteidiger wechseln selbstständig bei Bedarf.

Spieleranzahl: 12-24 Feldspieler.

Wettbewerb: Können die Angreifer in 4 Minuten einen 6:1-Rückstand drehen?

Tipp: Ein Wettbewerb mit kurzer Spielzeit und hohem Rückstand provoziert schnelle Angriffe. Einige mögliche Angriffskonstellationen: ST läuft in den Rücken des AV. MA dribbelt AV an und spielt einen Doppelpass mit ST. MA/ST bieten sich für einen Schnittstellenpass an.

Organisation und Ablauf (20. Hinführung)

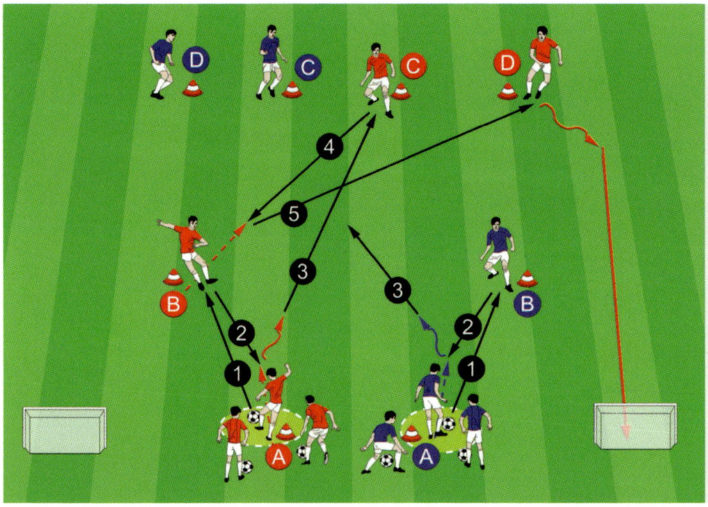

Ein Hauptrechteck B/D (20 x 10 Meter) mit einem kleinen, überlappenden Rechteck A/C (20 x 6 Meter) aufbauen. 10 Meter neben den Positionen A je ein Minitor aufstellen.

Zwei gleich große Teams bilden und entsprechend der Zeichnung aufteilen. 3-7 Spieler gehen mit Bällen zu A.

Die beiden Teams passen ausschließlich untereinander und starten gleichzeitig. Spieler A passt zu B, B lässt klatschen und A spielt mit seinem zweiten Kontakt zu C. C lässt auf B klatschen und B spielt leicht in den hinteren Fuß von D. D nimmt den Ball mit seinem Ersten Kontakt in Richtung Minitor mit und absolviert einen Zielschuss.

Die Spieler wechseln eine Position weiter. A zu B, B zu C, C zu D und D mit Ball zu A. Sobald B neu besetzt ist, startet der nächste Durchgang.

Spieleranzahl: 12-20 Spieler.

Wettbewerb: Welches Team trifft in 4 Minuten häufiger ins Minitor?

Kognition: Futsalbälle (die Treffer zählen doppelt). Augenklappen.

Variation: Für einen zweiten Durchgang wechseln die Teams ihre Positionen.

Tipp: Der Kopf ist stets oben. Bei den sich kreuzenden Pässen vorher einen freien Passweg prüfen und gegebenenfalls kurz verzögern. Die Pässe coachen und immer leicht in Spielrichtung passen. Zügig und mit Blick zum Spiel die Positionen wechseln.

Organisation und Ablauf (20. Torschuss)

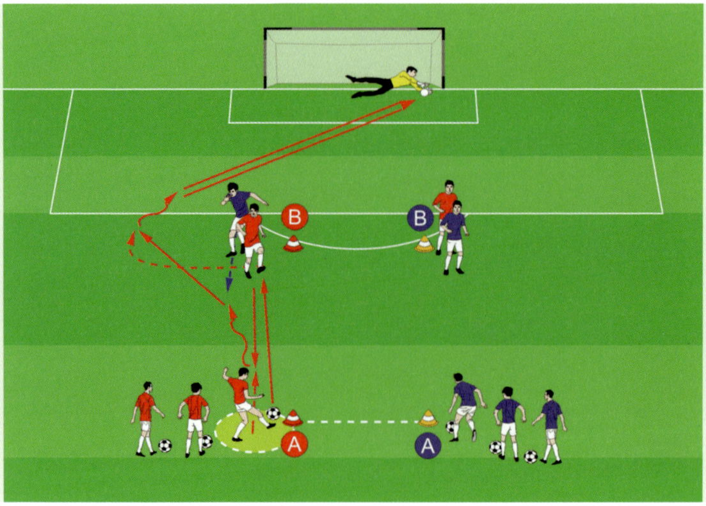

Etwa 20 Meter zentral vor dem Tor ein Hütchenrechteck (14 x 8 Meter) aufbauen.

Zwei Teams bilden. Jedes Team stellt einen Verteidiger. Dieser steht bei Hütchen B hinter einem Angreifer des anderen Teams. Die restlichen Spieler mit Bällen wechseln zu A.

Die Teams greifen im Wechsel an. Spieler A passt zu Angreifer B, dieser lässt klatschen und bietet sich gleich deutlich außen für ein Zuspiel an. Jetzt wird Verteidiger B aktiv. Spieler A dribbelt den Verteidiger entschlossen an und die beiden Offensivspieler versuchen, ein Tor im 2-gegen-1 zu erzielen. Abseits beachten. Nach der Aktion startet sofort das andere Team mit der gleichen Aufgabe.

Wechsel nur innerhalb des Teams: Spieler A wird zu Angreifer B. Angreifer B wird zu Verteidiger B und Verteidiger B holt einen Ball und wird zu Spieler A.

Spieleranzahl: 10-18 Feldspieler.

Wettbewerb: Welches Team schießt in 5 Minuten mehr Tore?

Variation: Seitenwechsel der Teams.

Situation: Andribbeln. Lösen vom IV.

Tipp: Spieler A dribbelt den Verteidiger entschlossen an. Je nach Verteidigerverhalten abspielen oder im 1-gegen-1 selbst durchbrechen. Angreifer B kommt spätestens mit seinem zweiten Ballkontakt zum Torabschluss. Erobert der Verteidiger den Ball, kontert er auf das HT A.

Organisation und Ablauf (20. Spielform)

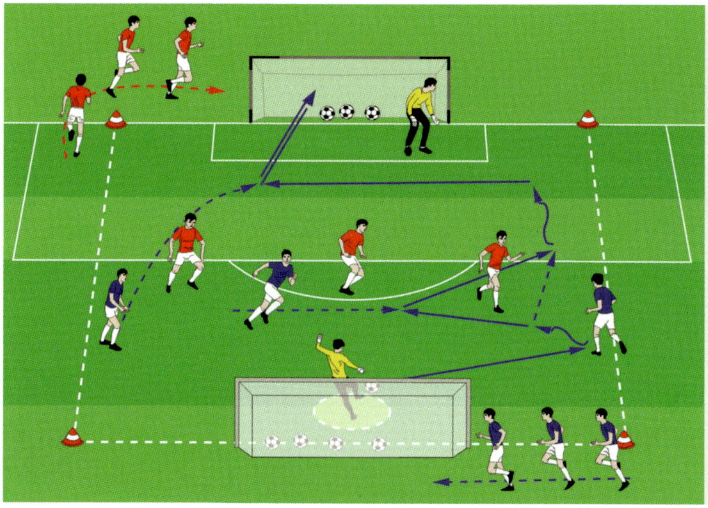

Ein Spielfeld (28 x 28 Meter) mit zwei Großtoren aufbauen.

Zwei gleich große Teams bilden. Je drei Spieler einer Mannschaft wechseln ins Feld. Die restlichen Spieler laufen ums Feld. Ersatzbälle in beide Tore legen.

Es wird 3-gegen-3 auf die Tore gegeneinander gespielt. Bei jeder Spielunterbrechung geht es beim Torwart des ballberechtigten Teams weiter. Fällt ein Treffer, so wechselt das unterlegene Team sofort mit drei laufenden Mitspielern die Aufgabe. Die neuen Spieler erhalten den Ball.

Fällt in einer Minute kein Treffer, so wechseln alle Spieler.

Spieleranzahl: 12-24 Feldspieler. 2 x TW.

Wettbewerb: Welches Team erzielt zuerst fünf Tore?

Variation: Das Team, welches trifft, bleibt in Ballbesitz. Das Feld verkleinern. Maximal drei Ballkontakte sind erlaubt. Vor jeder Spieleröffnung wirft der TW einem Mitspieler den Ball hoch zu und dieser köpft zurück.

Tipp: Bei nicht durch 3 teilbaren Teamgrößen organisieren die Teams selbstständig ihre Wechsel. Die am längsten laufenden Spieler kommen ins Feld. Zielstrebig und klug angreifen. Immer das Zentrum und beide Seiten besetzen. Die Außenverteidiger entschlossen andribbeln. Die Verteidiger agieren als Abwehrkette.

Organisation und Ablauf (21. Hinführung)

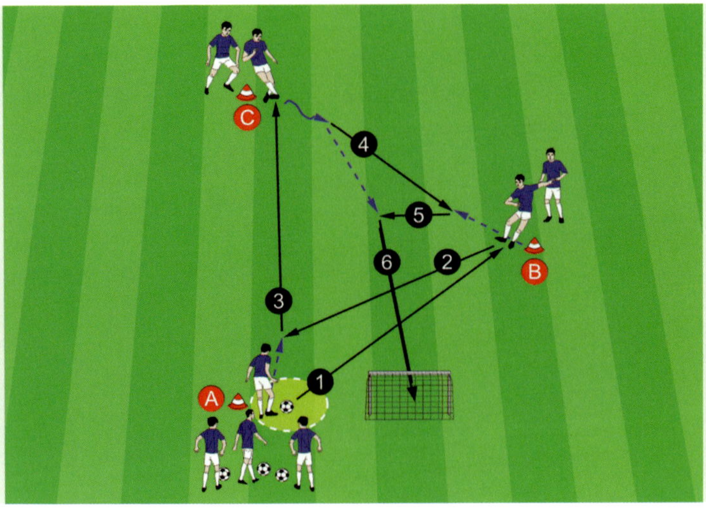

Ein Hütchendreieck (16 x 10 Meter) entsprechend der Zeichnung mit einem Minitor aufbauen.

Die Positionen B und C doppelt besetzen. Die restlichen Spieler gehen mit den Bällen zu A.

Spieler A passt zu B, B lässt klatschen und A spielt zu C. Je nach Passqualität kontrolliert C kurz den Ball und spielt dann Doppelpass mit B. Noch hinter dem Hütchen B kommt C zu einem direkten Zielschuss ins Minitor.

Die Spieler wechseln eine Position weiter. Mit dem Zielschuss von C startet der nächste Spieler A mit einem Pass zu B.

Spieleranzahl: 5-10 Spieler. Bei weniger als sieben Spielern die Position B nur einfach besetzen.

Wettbewerb: Spiegelverkehrt zueinander aufgebaute Parcours spielen gegeneinander. Wer erzielt in 4 Minuten mehr Tore? Nur direkte Zielschüsse hinter Hütchen B zählen.

Variation: Zum spiegelverkehrt aufgebauten Parcours wechseln.

Tipp: Druckvolle und flache Pässe leicht in die Bewegung der Passempfänger spielen. Beim Zielschuss das Minitor exakt anvisieren, die Fußspitze des Standbeins zeigt in Schussrichtung. Den Zielschuss druckvoll und sicher ausführen.

Organisation und Ablauf (21. Torschuss)

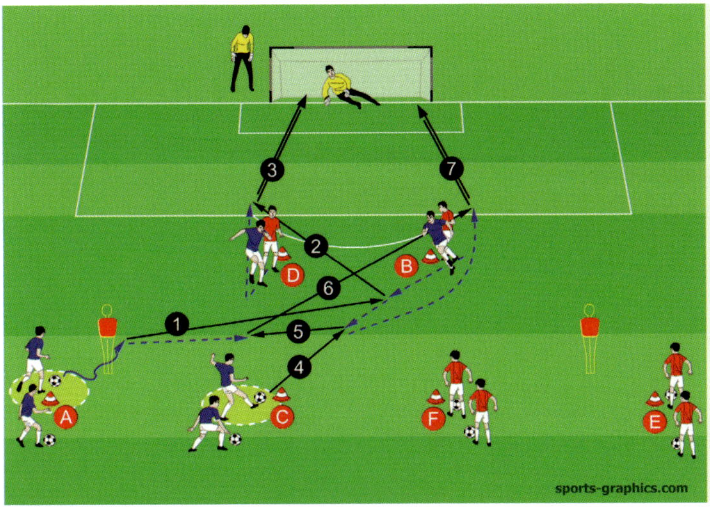

Etwa 8 Meter vor dem Strafraum ein Rechteck (8 x 12 Meter) aufbauen. Dazu zwei äußere Positionen (A/E) mit Dummys davor markieren.

Zwei gleich große Teams bilden. Je Team geht ein Spieler an die Positionen B/D. 2-4 Spieler mit Bällen wechseln zu den Positionen A/C bzw. E/F.

Die Teams greifen im Wechsel an. Gleiche Aufgabe spiegelverkehrt. Team A beginnt, indem Spieler A vor dem Dummy fintiert und zum entgegenstartenden B passt. B leitet das Zuspiel direkt in der Gasse (D/B) zu D weiter. D schießt direkt aufs Tor. Dann passt C zu B und B spielt zu A. Nach dem Pass ❺ dreht B um, umläuft Position B und erhält den Pass ❻ in die Gasse. Torabschluss! Jetzt gleicher Ablauf von Team B.

A wechselt zu B, B mit Ball zu C, C zu D und D mit Ball zu A. Wechsel bei Team B: E zu D, D mit Ball zu F, F zu B und B mit Ball zu E.

Spieleranzahl: 12-20 Feldspieler.

Wettbewerb: Welches Team erzielt in 4 Minuten mehr Tore?

Variation: Für einen zweiten Durchgang wechseln die Teams ihre Seiten.

Situation: Spiel zum Dritten. Schnittstellenpass. Lösen vom IV.

Tipp: Position B/D simulieren IV. Die Pässe in die Gasse nicht zu steil spielen, sondern in den Fuß der ST. Spieler A (E) nimmt den Pass ❺ zunächst an und spielt erst in die Gasse, nachdem B in die Tiefe startet. Abseits beachten. Blickkontakt herstellen und Pässe coachen.

Organisation und Ablauf (21. Spielform)

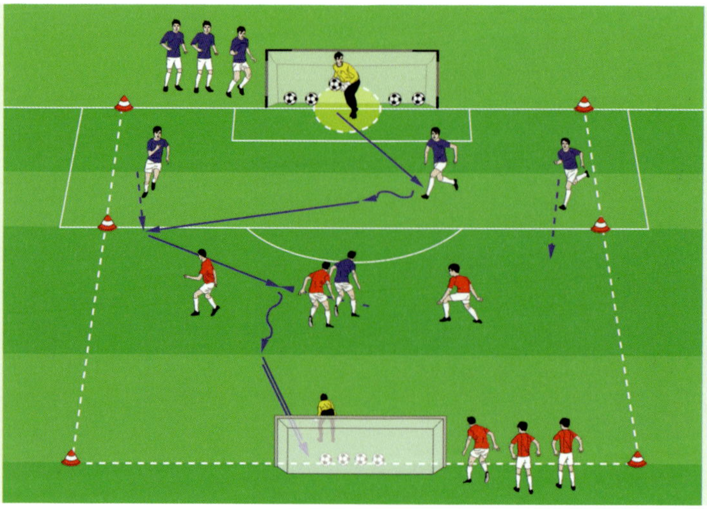

Ein Feld (40 x 30 Meter) mit zwei von Torhütern besetzten Großtoren aufbauen.

Zwei gleich große Teams (je 4-10 Spieler) bilden. Den Teams ein Tor zuweisen. Die Bälle in den Toren verteilen.

Team Blau besitzt für 3 Minuten Angriffsrecht. Es versucht in dieser Zeit, so viele Tore wie möglich zu erzielen. Die Angreifer befinden sich immer im 4-gegen-3. Die Torhüter starten die Durchgänge. Das Angriffsrecht wechselt jedoch sofort nach einem Kontertor.

Nach jeder Spielunterbrechung wird ein Spieler je Team fliegend gewechselt. Der am längsten im Feld agierende Spieler geht raus. Wechselt das Angriffsrecht, dürfen die vorherigen Angreifer keinen Spieler einwechseln und bei den neuen Angreifern muss keiner raus.

Spieleranzahl: 8-20 Feldspieler.

Wettbewerb: Nach dem ersten Wechsel des Angriffsrechts verbleiben noch 4 Minuten Spielzeit. Die Verteidiger starten mit zwei Toren Vorsprung.

Tipp: Die Verteidiger agieren als Dreierkette. Ein Angreifer postiert sich immer als Sturmspitze. Er fordert Pässe in die Schnittstelle und schirmt den Ball dabei vom Verteidiger ab. Die Angreifer nutzen die Überzahl mittels Passspiel aus. Das Unterzahlteam schaltet nach einem Ballgewinn schnell auf Angriff um. Die Torhüter spielen zügig neue Bälle ins Feld.

Organisation und Ablauf (22. Hinführung)

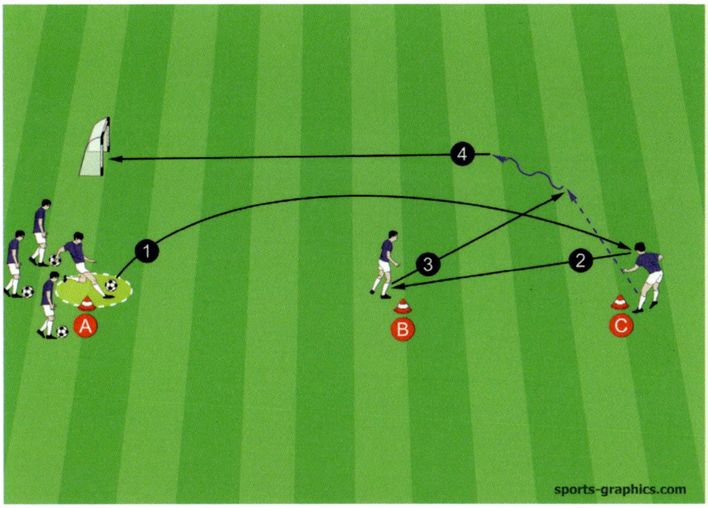

Drei Hütchen im Abstand von 20 und 10 Metern in einer Reihe aufstellen. Etwa 6 Meter neben dem Starthütchen A ein Minitor stellen.

Die Positionen B und C einfach besetzen. 2-6 Spieler gehen mit Bällen zum Starthütchen A.

Spieler A spielt einen Flugball zu C, C lässt auf B klatschen, B legt C den Ball so auf, dass dieser den Ball in Richtung Minitor mitnehmen kann und dann folgt der Zielschuss 4.

A wechselt zu B, B zu C und C mit Ball zu A. Sobald C neu besetzt ist, startet der nächste Spieler A.

Spieleranzahl: 4-8 Spieler.

Wettbewerb: Mehrere Parcours treten im Wettbewerb gegeneinander an. Welche Gruppe schießt in 4 Minuten mehr Tore?

Variation: Zum spiegelverkehrt aufgebauten Parcours wechseln. Spieler C absolviert bei seinem Rückweg koordinative Aufgaben an einer KL.

Tipp: Die Treffer zählen nur mit dem äußeren Fuß. Bei einem präzisen Flugball den Ball direkt klatschen lassen. Kommt der Flugball dagegen ungenau, das Zuspiel zunächst kontrollieren. Dabei den Ball nahe am Körper und per Dropkick verarbeiten.

Organisation und Ablauf (22. Torschuss)

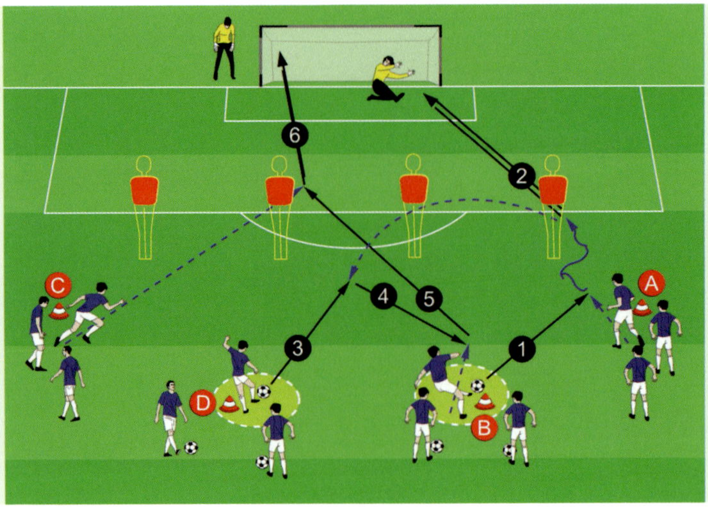

Vor dem Strafraum vier Dummys zu einer Viererkette aufstellen. Dazu vier Hütchen entsprechend der Zeichnung aufbauen.

Die Spieler zur gleichen Zahl an den Hütchen verteilen. Alle Bälle zu B und D.

Spieler B passt zu A, A fintiert den AV-Dummy so aus, dass er außen an ihm vorbeidribbelt, und schießt aufs Tor. Direkt im Anschluss kommt er zwischen den beiden IV-Dummys Spieler D entgegen. D spielt ihn an (Pass 3) und A leitet den Ball direkt zu B weiter. Währenddessen läuft C in den Rücken der Abwehr und erhält von B das direkte Zuspiel 5. C kommt direkt zum Torabschluss.

Spieler A wechselt mit Ball zu B, B zu C, C mit Ball zu D und D zu A. Mit dem Torabschluss 6 startet der nächste Durchgang.

Spieleranzahl: 8-16 Feldspieler.

Wettbewerb: Torhüter gegen Feldspieler. Gelingen in 4 Minuten 10 Tore?

Variation: Ablauf von der anderen Seite. Spieler D passt zu C usw.

Situation: Andribbeln. Schnittstellenpass. Lösen vom IV.

Tipp: Gutes Timing von C für seinen Start in die Tiefe. Alle Aktionen zügig hintereinander ausführen. Auf Abseits achten und B spielt Pass 5 nicht zu steil.

Organisation und Ablauf (22. Spielform)

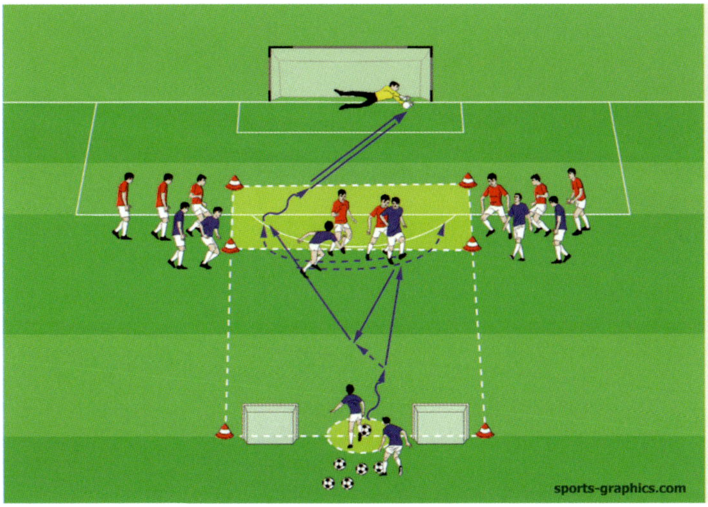

Vor dem Großtor ein Feld (20 x 28 Meter) mit zwei Minitoren zum Kontern aufbauen. Im Feld eine Endzone (Tiefe: 8 Meter) markieren.

Zwei gleich große Teams bilden. Zwei Spieler Blau als Zuspieler mit Bällen zwischen die Minitore stellen. Der Rest verteilt sich gleichmäßig neben der Endzone. Von beiden Seiten rückt jeweils ein IV (Rot) und ein ST (Blau) ins Feld.

Das Angreiferteam versucht, im 3-gegen-2 Tore zu erzielen. Dazu dribbelt der Zuspieler ins Feld und passt zu einem ST. Ziel ist es, einen ST so in der Endzone anzuspielen, dass er aus dieser zum Torabschluss kommt. Die Abseitsregel gilt. Die Verteidiger dürfen nicht in die Endzone. Die Verteidiger kontern nach einem Ballgewinn auf die Minitore.

Nach Aktionsende kommen fünf neue Spieler aufs Feld. Der Zuspieler geht auf seine Position zurück und ST/IV stellen sich bei ihren Mitspielern, seitlich neben der Endzone, an.

Spieleranzahl: 12-24 Feldspieler.

Wettbewerb: Welches Team hat nach einmaligem Aufgabenwechsel mehr Tore erzielt? Die Spielzeit beträgt 5 Minuten.

Variation: Auf ein Großtor mit TW kontern. Ein IV darf nach einem Pass in die Endzone nachrücken.

Tipp: Diese Spielform verbessert das Bespielen der Räume im Rücken der Abwehr. Die ST absolvieren Positionswechsel und starten so in die Endzone, dass sie dort anspielbar sind.

Organisation und Ablauf (23. Hinführung)

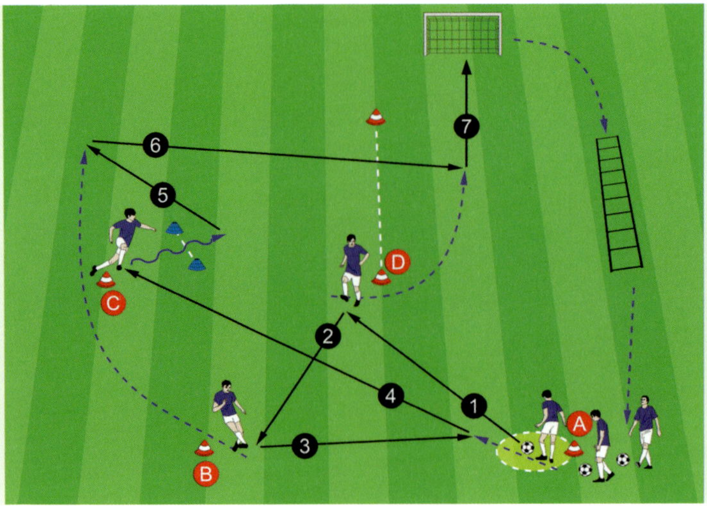

Ein Hütchendreieck (12 x 8 Meter) aufbauen. 8 Meter neben D Position C markieren. Vor Position C ein kleines HT. Position D ist ein HT (Breite: 10 Meter). Minitor und KL entsprechend der Zeichnung aufstellen.

Die Positionen B-D einfach besetzen. 3-8 Spieler gehen mit Bällen zu A.

A passt zu D, D direkt zu B, B lässt auf A klatschen und A spielt steil auf C. C dribbelt durch das kleine HT. Spieler B hat mit seinem Pass ❸ begonnen, C zu hinterlaufen. Nachdem C durchs HT gedribbelt ist, passt er zu dem hinterlaufenden Spieler B. B spielt den Ball durch das HT D zu D. D hat sich nach dem Pass ❷ in Richtung Minitor orientiert. D verwertet direkt.

Die Spieler wechseln im Uhrzeigersinn eine Position weiter. Sobald Position D neu besetzt ist, startet der nächste Durchgang. Beim Wechsel vom Minitor (Ball holen) zu A eine Aufgabe an der KL absolvieren.

Spieleranzahl: 6-11 Spieler.

Wettbewerb: Welche Gruppe trifft in 4 Minuten häufiger ins Minitor (äußerer Fuß)?

Variation: Für einen zweiten Durchgang zu einem spiegelverkehrt aufgebauten Parcours wechseln.

Tipp: Die Pässe coachen. C nimmt den Ball mit dem Ersten Kontakt durchs HT mit. B hinterläuft eng im Rücken von C.

Organisation und Ablauf (23. Torschuss)

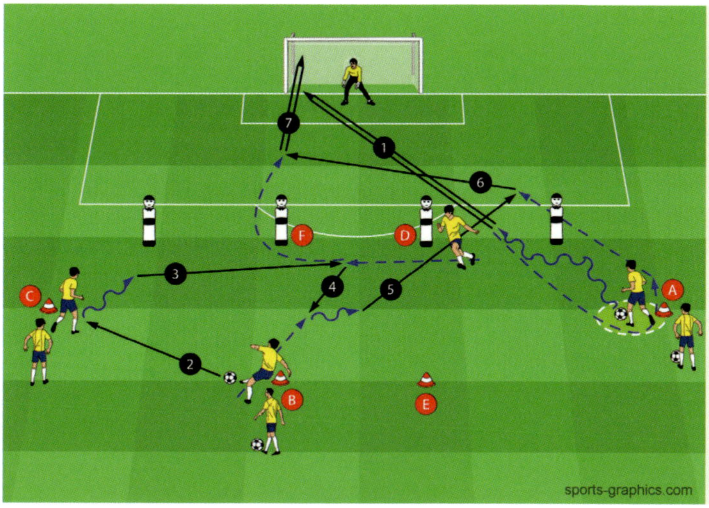

Vier Dummys vor dem Strafraum aufstellen. Simulation einer Viererabwehrkette. Vier Hütchen (A, B, C, E) entsprechend der Zeichnung.

Ein Spieler zu IV-Dummy D. Die restlichen Spieler verteilen sich an den drei Positionen A, B und C. Alle Spieler A und B haben einen Ball.

Spieler A dribbelt den AV-Dummy an, fintiert und schießt aufs Tor. Mit diesem Torschuss passt Spieler B zu Spieler C und dieser dribbelt den anderen AV-Dummy an. Parallel dazu bietet sich Spieler D (ST) vor den IV-Dummys für ein Zuspiel an. Dieses Zuspiel lässt er auf B klatschen, B passt mit seinem zweiten Kontakt in die Schnittstelle IV-AV zu A, A legt quer auf D und D verwertet den Ball ins Tor.

Spieler A wechselt nach seinem Torschuss zurück zu seiner Startposition. Nach beiden Torschüssen wechselt A mit Ball zu B, B zu C, C zu D und D mit Ball zu A. Sobald Position D neu besetzt ist, startet der nächste Durchgang.

Spieleranzahl: 7-19 Feldspieler.

Wettbewerb: Erzielen die Feldspieler in 4 Minuten 12 Tore?

Variation: Wechsel der Spielrichtung. Position E wird statt B und F statt D besetzt.

Situation: Andribbeln. Schnittstellenpass.

Tipp: Spieler D kommt explosiv und im letzten Moment aus dem Deckungsschatten des IV. Spieler B (10er) läuft erst mit dem Pass zum ST in den Rückraum und nimmt den Ball in Richtung ballferne Seite mit. A achtet auf Abseits.

Organisation und Ablauf (23. Spielform)

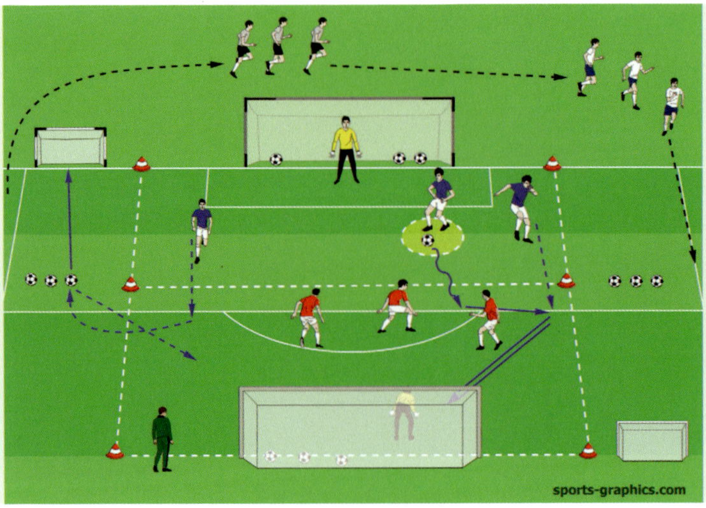

Ein Spielfeld (28 x 28 Meter) mit zwei Groß- und zwei Minitoren aufbauen.

2-8 3er-Teams bilden und diese durchnummerieren. Ausreichend Bälle in die beiden Großtore und auf die Höhe der Mittellinie vor die Minitore legen.

Zwei Teams spielen frei im Feld gegeneinander. Schießt eine Mannschaft ein Tor, so darf ein Spieler des erfolgreichen Teams einen weiteren Treffer durch einen Zielschuss auf eines der Minitore erzielen. Inzwischen läuft das Spiel weiter, da der bezwungene TW sofort einen neuen Ball zu seinem Team spielt. Es entsteht ein vorübergehendes 3-gegen-2, bis der Schütze auf die Minitore wieder im Spiel ist.

Nach 2 Minuten Spielzeit kommen zwei neue Teams ins Feld.

Spieleranzahl: 6-24 Feldspieler. Die pausierenden Spieler laufen um das Feld. 4er-Teams bilden. Spielen 3er- und 4er-Teams gegeneinander, so zählen Treffer des Unterzahlteams doppelt.

Wettbewerb: Welches Team gewinnt zuerst drei Spiele?

Variation: Bei einem Drei-Tore-Vorsprung ist ein Spiel sofort beendet.

Tipp: Zügiger Teamwechsel. Sind zwei Teams gleichberechtigt zu spielen, so hat das Team mit mehr Siegen Vorrang. Die pausierenden Spieler sorgen für ausreichend Ersatzbälle.

Organisation und Ablauf (24. Hinführung)

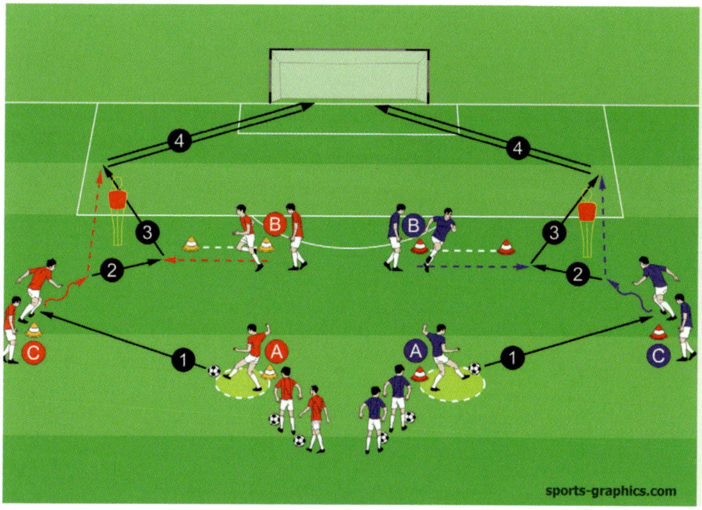

Zwei Parcours spiegelverkehrt zueinander vor dem Strafraum aufbauen. Bestehend jeweils aus einem HT (Breite: 4 Meter, simuliert IV), einem AV-Dummy, einer MA-Position C und der Startposition A.

Zwei Teams bilden. Jeweils zwei Spieler zu B/C schicken und der Rest geht mit den Bällen zu A.

Die beiden Teams starten gleichzeitig und üben unabhängig voneinander. Spieler A passt zu Spieler C, C dribbelt den AV-Dummy an und gleichzeitig läuft Spieler B entlang der Viererkette und bietet sich zum Doppelpass an. Der AV-Dummy wird per Doppelpass ausgespielt und C passt/schießt direkt ins Tor.

Spieler A wechselt zu B, B zu C und C mit Ball zu A. Sobald aufs Tor geschossen wurde, startet der nächste Durchgang.

Spieleranzahl: 5-10 Spieler je Seite. Bei weniger Spielern die Positionen B/C einfach besetzen.

Wettbewerb: Welche Gruppe trifft in 4 Minuten häufiger mit dem äußeren Fuß ins Tor?

Variation: Für einen zweiten Durchgang wechseln die Teams die Seite.

Kognition: Augenklappen. Spezialbälle.

Tipp: Perfekter erster Kontakt von C in Richtung AV-Dummy. Diesen entschlossen andribbeln und binden. ST startet im richtigen Moment. Kurz vor einem möglichen Eingreifen des AV den Ball spielen. Perfekt in den Fuß von ST passen. Den Doppelpass nicht zu steil spielen.

Organisation und Ablauf (24. Torschuss)

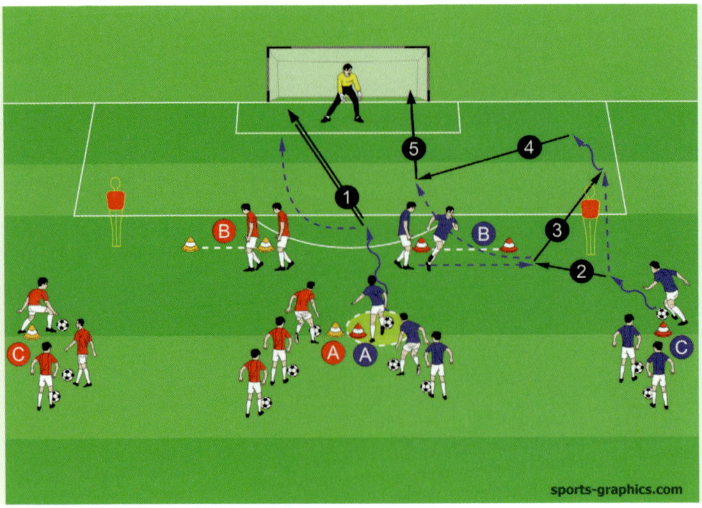

Aufbau entsprechend der Zeichnung.

Zwei Teams bilden. Je zwei Spieler stehen innen am HT B. Die restlichen Spieler teilen sich mit Ball an den Positionen A/C auf. Spieler A stehen außen an ihrem Hütchen.

Die Teams greifen im Wechsel nach dem gleichen Muster an. Der Ablauf ist jeweils spiegelverkehrt. Spieler A dribbelt in Richtung Tor und kommt noch vor der Strafraumlinie zum Torabschluss. Mit diesem Schuss dribbelt Spieler C den AV-Dummy im höchsten Tempo an und Spieler B bietet sich zum Doppelpass an. Nach dem Doppelpass läuft B durch sein HT in Richtung Tor. A ist weiter aktiv und orientiert sich auch in Richtung Tor. C spielt den Ball entweder zu A oder B vors Tor und der Passempfänger kommt direkt zum Torabschluss.

Die Spieler wechseln eine Position weiter. Auf die Positionen A/C nur mit Ball wechseln.

Spieleranzahl: 12-20 Feldspieler.

Wettbewerb: Welches Team erzielt in 5 Minuten mehr Tore?

Variation: Für einen zweiten Durchgang wechseln die Teams die Seiten.

Situation: Doppelpass mit dem Außenspieler.

Tipp: Den Pass 4 gezielt zu einem Mitspieler passen. Abgesprochene Laufwege der ST; der ballnahe Spieler bietet sich im Rückraum an und der ballferne Spieler steht nah zum Tor. Spieler A warten kurz, falls der TW noch nicht bereit ist.

Organisation und Ablauf (24. Spielform)

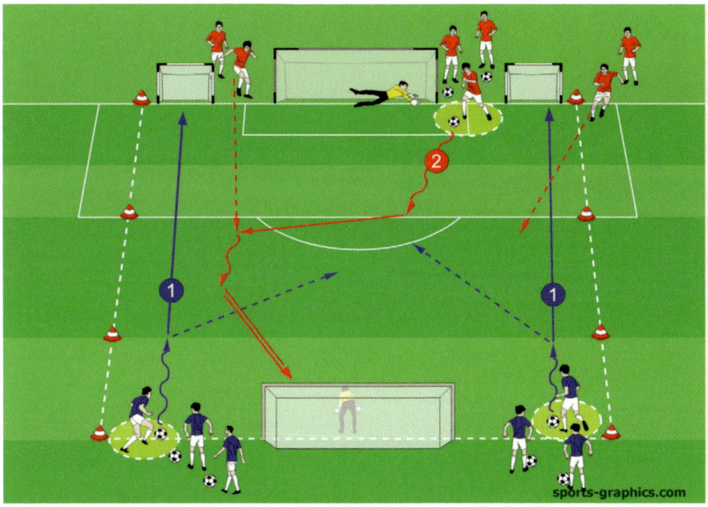

Ein Spielfeld (32 x 32 Meter) mit zwei Großtoren aufbauen. Links und rechts neben einem Großtor Minitore aufstellen.

Zwei gleich große Teams bilden. Team Blau steht mit Bällen neben dem mobilen Großtor. Team Rot teilt sich in zwei äußere (ohne Bälle) und eine zentrale Gruppe (mit Bälle).

Die jeweils ersten Spieler Blau dribbeln ins Feld und schießen aus der eigenen Hälfte auf die Minitore. Unmittelbar nach beiden Schüssen greift Team Rot mit drei Spielern gegen die beiden Spieler Blau an. Es wird 3-gegen-2 auf die beiden Großtore gespielt.

Nach einem Tor, Abseits oder Ballaus verlassen alle fünf aktiven Spieler das Feld, stellen sich wieder hinten bei ihrer Gruppe an und es startet der nächste Durchgang.

Spieleranzahl: 12-24 Feldspieler. Bei weniger Spielern nur zwei Gruppen Team Rot und es wird 2-gegen-2 gespielt. Bei nur einem TW geht dieser ins mobile Großtor und die Verteidiger kontern auf die Minitore.

Wettbewerb: Nach 5 Minuten Aufgabenwechsel. Wer hat am Ende mehr Tore erzielt?

Variation: Parallel zu den beiden Spielern Blau dribbelt der zentrale Spieler Rot ebenfalls ins Feld und schießt per Vollspann auf das Großtor. Nach allen drei Schüssen erhält Schütze Rot einen Pass und nun erfolgt das 3-gegen-2.

Tipp: Für die nächste Aktion warten, bis die Torhüter bereit sind.

7 ERSTER KONTAKT

SS4: Tempofußball durch Ballmitnahme

Das Direktspiel ist ein wunderbares Mittel, um sich aus engen Spielsituationen zu kombinieren oder die gegnerische Abwehrkette auszuspielen. Wenn es aber darum geht, das Spiel zu verlagern oder in freie Räume zu stoßen, benötigt man mehr Ballkontakte. Der Erfolg der jeweiligen Aktion ist dann davon abhängig, wie hoch die Qualität des **Ersten Kontakts** (Ballmitnahme) ist. Im Idealfall spielt man den Ball mit dem Ersten Kontakt so, dass man die volle Ballkontrolle erlangt und mit dem zweiten Kontakt perfekt weiterspielen kann.

Im Fußball ist der **Erste Kontakt** ähnlich wichtig wie das Passen. Im Direktspiel kombiniert man sich aus engen Spielsituationen, durch den Ersten Kontakt verlagert man zur freien Seite und stößt dann damit nach vorne. Alle Spielpositionen benötigen einen guten Ersten Kontakt:

Die Innenverteidiger können dadurch das Spiel schnell verlagern bzw. einen Stürmer überdribbeln. Die Außenverteidiger werden oft gepresst. Daher benötigen sie eine gute Ballkontrolle. Schalten sie sich offensiv ein und erhalten ein Zuspiel, so müssen sie dieses optimal mitnehmen, um den Ball vors gegnerische Tor zu bringen. Zentrale Mittelfeldspieler sollten ebenfalls in der Lage sein, den Ball zu verlagern. Aufgrund des hohen Gegnerdrucks im Zentrum dürfen sie sich keinen schlechten Ersten Kontakt erlauben.

Zudem gehört der Balltransport von hinten nach vorne zu den Hauptaufgaben eines zentralen Mittelfeldspielers. Hat er keinen direkten Gegnerdruck, so dreht er nach einem Pass des Verteidigers auf und er bringt das Spiel weiter nach vorne. Die offensiven Außenspieler können optimal die gegnerischen Außenverteidiger andribbeln und die Laufwege ihrer Gegenspieler kreuzen. Der Stürmer kann den Ball durch eine Lücke in der Abwehrkette in Richtung Tor mitnehmen.

Grundvoraussetzung für einen guten **Ersten Kontakt** ist die Vororientierung und die daraus resultierende, offene Körperposition. Bereits vor einem Zuspiel sollte der Spieler wissen, in welche Richtung er das Spiel fortsetzt. Er dreht seinen Körper so, dass dieser halb in Zuspielrichtung und halb in Spielfortsetzungsrichtung zeigt. Gegebenenfalls setzt er sich vorher leicht nach hinten ab, damit er sich beim Zuspiel nicht zu nah am Gegenspieler befindet.

Der Passgeber ist maßgeblich an einem guten **Ersten Kontakt** des Passempfängers beteiligt. Seine Zuspiele sollten flach, rotationslos und leicht in die Vorwärtsbewegung erfolgen. Der Angespielte konzentriert sich ganz auf seine Technik: den Fuß komplett aufdrehen, das Fußgelenk fixieren und den Ball so mit der Fußinnenseite treffen, dass dieser direkt flach in die neue Richtung rollt. Eine Ballmitnahme mit der Fußinnenseite ist am einfachsten, weil diese die größte Fläche des Fußes darstellt. Der Ball soll die Fußinnenseite möglichst mittig treffen.

Die Trainingseinheiten zum Thema beginnen mit einer Technikübung. Zuerst wird die Technik ohne Gegnerdruck geübt. Dann folgt die Anwendung der Technik in Verbindung mit einem Torabschluss und in einer Spielform unter Gegnerdruck. Beendet wird das Training mit einem **Abschlussspiel**. Hier kann man ebenfalls, zwecks Akzentuierung des Schwerpunkts, mit einer Provokationsregel arbeiten. Das Direktspiel ist verboten bei einem niedrigen Leistungsstand des Teams und bei einem hohen Leistungsstand lautet die Regel zwei Pflichtkontakte!

Organisation und Ablauf (1. Technik)

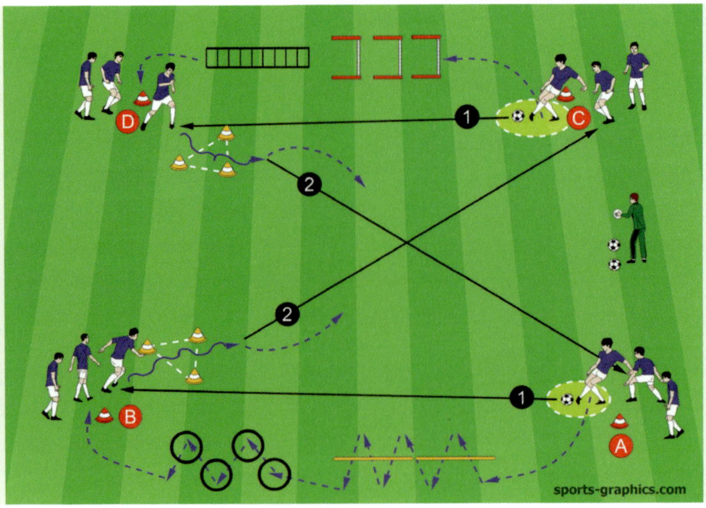

Ein Quadrat (15 Meter) markieren. 2 Meter diagonal innen von Hütchen A und C ein Hütchendreieck (Seitenlänge: 2 Meter) aufbauen. Entsprechend der Zeichnung Material für athletische Aufgaben auslegen.

Die Spieler verteilen sich gleichmäßig auf die Ecken des Quadrats. Der jeweils erste Spieler an den Starthütchen A und C hat einen Ball am Fuß.

Die beiden Spieler A und C passen gleichzeitig zum Mitspieler gegenüber (❶) und diese nehmen das Zuspiel mit ihrem Ersten Kontakt ins Dreieck mit, gehen seitlich raus und passen mit ihrem dritten Kontakt diagonal zur anderen Startposition (❷). Von dort wird mit dem zweiten Kontakt zum nächsten Spieler hinter einem Dreieck gespielt.

Die Spieler folgen ihren Pässen. Beim Wechsel zu B/D eine Athletikaufgabe absolvieren und beim Wechsel zu A/C sprinten.

Spieleranzahl: 8-24 Spieler. Bei weniger als 12 Spielern ohne athletische Aufgaben üben.

Wettbewerb: Gelingt die Ballmitnahme ins Dreieck nicht mit dem Ersten Kontakt, absolviert der Spieler vor dem Anstellen bei der nächsten Position fünf Liegestütze.

Variation: Augenklappen anlegen. Mit andersartigen Bällen spielen.

Tipp: Der Trainer steht mit Ersatzbällen zwischen den Hütchen A und C. Er bestimmt, wer Liegestütze machen muss.

Organisation und Ablauf (1. Torschuss)

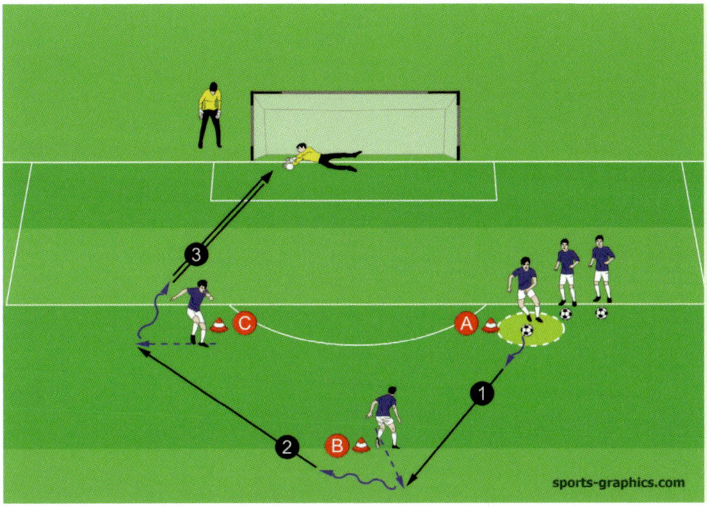

Vor dem Strafraum ein Dreieck (Seitenlänge: 12 Meter) aufbauen.

Die Positionen B und C einfach besetzen. 3-7 Spieler wechseln mit den Bällen zur Startposition A.

Spieler A passt mit seinem zweiten Kontakt zu Spieler B. B löst sich vom Hütchen weg nach hinten und nimmt den Ball in Richtung Spieler C mit. B passt mit seinem zweiten Kontakt zu ihm. C löst sich ebenfalls nach außen, nimmt den Ball in Richtung Tor mit und schießt mit seinem zweiten Kontakt.

Die Spieler folgen ihren Pässen. Spieler C stellt sich mit Ball bei A an.

Spieleranzahl: 5-9 Feldspieler.

Wettbewerb: Torhüter gegen Feldspieler. Erzielen die Feldspieler in 5 Minuten 12 Tore?

Variation: Wechsel der Spielrichtung. Dazu wird bei Position C gestartet und von Position A aufs Tor geschossen. Nur außerhalb des Strafraums schießen.

Tipp: Sich explosiv richtig getimt vom „Gegner" lösen. Perfekter Erster Kontakt und dann unmittelbar mit dem zweiten Kontakt fortfahren.

Organisation und Ablauf (1. Spielform)

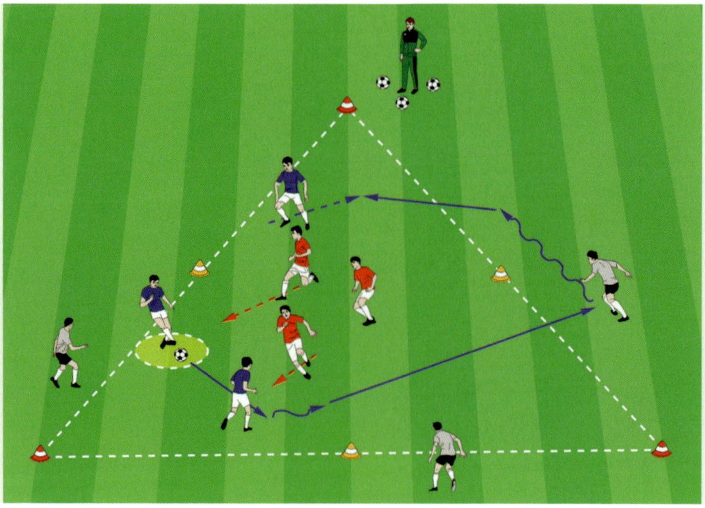

Ein Dreieck (Seitenlänge: 15 Meter) aufbauen. Die Seiten jeweils mit einem weiteren Hütchen teilen.

Drei 3er-Teams bilden. Zwei Teams wechseln ins Feld und das dritte Team verteilt sich ums Feld.

Die beiden Teams im Feld spielen zusammen mit dem dritten Team auf Ballhalten gegeneinander. Die Spieler im Feld haben freies Spiel und die Spieler des dritten Teams maximal drei Ballkontakte. Die Außenspieler dürfen den Ball nicht direkt ins Feld klatschen lassen, sondern müssen das Zuspiel so mitnehmen, dass sie den Ball auf der anderen Seite des mittleren Hütchens wieder ins Feld spielen.

Turnierform: Jeder gegen jeden. Spielzeit: 3 Minuten. Eine Rückrunde spielen.

Spieleranzahl: 9-13 Spieler. Ab 10 Spielern ein Quadrat (15 Meter) anstatt eines Dreiecks aufbauen. Im Feld dann 3-gegen-3 bzw. 4-gegen-4 spielen. Ein Neutraler geht ins Feld.

Wettbewerb: Sechs Passfolgen ergeben einen Punkt. Wer wird Turniersieger?

Variation: Maximal drei Ballkontakte im Feld und zwei Ballkontakte außen. Die Außenspieler nicht attackieren.

Tipp: Der Kopf ist oben, um schnell zu spielen. Offene Spielstellung. Die Außenspieler spielen auch untereinander. Der Trainer steht mit Ersatzbällen neben dem Feld.

Organisation und Ablauf (2. Technik)

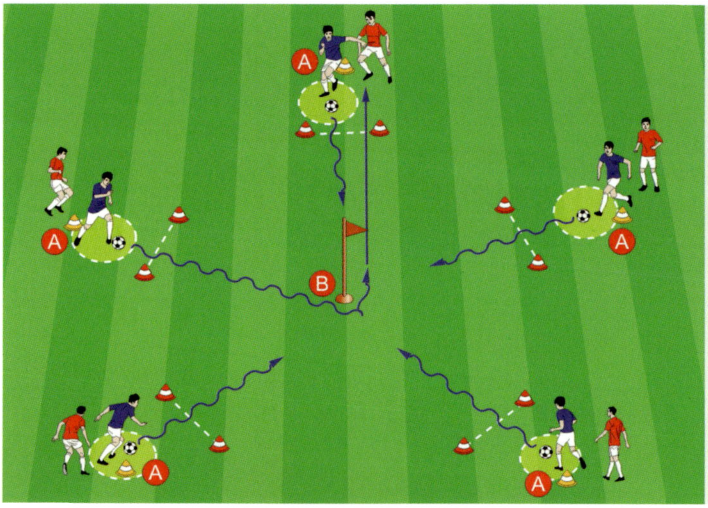

Um eine zentrale Stange (B) etwa 10 Meter entfernt fünf Hütchentore (Breite: 3 Meter) aufstellen. 3 Meter hinter den Hütchentoren Startpositionen markieren.

Die Spieler gleichmäßig an den Startpositionen verteilen. Der jeweils erste Spieler mit Ball.

Die Spieler mit Ball dribbeln gleichzeitig in Richtung Stange und umdribbeln diese so lange, bis sie durch ein anderes HT zu einem beliebigen freien Spieler passen können. Vor dem Pass Blickkontakt herstellen. Der Passempfänger absolviert direkt nach dem Blickkontakt eine Lauffinte und nimmt das Zuspiel nach vorne durch das HT an und mit.

Alle Spieler folgen ihren Pässen.

Spieleranzahl: 6-20 Spieler. Mindestens zwei Spieler an die Startpositionen stellen. Bei weniger als 10 Spielern weniger Startpositionen aufbauen.

Variation: Bei geringem Leistungsstand nur mit drei Bällen gleichzeitig spielen. Die Passempfänger starten dem Pass so entgegen, dass sie den ersten Ballkontakt vor dem HT haben. Die Passempfänger nehmen den Ball mit der linken/rechten Innen-/Außenseite um das HT herum an und mit. Annahmetechnik und Mitnahmerichtung einer geraden bzw. ungeraden Zahl zuweisen. Der Trainer ruft eine Zahl bzw. stellt eine Matheaufgabe.

Tipp: Den Fuß stabil halten und Körperspannung aufbauen. Das Standbein zeigt bei Pässen in Spielrichtung. Die Pässe druckvoll, rotationslos und flach über den Boden spielen.

Organisation und Ablauf (2. Torschuss)

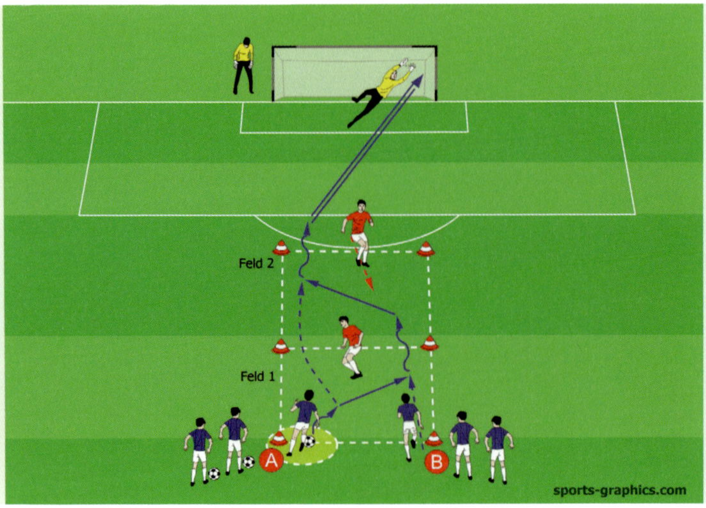

Etwa 5 Meter vom Strafraum entfernt ein Feld (16 x 8 Meter) mit Mittellinie markieren.

Zwei Verteidiger bestimmen und ihnen je eine Hälfte zuweisen. Sie stehen auf ihrer Grundlinie. Die restlichen Spieler gehen als Angreifer zu den Positionen A und B. Alle Spieler A haben Bälle.

Spieler A und Spieler B starten zum 2-gegen-1 ins Feld. Ihr Ziel ist es, über die Mittellinie zu dribbeln. Gelingt dies, entsteht ein 2-gegen-1 mit dem zweiten Verteidiger. Die überdribbelten Verteidiger dürfen nicht nachsetzen. Der Angreifer, der den zweiten Verteidiger überdribbelt, schießt vor dem Strafraum aufs Tor.

Kommt es zum Torabschluss, gehen die beiden Angreifer (mit Ball) wieder zu A und B und die Verteidiger bleiben auf Position. Kann einer der Verteidiger den Ball aus dem Feld spielen, so wechseln die beiden Verteidiger Position und Aufgabe mit den beiden Angreifern.

Spieleranzahl: 6-14 Feldspieler.

Wettbewerb: Welcher Angreifer ist zuerst an drei Toren beteiligt?

Variation: Für einen Wechsel muss der Verteidiger über die gegenüberliegende Linie kontern. Die Feldgröße dem Leistungsstand anpassen.

Tipp: Den Verteidiger andribbeln und seine Bewegung beobachten. Je nach Verteidigerverhalten folgt 1-gegen-1 oder Pass zum Mitspieler. Der Mitspieler nimmt den Ball präzise über die Linie mit. Nicht zurückspielen oder stehen bleiben!

Organisation und Ablauf (2. Spielform)

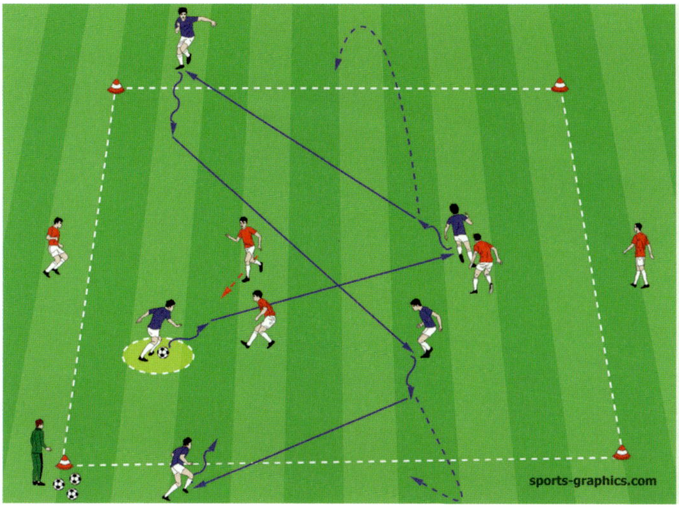

Ein Quadrat (15 Meter) aufbauen.

Zwei 5er-Teams bilden. Je drei Spieler ins Feld und die Außenseiten mit je einem Spieler so besetzen, dass sich die Mitspieler gegenüber befinden.

Die beiden Teams spielen auf Ballhalten gegeneinander. Es sind nur 2-3 Ballkontakte erlaubt. Kein Direktspiel oder mehr als drei Kontakte! Ziel ist es, einen Mitspieler hinter einer Seitenlinie so anzuspielen, dass er ins Feld dribbeln kann. Gelingt dies, wechselt der Passgeber Position und Aufgabe mit dem Außenspieler.

Nach 5 Minuten Spielzeit neue Teams bilden.

Spieleranzahl: 10-17 Spieler. Die Teams vergrößern. Bei ungerader Zahl neutrale Spieler bestimmen.

Wettbewerb: Für jedes Dribbling ins Feld gibt es einen Punkt. Welches Team erreicht in 5 Minuten mehr Punkte?

Variation: Zwei Pflichtkontakte. Je nach Leistungsstand und Spielfeldgröße ändern oder mit Neutralen spielen.

Tipp: Konzentration auf den Ersten Kontakt. Die Spielfeldumgebung wahrnehmen. Den Ball in einen freien Raum mitnehmen und mit dem Körper abschirmen. Anspielbar sein ohne Ball. Zügiger Positionswechsel.

Organisation und Ablauf (3. Technik)

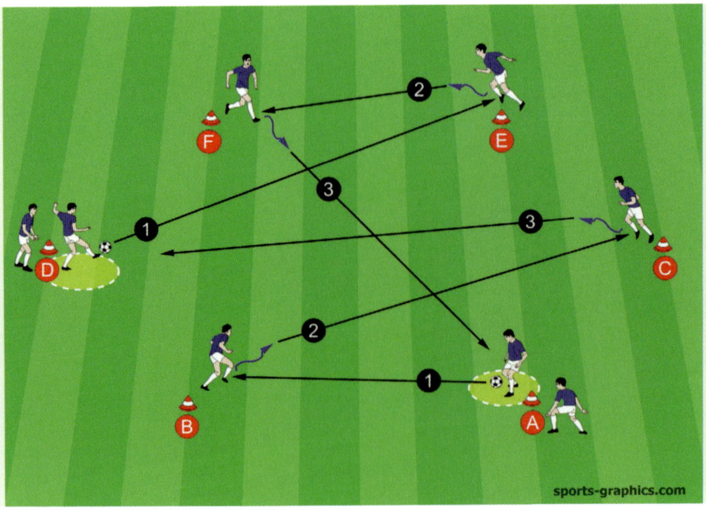

Ein Quadrat (10 Meter) aufbauen und 4 Meter neben die Außenseiten ein Hütchen stellen.

2-3 Spieler gehen zu A und D. 1-2 Spieler zu den restlichen Positionen schicken. Je ein Ball ist bei A und D.

Spieler A und D starten gleichzeitig mit einem Pass zu B bzw. zu E. Es wird zu C/F weitergespielt und dann zu D/A. Es wird immer mit dem zweiten Kontakt gepasst.

Die Spieler folgen ihren Pässen.

Spieleranzahl: 8-15 Spieler. Ab 14 Spieler mit einem dritten Ball spielen.

Wettbewerb: Zwei Gruppen treten im Wettbewerb gegeneinander an. Welche Gruppe spielt in 4 Minuten häufiger zur Position A?

Variation: Zwei Pflichtkontakte: Mit dem einen Fuß den Ball kontrollieren und mit dem anderen Fuß passen. Den Pass mit der Außenseite spielen. Drei Pflichtkontakte: Mit der Innenseite den Ball kurz auf den anderen Fuß ablegen, klatschen lassen und passen.

Tipp: Der erste Kontakt hat großen Einfluss auf die Passqualität. Daher schon mit diesem den Ball leicht vor den Passfuß spielen. Den Ball flach passen. Die Passstärke der Distanz anpassen. Der Kopf ist immer oben, um den Pass verzögern zu können, falls der Passweg nicht frei ist (Ball oder Spieler sind im Weg). Pässe und Laufwege kreuzen sich.

Organisation und Ablauf (3. Torschuss)

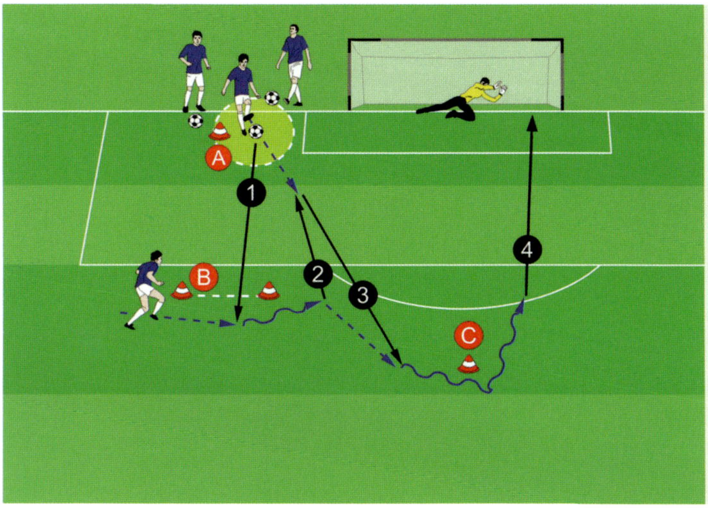

Starthütchen A, Hütchentor B (Breite: 2 Meter) und Wendehütchen C entsprechend der Zeichnung aufbauen.

Ein Spieler ohne Ball geht hinter B. 3-7 Spieler mit Bällen wechseln zu A.

Spieler A passt zu B. B nimmt den Ball am HT vorbei mit, spielt zu A zurück und läuft in Richtung C. A spielt B leicht in den Lauf und B dribbelt ums Hütchen C. C schießt noch vor der Strafraumgrenze aufs Tor.

Sobald A Pass ❸ gespielt hat, wechselt er hinters Hütchentor und erhält dort das nächste Zuspiel.

Spieleranzahl: 4-8 Spieler.

Wettbewerb: Spieler gegen Torwart. Erzielen die Spieler in 2 Minuten sechs Tore? Die Verlierer absolvieren eine „Sonderaufgabe".

Variation: Den Ablauf von der anderen Torseite wiederholen.

Tipp: Offene Körperposition (Stellung) von B, hohes Dribbeltempo und enge Ballführung. Den Pass ❸ nicht zu steil spielen.

Organisation und Ablauf (3. Spielform)

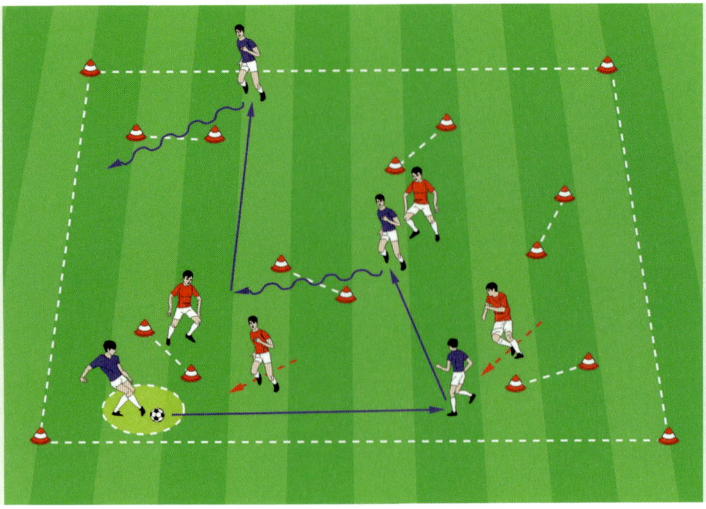

Ein Feld (40 x 20 Meter) markieren. Im Feld einige Hütchentore (Breite: 3 Meter) aufbauen.

Zwei Teams bilden. Bei geringerem Leistungsstand 1-2 Neutrale bestimmen.

Die Teams spielen auf Ballhalten gegeneinander. Freies Spiel. Ziel ist es, einen Mitspieler so anzuspielen, dass dieser den Ball mit dem ersten Ballkontakt durch ein Hütchentor spielt und mit dem zweiten Kontakt den Ball auf der anderen Seite des Hütchentors wieder kontrolliert.

Spieleranzahl: 6-17 Spieler. Die Spielfeldgröße entsprechend anpassen. Bis neun Spieler (ein Neutraler) die Spielfeldgröße auf etwa 20 x 20 Meter reduzieren.

Wettbewerb: Welches Team erreicht in der Zeit des Torschusswettbewerbs mehr Punkte? Zwei Felder nebeneinander aufbauen. 4 Minuten Spielzeit. Das Siegerteam steigt ein Feld auf und das Verliererteam ein Feld ab.

Tipp: Erst eine Raumerzielung, dann eine Punkterzielung anstreben. Ballbesitz geht vor Punkterzielung. Deutliche Kommunikation. Jeder Spieler wechselt ständig intelligent zwischen „Anspielstation in Ballnähe schaffen für einen weiteren Ballbesitz" und „vor einem HT zur Punkterzielung anspielbar sein".

Organisation und Ablauf (4. Technik)

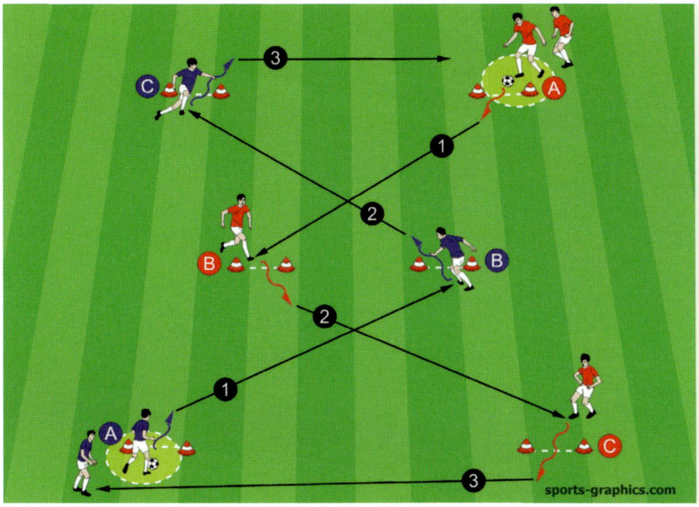

Ein Rechteck (25 x 20 Meter) aus sechs HT (Breite: 3 Meter) markieren.

Die vier Positionen B und C einfach besetzen. Zwei Spieler mit einem Ball zu den Positionen A (Bälle befinden sich diagonal gegenüber). Die Spieler stehen deutlich vor den HT.

Start von beiden Positionen A gleichzeitig. Die Spieler A passen zu B, B absolvieren eine Ballan- und -mitnahme durchs HT und passen mit ihrem zweiten Ballkontakt zu C. Auch C absolvieren eine Ballan- und -mitnahme durchs HT und passen mit ihrem zweiten Ballkontakt zu A. Der zweite Spieler A macht das Gleiche.

Alle Spieler folgen ihren Pässen.

Spieleranzahl: 8-16 Spieler. Positionen A mehrfach besetzen. Beim Wechsel von C zu A athletische Zusatzaufgaben mit beispielsweise Hürden, Ringen, Stangen, KL mit MB erfüllen. Ab 13 Spieler B/C doppelt besetzen.

Wettbewerb: Welche Gruppe passt in 4 Minuten häufiger zu A (nur eine Seite zählen)?

Variation: Vor jede Ballmitnahme nochmals zum Passgeber klatschen lassen. Spielrichtungswechsel, indem bei C gestartet wird.

Tipp: Dem Passempfänger in den hinteren Fuß spielen. Den Pass perfekt mit dem Ersten Kontakt durchs HT mitnehmen. Offene Körperposition (auch beim Wechsel). Vor einem Zuspiel sich von einem imaginären Gegner lösen (Lauffinte/Auftaktbewegung). Kurze Zeit zwischen Ballmitnahme und Pass.

Organisation und Ablauf (4. Torschuss)

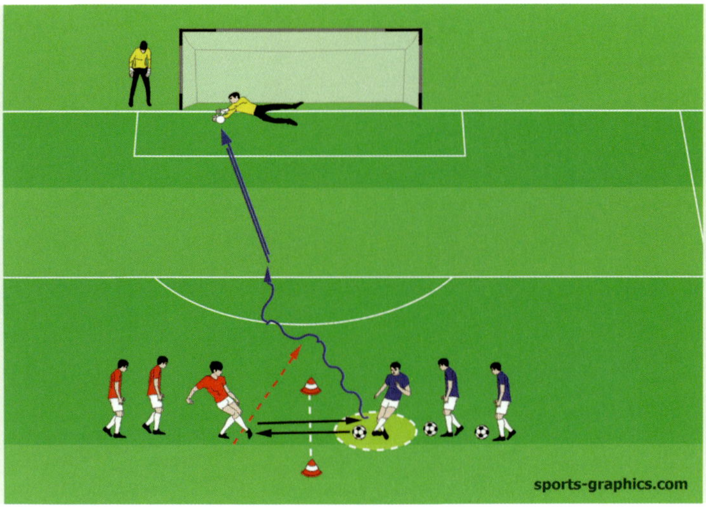

Im Abstand von ca. 40 Metern zum Großtor ein Hütchentor (Breite: 3 Meter) aufbauen.

Die Spieler in Angreifer und Verteidiger teilen und jeweils hinter einer Seite des Hütchentors postieren. Die Angreifer spielen mit Bällen.

Ein Angreifer und ein Verteidiger spielen sich durchs Hütchentor einen Ball hin und her. Der Angreifer entscheidet den Zeitpunkt, an dem er den Ball in Richtung Großtor mitnimmt und einen Torerfolg versucht. Gleichzeitig startet der Verteidiger nach und versucht, dies zu verhindern.

Nach jeder Aktion Wechsel der Aufgabe.

Spieleranzahl: 6-10 Spieler.

Wettbewerb: Gelingt dem Angreifer ein Tor, absolviert der Verteidiger drei Liegestütze.

Variation: Die Angreifer stehen hinter der anderen Seite des Hütchentors.

Tipp: Direkt nachdem der Angreifer den Ball mitgenommen hat, kreuzt er den Laufweg des Verteidigers. Faire Pässe untereinander spielen und sich dabei gerade gegenüberstehen.

Organisation und Ablauf (4. Spielform)

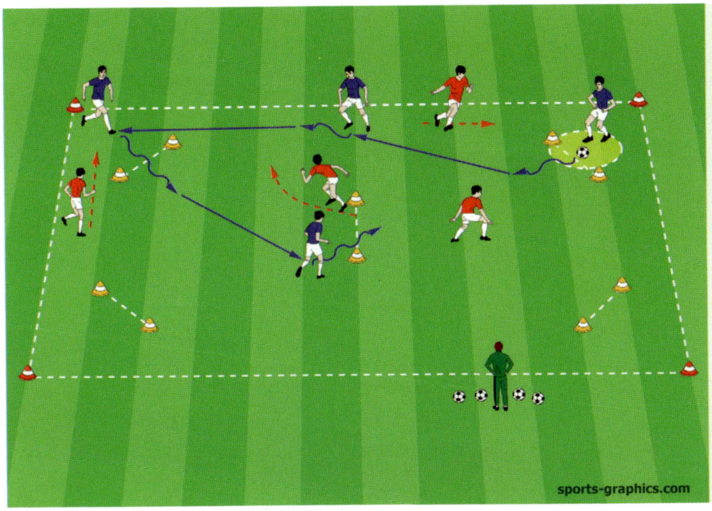

Ein Feld (40 x 20 Meter) markieren. Im Feld fünf Hütchentore (Breite: 4 Meter) entsprechend der Zeichnung aufbauen.

Zwei gleich große Teams (je 4-8 Spieler) bilden. Der Trainer steht mit ausreichend Ersatzbällen neben dem Feld.

Im Feld spielen die Teams auf Ballhalten gegeneinander. Freies Spiel. Für ein Dribbling durch eines der fünf HT gibt es einen Punkt für die Mannschaftswertung. Die äußeren HT nur von hinten durchdribbeln.

Spieleranzahl: 8-18 Spieler. Mit bis zu zwei Neutralen spielen. Der Ball läuft nicht über mehrere Stationen? Dann Neutrale einsetzen!

Wettbewerb: Welches Team erzielt in 4 Minuten mehr Punkte? Ein Turnier spielen. Ein drittes Team absolviert die nebenstehende Übung.

Variation: Mit Ersatzspielern spielen, um ein hohes Tempo bis zum Ende zu gewährleisten. Die Hütchentore dürfen von allen Seiten durchdribbelt werden.

Tipp: Durch die längliche Form des Spielfelds werden viele Spielverlagerungen provoziert. Spielverlagerungen benötigen eine Ballmitnahme zur Seite. Nach einer Punkterzielung direkt das nächste HT ansteuern. Die komplette Spielfeldgröße nutzen. Der Kopf ist immer oben, um freie Räume zu erkennen. Die Mitspieler zeigen sich in freien Räumen und fordern den Ball.

Organisation und Ablauf (5. Technik)

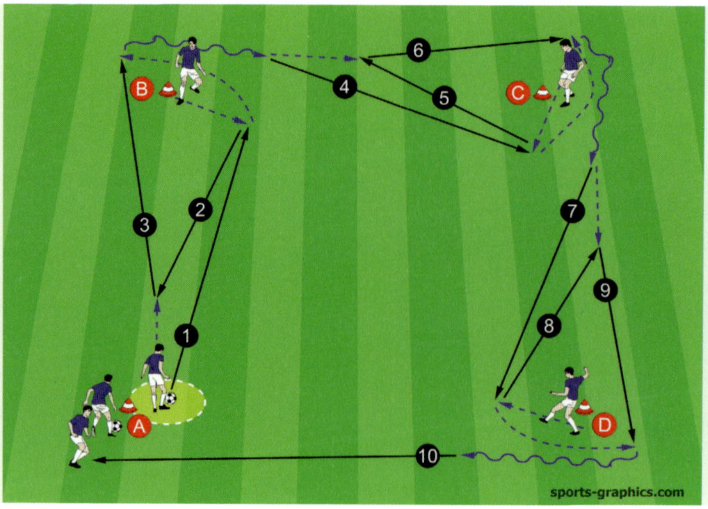

Ein Quadrat (10 Meter) aufbauen.

3-6 Spieler mit Bällen gehen zu A. Der letzte Spieler A ist ohne Ball. Die Hütchen B-D einfach besetzen.

Spieler B löst sich nach innen und wird von A in den inneren Fuß angespielt. Das Zuspiel klatschen lassen. B läuft nun diagonal hinter sein Hütchen und wird von A in den äußeren Fuß angespielt. B spielt den Ball mit der Innenseite seines äußeren Fußes hinter sein Standbein in Richtung C. C bietet sich nun wie zuvor B an. B erhält den Pass ❹, lässt klatschen, läuft diagonal hinters Hütchen C usw. Das Gleiche bei D. Mit dem Pass ❺ startet der nächste Spieler A.

Die Spieler wechseln eine Position weiter. A zu B, B zu C, C zu D und D zu A.

Spieleranzahl: 5-9 Spieler. Bei fünf Spielern haben zwei Spieler A einen Ball. Anstatt den Pass zu spielen, ❿ dribbelt dann Spieler D zu A.

Wettbewerb: Welche Gruppe spielt in 4 Minuten mehr Pässe ❿?

Variation: Spielrichtungswechsel, indem von Position D gestartet wird.

Tipp: Die Hütchen simulieren Gegenspieler. Immer deutlich in den „gegnerfernen" Fuß passen. Links/rechts im Wechsel. Den Fuß anzeigen, in den der Pass kommen soll. Eventuell den Pass ❷/❺/❽ kurz kontrollieren, bis der Mitspieler sich diagonal hinter seinem Hütchen befindet. Mit der Ballmitnahme einen Pass vortäuschen. Nie einen Mitspieler mittig anspielen!

Organisation und Ablauf (5. Torschuss)

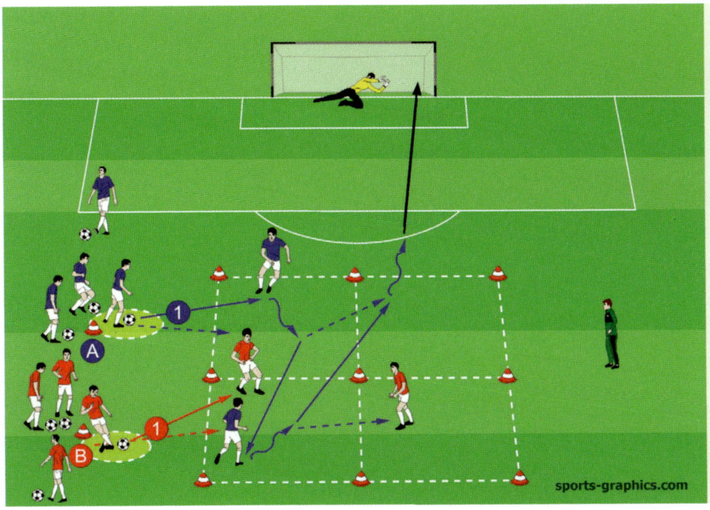

Ein zweites Tor auf die Mittellinie stellen (ohne Abbildung). Beide Tore mit Torhütern besetzen. Zwischen den Toren ein Quadrat (14 Meter) markieren und vierteln. Neben das Quadrat zwei Starthütchen stellen.

Zwei gleich große Teams bilden. Jedem Team ein Starthütchen und ein Tor zuweisen. Je zwei Spieler eines Teams wechseln ins Quadrat. Die Spieler am Starthütchen mit je einem Ball ausstatten.

Auf Trainersignal passt der jeweils erste Spieler am Starthütchen zu einem Mitspieler ins Quadrat und folgt seinem Zuspiel. Sobald dem 3er-Team sechs Pässe im Quadrat gelingen, darf ein Spieler herausdribbeln und aufs gegnerische Tor schießen. Passbedingung: kein Direktspiel. Jeder Pass erfolgt in ein anderes Viertel. Nach einem Pass wechselt der Spieler in ein anderes Viertel.

Sobald ein Spieler aus dem Quadrat dribbelt, wird der nächste Ball ins Quadrat gespielt.

Spieleranzahl: 12-20 Feldspieler. Ab 14 Spieler müssen nur vier Pässe gespielt werden.

Wettbewerb: Welche Gruppe erzielt in 4 Minuten mehr Tore?

Variation: Einen zweiten Durchgang mit Torwechsel spielen. Alternativ auf die Mittellinie 1-2 Minitore stellen.

Tipp: Hohes Tempo beim Passspiel! Wechsel in ein freies Viertel. Der Kopf ist immer oben, um das Zuspiel direkt in den freien Raum mitnehmen zu können.

Organisation und Ablauf (5. Spielform)

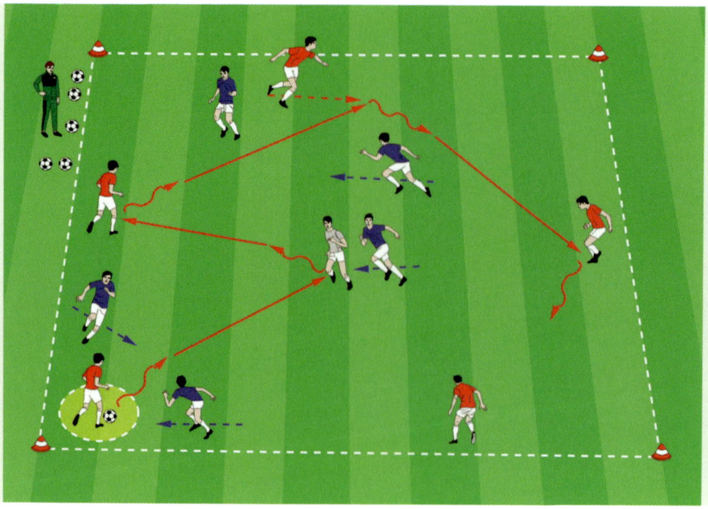

Ein Feld (30 x 30 Meter) aufbauen.

Zwei Teams bilden. Bei geringerem Leistungsstand 1-3 Neutrale bestimmen.

Die Teams spielen auf Ballhalten gegeneinander. Zwei Pflichtkontakte für jeden Spieler festlegen. Also ist kein Direktspiel möglich und nicht drei oder mehr Ballkontakte in Folge.

Spieleranzahl: 9-17 Spieler.

Wettbewerb: Fünf Passfolgen ergeben einen Punkt. Welches Team erreicht in der Zeit des Torschusswettbewerbs mehr Punkte?

Variation: Den Schwierigkeitsgrad erleichtern. Freies Spiel, aber kein Direktspiel.

Tipp: Dem Ballführenden bieten sich möglichst viele Mitspieler an. Sie verlassen den Deckungsschatten (nicht bespielbaren Raum) eines Gegenspielers, um anspielbar zu sein. Die Zuspiele direkt in freie Räume mitnehmen und Anspielstationen fordern. Die Mitspieler mit geringem Gegnerdruck vorrangig anspielen.

Organisation und Ablauf (6. Technik)

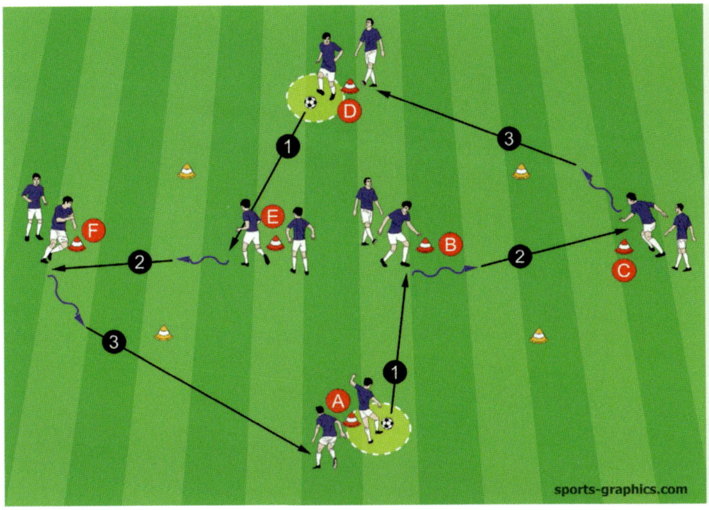

Ein Rechteck Gelb (20 x 15 Meter) markieren. Die Hütchen A-F jeweils 5 Meter entfernt und zentral vor und hinter die Seitenlinien des Rechtecks stellen.

2-3 Spieler gehen zu den Hütchen A-F.

Die beiden vorderen Spieler A und D haben einen Ball. Sie passen gleichzeitig zu den Spielern B und E. Diese absolvieren in Richtung Spieler C und F eine Ballan- und -mitnahme und passen zu ihnen mit dem zweiten Ballkontakt. Spieler C und F absolvieren eine Ballan- und -mitnahme in Richtung A und D und passen mit ihrem zweiten Ballkontakt dorthin. Die Bälle befinden sich wieder an den beiden Startpositionen.

Alle Spieler folgen ihren Pässen.

Spieleranzahl: 12-18 Spieler.

Wettbewerb: Welche Gruppe passt in 4 Minuten häufiger von F nach A?

Variation: Wechsel der Spielrichtung. Spieler A passt zu E und D zu B und so weiter. Mit drei Bällen gleichzeitig spielen. Bälle dann bei A, C und E (eine freie Station dazwischen) spielen. Die Ballmitnahme- und passtechnik vorgeben: An der Außenseite (AS) mitnehmen und mit der Innenseite (IS) passen und umgekehrt. IS mitnehmen mit dem einen Fuß und IS passen mit dem anderen Fuß. AS mitnehmen und AS passen.

Tipp: Zwei Pflichtkontakte. Mehr Kontakte nur bei Bedarf. Leicht in Spielrichtung passen. Offene Stellung der Passempfänger. Das Fußgelenk beim Ballkontakt stabil halten.

Organisation und Ablauf (6. Torschuss)

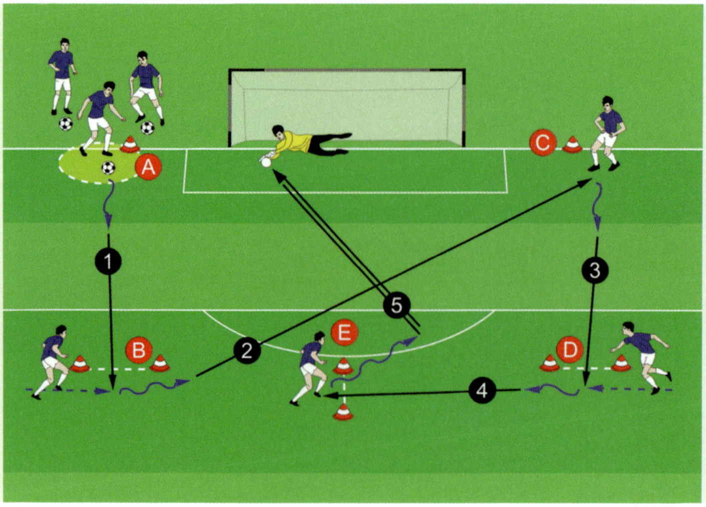

Fünf Positionen (2 x Hütchen, 3 x HT) entsprechend der Zeichnung aufbauen.

Die Positionen B-E einfach besetzen und 3-9 Spieler mit je einem Ball zur Startposition A beordern.

Spieler A passt mit seinem zweiten Kontakt durchs HT zu B. B nimmt den Ball in Richtung C mit und passt mit seinem zweiten Kontakt zu ihm. C nimmt ihn in Richtung D mit und passt mit seinem zweiten Kontakt durchs HT zu D. D nimmt ihn in Richtung E mit und passt mit seinem zweiten Kontakt durchs HT zu E. E nimmt ihn in Richtung Tor mit und kommt noch vor der Strafraumlinie zum Torabschluss. Mit dem Pass ❹ startet der nächste Spieler in den Parcours.

Die Spieler folgen ihren Pässen.

Spieleranzahl: 7-13 Feldspieler. Ab 10 Spieler die Positionen B-E doppelt besetzen. Ab 14 Spieler ein mobiles Tor auf die Mittellinie stellen und dort einen identischen Parcours aufbauen.

Wettbewerb: Erzielen die Spieler in 4 Minuten acht Tore? Bei zwei Toren treten die Teams im Wettbewerb gegeneinander an.

Variation: Startposition ist C und Wechsel der Spielrichtung. Bei zwei Teams Torwechsel.

Tipp: Sehr druckvolle, aber trotzdem noch gut kontrollierbare Pässe spielen. Sich vor der Ballmitnahme von einem imaginären Gegenspieler lösen. Zügig die Positionen wechseln. Den Pass ❷ (weiträumig) mit dem Innenspann leicht über den Boden spielen.

Organisation und Ablauf (6. Spielform)

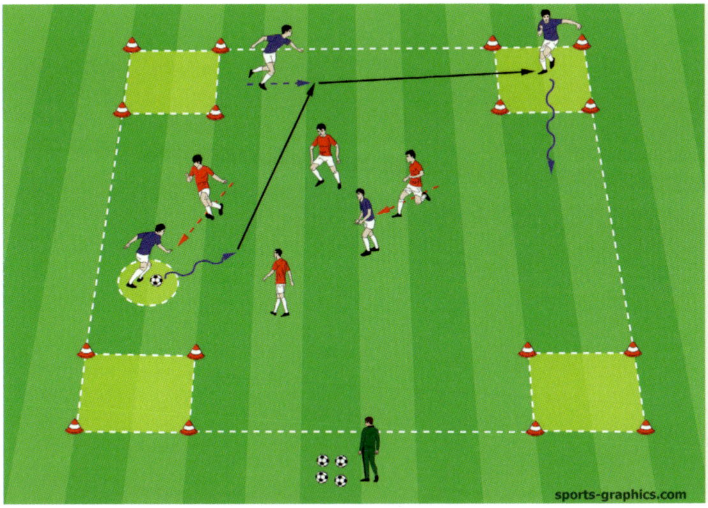

Ein Quadrat (28 Meter) mit vier Eckfeldern (5 x 5 Meter) markieren.

Zwei Teams bilden.

Die beiden Teams spielen auf Ballhalten gegeneinander. Freies Spiel. Ziel ist es, einen Mitspieler so in einem der Eckfelder anzuspielen, dass dieser den Ball mit nur einem Kontakt aus dem Eckfeld in das Spielfeld mitnehmen kann und anschließend auch kontrolliert.

Spieleranzahl: 8-15 Spieler. Mit neutralen Spielern spielen.

Wettbewerb: Für jede gelungene Ballmitnahme aus einem Eckfeld gibt es einen Punkt. Welches Team erreicht in der Zeit des Torschusswettbewerbs mehr Punkte?

Variation: Die Spieler in den Eckfeldern hoch anspielen für den Schwerpunkt Ballan- und -mitnahme hoher Bälle.

Tipp: Viele schnelle Pässe zwecks Spielverlagerungen und einem damit verbundenen Raumgewinn spielen. Freien Raum für eine Punkterzielung nutzen. Im Ballbesitz eine Mischung finden aus „nahe Anspielstationen schaffen" und „Eckfelder zwecks Punkterzielung besetzen". Miteinander kommunizieren.

Organisation und Ablauf (7. Technik)

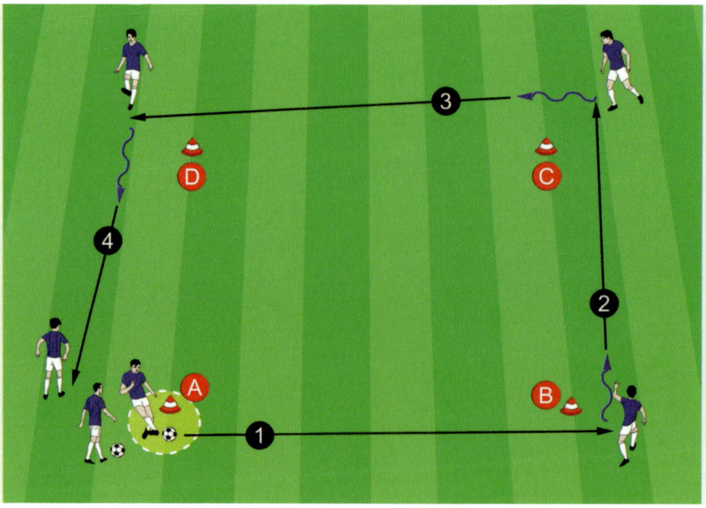

Ein Quadrat (8 Meter) aufbauen.

Die Positionen B-D einfach besetzen. Die Spieler B-D stehen etwa 2 Meter diagonal hinter ihren Hütchen. 2-5 Spieler gehen mit Bällen zu A. Der letzte Spieler A ist ohne Ball.

Spieler A passt zu B (Zielpunkt zwischen Hütchen und Passempfänger), B nimmt den Ball mit dem Ersten Kontakt in Richtung C mit und mit dem zweiten Kontakt passt er zu C. Bei Spieler C und D folgt der gleiche Ablauf.

Die Spieler wechseln eine Position weiter. Sobald Spieler A bei Hütchen B steht, wird der nächste Ball gespielt.

Spieleranzahl: 5-8 Spieler. Bei mehr als neun Spielern die Positionen B-D doppelt besetzen und das Quadrat vergrößern. Mit athletischen Zusatzaufgaben beim Wechsel der Positionen arbeiten.

Wettbewerb: Welche Gruppe passt in 4 Minuten häufiger zu A? Die Punkte nur bei einer Ballan- und -mitnahme mit zwei Kontakten zählen.

Variation: Wechsel der Spielrichtung. A passt und wechselt zu D usw.

Tipp: Ballmitnahme mit dem äußeren Fuß. Möglichst druckvoll passen und den Fuß stabil halten.

Organisation und Ablauf (7. Torschuss)

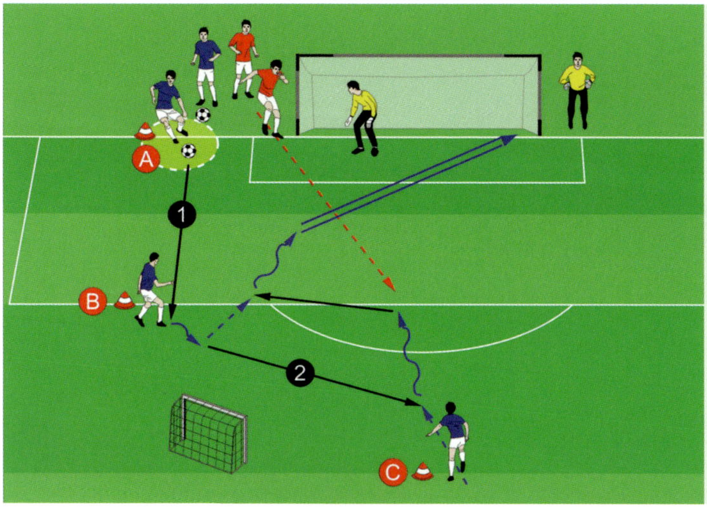

Drei Hütchen (A, B, C) entsprechend der Zeichnung und ein Kontertor aufbauen.

Die Positionen B-C mit jeweils einem Angreifer besetzen. 2-5 Angreifer gehen mit Bällen zu A. Zwei Verteidiger bestimmen und neben das Tor postieren.

Spieler A passt zu Spieler B, B dreht auf und passt zu C. Gleichzeitig startet ein Verteidiger vors Tor. Spieler B und C versuchen nun, im 2-gegen-1 ein Tor zu erzielen. Die beiden Angreifer dürfen nicht direkt spielen. Erobert der Verteidiger den Ball, kontert er auf das Minitor.

Spieler A wechselt zu B. Direkt nach Angriffsende sprintet B zu Hütchen C und es startet der nächste Durchgang. Der andere Verteidiger wird aktiv.

Spieleranzahl: 6-12 Feldspieler. Ab acht Spieler drei Verteidiger bestimmen.

Wettbewerb: Die Verteidiger führen 5:1. Die Angreifer haben 3 Minuten Zeit, um den Rückstand aufzuholen.

Variation: Von der anderen Torseite spielen.

Tipp: Den Verteidiger andribbeln, um ihn zu binden. Dann je nach Verteidigerverhalten abspielen oder vorbeidribbeln. Der zweite Angreifer macht sich so anspielbar, dass der Passweg zu ihm offen ist. Er schafft eine Distanz, dass er nach einem Zuspiel nicht direkt unter Druck gerät und trotzdem eine gute Torschussposition besitzt. Zielstrebig spielen. Abseits beachten.

Organisation und Ablauf (7. Spielform)

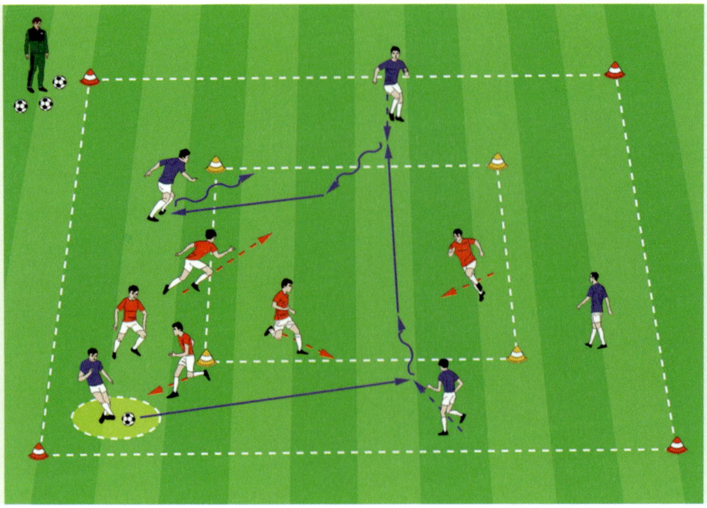

Ein Außenquadrat (35 Meter) und ein Innenquadrat (20 Meter) markieren.

Zwei 5er-Teams bilden.

Die beiden Teams spielen auf Ballhalten gegeneinander. Es ist kein Direktspiel erlaubt. Ziel ist es, über die Linien (beide Richtungen) des Innenquadrats zu dribbeln.

Spieleranzahl: 8-17 Spieler. Neutrale Spieler bestimmen.

Wettbewerb: Für jedes erfolgreiche Dribbling gibt es einen Punkt für die Mannschaftswertung. Welches Team erreicht in 5 Minuten mehr Punkte? Vier Mannschaften bilden und zwei Felder aufbauen. Die Siegerteams spielen gegeneinander oder eine Turnierform absolvieren.

Variation: Es sind nur zwei Kontakte erlaubt. Der Ball muss mit dem Ersten Kontakt über eine Linie des Innenquadrats mitgenommen werden.

Tipp: Ohne Ball in offener Stellung anspielbar machen. Als Anspielstation nicht hinter Gegenspielern stehen! Die Ballmitnahme mit einer Körpertäuschung verbinden. Werden nur wenige Punkte erreicht, mehr Neutrale bestimmen.

Organisation und Ablauf (8. Technik)

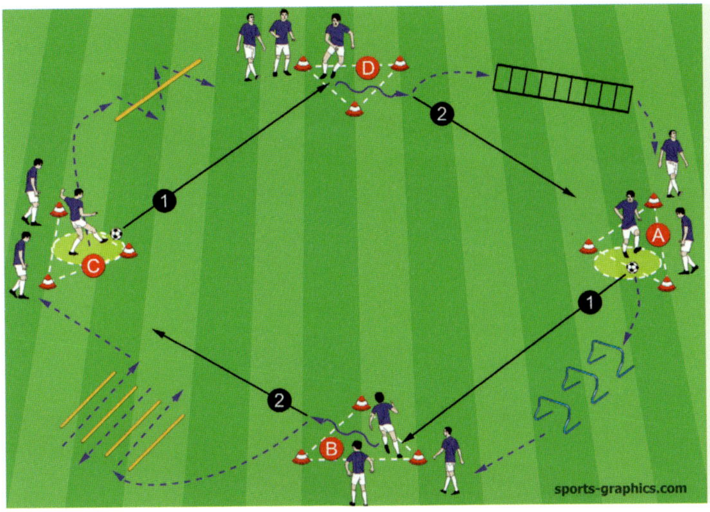

Eine Raute (40 x 20 Meter), bestehend aus vier Dreiecken (Seitenlänge: 3 Meter), aufbauen. Athletische Gerätschaften entsprechend der Zeichnung auslegen.

Zu den Positionen A-D je 3-6 Spieler schicken. Die jeweils ersten Spieler befinden sich im Dreieck und die anderen außerhalb. Der jeweils erste Spieler A und C führt einen Ball.

Spieler A und Spieler C passen gleichzeitig zu Spieler B bzw. Spieler D. Die Passempfänger absolvieren im Dreieck eine Ballmitnahme aus dem Dreieck heraus und passen mit ihrem zweiten Kontakt eine Position weiter.

Die Spieler folgen ihren Pässen. Beim Wechsel eine athletische Aufgabe absolvieren.

Spieleranzahl: 12-24 Spieler. Ab 16 Spieler mit drei Bällen gleichzeitig spielen.

Wettbewerb: Gelingt die Ballmitnahme oder der Pass nicht, muss der jeweilige Spieler drei Liegestütze machen.

Variation: Wechsel der Spielrichtung. A und C passen zur jeweils anderen Position. Anstatt Dreiecke nur Hütchen aufstellen. Beide Bälle bei A. Von dort aus den ersten Ball in Richtung D und den zweiten Ball in Richtung B spielen. Die Pässe müssen dann eventuell verzögert werden.

Tipp: Die Pässe flach und druckvoll spielen. Offene Stellung bei der Ballmitnahme. Die Ballmitnahme mit einer Körpertäuschung verbinden. Kurze Zeit zwischen den zwei Ballkontakten lassen. Ausreichend Ersatzbälle bereithalten.

Organisation und Ablauf (8. Torschuss)

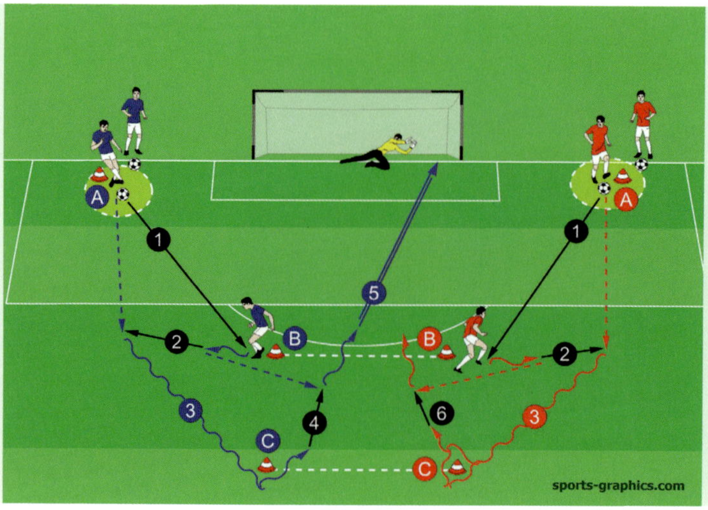

Zwei Starthütchen A entsprechend der Zeichnung aufstellen. Ein Quadrat (12 Meter) vor dem Strafraum markieren.

Zwei Teams bilden und sie je einer Torseite zuweisen. Die Positionen B einfach besetzen. 2-5 Spieler gehen mit Bällen zu den Positionen A.

Auf Trainersignal passen die Spieler A zu B. B spielen mit ihrem zweiten Ballkontakt wieder zu A. Spieler A absolvieren ein Tempodribbling. Welcher Spieler A dribbelt zuerst von hinten ins Quadrat? Der schnellere Spieler passt zu B (der sich mittlerweile im Quadrat befindet), B dreht auf und kommt vor der Strafraumlinie zum Torabschluss. Der langsamere Spieler umdribbelt zusätzlich das Hütchen C, passt dann zu B, B dreht auf und schießt ebenfalls vor der Strafraumlinie aufs Tor.

Die Spieler B stellen sich mit Ball zu ihren Mitspielern A. Die Spieler A wechseln zu B und warten auf das nächste Trainersignal.

Spieleranzahl: 6-12 Spieler.

Wettbewerb: Treffer des Teams mit dem schnelleren Spieler A zählen doppelt. Welches Team hat nach 5 Minuten mehr Tore? Gelingen in dieser Zeit insgesamt keine 10 Tore, haben alle Feldspieler „verloren".

Variation: Die Teams wechseln die Seite.

Tipp: Beim Dribbling jederzeit Ballkontrolle ausüben (gegebenenfalls eine Mindestkontaktzahl für Spieler A vorgeben).

Organisation und Ablauf (8. Spielform)

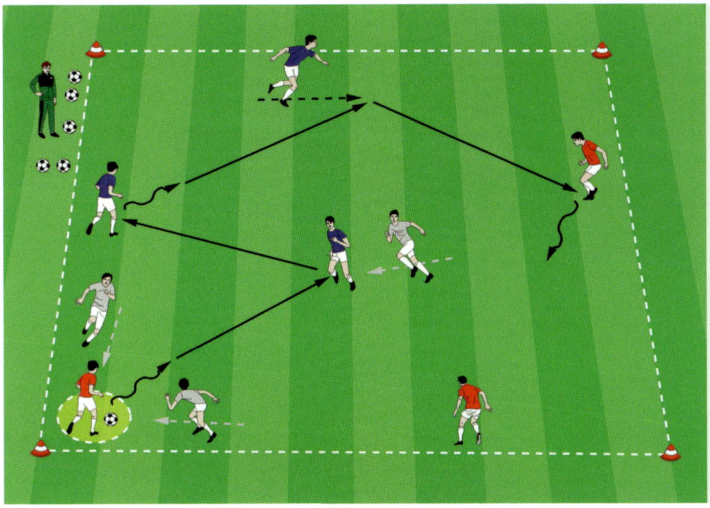

Ein Quadrat (20 Meter) aufbauen.

Drei Teams bilden.

Zwei Teams spielen zusammen gegen das dritte Team auf Ballhalten. Es muss immer im Wechsel direkt und mit zwei Pflichtkontakten gespielt werden. Erhält man also ein Direktspiel, muss man den Ball mit dem zweiten Ballkontakt abspielen. Erhält man kein Direktspiel, muss man das Zuspiel direkt weiterleiten.

Erobert das Unterzahlteam den Ball, spielen sie so lange frei untereinander, bis jeder Mitspieler mindestens einen Ballkontakt hatte. Danach muss die Mannschaft, die den Ballverlust verursacht hat, auf Balljagd gehen. Bei einem Abspielfehler passt der Trainer direkt einen neuen Ball zum Unterzahlteam.

Spieleranzahl: 7-15 Spieler. Bei weniger als neun Spielern nur zwei Teams bilden und mit Neutralen spielen.

Wettbewerb: Für fünf Passfolgen gibt es einen Punkt für beide Überzahlteams. Welches Team erreicht in der Zeit des Torschusswettbewerbs die meisten Punkte?

Tipp: Gerade, wenn der Passempfänger mit zwei Kontakten spielen muss, sollte er etwas Raum um sich haben. Also nur freie Mitspieler direkt anspielen. Sich durch gegenseitiges Coachen helfen.

Organisation und Ablauf (9. Technik)

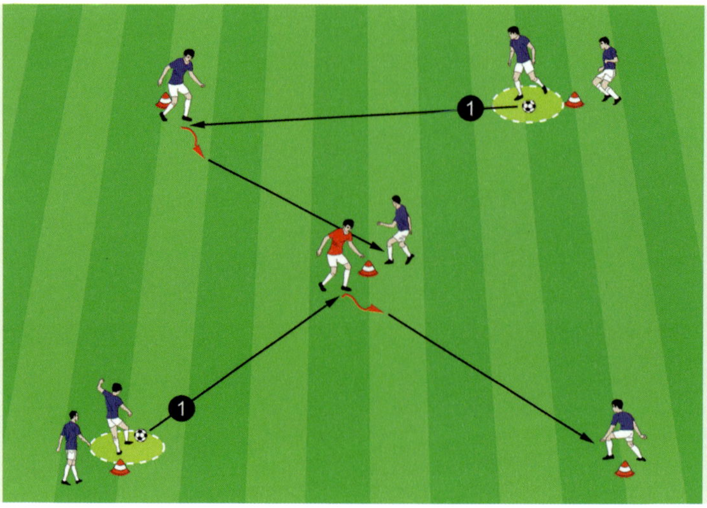

Ein Quadrat (18 Meter) mit einem zentralen Hütchen aufbauen.

Zwei Spieler stehen am zentralen Hütchen. 2-3 Spieler an den äußeren Hütchen mit je einem Ball diagonal gegenüberstellen und 1-3 Spieler ohne Ball diagonal gegenüber.

Es wird mit zwei Bällen gleichzeitig gespielt. Zwei Pflichtkontakte. Es wird zu einer beliebigen Position gepasst. Zwei Ausnahmen: Nicht zur gleichen Position zurückspielen und nicht lang diagonal.

Die Spieler folgen ihren Pässen.

Spieleranzahl: 8-14 Spieler.

Wettbewerb: Einem Spieler ein Leibchen geben und alle seine Pässe innerhalb von 4 Minuten zählen. Zwei Gruppen treten gegeneinander an. Bei Kontaktfehlern oder zwei gleichzeitigen Pässen auf eine Position einen Punkt abziehen.

Variation: Augenklappen. Andersartige Bälle einstreuen, wie z. B. einen Futsal. Zwei gleich große Teams bilden. Es darf immer nur zu einem Spieler des anderen Teams gepasst werden.

Tipp: Aufmerksam sein. Jederzeit kann ein Zuspiel aus unterschiedlichen Richtungen kommen. Druckvoll und leicht in die Vorwärtsbewegung passen. Ohne Rotation und komplett flach spielen. Ersatzbälle bereithalten.

Organisation und Ablauf (9. Torschuss)

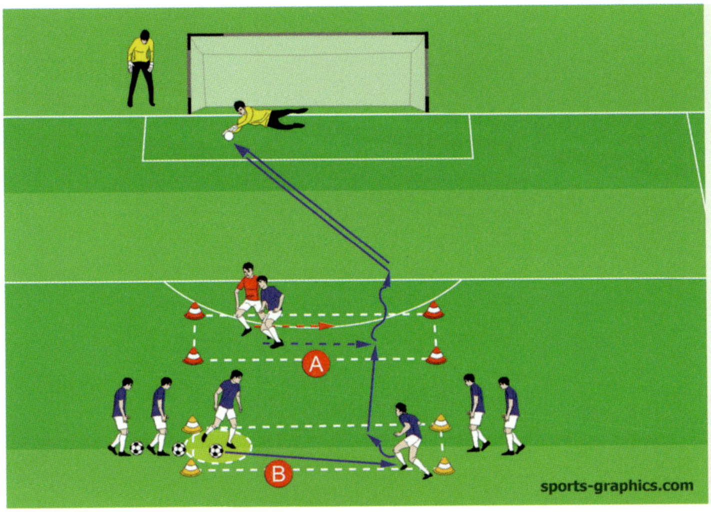

Etwa 20 Meter vor dem Tor zwei Zonen (5 x 10 Meter) im Abstand von 10 Metern aufbauen.

Einen Verteidiger und einen Angreifer in Zone A schicken. Die restlichen Spieler als Angreifer außen an Zone B verteilen. Eine Gruppe B hat Bälle.

Die Angreifer in Zone B spielen sich den Ball mit zwei Kontakten hin und her und versuchen, den Angreifer A (ST) so anzuspielen, dass er den Ball über die Grundlinie A mitnehmen kann und aufs Tor schießt. Erobert Verteidiger A (IV) den Ball, klärt er diesen aus Zone A.

Gelingt ST ein Dribbling in Richtung Tor, wechselt er mit Ball zu B. Kann IV den Ball klären, wird ST zu IV und IV wechselt mit Ball zu B.

Spieleranzahl: 4-10 Feldspieler.

Wettbewerb: Welcher Spieler ist zuerst an drei Toren beteiligt?

Variation: Die Angreifer B dürfen sich den Ball maximal 3 x hin- und herspielen.

Tipp: ST blockt die Zuspiele zu ihm und nimmt den Ball direkt in Richtung Tor mit. Torabschlüsse noch vor dem Strafraum.

Organisation und Ablauf (9. Spielform)

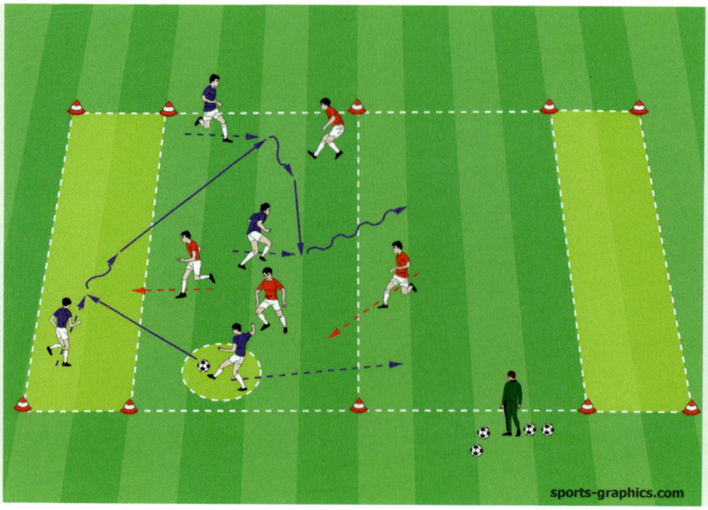

Ein Feld (30 x 15 Meter) mit Mittellinien aufbauen. Jede Hälfte wird um 10 Meter mit einer Endzone verlängert.

Zwei Teams bilden.

Die beiden Teams spielen auf Ballhalten gegeneinander. Es darf nicht direkt gespielt werden. Ziel ist es, möglichst oft über die Mittellinien zu dribbeln. Nach einem Überdribbeln darf diese erst wieder überdribbelt werden, nachdem man einen Mitspieler in der Endzone angespielt hat.

Spieleranzahl: 8-15 Spieler. Mit neutralen Spielern spielen.

Wettbewerb: Für jedes Überdribbeln der Mittellinie gibt es einen Punkt. Welches Team erreicht in der Zeit des Torschusswettbewerbs mehr Punkte?

Variation: Nach fünf Passfolgen in einer Hälfte darf man ebenfalls über die Mittellinie dribbeln.

Tipp: Gleichmäßige Raumaufteilung. Erster Ballkontakt in den freien Raum, sich spätestens dann genau orientieren und möglichst schnell das Spiel fortsetzen. Spielverlagerungen anstreben. Nach einem Überdribbeln der Mittellinie schnell ein erneutes Überdribbeln anstreben.

Organisation und Ablauf (10. Technik)

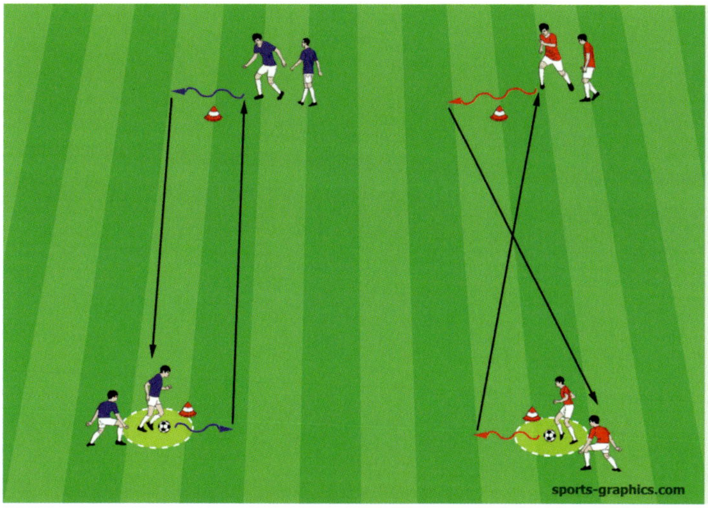

Für je vier Spieler zwei Hütchen im Abstand von 10 Metern aufstellen.

Je zwei Spieler zu den Hütchen. Die Spieler stehen sich diagonal gegenüber (deutlich hinter den Hütchen). Ein Spieler hat einen Ball.

Der Spieler mit Ball dribbelt am Hütchen vorbei und passt zum Spieler gegenüber. Dieser nimmt den Ball hinter dem Hütchen zur anderen Seite mit und passt dann wieder zurück. Jetzt auch wieder Ballmitnahme hinter dem Hütchen und so weiter.

Die Spieler folgen ihren Pässen.

Spieleranzahl: 3-5 Spieler. An einem Hütchen können auch 1-3 Spieler stehen.

Wettbewerb: Welche Gruppe spielt in 2 Minuten mehr Pässe?

Variation: Für einen zweiten Durchgang stehen die Spieler an der anderen Hütchenseite. Beide Gruppen stehen auf der gleichen Seite. Jetzt wird anstatt vertikal diagonal gepasst (siehe rechte Abbildung). Eine KL zentral etwa 5 Meter neben den Hütchen auslegen und beim Positionswechsel eine Aufgabe an dieser absolvieren. In diesem Fall können auch mehr als fünf Spieler an den Hütchen stehen.

Tipp: Als Passempfänger deutlich diagonal hinter seiner Position stehen und das Zuspiel in den hütchennahen Fuß fordern. Nach Möglichkeit mit dem zweiten Kontakt passen. Präzises Passspiel.

Organisation und Ablauf (10. Torschuss)

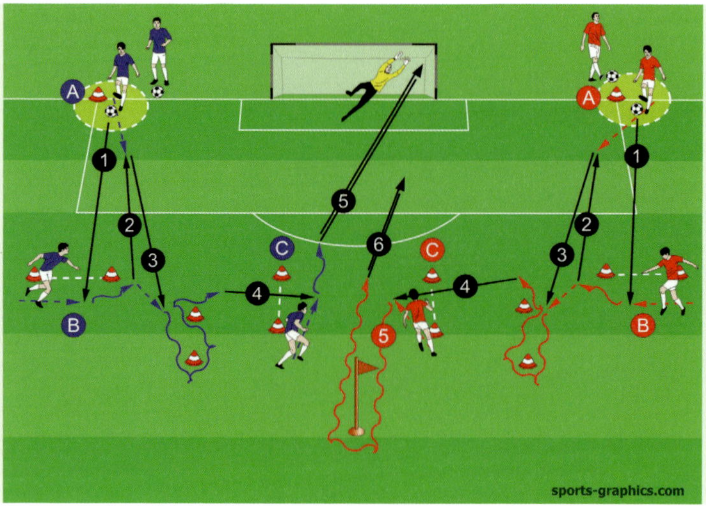

Entsprechend der Zeichnung je Torseite eine Startposition A, zwei Dribbelhütchen, zwei Hütchentore B/C (Breite: 4 Meter) und eine Wendestange aufbauen.

Zwei Teams bilden und sie je einer Torseite zuweisen. Die HT einfach besetzen. Je 2-6 Spieler gehen mit Bällen zu den Positionen A.

Auf Trainersignal passen die Spieler A zu B. B nimmt den Ball am HT vorbei mit, spielt zu A zurück und läuft in Richtung Dribbelhütchen. A spielt B leicht in den Lauf und B umdribbelt diese (siehe Zeichnung). Dann passt B zu C. Der Spieler C, der zuerst den Ball erhält, nimmt diesen in Richtung Tor mit und kommt vor der Strafraumlinie zum Torabschluss. Der andere Spieler C dribbelt um die Wendestange und kommt dann ebenfalls außerhalb des Strafraums zum Torschuss.

Die Spieler wechseln eine Position weiter. C stellt sich mit Ball bei A an.

Spieleranzahl: 8-16 Spieler. Ab 12 Spieler zwischen A und B eine KL auslegen. Athletische Aufgabe beim Wechsel von A nach B absolvieren. Ans Hütchentor B dann mindestens zwei Spieler stellen.

Wettbewerb: Treffer des schnelleren Teams zählen doppelt. Welches Team hat nach 5 Minuten mehr Tore? Gelingen in dieser Zeit insgesamt keine 10 Tore, haben alle Feldspieler „verloren“.

Variation: Die Teams wechseln die Seite.

Organisation und Ablauf (10. Spielform)

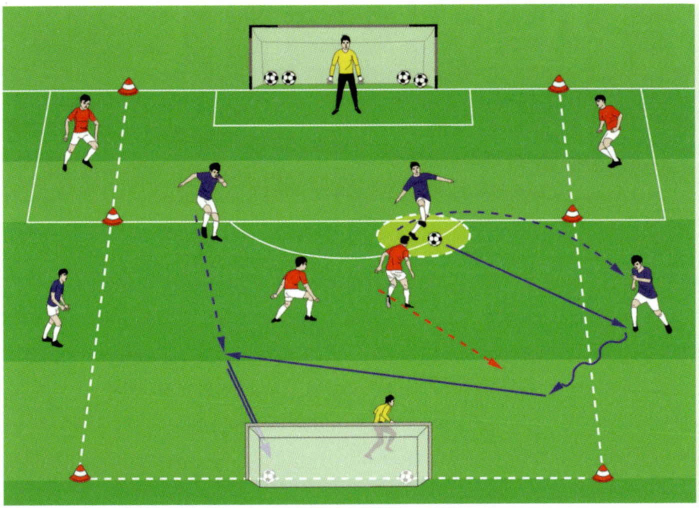

Ein Feld (32 x 30 Meter) mit zwei Toren aufbauen. Die Strafraumlinie ist gleich Mittellinie.

Zwei 4er-Teams bilden und sie je einem Tor zuweisen. Im Feld wird 2-gegen-2 gespielt. Zwei Spieler eines Teams sind Außenspieler an der gegnerischen Hälfte. Ausreichend Ersatzbälle in die Tore legen.

Die Außenspieler dürfen jederzeit angespielt werden. Nach einem Zuspiel Ballmitnahme ins Feld. Treffer vom Außenspieler oder direkt nach einem Pass von ihm zählen doppelt. Kein Direktspiel!

Wer zum Außenspieler passt, übernimmt direkt seine Position.

Spieleranzahl: 6-10 Feldspieler. Spielt ein 5er- gegen ein 4er-Team, so besetzt das 5er-Team eine Außenseite doppelt. Bei 3er-Teams nur eine Außenseite besetzen. Bei 10 Spielern wird im Feld 3-gegen-3 gespielt.

Wettbewerb: Welches Team erzielt in 4 Minuten mehr Tore?

Variation: Das Feld verkleinern und auf zwei Dribbeltore (Breite: 8 Meter) spielen.

Tipp: Viele Spielverlagerungen. Nach einem Pass zum Außenspieler läuft sich der andere Spieler im Feld geschickt frei. Den Torwart im Spielaufbau mit einbinden. Zusammen mit der nebenstehenden Spielform im Champions-League-Modus spielen: Die Gewinner steigen auf und die Verlierer steigen ab.

8 VIERERKETTE

Defensivspiel verbessern

Früher war alles besser? Manche Sachen ja, aber das Defensivspiel im Fußball sicherlich nicht! Noch vor wenigen Jahren verteidigten fast alle Mannschaften gegner- und nicht ballorientiert. Kompaktheit konnten sie so kaum herstellen. Vor knapp über 10 Jahren fing die große Umstellung auf das ballorientierte Verteidigen an. Die Defensivspieler stehen seitdem nicht mehr bei ihren Gegenspielern, sondern in dem Raum, den der Gegner zum Erspielen einer Torchance nutzen könnte (dieser ist von der Ballposition abhängig). Passwege in Richtung Tor zuzustellen, hat oberste Priorität. Die Manndeckung findet nur noch im Strafraum statt.

Das ballorientierte Verteidigen beinhaltet einen kompakten Mannschaftsverband mit einer Dreier-, Vierer- oder Fünferkette als letzte Reihe. Es gab und gibt viele Ansätze, wie man eine Abwehrkette trainiert. In den Anfangsjahren der Umstellung ging es darum, die Verhaltensweise der Spieler „umzupolen". Also die Gegnerorientierung zugunsten der Ballorientierung aufzugeben. Dementsprechend wurde viel die Bewegung im Raum trainiert. Heutzutage, wo die Spieler mit der Raumdeckung aufwachsen (Fußball auf der Spielkonsole, im TV usw.), ist dies nicht mehr in diesem Maße notwendig. Das ballorientierte Verteidigen kann man jetzt direkt in Spielformen trainieren.

Seit meinem dritten Fußballtrainingsbuch *Spielend zur Viererkette* aus dem Jahr 2008 habe ich immer wieder das Thema **Training der Abwehrkette** thematisiert. Meistens im Rahmen eines Crashkurses, der es ermöglicht, das Defensivspiel in wenigen Trainingstagen zu verbessern. Die Methodik sah in der Regel so aus, dass mit dem defensiven 1-gegen-1 im Zentrum und am Flügel begonnen wurde. Es folgte das dazugehörige Doppeln und wie man als Kette Druck auf den Ball ausübt und Passwege zustellt (Stichwort: Abwehrdreieck/Abwehrsichel). Am Ende ging es um das Zusammenspiel zwischen Abwehr und Mittelfeld.

Zum Training der Abwehrkette gehört die theoretische Unterweisung der Spieler in die Grundlagen des ballorientierten Verteidigens: Abwehrdreieck, Abwehrsichel, Kompaktheit, sicherer Abstand (bis 22 Meter zurückweichen, dann stellen), trichterförmiges Zurückweichen (bei Konter, Dribbling auf die Abwehrkette) und Vorschieben bei Druck auf den Ball.

Das Training der Abwehrkette sollte regelmäßig stattfinden (alle 1-2 Monate) und im Idealfall nehmen alle Defensivspieler daran teil. Sollten an einem Tag viele Abwehrspieler fehlen, so verschiebt man den Trainingsschwerpunkt. Da ein Außenspieler beim ballorientierten Verteidigen eine ganz andere Aufgabe hat als ein zentraler Spieler, gilt es, das Training gut vorzubereiten. Jeder Spieler sollte entsprechend seiner Spielposition trainiert werden. Stehen die Teams der einzelnen Trainingsformen vorab fest, so vermeidet man Fehler bei der Positionszuweisung und nutzt die Trainingszeit effektiv.

Die folgende Trainingseinheit beginnt mit einer Aufwärmübung, die das Raumgefühl der Spieler verbessert und gleichzeitig athletische Aspekte beinhaltet. Die Spieler bewegen sich als Viererkette entsprechend der Ballposition (zentral bzw. außen). Dies soll als Grundlage reichen, um danach nur noch in Spielformen (aktive Gegenspieler) trainieren zu können. In der ersten Spielform lernen die Spieler das korrekte Verschieben innerhalb einer Abwehrkette mit dem dazugehörigen Coaching. Danach geht es um die Kompaktheit im Zentrum, das Doppeln nach hinten (6er mit Innenverteidigern) und das Verhalten der Außenverteidiger im defensiven 1-gegen-1. Im Abschlussspiel sollen die Spieler das Gelernte als Team umsetzen (Mannschaftstaktik). Das 4er-Mittelfeld agiert dabei wie eine 4er-Abwehrkette. Die Mittelfeldspieler doppeln nach hinten.

Ball zentral (Viererkette, organisiert)

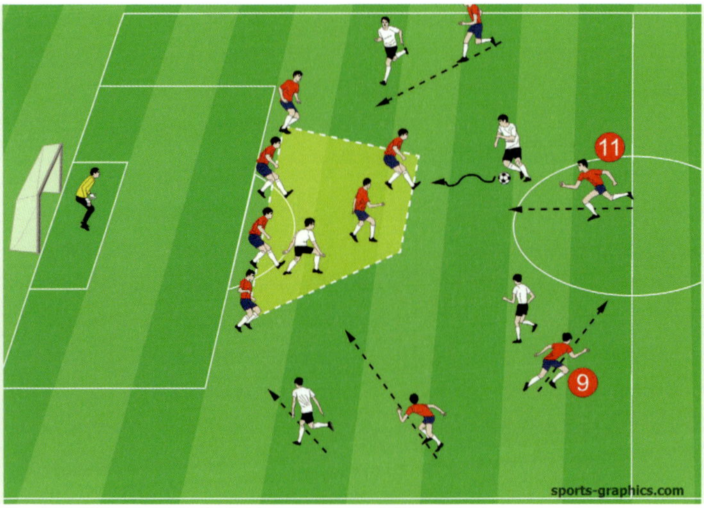

Angriff des Gegners durchs Zentrum.

Viererkette und 6er sind kompakt. Die 6er agieren gestaffelt. MA bilden eine Viererkette im Mittelfeld.

Ein ST setzt nach und der zweite ST spekuliert auf einen Ballgewinn.

Zurückweichen (Viererkette, unorganisiert)

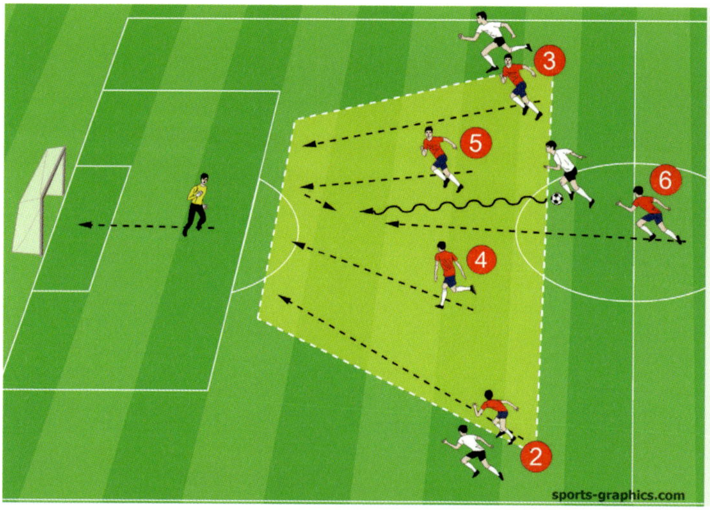

Bei einem Konter dribbelt ein Gegenspieler auf die Viererkette zu.

Die Verteidiger lassen sich bis zu einer für den Torschuss gefährlichen Distanz fallen und rücken dabei nach innen ein. Ballnaher IV blockt einen Torschuss.

Das Zurückweichen verlangsamt den Dribbler: 6er kann nachsetzen!

Ball außen (Viererkette, organisiert)

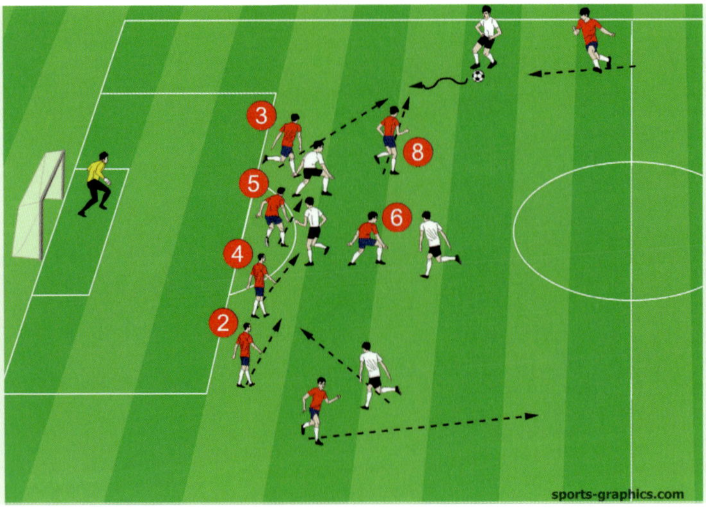

Angriff des Gegners über außen.

Ballnaher AV rückt vor, um eine Flanke zu unterbinden und den Ballführenden nach außen zu lenken.

Die restlichen Verteidiger schieben nach.

Ein 6er rückt nach außen und der zweite 6er sichert das Zentrum (Rückraum).

Übergeben (Viererkette, organisiert)

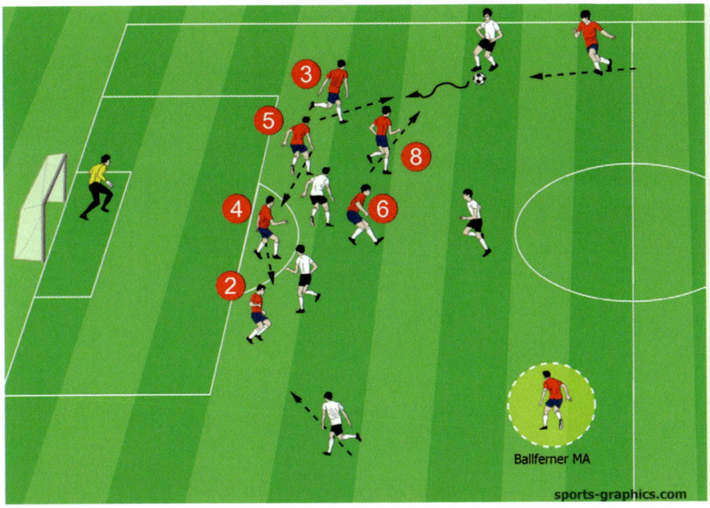

Angriff des Gegners über außen.

Ballnaher AV rückt vor.

IV ❹/❺ orientieren sich zu den beiden ST, damit AV den kommenden Offensivspieler decken kann.

Ballferner MA kann so offensiv bleiben und sich für einen möglichen Ballgewinn in Position bringen.

Organisation und Ablauf (Aufwärmen)

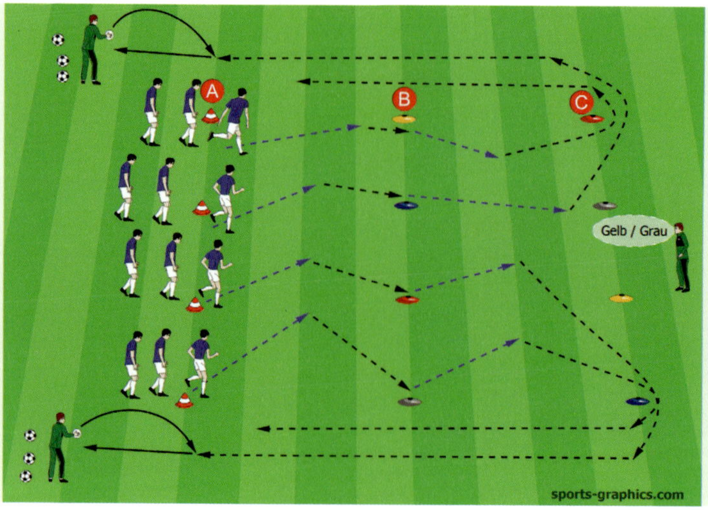

Ein Rechteck 20 x 20 Meter markieren. Die Startlinie A besteht aus vier Hütchen. Die Mittellinie B und die Endlinie C bilden je vier Hütchen in unterschiedlicher Farbe.

Die Spieler verteilen sich gleichmäßig an den vier Starthütchen. Ein Trainer steht gegenüber.

Der Trainer ruft zwei Farben. Die erstgenannte Farbe steht für die Ballposition auf Linie B und die zweitgenannte Farbe für die Ballposition auf Linie C. Daraufhin laufen die ersten vier Spieler als Abwehrkette in Richtung B und bilden dort entweder eine Abwehrsichel oder ein Abwehrdreieck, verharren für eine Sekunde, gehen auf Linie B in Ausgangsposition und dann das Gleiche bei Endlinie C.

Nachdem eine Gruppe 2 x vor einer Ballposition verharrt ist, ruft der Trainer erneut zwei Farben und die nächsten vier Spieler starten. Je Außenseite laufen immer zwei Spieler zur Ausgangsposition zurück. Beim Zurücklaufen eine frei wählbare Aufgabe des Lauf-ABCs absolvieren.

Variation: Es stehen zwei Trainer mit Bällen bereit, die den Spielern nach dem Lauf-ABC einen Ball zum Kopfball zuwerfen.

Tipp: Ein „Kommando-Starthütchen" bestimmen. Der Spieler von dort coacht die komplette Kette. Auf die Abstände achten (einrücken, aber auch die Breite abdecken). Die drei absichernden Spieler stehen auf einer Höhe. Bei Linie B startet der ballnächste Spieler direkt mit Tempo in Richtung nächste Ballposition.

Organisation und Ablauf (Spielform)

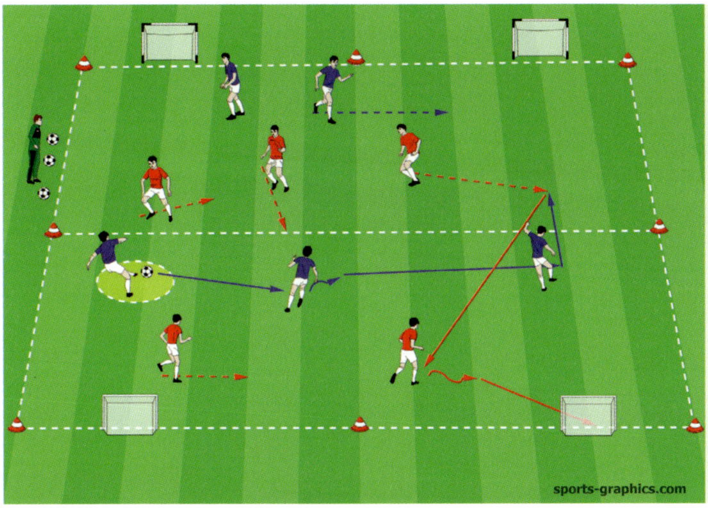

Ein Rechteck 20 (Breite) x 24 Meter (Tiefe) mit Mittellinie und vier Minitoren markieren.

Zwei 5er-Teams bilden. Den Hälften je eine Dreierkette und dahinter zwei gegnerische Stürmer zuweisen.

Die Teams agieren ausschließlich in ihren Hälften. Eine Dreierkette spielt sich den Ball so lange zu, bis sie zu einem ihrer Stürmer passen kann. Die gegnerischen Stürmer dürfen sie dabei nicht stören. Wird der Pass abgefangen? Schneller Konter zu einem Stürmer! Nach einem Schnittstellenpass schießen die Stürmer unmittelbar auf ein Tor. Die Dreierkette setzt nach.

Spieleranzahl: 8-14 Spieler. Je Team nur ein Stürmer. Viererkette plus 1-3 Stürmer. Bei einer Viererkette das Feld vergrößern.

Wettbewerb: Welches Team erzielt in 7 Minuten mehr Tore?

Variation: Die ballbesitzende Dreierkette darf auch direkt in ein Minitor passen. Anstelle von Minitoren Hütchentore aufbauen.

Tipp: Die Dreierkette schiebt so, dass kein Schnittstellenpass möglich ist. Die Staffelung so einnehmen, dass der ballnächste Spieler vorrückt und die anderen beiden Verteidiger den Raum dahinter verengen. Der zentrale Spieler in der Abwehrkette gibt ständig laute Kommandos. Schnelles Umschalten nach einem Ballgewinn!

Organisation und Ablauf (1-gegen-1 plus Doppeln)

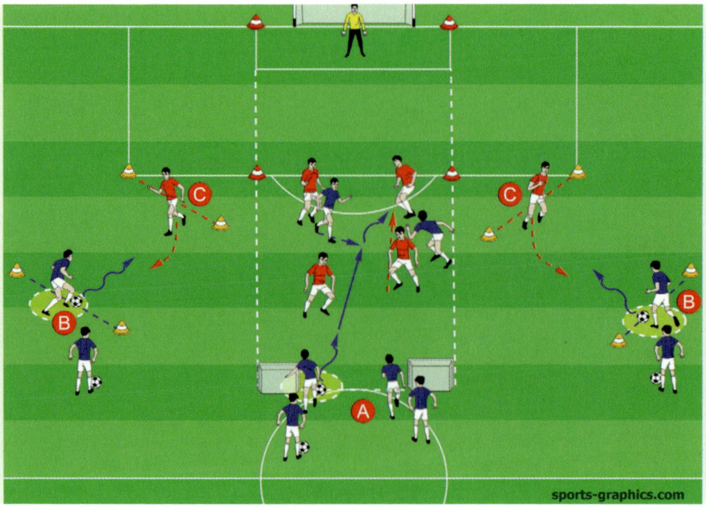

Ein Spielfeld 18 x 40 Meter mit einem Großtor und zwei Mini-Kontertoren aufbauen. Außen zwei Hütchentore (Breite: 10 Meter) im Abstand von 15 Metern zueinander stellen.

Sechs Verteidiger bestimmen. Zu den HT C je ein AV. Ins Feld zwei IV und zwei 6er (Formation: 2-2). Die restlichen Spieler verteilen sich als Angreifer an den Positionen B-A-B. Zwei ST gehen ins Feld. Alle Bälle werden zu den Positionen gebracht.

Im und außerhalb des Felds unabhängig voneinander spielen. Im Feld 4-gegen-4 auf Tore. Außen 1-gegen-1 auf HT. Die Verteidiger dürfen jeweils kontern.

Alle Spieler bleiben an ihren Spielorten. Nach jeder Aktion komplett auf die Ausgangsposition gehen (nur A und ST wechseln ihre Aufgaben).

Spieleranzahl: 12-26 Spieler. Ab 21 Spielern die Verteidigerpositionen doppelt besetzen.

Wettbewerb: Die Angreifer sollen in 6 Minuten einen 8:0-Rückstand drehen. Die Tore aus allen drei Spielorten zusammenzählen.

Variation: Neue Verteidiger bestimmen.

Tipp: Ablauf zuerst ohne Wettbewerb. Die 6er staffeln sich und doppeln nach hinten. Bei einem Pass nach außen doppelt der ballnahe 6er und bei einem Pass ins Zentrum der ballferne 6er. Die AV verkürzen mit dem Ersten Kontakt des Angreifers den Abstand und lenken ihn dann in offener Stellung nach außen. Ist der Ball frei? Den Körper zwischen Ball und Angreifer schieben.

Organisation und Ablauf (Abschlussspiel)

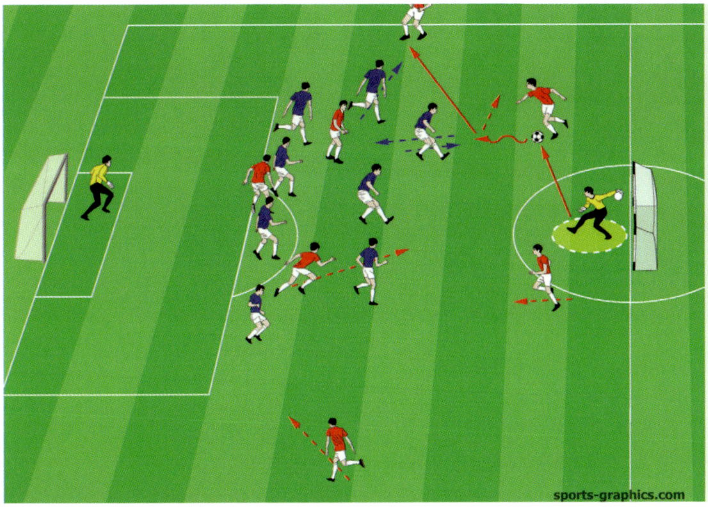

Eine Spielfeldhälfte als Spielfeld nutzen. Zwei Tore aufbauen und mit Torhütern besetzen.

Acht Verteidiger (Formation: 4-4-0) und sieben Angreifer (Formation: 4-2-1) bestimmen. Alle Bälle ins Angreifertor spielen.

Jede Spielunterbrechung wird beim Angreifer-TW fortgesetzt. Die Angreifer versuchen, möglichst viele Tore zu erzielen. Die Verteidiger agieren kompakt mit zwei Viererketten. Nach einer Balleroberung haben die Verteidiger 20 Sekunden Zeit, um ein Tor zu erzielen.

Spieleranzahl: 14-16 Feldspieler. Auch ein 4-4-1 gegen ein 4-2-2 ist möglich.

Wettbewerb: Welches Team erzielt in 7 Minuten mehr Tore? Kann das Verteidigerteam „die Null" halten?

Variation: Eine Linie für den „sicheren Abstand" markieren. Die Verteidiger dürfen nur vor der Linie agieren.

Tipp: Auch die Mittelfeld-Viererkette bildet ein Abwehrdreieck und eine Abwehrsichel. Die Mittelfeldspieler doppeln nach hinten, wenn sie überspielt werden. Die IV schieben ständig zwecks Kompaktheit vor und halten den Gegner so vom Tor fern. Bei Rückpässen des Gegners immer vorschieben, es sei denn, ein Flugball „droht". Nach einer Balleroberung schnell umschalten.

9 FORMATION 4-2-3-1

Der solide Klassiker

Die Formation 4-2-3-1 lässt sich aufgrund ihrer drei zentralen Spieler sehr kompakt interpretieren. Diese Kompaktheit im Zentrum lässt sich hervorragend fürs Pressing nutzen. Die MA agieren sehr hoch. Ballnaher MA und ST nehmen den angespielten Gegner-IV so in die „Zange", dass sie ihn provozieren, ins Zentrum zu spielen. Hier hat man mit drei Spielern eine gute Möglichkeit, den Ball zu erobern.

Die Formation ermöglicht einen variantenreichen Spielaufbau. So lässt sich das Spiel durchs Zentrum und über Außen gleichermaßen gut aufbauen. Kommt der 10er entgegen, verfügt man über drei Anspielpunkte im Zentrum. Schaffen die MA Breite, sind die Außenseiten doppelt besetzt und man kann z. B. nach einem Hinterlaufen viele Bälle vors gegnerische Tor bringen.

Mit drei zentralen Spielern ist man auch bei eigenen Angriffen sehr kompakt und kann erfolgreich Gegenpressing spielen. Geht der MA ins 1-gegen-1 (was er oft machen soll), sichern ihn der nahe 6er und 10er ab, indem sie deutlich in Richtung Ball schieben. Im Falle eines Ballverlusts hat man eine Überzahlsituation.

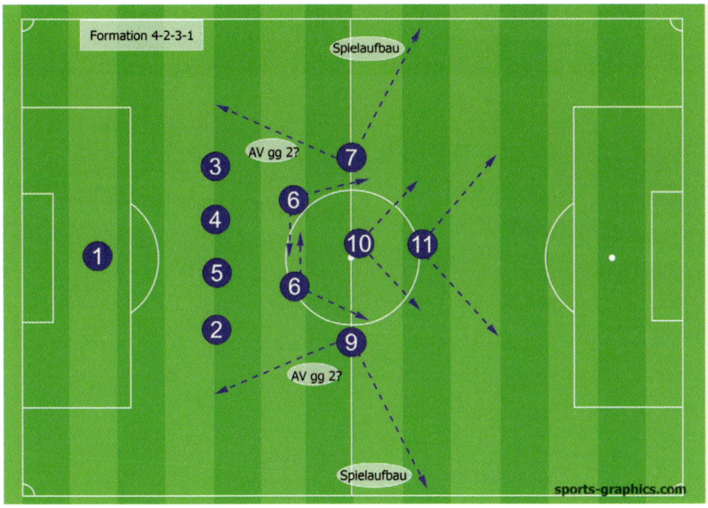

Angriffsspiel: Mit dem 10er verfügt man über eine Anspielstation direkt vor den Gegner-IV. Wird er dort angespielt, so bieten sich viele Offensivmöglichkeiten.

Defensiv: Agiert der AV gegen zwei Spieler? Der MA rückt in die Abwehrkette ein. Ansonsten bleibt er vorne und zeigt sich im Falle einer Balleroberung in der Tiefe und kontert.

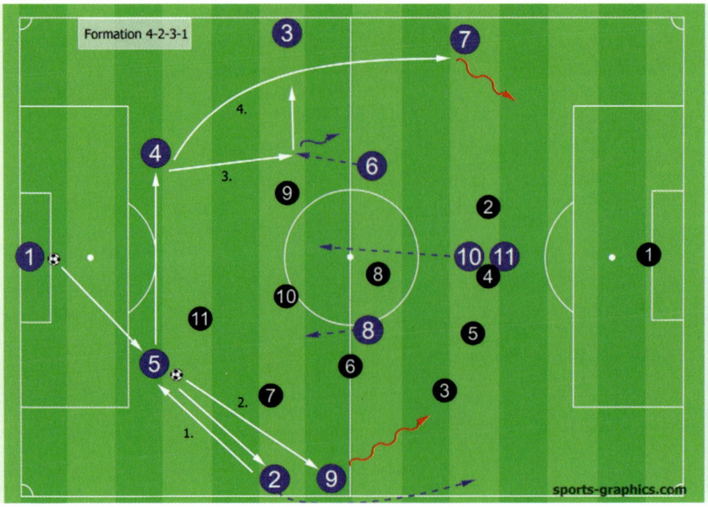

Spielaufbau: Beide IV befinden sich im Abstand von etwa 25 Meter in offener Stellung vor dem Strafraum. ST/10er agieren hoch, um die Gegnerkompaktheit aufzulösen. Die 6er „verstecken" sich hinterm gegnerischen Mittelfeld. Erhalten die IV von ihrem TW den Ball, verkürzen sie als Erstes den Abstand zum Gegner-ST. Die Verteidiger verlagern schnell und geduldig. Man lockt den Gegner zunächst auf eine Seite, indem man den AV anspielt und dieser klatschen lässt (1.). Der ballnahe MA lässt sich fallen, um einen Flachpass von IV (2.) zu erhalten und der ballferne MA schiebt für einen diagonalen Flugball (4.) hoch. Der ballnahe 6er zeigt sich jeweils für einen Vertikalpass des IV (3.).

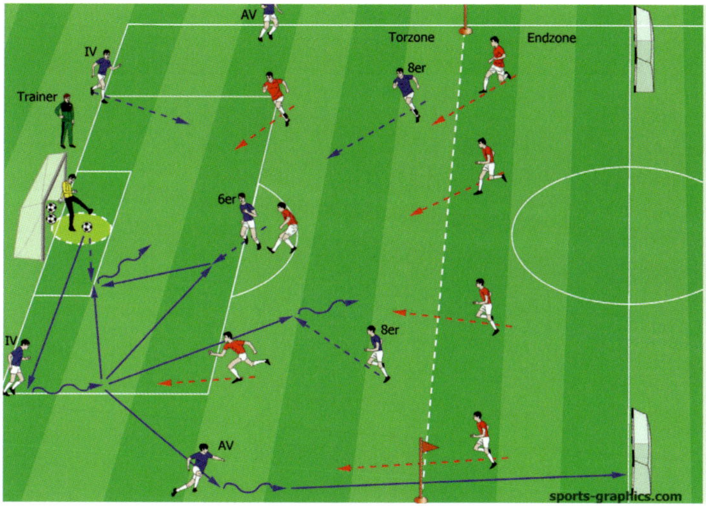

Spielaufbau trotz manngedeckter IV: Beide IV stellen sich an die Schnittstelle Grundlinie/Strafraum. Der TW legt sich den Ball zentral auf die Torraumlinie und passt druckvoll zu einem der beiden IV. Der angespielte IV absolviert einen Ersten Kontakt in Richtung Gegenspieler und passt mit seinem zweiten Kontakt zu einem Mitspieler. Der AV zeigt sich außen auf Höhe des Gegners. TW, 6er und 8er kommen entgegen. TW und 6er drehen gegebenenfalls auf und verlagern. Dreiecke bilden und möglichst ins Direktspiel kommen. Kein Risiko eingehen. Im Zweifel einen Longline-Flugball spielen (siehe auch Seite 339). Beim Anbieten aus einer entfernten Position kommen und auch erst im Moment der Abspielmöglichkeit (siehe 8er in der Zeichnung)!

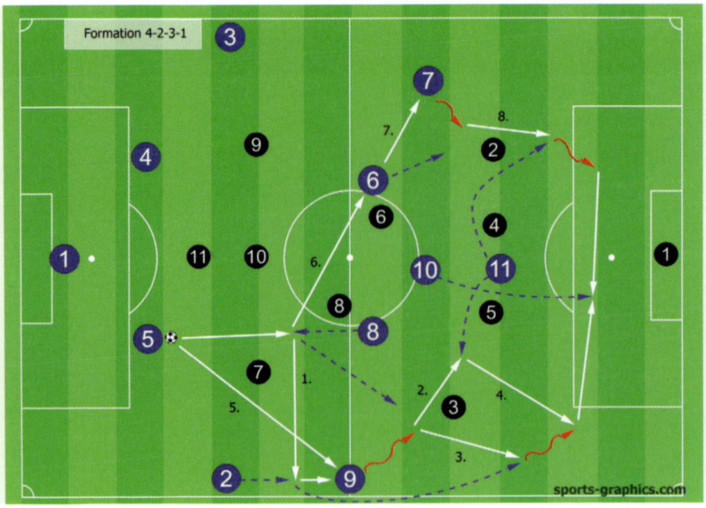

Angriffsspiel: Kann ein Vertikalpass zu einem 6er gespielt werden, dreht er bei genügend Raum auf (kein Gegner im Rücken!). Befindet er sich dagegen in enger Deckung, leitet er das Zuspiel zu AV weiter (1.). AV ist aufmerksam und rechnet mit dem Pass des 6ers. Damit die Wahrscheinlichkeit möglichst hoch ist, dass der ballnahe MA Raum für Aktionen hat, leitet AV den Pass des 6ers direkt zu MA weiter und hinterläuft. Alternativ überschlägt IV seinen AV, indem er direkt zu MA passt (5.). Steht MA nach einem Zuspiel unter Druck, wird er nicht vom AV hinterlaufen. AV bleibt dann deutlich im Rückraum und fordert vom MA einen Klatschball. Entweder verlagert AV nun das Spiel oder flankt vors gegnerische Tor. Hat MA dagegen Raum, so absolviert er ein Tempodribbling auf den Gegner-AV. Der ST schwirrt wie ein Phantom um und hinter den Gegner-IVs. Je nach Gegnerverhalten orientiert sich das Team an folgenden Lösungsmöglichkeiten: MA fintiert und dribbelt innen am Gegner-AV vorbei und kommt zum Torabschluss. ST kommt entlang der Abwehrkette entgegen und MA spielt ihn an (2.). Der hinterlaufende AV erhält nun entweder vom ST (4.) oder direkt vom MA (3.) einen Pass. Alternativ läuft der ST in den Rücken des Gegner-AV und fordert von MA einen Longlinepass (8.). Durch diesen Lauf zieht ST einen IV aus dem Zentrum und MA hat es einfacher, innen zum Torabschluss zu kommen. Verlässt ST das Zentrum, wird dieses sofort vom 10er besetzt.

Angriff durchs Zentrum: Kann ein 6er im Spielaufbau aufdrehen, so zeigt sich der zweite 6er für einen flachen Diagonalpass (6.) und der 10er zentral hinter den gegnerischen 6ern. Der Angriff lässt sich nun entweder nach außen über einen MA fortsetzen (7.) oder durchs Zentrum über den 10er. Je nach Situation dreht der 10er auf oder spielt einen Klatschball. Dreht er auf, rücken beide MAs nach innen (Höhe AV) und er spielt zu diesen einen Schnittstellenpass (IV-AV).

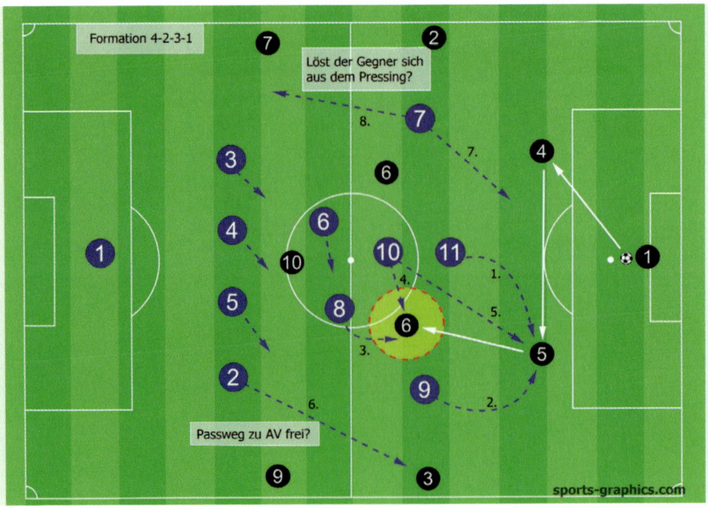

Pressing: Zunächst kompakt im mittleren Spielfelddrittel stehen. Mit dem Pass des TWs alle Spieler auf Schlagdistanz vorschieben (ca. 10 Meter bis IV). MA positionieren sich so, dass sie Pässe zu den AVs abfangen können. Der erste schlechte Pass (wenig Druck, der Ball hoppelt, in den Rücken) der IVs untereinander wird angelaufen! 11 läuft in diesen Pass so hinein, dass kein Rückpass möglich ist und er den Angespielten unter Druck setzt (1.). Gleichzeitig wird der angespielte IV (5) vom nahen MA attackiert. Seinen Laufweg wählt er so, dass der Passweg zum Gegner-AV geschlossen ist (2.). Der Gegner-6er wird zunächst weit gedeckt. Durch die Pressinglaufwege provoziert man einen Pass ins Zentrum. Hier agiert man mit drei zentralen Spielern und kann den Angespielten doppeln (3. + 4.). Bricht 5 mit einem Dribbling durch, wird er direkt von 10 attackiert (5.). Der ballferne MA schiebt hoch, um sich für einen Konter in Position zu bringen (6.).

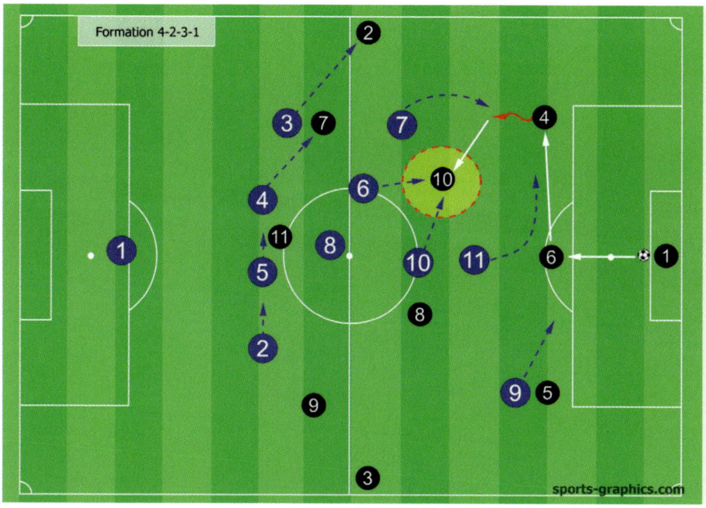

Pressing gegen 3er-Kette: MA (9) deckt den „stärkeren" IV (5) eng. Alle anderen zunächst tief. Beim Pass des TWs auf Schlagdistanz gehen. Den Pass zum freien IV-Außen laufen MA (7) und ST (11), wie abgebildet, an. Der Pass ins Zentrum wird provoziert. Hier doppelt 6 und 10. MA bringt sich offensiv in Position.

Organisation und Ablauf (Angriffsspiel)

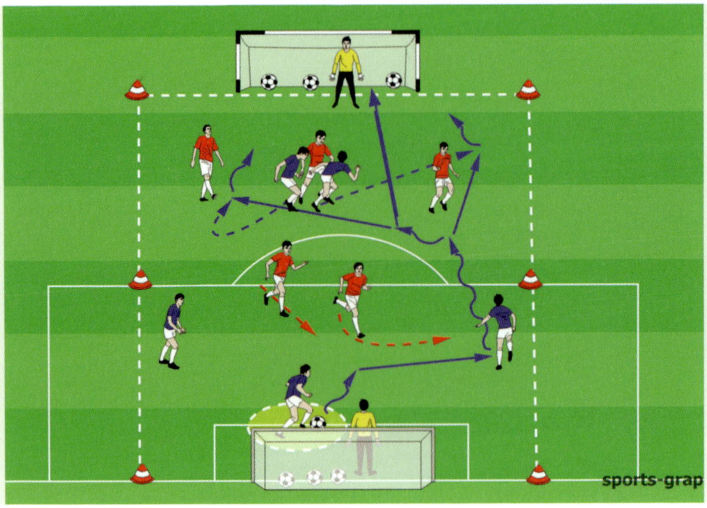

Ein Spielfeld 30 x 32 Meter mit Mittellinie und zwei Toren aufbauen.

Zwei 5er-Teams bilden. Jedes Team stellt drei Verteidiger in der eigenen und zwei ST in der gegnerischen Hälfte. Alle Bälle in die Tore.

Start immer beim Torwart der ballberechtigten Mannschaft. Alle Spieler agieren zunächst in ihren Hälften. Ziel des spielaufbauenden Teams ist es, dass einer der Verteidiger über die Mittellinie dribbelt und dann in der gegnerischen Hälfte im 3-gegen-3 ein Tor erzielt. Eine Balleroberung im 3-gegen-3 führt zum 3-gegen-3 in der anderen Hälfte.

Nach einer Spielunterbrechung kehrt der Verteidiger in seine Hälfte zurück.

Spieleranzahl: 8-10 Feldspieler. Die Teams agieren im 2-2. In diesem Fall agiert der TW im Spielaufbau als zentraler IV.

Wettbewerb: Welches Team erzielt in 2 x 4 Minuten mehr Tore?

Variation: Anstatt auf zwei Großtore auf vier Minitore spielen.

Tipp: Beide ST stehen beim Spielaufbau beim Gegner-IV. Zunächst einen AV so freispielen, dass er einen ST überdribbeln kann. Die AV gehen dazu maximal breit und erhalten einen druckvollen Pass in die Vorwärtsbewegung. Nach dem Überdribbeln der ML zielstrebig den Gegner-AV andribbeln. Ein ST läuft in den Rücken des Gegner-AV und der zweite ST setzt sich nach hinten ab.

Organisation und Ablauf (Angriffsspiel)

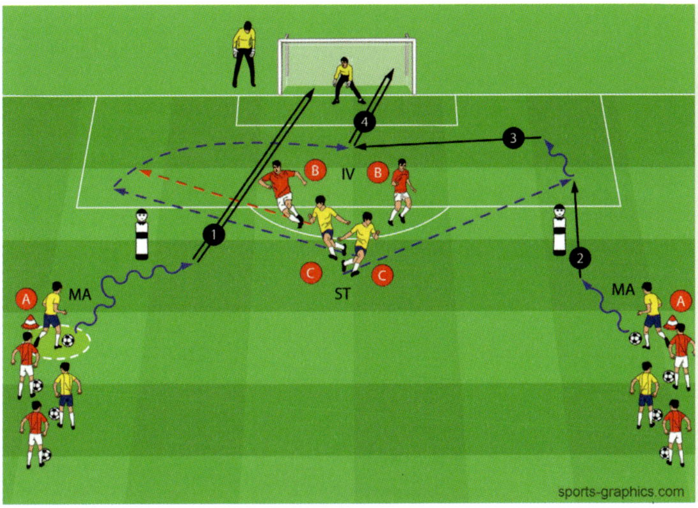

Zwei Dummys, die einen AV simulieren, entsprechend der Zeichnung aufstellen. Dazu zwei Startpositionen A (MA-Position) stellen.

Zwei gleich große Teams bilden. Team Rot stellt zwei IV und Team Gelb zwei ST. Die restlichen Spieler verteilen sich mit Bällen an den beiden Positionen A. Dort stehen immer im Wechsel ein Spieler Gelb und Rot.

Spieler A (Gelb) dribbelt den AV-Dummy an. Mitspieler C (ST) läuft diagonal in den Rücken des AV und bietet sich für einen Longlinepass an. Der ballnahe Gegenspieler B (IV) läuft mit. A fintiert den AV-Dummy aus und hat im Zentrum freie Schussbahn, die er nutzt. Mit diesem Torschuss dribbelt Mitspieler A (von der anderen Seite) ebenfalls seinen AV-Dummy an. Der zweite Mitspieler C (ST) bietet sich für einen Longlinepass an und erhält das Zuspiel. Gegenspieler B bleibt stehen. C legt mit seinem zweiten Ballkontakt quer zu Mitspieler C.

IV werden zu ST, MA zu IV und ST zu MA. Die neuen ST gehen direkt auf Position und fordern MA zur nächsten Aktion auf.

Spieleranzahl: 8-18 Feldspieler.

Wettbewerb: Welches Team erzielt in 5 Minuten mehr Tore?

Variation: Beim zweiten Durchgang entscheiden die IV frei, wer mitläuft und wer nicht.

Tipp: Tempodribbling der Spieler A. Gutes Timing und Sprints der ST. Die IV laufen immer deutlich mit bzw. bleiben komplett stehen.

Organisation und Ablauf (Pressing)

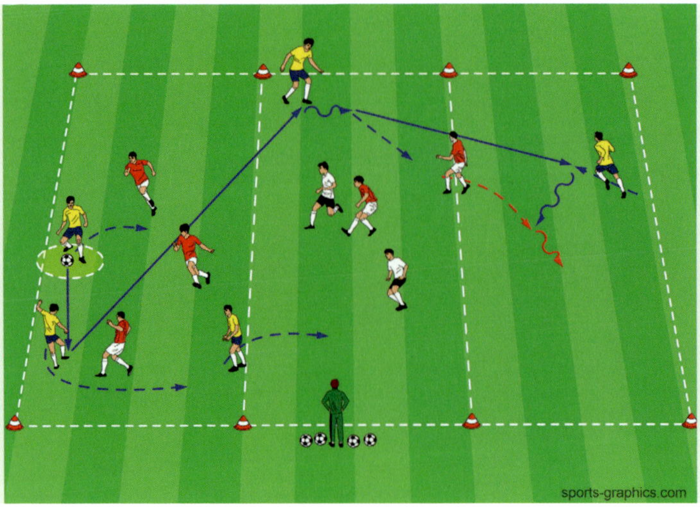

Ein Feld (36 x 20 Meter) markieren und horizontal in drei Zonen dritteln.

Zwei 5er-Teams und zwei neutrale Spieler bestimmen.

Es wird 5-gegen-5 plus 2 auf Ballhalten gespielt. Freies Spiel (keine Kontaktbegrenzung). Nur flache Pässe spielen. Sonderregel: Vom balljagenden Team darf sich jeder Spieler maximal eine Zone entfernt vom Ball aufhalten.

Nach 8 Minuten einen zweiten Durchgang mit neuen Neutralen spielen.

Spieleranzahl: 8-19 Spieler. 4er- bis 8er-Teams und 0-3 Neutrale bestimmen.

Wettbewerb: 10 Passfolgen ergeben einen Punkt. Welches Team erreicht in 8 Minuten mehr Punkte?

Variation: Die Spielfeldgröße dem Leistungsstand anpassen. Ballbesitzer und Balljäger müssen jeweils gute Chancen für ihre Aktionen haben.

Tipp: Die Sonderregel gewährleistet Kompaktheit des balljagenden Teams. Erst den Ball attackieren, wenn Mitspieler im Rücken sind. Die hinteren Spieler geben Kommandos zum Attackieren. Nach einem Ballverlust sofort den Raum in Richtung Ball verengen. Dabei nicht vergessen, auch die Neutralen zuzustellen. Nach einer Balleroberung möglichst schnell in einen freien Raum kombinieren. Die neuen Balljäger schieben sofort nach. Ersatzbälle liegen beim Trainer neben dem Feld.

Organisation und Ablauf (Pressing)

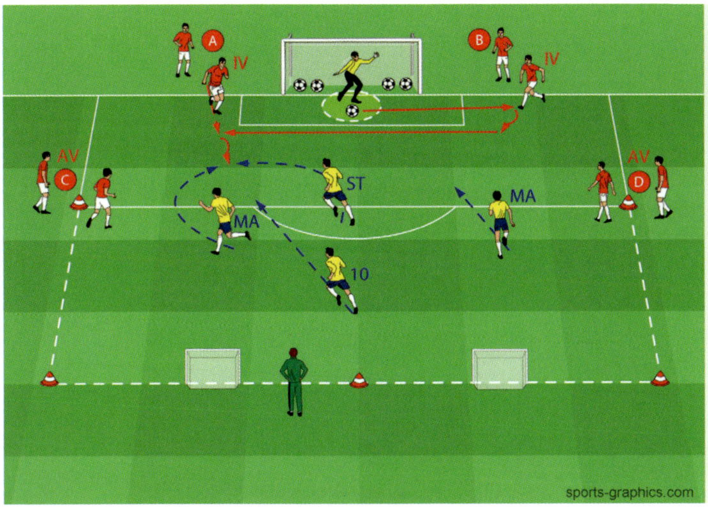

Einen doppelten Strafraum (40 x 32 Meter) mit zwei Minitoren markieren.

Vier Pressingspieler bestimmen. Der Rest verteilt sich als Aufbauspieler an den vier Positionen A-D. Alle Bälle beim Torwart im Tor.

Die Pressingspieler bilden in der Offensive eine 4-2-3-1-Formation und befinden sich zunächst in ihrer Hälfte. Die jeweils ersten Aufbauspieler kommen ins Feld. Der TW passt zu einem IV. Ziel der Aufbauspieler ist es, in ein Minitor zu passen. Die Angreifer kontern nach einer Balleroberung auf das Großtor. Abseitsregel gilt in Richtung Großtor. Treffer sind nur in der gegnerischen Hälfte erlaubt.

Nach jeder Spielunterbrechung gehen die Pressingspieler in die Ausgangsposition und die nächsten vier Aufbauspieler greifen an.

Spieleranzahl: 8-20 Feldspieler.

Wettbewerb: Wer erzielt zuerst drei Tore?

Variation: Ein Spielfeld von 40 x 40 Meter erschwert das Pressing.

Tipp: Die Angreifer sollen sich über außen Torchancen erspielen. Der Gegner wird zunächst auf eine Seite gelockt, indem AV angespielt wird. AV lässt klatschen und dann wird schnell verlagert. IV passt nach Möglichkeit direkt zu MA. AV hält zu MA einen kurzen Abstand und hinterläuft. MA dribbelt zielstrebig den Gegner-AV an. ST läuft in den Rücken des Gegner-AV und fordert das Zuspiel. Der 10er sprintet in die Sturmspitze. Je nach Verhalten des ballnahen Gegner-IV passt MA longline oder zieht nach innen. Alternativ passt MA zum hinterlaufenden AV. Ist MA nach einem Zuspiel eng gedeckt, hinterläuft AV nicht, sondern fordert einen Rückpass und verlagert das Spiel.

Organisation und Ablauf (Spielaufbau)

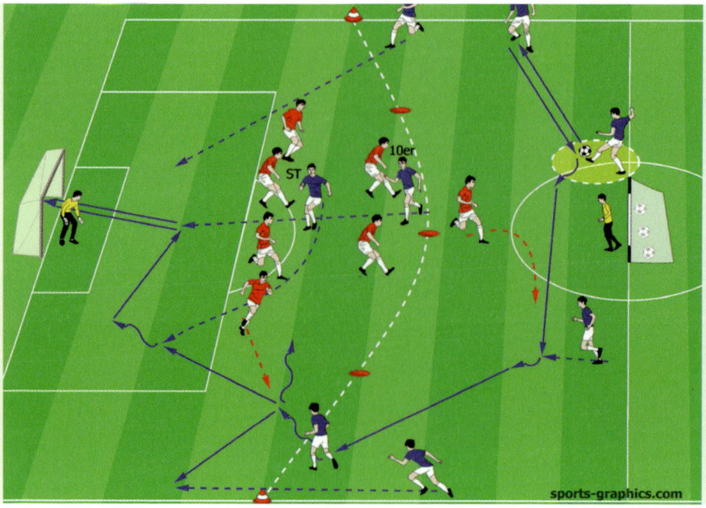

In eine Spielfeldhälfte zwei von Torhütern besetzte Tore stellen. Entsprechend der Zeichnung eine Abwehrlinie markieren.

Ein 7er-Verteidigerteam (4-2-1) und ein 8er-Angreiferteam (4-3-1) bestimmen. Alle Bälle im Angreifertor an der Mittellinie.

Jede Spielunterbrechung eröffnet der Angreifer-TW. Der Angreifer-Außenspieler ist maximal breit. Die sechs hintersten Spieler des Verteidigerteams dürfen ausschließlich hinter der Abwehrlinie agieren. Erobern die Verteidiger den Ball, kontern sie auf das Angreifertor.

Nach 7 Minuten neue Teams bestimmen.

Spieleranzahl: 15 Feldspieler.

Wettbewerb: Die Verteidiger führen 2:0. Drehen die Angreifer das Spiel in 7 Minuten?

Tipp: Die Angreifer sollen sich über außen Torchancen erspielen. Der Gegner wird zunächst auf eine Seite gelockt, indem der AV angespielt wird. AV lässt klatschen und dann wird schnell verlagert. IV passt nach Möglichkeit direkt zu MA. AV hält zu MA einen kurzen Abstand und hinterläuft. MA dribbelt in Richtung Gegner-AV. ST kommt entlang der Kette entgegen. Der 10er hält den Raum vor den Gegner-IVs frei. Nach einer MA-Aktion (Pass zu AV/ST oder 1-gegen-1) orientiert sich ST direkt wieder zum Tor.

Ist MA nach einem Zuspiel eng gedeckt, hinterläuft AV nicht, sondern fordert einen Rückpass und verlagert das Spiel.

Organisation und Ablauf (Spielaufbau)

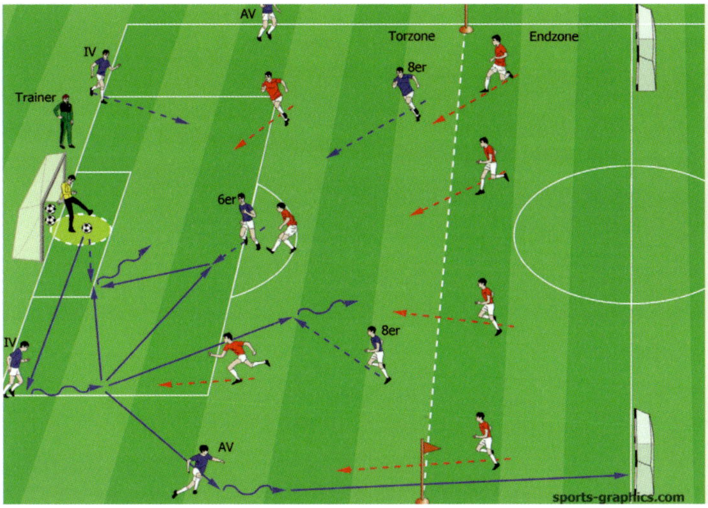

Eine Spielfeldhälfte nutzen. Zwei äußere Minitore auf die Mittellinie stellen. Davon ausgehend, eine Endzone (Tiefe: 15 Meter) markieren.

Ein Torwart mit ausreichend Bällen ins Tor. Zwei 7er-Teams bilden. Beide Teams in der Formation 4-3.

Jede Spielunterbrechung startet beim TW. Blau absolviert einen Spielaufbau gegen hochstehende Gegner. Ziel ist es, entweder über die Mittellinie zu dribbeln oder in ein Minitor zu passen. Die 4er-Kette des pressenden Teams (Rot) darf erst mit dem Pass des TW die Endzone verlassen. Erobert Rot den Ball, kontern sie auf das Tor mit TW.

Spieleranzahl: 14 Feldspieler.

Wettbewerb: Bei jeder erfolgreichen Aktion führt das andere Team fünf Liegestütze aus.

Tipp: Die Spieler entsprechend ihrer Positionen einteilen. Die IV lassen sich auf die Schnittstelle Strafraum/Grundlinie fallen. Der TW passt zu einem IV (der mehr Raum hat). Gleichzeitig kommen seine Mitspieler (TW, AV, 6er und 8er) gut getimt entgegen und bieten sich für ein Zuspiel an. IV achtet auf einen guten Ersten Kontakt (in Richtung Gegenspieler) und passt mit seinem zweiten Kontakt zu einem freien Mitspieler. Dann Dreiecke bilden und möglichst im Direktspiel nach vorne kombinieren bzw. die Seiten wechseln. Kein Risiko eingehen! Abseitsregel gilt in Richtung TW. Minitore simulieren MA. Der Trainer stellt sich neben das Tor.

10 ABSCHLUSS-SPIEL

Mannschaftstaktik lernen mit Spaß

In der letzten halben Stunde einer Trainingseinheit findet das Abschlussspiel statt. Beide Teams erhalten eine Formation und eine Aufstellung. Sie bekommen Anweisungen für ihre Spielweise (Art des Pressings, des Spielaufbaus usw.). Auf Standards wird verzichtet. Bei Ballaus, Abseits, Tor, Foul usw. wird das Spiel immer beim Torwart des ballberechtigten Teams fortgesetzt. So ergeben sich viele Spielsituationen für den Spielaufbau und das Pressing. In beiden Toren liegen immer genügend Ersatzbälle, um einen unterbrechungsfreien Ablauf zu gewähren.

Die Teamformationen liegen möglichst nahe dem echten 11-gegen-11. Verfügt man über weniger als 22 Spieler, werden doppelte zentrale Positionen (IV, 6er, ST) ausgespart. Will man mit 20-22 Spielern gleichzeitig spielen, so ist ein Dreiviertelfeld mit etwa 50 Meter Breite optimal. So haben die Spieler aufgrund des verkleinerten Raums viele Aktionen und das Spiel bleibt durch permanente Action interessant. Ein Abschlussspiel mit 22 Spielern auf einer Hälfte sollte vermieden werden, weil ein fast quadratisches Spielfeld keine Spielnähe zulässt.

Die Aufstellung entspricht weitestgehend den Spielpositionen der Spieler. Bei der Positionszuweisung lassen sich jedoch auch gewisse Zwecke erfüllen. So kann man beispielsweise einen Spieler in seiner Beidfüßigkeit verbessern, indem man ihn AV auf der „falschen Seite" spielen lässt. Soll der AV offensiv stärker werden, spielt er auf der MA-Position und einen Offensivspieler kann man defensiv verbessern, indem man ihn in der Abwehr aufstellt.

Ab einer gewissen Spieleranzahl sollte man das Abschlussspiel auf einem Dreiviertelplatz bzw. von Strafraum zu Strafraum absolvieren. Die meisten Trainer werden jedoch über nur eine Spielfeldhälfte verfügen. In diesem Fall wird ein mobiles Tor auf die Mittellinie gestellt.

Im Folgenden ein Überblick, wie man das Abschlussspiel, abhängig von der Spieleranzahl, organisieren kann:

- 12-13 Feldspieler → 3-3 gegen 3-3 → Strafraumbreite → gegebenenfalls Über- gegen Unterzahl.
- 14-15 Feldspieler → 3-3-1 gegen 3-3-1 → verbreiteter Strafraum (Spielfeldbreite: ca. 50 Meter) → gegebenenfalls Über- gegen Unterzahl.
- 16-17 Feldspieler → 8-gegen-8 (3-4-1 oder 3-3-2) → Dreiviertelfeld und verbreiteter Strafraum oder Spielfeldhälfte und komplette Breite.
- 18-19 Feldspieler → 9-gegen-9 (4-4-1, 4-3-2 oder 3-4-2) → Dreiviertelfeld und verbreiteter Strafraum oder Spielfeldhälfte und komplette Breite.
- Ab 20 Feldspieler → 10-gegen-10 → verbreiteter Strafraum oder komplette Breite und Dreiviertelfeld! → gegebenenfalls mit Ersatzspielern.

Verfügt ein Team über einen Spieler mehr, so lässt man das Unterzahlteam mit einem 3:1-Vorsprung starten und die Angreifer müssen das Ergebnis in 6 Minuten „drehen". Danach soll das andere Team diese Aufgabe erfüllen. Kann man mit der vorhandenen Spielerzahl drei Teams bilden, lässt sich ein Turnier spielen. Das jeweils pausierende Team absolviert dann eine Technikaufgabe (z. B. Fußballtennis-Rundlauf, Kreisspiel). Möchte man im Ausdauerbereich arbeiten, so läuft das pausierende Team 800 Meter und spielt dann (wenn es die Distanz in 4 Minuten schafft) gegen das Siegerteam. Das Verliererteam geht zum Laufen.

Sollte man für das Abschlussspiel über kein mobiles Tor oder keinen zweiten Torwart verfügen, so empfiehlt sich das **Forechecking-Abschlussspiel**. Es wird auf ein Tor und über die komplette Spielfeldhälfte gespielt. Dazu 7-9 Angreifer und 6-8 Verteidiger positionsspezifisch einteilen.

Die Angreifer sind in der Überzahl und versuchen, in 8 Minuten möglichst viele Tore zu erzielen. Die Verteidiger spielen nach einer Balleroberung auf Ballhalten. Die Angreifer gehen direkt ins Gegenpressing (Ballrückeroberung). Jede Spielunterbrechung wird an der Mittellinie bei dem IV der Angreifer fortgesetzt. Ersatzbälle liegen im Mittelkreis. Alternativ einen zweiten Torwart (oder Trainer) an die Mittellinie positionieren, der jeweils die Bälle zu einem IV der Angreifer spielt. Dieser fungiert dann auch als Anspielpunkt für die Verteidiger beim Ballhalten. Nach 8 Minuten Aufgabenwechsel. Welches Team erzielt am Ende mehr Tore?

Ständig wiederkehrende Coachingpunkte im Abschlussspiel:

- One-Touch (immer unter Druck und, wo es nur geht, über den Dritten spielen).
- Two-Touch (ein schlechtes Zuspiel kontrollieren bzw. Aufdrehen und Spielverlagerung).
- Tempodribbling mit Andribbeln eines Gegenspielers (bei freiem Raum).
- Gegenpressing (bei Angriffen rücken die Defensivspieler vor und sichern den Ballführenden ab).
- Hinterlaufen (bei offenem Passweg: AV überschlagen. Verfügt MA über Raum? AV verkürzt den Abstand und hinterläuft! Verfügt MA über keinen Raum? AV bietet sich im Rückraum an!).
- 90-Grad-Ball (Durchbruch über den Außenspieler und den Ball flach vors Tor spielen).
- Klatsch-Steil (ständig Klatschbälle spielen und dann einen langen, druckvollen Pass).
- Anspielbar sein (die Außenspieler stehen maximal breit. Zentrale Spieler lösen sich vom Gegenspieler).
- Die Flanken blocken (im defensiven 1-gegen-1 eng am Gegner stehen, die Finten ausblenden, den Schuss blocken).
- Manndeckung im Strafraum (in unmittelbarer Gefahrenzone Gegnerzuordnung schaffen).
- Mitspieler unter Druck (ihn nur anspielen, wenn er den Ball direkt weiterleiten kann. Ansonsten Spielverlagerung → ballferne Spieler fordern den Ball).
- 6er und zweite Bälle (offensiv und defensiv jeweils die zentralen Rückräume besetzen).
- Offene Stellung (alle Spieler stehen stets halb in Richtung Ballposition und gegnerisches Tor).
- Der Kopf ist oben (um schnell zu spielen, die Spielfeldumgebung „scannen“).
- Ballsicherheit (80 % aller Pässe sollten ankommen, aber trotzdem zielstrebig sein).
- Rückpass zum Torwart (bei hohem Gegnerdruck ist der Pass zum TW immer eine Option).

Abschlussspiel

Organisation und Ablauf (schmal)

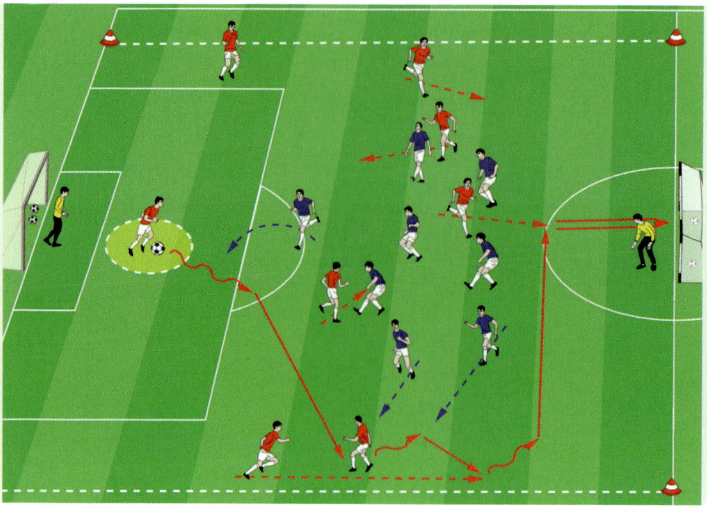

Ein Spielfeld bis zur Mittellinie mit zwei von Torhütern besetzten Großtoren markieren. Das Feld seitlich begrenzen.

Zwei 8er-Teams bilden. Teamformation 4-2-3-1? Dann auf ein 3-4-1 reduzieren (nur ein IV und ohne 10er, siehe Zeichnung).

Jede Spielunterbrechung startet beim Torwart des ballberechtigten Teams. Die Teams haben eine feste Formation, eine Pressing- und Spielaufbaustrategie. Die Abseitsregel gilt.

Spieleranzahl: 12-16 Feldspieler. Auch kleinere Teams (3-3 oder 3-3-1) sind möglich. Beim 3-3 das Feld seitlich auf Strafraumbreite begrenzen.

Wettbewerb: Drei gleich große Teams bilden. Ein Team läuft. 5 Minuten Spielzeit. Das Siegerteam bleibt stehen.

Variation: Verfügt man über mehr als eine Spielfeldhälfte? Dann auf einem Dreiviertelfeld spielen.

Tipp: Ersatzbälle in die Tore. Bevor der TW einen neuen Ball ins Feld spielt, gehen alle Spieler zurück auf ihren Positionen. So finden viele realistische Pressing- und Spielaufbauaktionen statt.

Organisation und Ablauf (breit)

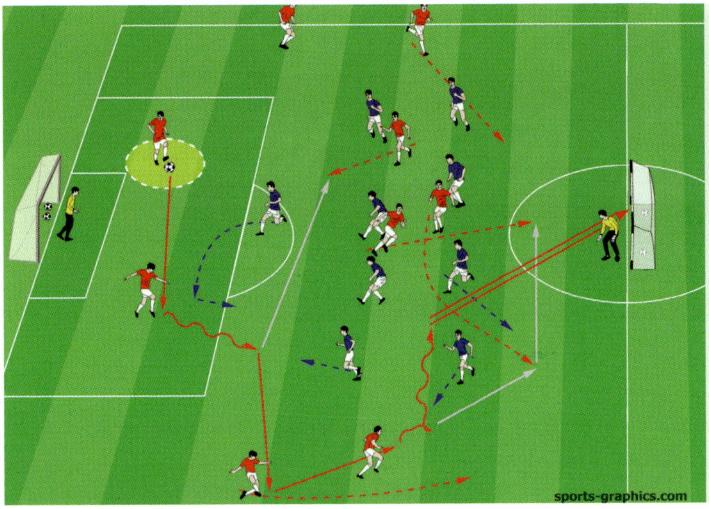

Ein Spielfeld bis zur Mittellinie mit zwei von Torhütern besetzten Großtoren markieren.

Zwei 9er-Teams bilden. Teamformation 4-2-3-1? Dann auf ein 4-4-1 reduzieren (10er/ST zusammenführen, siehe Zeichnung).

Jede Spielunterbrechung startet beim Torwart des ballberechtigten Teams. Die Teams haben eine feste Formation, eine Pressing- und Spielaufbaustrategie. Die Abseitsregel gilt.

Spieleranzahl: 18-20 Feldspieler. 10er-Teams bilden, wenn man über ein Dreiviertelfeld verfügt.

Wettbewerb: Drei gleich große Teams bilden. Ein Team läuft. 5 Minuten Spielzeit. Das Siegerteam bleibt stehen.

Variation: Verfügt man über das komplette Spielfeld? Dann von Strafraum zu Strafraum spielen. So hat man eine Mittellinie. Hilfreich für die Orientierung.

Tipp: Bei einem breiten Spielfeld wie hier lassen sich gut Spielverlagerungen und Angriffe über außen umsetzen. Ist das Spielfeld dagegen schmal und lang, fokussiert man mehr das Spiel in die Tiefe.

11 STANDARD-SITUATIONEN

Perfekt ausführen und verteidigen

Standardsituationen haben einen großen Einfluss auf das Spielergebnis. Es ist ein Mittel, um als Außenseiter einen Favoriten schlagen zu können. Bei der Fußball-WM 2014 fielen 22 % der Tore durch Standards und bei der WM 2018 waren es sogar über 50 %! Standards sind torgefährlich, da diese aufgrund der Abstandsregel nicht aktiv verteidigt werden können. Bei einstudierten Varianten haben die Angreifer zudem einen Gedankenvorsprung. Die Verteidiger können erst mit dem gespielten Ball auf die Situation reagieren.

Eckbälle und Freistöße lassen sich mittels Manndeckung oder Raumdeckung verteidigen.

Manndeckung: klare Zuordnung der Gegenspieler. Hier kann der Gegner jedoch Räume für Mitspieler öffnen (z. B. durch Kreuzen).

Raumdeckung: Unabhängig vom Gegner hat jeder Spieler eine feste Ausgangsposition. Man befindet sich dort in Überzahl, wo die Wahrscheinlichkeit eines Treffers am höchsten ist. Durch eine tiefe Ausgangsposition kann man im Vorwärtslauf zum Kopfball steigen. Mutige und entschlossene Kopfballduelle führen. Regelmäßiges Kopfballtraining!

Ein normales Abschlussspiel mit folgenden Provokationsregeln: Freistoß statt Einwurf bei Seitenaus und bei Toraus erhalten die Angreifer zwei Eckbälle in Folge.

Den Freistoß tornah ausführen

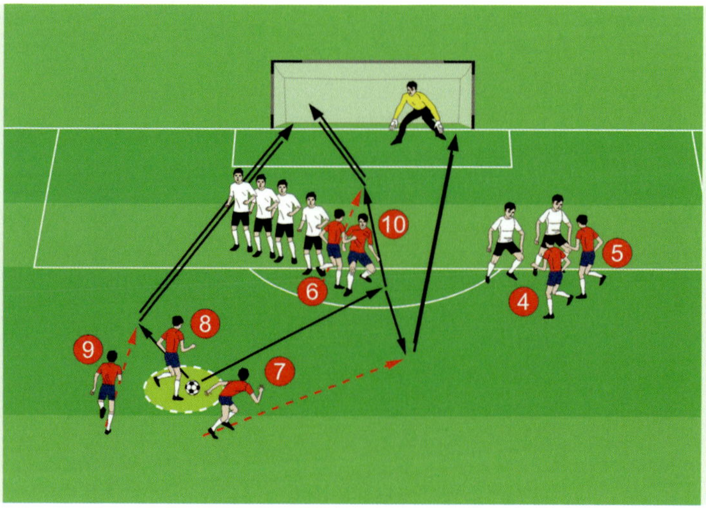

Drei Spieler gehen zum Ball. Dabei steht ein Linksfuß links und ein Rechtsfuß rechts neben dem Ball. Zwei Spieler stellen sich innen direkt an die Mauer (6 + 10) und zwei Spieler (4 + 5) weit außen (den Gegner aus dem Zentrum wegziehen). Spieler 7 läuft über den Ball in den zentralen Rückraum. Spieler 8 spielt nun entweder zum Linksfuß, der aufs Tor schießt, oder passt druckvoll zu Spieler 10. 10 legt den Ball entweder für Spieler 7 zum Torschuss auf oder leitet den Ball hinter seinem Standbein zu Spieler 6 weiter.

Freistoß im Halbfeld ausführen

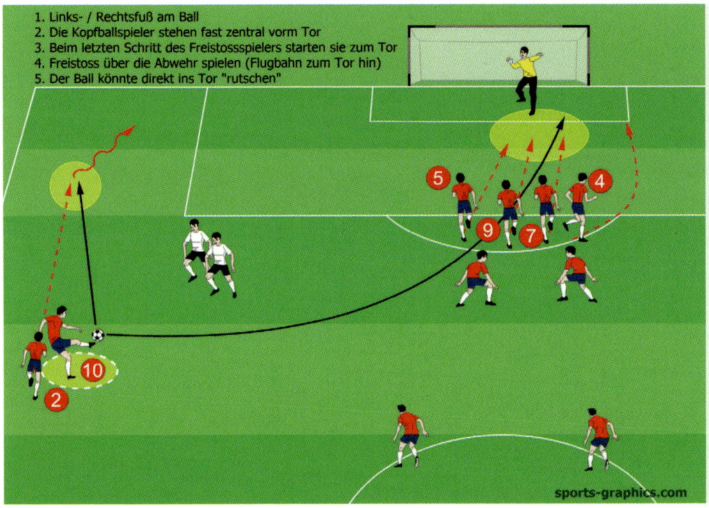

Rechtsfuß und Linksfuß stehen am Ball. Zwei Spieler stehen zentral im Rückraum und zwei Spieler als Absicherung. Vier Kopfballspieler (❹, ❺, ❼, ❾) sind am Strafraum. Spieler ❷ läuft über den Ball. Der Ball wird entweder zu Spieler ❷ gepasst oder scharf in Richtung zweiter Pfosten geschossen. Spieler ❼, ❾ und ❺ versuchen, den Ball ins Tor zu verwerten. Spieler ❹ setzt sich zur hinteren Torraumecke ab (für einen sehr langen Ball) und spielt den Ball zurück vors Tor.

Einen Eckball ausführen

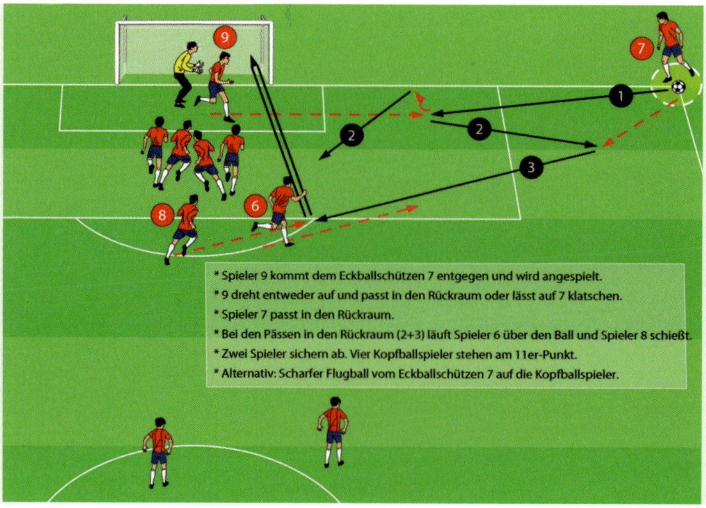

Zwei Spieler im Rückraum. Vier Kopfballspieler am Elfer und ein Spieler zum TW. ⑨ kommt dem Eckballschützen ⑦ entgegen und wird angespielt. Er dreht entweder auf und passt in den Rückraum oder lässt auf ⑦ klatschen. ⑦ passt in den Rückraum. Bei Pässen in den Rückraum läuft Spieler ⑥ über den Ball und Spieler ⑧ schießt. Alternativ: Scharfer Flugball von ⑦ zum ersten Pfosten. Zwei Kopfballspieler starten zum ersten Pfosten und je einer zur Tormitte und zum zweiten Pfosten.

Freistoß von der Seite ausführen

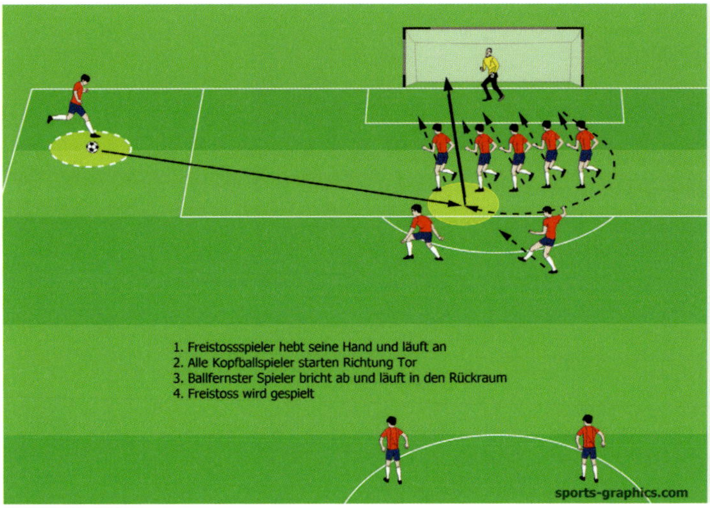

Fünf Kopfballspieler auf Höhe des 11-Meter-Punkts. Zwei Spieler im Rückraum. Zwei Spieler sichern ab. Mit dem Anlauf des Freistoßspielers starten alle Kopfballspieler in Richtung Tor. Der ballfernste Spieler bricht ab und läuft in den ballnahen Rückraum. Den Freistoß flach zu ihm spielen. Dieser verwertet oder lässt für einen hinteren Spieler durch.

Einen Eckball verteidigen

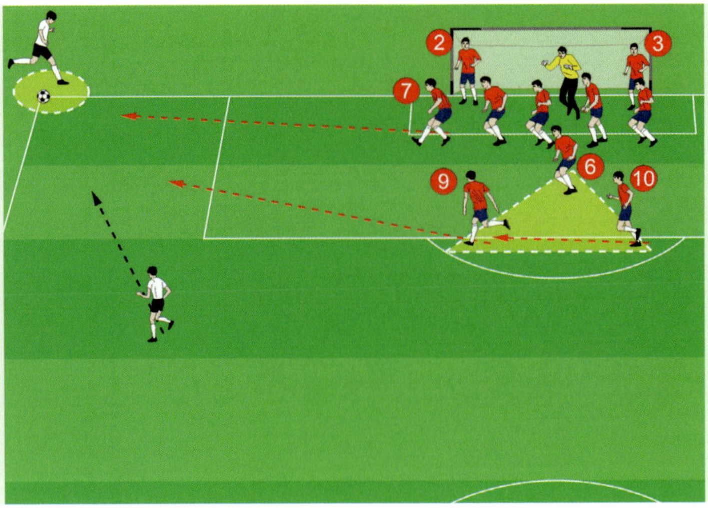

Für alle Standards (Eckball/Freistoß) gegen sich, nehmen die Spieler (außer 2 und 3) dieselbe Ausgangsposition ein. Bei Eckball: Beide Pfosten mit 2/3 besetzen. Fünf Spieler zentral auf der Torraumlinie. Spieler 6 zentral davor. Spieler 9/10 zentral im Rückraum. Erfolgt die Ecke, wird aktiv in den Ball gestartet (auch zu zweit). Mindestziel ist es, den Gegner beim Kopfball zu stören. Erfolgt die Ecke kurz, gehen Spieler 7/9 zum Ball. Spieler 10 übernimmt die Position von 9.

Freistoß von der Seite/im Halbfeld verteidigen

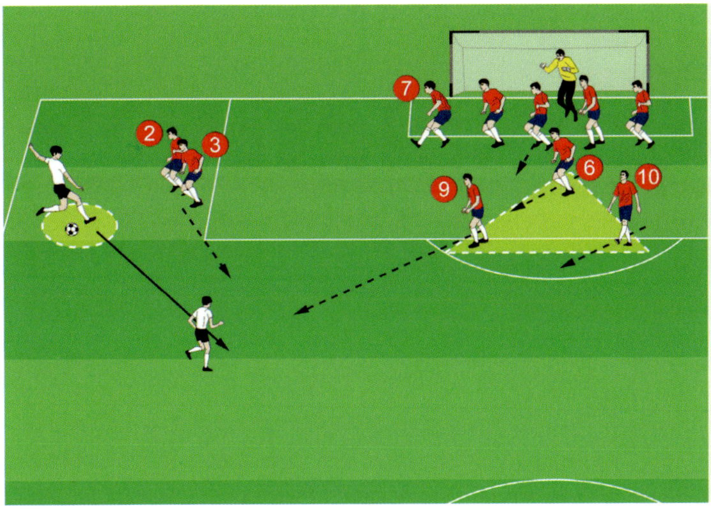

Tief stehen, um aus der Vorwärtsbewegung in den Ball starten zu können. Fünf Spieler auf die Torraumlinie und drei weitere Spieler davor. Diese bilden ein Dreieck, beginnend vom 11-Meter-Punkt. Zwei-Mann-Mauer (❷/❸): Wird der Ball kurz gespielt, läuft der ballnahe Spieler aus der Mauer und ein weiterer Spieler folgt.

12 SPIEL-VORBEREITUNG

Mini-Trainingseinheit zur Einstimmung

Für das Aufwärmprogramm eines Spiels plant man etwa 30-40 Minuten ein. Das Aufwärmprogramm ist so strukturiert, dass die Spieler damit beginnen, sich individuell auf das eigentliche Aufwärmen vorzubereiten. Sie laufen kurz ein, spielen ein paar Pässe und absolvieren einige positionsspezifische Techniken. Es folgt ein Lauf-ABC und ein kurzes, dynamisches Dehnen (keine Haltezeiten!). Die Ballarbeit startet mit einer Passübung und einer Spielform auf Ballhalten. Zum Abschluss noch Torschuss und einige Sprints. Dabei gilt es, so viele Anforderungen des realen Spiels wie möglich abzudecken.

Für das **individuelle Aufwärmen** wenige Minuten einplanen. Die 10 Feldspieler bilden Paare (gleiche Spielpositionen zusammen) und gehen zu den Spielfeldbereichen, wo sie sich im Spiel aufhalten. Zu zweit haben sie einen Ball und absolvieren positionsspezifische Techniken. Folgende Spielpositionen und Techniken passen zusammen: Innenverteidiger → Kopfball und weiträumige Flachpässe. Außenverteidiger und Mittelfeldaußen → Finten und Erster Kontakt nach vorne und Direktspiel. Sechser → beidfüßiger Erster Kontakt in alle Richtungen und offene Stellung und Direktspiel. Stürmer → Erster Kontakt und Finten und Kopfball. Als letzte Aktion absolvieren alle Spieler noch 10 Kopfbälle.

Nach etwa 5 Minuten startet das **Lauf-ABC**. Eine Beispielübung findet sich auf Seite 356. Zwecks höherer Konzentration absolvieren das Lauf-ABC zunächst nur die 10 Start-Feldspieler. Danach bilden sie einen Kreis und dehnen dynamisch Beine und Oberkörper. Parallel dazu absolvieren die Ersatzspieler ebenfalls das Lauf-ABC. Die Ersatzspieler werden maximal auf einen möglichen Einsatz vorbereitet.

Es folgt für 5 Minuten eine **Passübung** nach dem Muster *Klatsch-Steil* (siehe Seite 357). Die Spieler werden so angehalten, im Spiel viele Klatschbälle zu spielen, eine offene Stellung einzunehmen und den Kopf zu heben, um die Spielfeldumgebung wahrzunehmen. Nach der Passübung sind die Spieler so weit aufgewärmt, dass sie auf **Ballhalten** gegeneinander spielen können. Im Quadrat der Passübung spielen sie für 5 Minuten 5-gegen-5 oder 4-gegen-4 plus 2. Ziel: Verbesserung des Zusammenspiels und als Mannschaft geschlossen attackieren.

Ab jetzt werden die Torhüter benötigt. Es folgt eine fünfminütige **Torschussübung**. Dabei geht es um das Erspielen und Verwerten von Torchancen. Die Torschussübung sollte immer der eigenen Spielweise entsprechen. Bei der Torschussübung in diesem Kapitel setzt sich ein Außenspieler bis zur Grundlinie durch und spielt dann den Ball vors Tor. Der Starttorwart sollte sich hier nicht verausgaben und rechtzeitig an den Ersatztorwart übergeben.

Das Aufwärmprogramm wird mit **kurzen Sprints** beendet. Bspw. an einer Koordinationsleiter: Seitlich zur KL zwei Kontakte je Fenster und dann auf maximale Geschwindigkeit beschleunigen. Rückweg im Gehen. KL-Variation: Spreizsprünge. Ein Kontakt je Fenster und die Beine dabei überkreuzen. Zwei Kontakte ins Fenster, zwei Kontakte hinter KL (siehe Seite 359).

Dann geschlossen in die Kabine gehen und sich spielfertig machen. Dort noch einen Kreis bilden und die Spieler durch eine kurze Rede auf das Spiel einstimmen. Mögliche Motivationspunkte: den Favoriten schlagen. Den Tabellenführer stürzen. Heimstärke etablieren. Auswärtspunkte holen. Teamgeist zelebrieren. Ehre zeigen. Die Siegesserie ausbauen. Die Gegnerserie brechen. Klubimage demonstrieren. Stolze Körpersprache. Familie stolz machen usw.

Organisation und Ablauf (Aufwärmen)

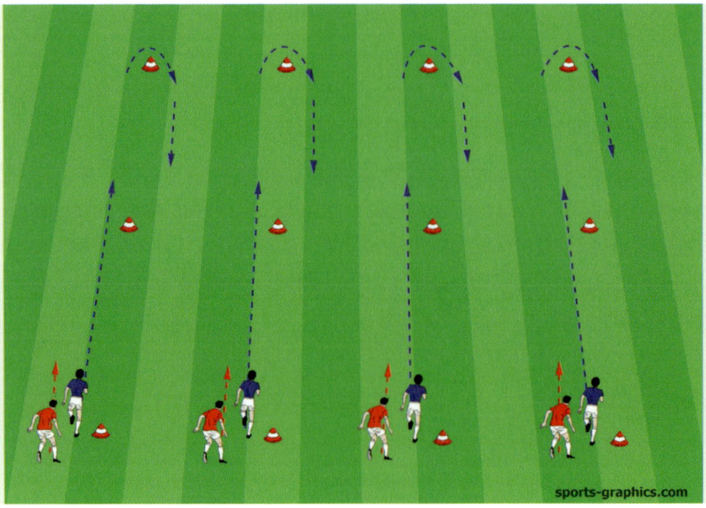

Für je zwei Spieler drei Hütchen im Abstand von 5 Meter aufbauen. Abstand der Hütchenreihen zueinander beträgt 3 Meter.

Zwei Spieler stehen am ersten Hütchen hintereinander.

Die vorderen Spieler laufen entlang der Hütchenreihe. Befinden sie sich auf Höhe des mittleren Hütchens, starten die hinteren Spieler. Alle Spieler laufen immer auf einer Höhe! Das letzte Hütchen wird von links nach rechts umlaufen und dann zurück zur Startposition. Zurücklaufen ebenfalls auf einer Höhe!

Beim Laufen entlang der Hütchenreihe eine Aufgabe des Lauf-ABCs absolvieren. Beispielsweise: Armkreisen, Anfersen, Kniehebelauf, Hampelmann, Überkreuzlauf, Hopserlauf, Knie diagonal zur Brust, Fersenlauf, Rückwärtslauf, Sidesteps 2 x links/2 x rechts, die Fußinnenseite auf Beckenhöhe mit Hand berühren, das Bein über das Standbein nach außen schwingen, Hüftrotation von innen nach außen und umgekehrt.

Spieleranzahl: Beliebig.

Variation: Skippings bis zum mittleren Hütchen und dann sprinten. Movement-Preps wie Handwalk und Ausfallschritt mit Oberkörperrotation ausführen.

Tipp: Nach dem Zurücklaufen starten die Spieler selbstständig mit der letztgenannten Aufgabe des Trainers. Die Spieler achten darauf, gleichzeitig mit ihrer Gruppe zu starten. Sie schauen rechts/links und prüfen, ob sie eine Höhe bilden, gegebenenfalls coachen.

Organisation und Ablauf (Technik)

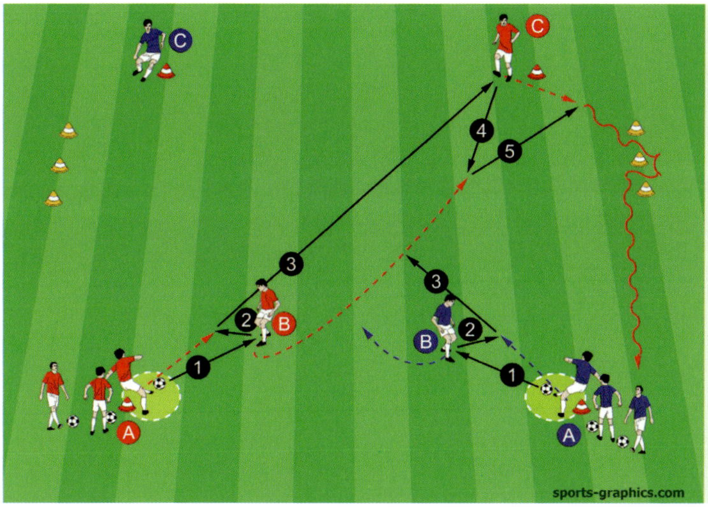

Ein Quadrat (18 Meter) aufbauen. Jeweils 4 x 2 Meter von C entfernt (siehe Zeichnung) drei Dribbelhütchen aufstellen.

Zwei gleich große Gruppen bilden, die sich jeweils diagonal, entsprechend der Zeichnung, in einer Reihe aufstellen. Die Positionen B und C einfach besetzen und die restlichen Spieler mit Bällen zu A.

Die beiden Spieler A starten gleichzeitig mit einem Pass zu Spieler B. B lässt klatschen, A spielt steil zu Spieler C und C spielt Doppelpass mit B. C absolviert ein Slalomdribbling und dribbelt dann zur Startposition A.

Alle Spieler wechseln eine Position weiter.

Spieleranzahl: 10-20 Spieler.

Tipp: Spieler B steht in offener Stellung und wird von A in den hinteren Fuß angespielt. Ballkollisionen vermeiden, indem man den Kopf hebt und einen freien Passweg prüft. Flach und ohne Schnitt spielen. Doppelpass in die Bewegung, aber auch nicht zu steil spielen. Positionswechsel in offener Stellung. Passschärfe der Passdistanz anpassen. Passempfänger mit „klatsch" coachen. B absolviert einen Bogenlauf zu C, um den Passweg für A zu C zu öffnen und den Raum für das Passspiel möglichst groß zu halten.

Organisation und Ablauf (Torschuss)

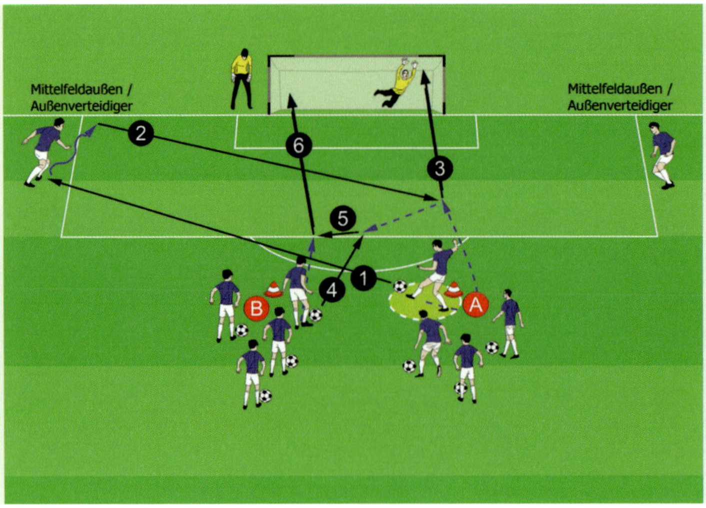

Vor dem Strafraum zwei Hütchen aufstellen.

Die Startspieler an den Positionen verteilen. Die AV an den Außenlinien des Strafraums. Die restlichen Spieler mit Bällen zu A/B.

Spieler A passt zum entfernten AV, AV nimmt den Ball bis zur Grundlinie mit und spielt einen 90-Grad-Ball in den Rückraum zu A. A läuft direkt nach seinem Pass um sein Hütchen und verwertet den Rückpass. Direkt nach dem Torschuss läuft A zu Spieler B, er wird angespielt und A legt B den Ball zum Torschuss auf. Jetzt gleicher Ablauf von der anderen Seite, indem B zum anderen AV spielt.

Alle Spieler gehen wieder auf ihre Positionen zurück. Spieler A/B immer mit Bällen.

Spieleranzahl: 10 Feldspieler.

Wettbewerb: Erzielen die Feldspieler in 4 Minuten 12 Tore?

Variation: Anstatt AV stellen sich die beiden MA nach außen. Lauffinten vor dem Torabschluss. Keinen 90-Grad-Ball, sondern eine Flanke spielen.

Tipp: Positionstraining, da nur AV und MA einen 90-Grad-Ball spielen. Pass 2 deutlich in den Rückraum spielen und direkt verwerten. Den Pass 5 immer nach vorne spielen. Direkte Ballmitnahme nach innen in Richtung Grundlinie und wenige Ballkontakte der Außenspieler. Die weiträumigen Pässe maximal druckvoll spielen. Entschlossene und gezielte Torabschlüsse.

Organisation und Ablauf (Sprints)

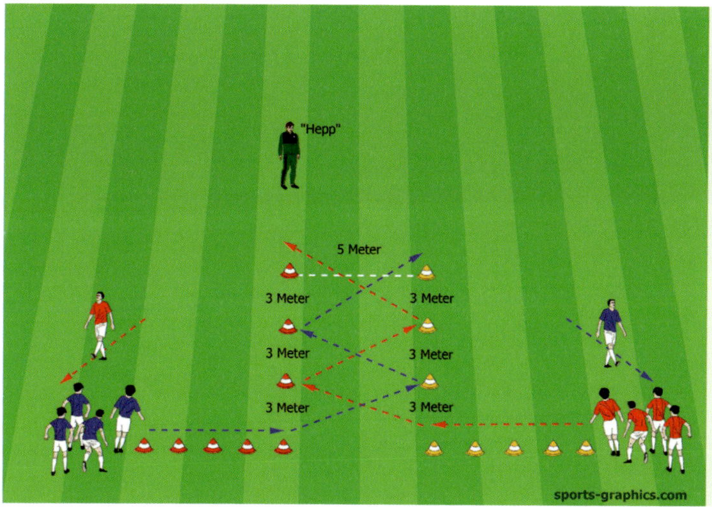

Zwei Hütchenreihen mit jeweils fünf Hütchen im Abstand von etwa 5 Metern zueinander aufbauen. Der Abstand der einzelnen Hütchen beträgt etwa 40 cm. Vom jeweils letzten Hütchen stehen im Abstand von 3 Metern weitere drei Hütchen.

Die Spieler teilen sich zur gleichen Zahl am jeweils ersten Hütchen der Hütchenreihe auf.

Die jeweils ersten Spieler stellen Blickkontakt her und starten dann gleichzeitig in den Parcours. Sie absolvieren zunächst eine Aufgabe an der horizontalen Hütchenreihe und dann an der vertikalen Hütchenreihe. Überlaufen sie die letzten Hütchen, starten die nächsten beiden Spieler mit einem Blickkontakt.

Drei unterschiedliche Durchgänge jeweils 2 x (3 x) absolvieren.

Durchgang 1: Blick in Richtung Trainer. Zwei Kontakte in die Zwischenräume der ersten Hütchenreihe, dann jeweils das diagonal entfernte Hütchen ansprinten (siehe Zeichnung).

Durchgang 2: Blick in Richtung Trainer. Vorwärts-Rückwärtslauf um die horizontalen Hütchen, dann maximal weite Sprünge über die vertikalen Hütchen.

Durchgang 3: Blick in Richtung Hütchen. Zunächst Slalom-Sidesteps und dann direkt bis zum letzten vertikalen Hütchen sprinten.

Tipp: Die Spielfeldumgebung bei den Kreuzsprints beobachten und sich jeweils mit dem äußeren Fuß beim Richtungswechsel abdrücken.

ANHANG

1 Literaturverzeichnis

Fincke, A. & Seeger F. (2019). *Intelligentes Fußballtraining.* Aachen: Meyer & Meyer.

Hasenpflug, M. (2008). *Das goldene Lernalter: Ein Leitfaden für Jugend-Fußballtrainer.* Norderstedt: BoD.

Hasenpflug, M. (2019). *Der Meistertrainer: 33 Trainingseinheiten für den Senioren- und Jugendfußball.* Norderstedt: BoD.

Hasenpflug, M. (2012). *Evolution der Viererkette – Das Ballgewinnspiel.* Norderstedt: BoD.

Hasenpflug, M. (2009). *Fußballtraining für Kids – In 12 Wochen zum Spitzenteam.* Norderstedt: BoD.

Hasenpflug, M. (2011). *Fußballtraining total – Das Martin-Hasenpflug-System.* Norderstedt: BoD.

Hasenpflug, M. (2017). *130 Übungen für den Bundesliga-Aufstieg: Professionelles Jugendfußballtraining.* Norderstedt: BoD.

Hasenpflug, M. (2011). *In 6 Schritten zum perfekten Fußballspiel: Komplette Trainingseinheiten für den Leistungsfußball.* Norderstedt: BoD.

Hasenpflug, M. (2016). *Jugendfußball kompakt: Komplettes Fußballtraining in Spielen und Wettbewerben.* Norderstedt: BoD.

Hasenpflug, M. (2014). *One-Touch-Kombinationsfußball: Jugendfußballtraining für Topvereine.* Norderstedt: BoD.

Hasenpflug, M. (2017). *Powerfußball – Ausbilden, siegen und Spaß haben.* Norderstedt: BoD.

Hasenpflug, M. (2018). *Profi-Fußballtraining für alle: Ausbilden mit einfachen Mitteln.* Norderstedt: BoD.

Hasenpflug, M. (2010). *Spielend angreifen lernen: Systematisch mehr Tore erzielen.* Norderstedt: BoD.

Hasenpflug, M. (2010). *Spielend zur Viererkette – Zeitgemäßes Jugendfußballtraining.* Norderstedt: BoD.

Hasenpflug, M. (2014). *Turbo-Lernfußball – Eine innovative Trainingsmethode für den Jugendfußball.* Norderstedt: BoD.

Kerber S. & Seeger F. (2018). *Kreisfußball.* Aachen: Meyer & Meyer.

Seeger F. & Favé, L. (2017). *Kreatives Fußballtraining.* Aachen: Meyer & Meyer.

Seeger F. (2016). *Spielnahes Fußballtraining.* Aachen: Meyer & Meyer.

2 Bildnachweis

Umschlaggestaltung: Sannah Inderelst

Coverfotos: © dpa picture alliance

Autorenfoto: © Martin Hasenpflug

Abbildungen: © easy sports graphics

Layout: Sannah Inderelst

Satz: www.satzstudio-hilger.de

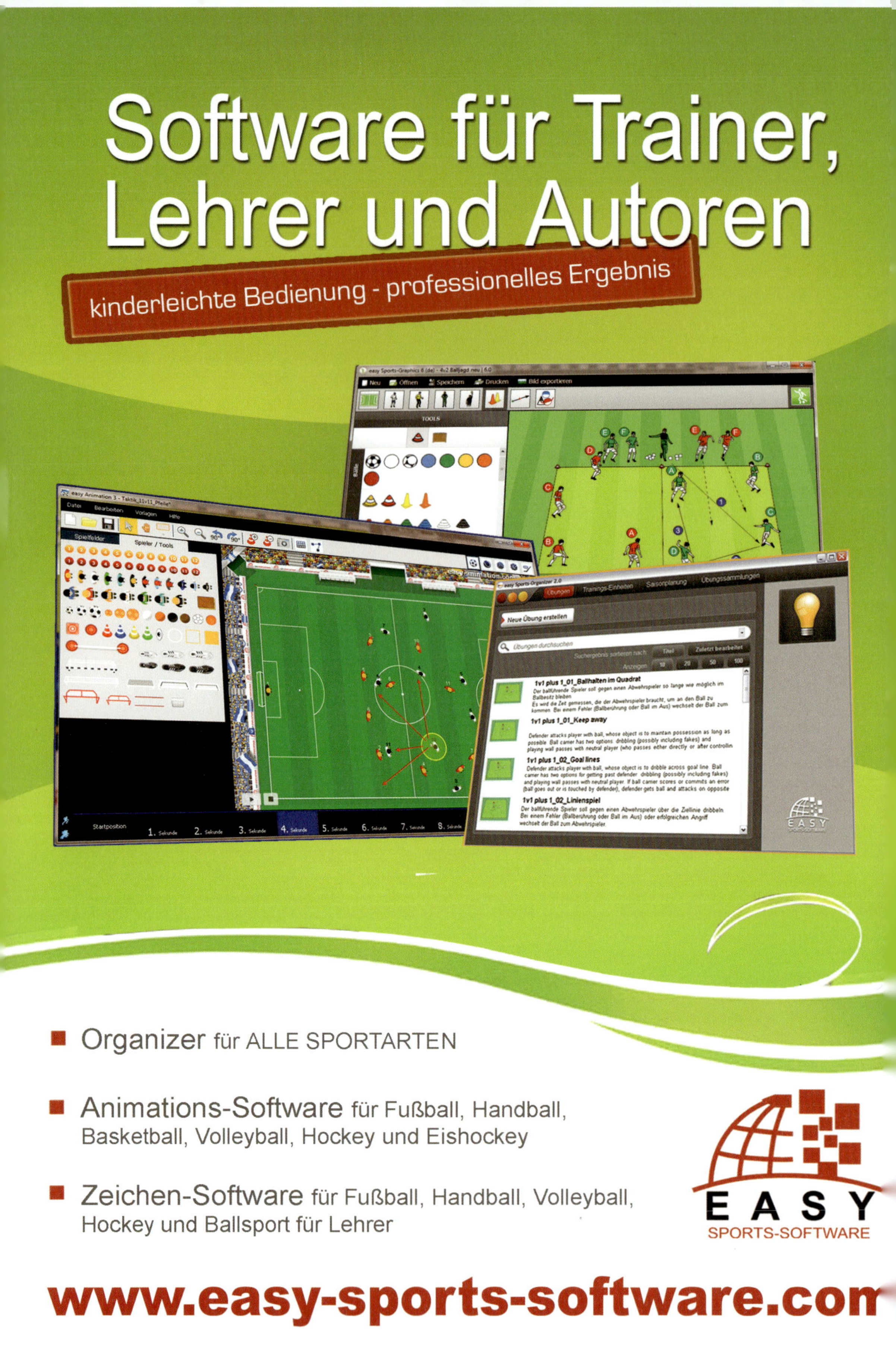
Software für Trainer, Lehrer und Autoren
kinderleichte Bedienung - professionelles Ergebnis
Organizer für ALLE SPORTARTEN
Animations-Software für Fußball, Handball, Basketball, Volleyball, Hockey und Eishockey
Zeichen-Software für Fußball, Handball, Volleyball, Hockey und Ballsport für Lehrer
EASY
SPORTS-SOFTWARE
www.easy-sports-software.com

Abonnieren Sie unseren kostenlosen Newsletter unter **www.dersportverlag.de**

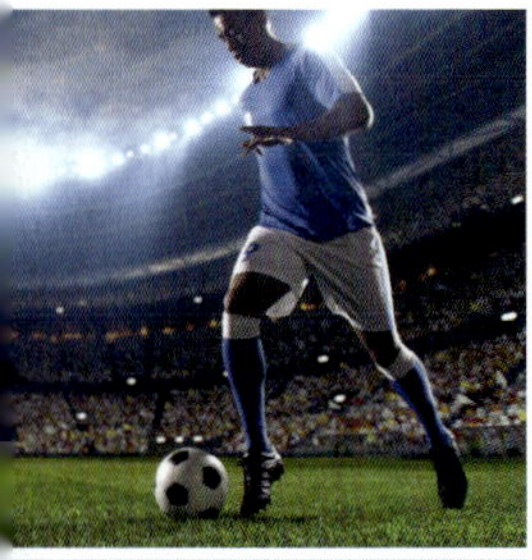

WEITERE FUSSBALLTITEL

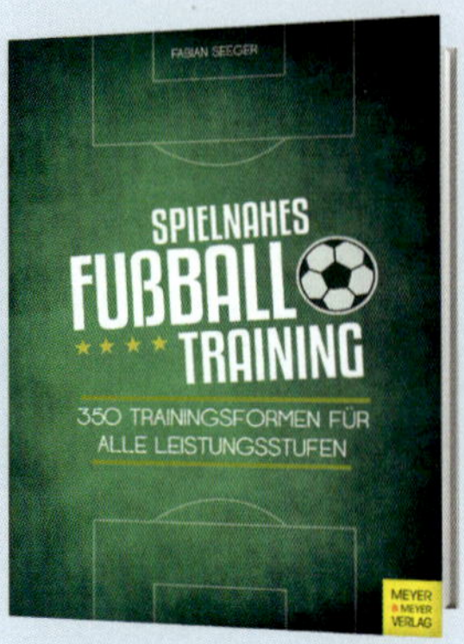

ISBN 978-3-89899-922-9
€ [D] 29,95/[A] 30,80

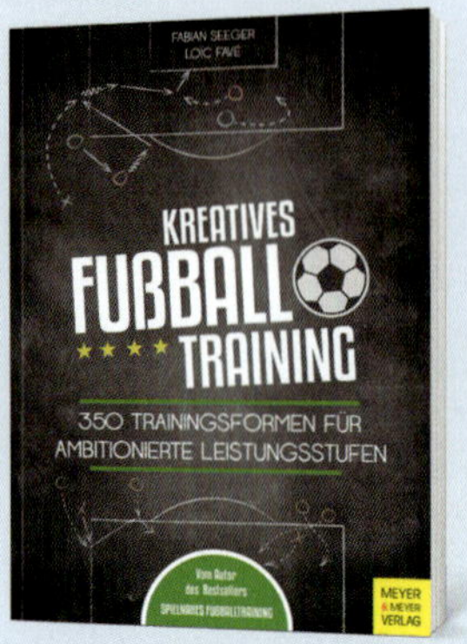

ISBN 978-3-8403-7549-1
€ [D] 35,00/[A] 26,00

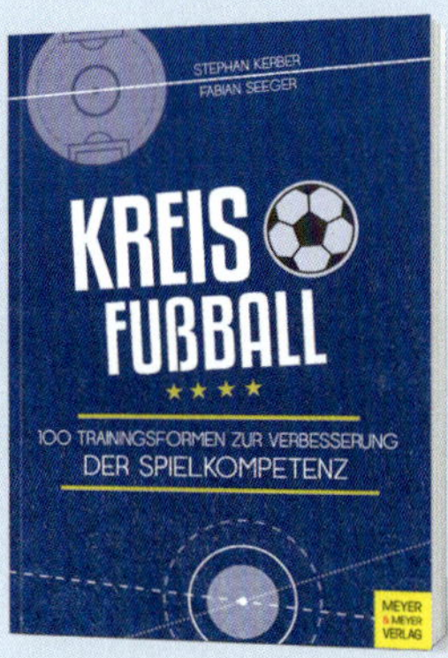

ISBN 978-3-8403-7594-1
€ [D] 29,95/[A] 30,80

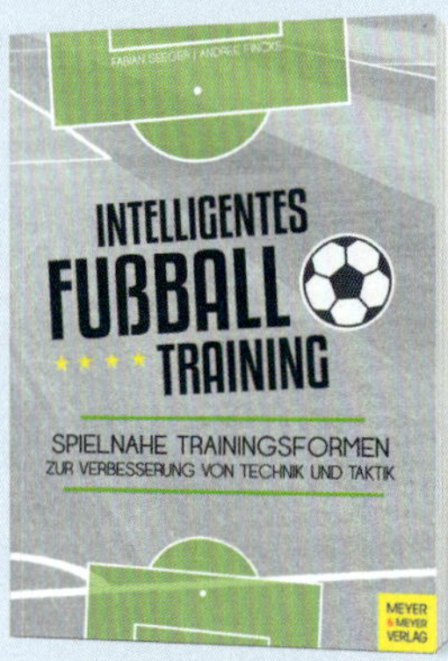

ISBN 978-3-8403-7593-4
€ [D] 19,95/[A] 20,60

MEYER & MEYER VERLAG

MEYER & MEYER Verlag
Von-Coels-Str. 390
52080 Aachen

Telefon 02 41 - 9 58 10 - 25
Fax 02 41 - 9 58 10 - 10
E-Mail vertrieb@m-m-sports.com
Website www.dersportverlag.de

Abonnieren Sie unseren kostenlosen Newsletter unter **www.dersportverlag.de**

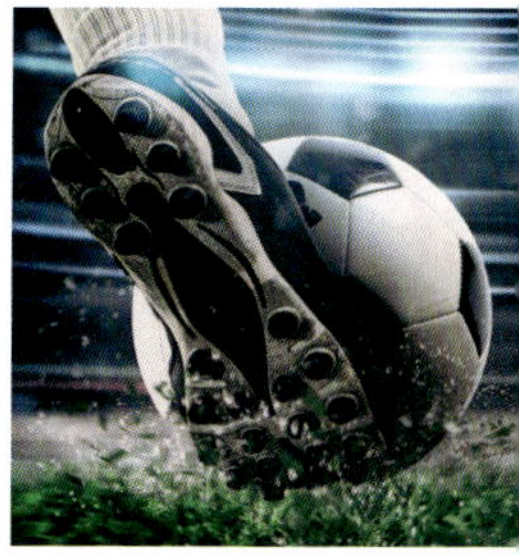

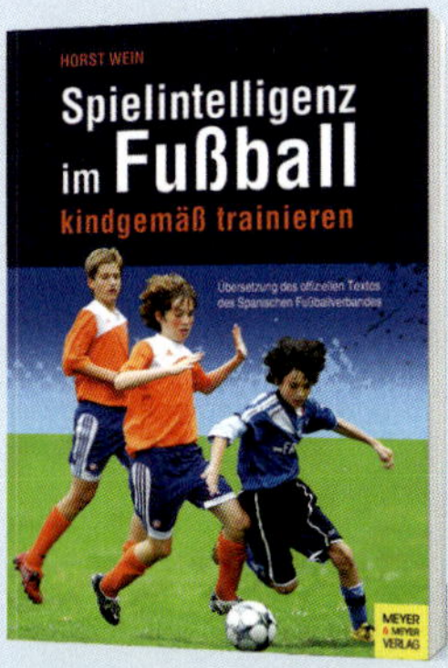

ISBN 978-3-89899-946-5
€ [D] 24,95/[A] 25,70

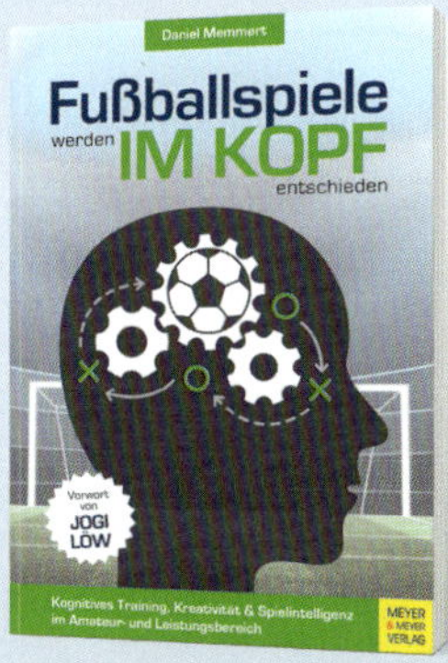

ISBN 978-3-8403-7656-6
€ [D] 20,00/[A] 20,60

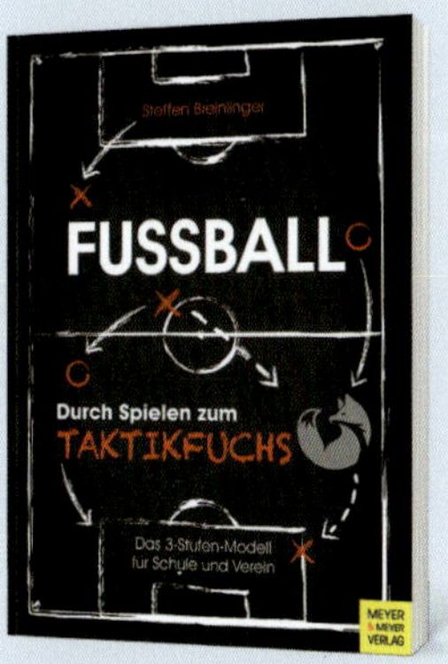

ISBN 978-3-8403-7645-0
€ [D] 22,00/[A] 22,70

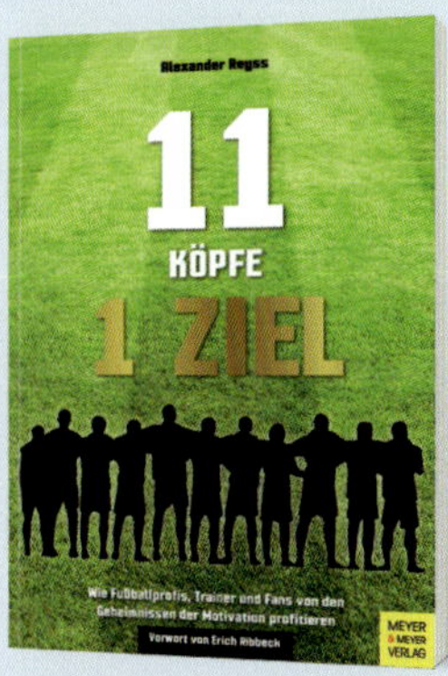

ISBN 978-3-8403-7595-8
€ [D] 19,95/[A] 20,60

Preisänderungen vorbehalten und Preisangaben ohne Gewähr! Bild oben rechts © AdobeStock

MEYER & MEYER Verlag
Von-Coels-Str. 390
52080 Aachen

Telefon 02 41 - 9 58 10 - 25
Fax 02 41 - 9 58 10 - 10
E-Mail vertrieb@m-m-sports.com
Website www.dersportverlag.de

MEYER & MEYER VERLAG